中国企业案例研究系列丛书二

中国500强企业案例精选（第二辑）

——寻求中国大企业创新转型发展的路径

江若尘　王　丹　**主编**

翟　青　牛志勇　余典范　肖　谦　王永智　**副主编**

经济管理出版社

图书在版编目（CIP）数据

中国 500 强企业案例精选（第二辑）/江若尘，王丹主编．—北京：经济管理出版社，2017．1
ISBN 978－7－5096－4727－1

Ⅰ．①中…　Ⅱ．①江…　②王…　Ⅲ．①企业创新—案例—中国　Ⅳ．①F279．23

中国版本图书馆 CIP 数据核字（2016）第 289544 号

组稿编辑：谭　伟
责任编辑：张巧梅　耿　维
责任印制：黄章平
责任校对：雨　千

出版发行：经济管理出版社
（北京市海淀区北蜂窝 8 号中雅大厦 A 座 11 层　100038）
网　　址：www．E－mp．com．cn
电　　话：（010）51915602
印　　刷：三河市海波印务有限公司
经　　销：新华书店
开　　本：787mm×1092mm/16
印　　张：22
字　　数：482 千字
版　　次：2017 年 3 月第 1 版　　2017 年 3 月第 1 次印刷
书　　号：ISBN 978－7－5096－4727－1
定　　价：80．00 元

前　言

目前，国内外学者对企业案例的研究成果非常丰富，相关研究为我国企业发展提供了理论支撑。但是，以往的企业案例研究对象大多数是一般性的企业或者是中小企业。以“大企业”尤其是500强企业为主体的案例研究并不多见。大企业是人类技术进步的主要推动者、国民财富的主要创造者，不管是在创新决策、创新组织、创新体制等方面都有显著的特征。因此，需要针对大企业的特点，有针对性、系统性地研究大企业案例，使大企业不再是创新“诟病”的对象，而成为真正的国家创新和转型的主体。中国500强企业是中国经济的主体，代表着中国经济的发展方向，是推动中国经济可持续发展的主要动力源泉。中国500强企业创新转型发展的路径，是国家推进供给侧结构性改革的重要环节和培育国家国际竞争新优势的重要依托，关系到国家的前途命运和民族的未来。

上海财经大学500强企业研究中心从2007年以来开始建设500强企业数据库。500强企业数据库是中国第一家以500强企业为主体的数据库。数据库涵盖世界500强企业、中国500强企业、中国民营500强企业、行业100强企业和地区100强企业，共计约2000家的企业样本。

目前已经建设完成的500强数据库内容包括500强基础数据、500强竞争力指数、500强企业案例、500强深度分析数据库四个方面。500强基础数据包括自2002年以来500强企业的年度基础数据，比如，年度500强企业的排名及其营业收入、资产、利润、所有者权益、员工人数等。500强竞争力指数包括自2008年以来“上海财经大学中国500强企业竞争力”排名、成长能力及成长100强、盈利能力及盈利100强。指数已经连续发布8年，迄今为止共有2009年到2016年8年数据。500强企业案例包括中外500强企业的案例梳理。以GE为例说明，案例包括GE的发展历程、10年来在500强中的排名（滚动）、当前发展战略、组织结构、股权结构、业务组合、创新、现有布局、企业文化、掌门人、10年财务数据。

此外，上海财经大学500强企业研究中心还完成了第一期深度案例分析数据库，本书从中精选了62家典型企业案例。每篇案例的研究内容包括发展历程及排名、掌门人信息、企业发展战略研究、企业组织结构分析、股权结构和集团管控分析、企业的业务组合分析、企业的商业模式分析、企业的营销模式分析、企业的创新体系分析、企业的信息化建设分析、企业的国际化战略与成效分析、制造业服务化转型的分析、企业文化和价值的分析、企业社会责任分析、企业财务绩效分析等，并根据不同公司的特点而有所侧重。

除了以上工作外，为更好地将理论联系实际，服务企业、密切与企业的联系，上海财经大学500强企业研究中心开展走进500强行动，近年来调研企业近百家，其中比较有代表性的企业包括：上海电器集团总公司、宝钢集团、中国医药集团、上海汽车集团、格力集团、上海家化、苏宁云商、南方航空、东软集团、三全食品、鲁泰集团、以岭药业、乐视网、老板电器、合肥三洋、金正大集团、富安娜、陕鼓动力、康芝药业、大族激光、东华软件、大北农、新华都、永辉超市、联建光电、西部证券、隆基股份、光线传媒等。

面对鲜活而又充满魅力的中国大企业运作的实际，我们这一代学人必须要有自己的历史责任感和紧迫感，必须深入到改革开放的大企业中去，立足于厚重的改革开放的土壤，筚路蓝缕，探寻中国大企业发展进程中所留下的坚实的足迹。以研究500强企业为己任的专门研究机构——上海财经大学500强企业研究中心，数年来如一日，不忘初衷地耕耘在探寻的路途中，倾听中国本土大企业的声音，梳理中国本土大企业运作的实际。中国500强企业案例的研究，从理论上说：鲜活的企业案例研究方法能够解决其他方法所不能解决的问题，有利于充实中国企业的学术研究内容和理论拓展。从实践上说：鲜活的企业案例研究成果能够传播500强企业成功经验，为其他企业提供有益的借鉴。不可否认企业案例研究是个舶来品，在引进消化吸收的过程中，我们许多研究者往往食洋不化，导致许多充满活力的研究对象，往往都被研究者概要化和抽象化掉了企业完整复杂系统的其他方面，失去了企业研究中原汁原味的东西，导致了企业研究价值的丧失。我们认为许多西方理论在解读中国改革开放过程中的企业发展事实时，都往往显得力不从心。如以偏向于实证主义的研究为例，运用复杂的因果变量的数字符号、一系列的数学工具、模型和大量的数据，经过复杂的处理，结果往往是苍白无力的，发现企业发展进程中的许多重大问题没有办法去用量化的方法来发现和解释。事实上，同一个“因”却可以导致许许多多截然不同的“果”，问题的关键是，许多研究者也是一厢情愿地推断两个变量之间的因果关系，进而经过辛苦的分析，找到影响两个变量之间所谓的关键因素，得到了“科学的结论”，用于解决企业实际问题时，才发现企业的问题不是线性思维能够解决的。

中国企业伟大的实践为中国式的企业理论的诞生提供了坚实的基础。我们认为必须老老实实地根植于中国企业发展的大地，经年累月地到企业中观察、调查和参与到他们的实践进程中去，才能够获取有用的资料，才能够积累形成撰写企业案例的基本素材，“将丰富的感觉材料加以去粗取精、去伪存真、由此及彼、由表及里的改造制作工夫”。[①] 上海财经大学投入大量人财物，形成了有血有肉、脉络分明的企业案例，具有鲜明的个性、企业生命体的成长性和起起落落的故事性，弥漫在特定企业的案例情景

① 毛泽东．《毛泽东选集》（第一卷）．北京：人民出版社，解放军出版社（重印），1991.6，http：//www.qstheory.cn/zl/llzz/mzdxjd1j/200906/t20090630_ 4036. htm.

中。我们期待中国企业的经营者能够从中国企业已经走过的历史中获得实践上的启迪，把企业家精神和工匠精神结合起来，更是特别期待中国企业的理论研究者能够从中获得启发，产生电光般的灵感，进而建构具有特色的中国企业理论[①]，引导中国企业进入更好的发展时期。

我们祈祷，我们期待：中国企业的明天会更美好！

江若尘

2016 年 12 月于上海财经大学红瓦楼

① 理论来源于实践，又高于实践，指导实践。企业案例研究一直是企业管理理论创建的重要研究方法之一。

目　录

中国建设银行案例分析

一、发展历程及排名

（一）企业（集团）简介

中国建设银行股份有限公司（以下简称“建行”）成立于1954年10月，是一家国内领先、国际知名的大型股份制商业银行，总部设在北京。建设银行于2005年10月在香港联合交易所挂牌上市（股票代码0939），于2007年9月在上海证券交易所挂牌上市（股票代码601939），于2014年末建设银行市值约为2079亿美元，居全球上市银行第四位。

建设银行在中国内地设有分支机构14856个，服务于348万公司客户、3.14亿个人客户，与中国经济战略性行业的主导企业和大量高端客户保持密切合作关系；在中国香港、中国澳门、新加坡、法兰克福、约翰内斯堡、东京、大阪、首尔、纽约、胡志明市、悉尼、墨尔本、中国台北、卢森堡、布里斯班、多伦多设有海外分行，拥有建行亚洲、建银国际、建行伦敦、建行俄罗斯、建行迪拜、建行欧洲、建行新西兰、建信基金、建信租赁、建信信托、建信人寿、建信期货、中德住房储蓄银行等多家子公司。

建设银行秉承“以客户为中心，以市场为导向”的经营理念，坚持“综合性、多功能、集约化”的发展战略，通过加快产品、渠道和服务模式的创新为客户提供优质、全方位的现代金融服务；建设银行多项核心经营指标居于市场领先地位，在保持基础设施、住房金融等传统业务优势的同时大力发展投资银行、信用卡、电子银行、私人银行、消费金融等新兴业务；不断优化业务和管理流程，加大信息系统等基础建设投入，持续提升风险防控能力和市场竞争力。

建设银行将履行公民责任作为企业使命，主动把业务发展与承担社会责任相结合，致力于建设服务大众、促进民生、低碳环保、可持续发展的银行。

（二）企业发展历程

中国建设银行成立于1954年10月1日；建设银行成立的背景是中华人民共和国开始执行发展国民经济的第一个五年计划，以建设156项重点工程为中心的大规模经济建设在全国陆续展开，为管理好巨额建设资金，建设银行应运而生。

从1954年到1978年的20多年间建设银行主要承担了集中办理国家基本建设预算拨款和企业自筹资金拨付监督资金合理使用、对施工企业发放短期贷款、办理基本业务结算业务的职责。

从20世纪70年代末80年代初开始，建设银行在承继原有职能的同时不断拓展银行职能，先后开办了信贷资金贷款、居民储蓄存款、外汇业务、信用卡业务以及政策性房改金融和个人住房抵押贷款等多种业务。经过十多年的改革发展，建设银行各项业务快速发展，信贷资产和负债取得了数十倍的增长，从单一管理财政资金、办理基建拨款监督的银行，发展成为既管财政投资又经营信贷业务，既办理固定资产投资信贷又发放配套流动资金贷款，既办理国内金融业务又办理国际金融业务，以办理中长期信用为主的国家专业银行。

从20世纪80年代中期起，为适应中国经济金融体制改革和经济发展的要求，建设银行先后开办了现金出纳、居民储蓄、固定资产贷款、工商企业流动资金贷款、国际金融、住房贷款和各种委托代理业务；通过开办各种面向社会大众的商业银行业务，丰富了银行职能，为向现代商业银行转轨打下了坚实的基础。

从20世纪90年代初开始，在不到5年的时间基本完成了从单机操作向已开发应用的全行性网络包括电子资金清算系统、龙卡网络网络化交易的过渡；建设银行系统、会计总账传输系统和电子邮箱系统还实现了与SWIFT系统的联网。

1994年是建设银行重要转折发展的一年，按照政府对投资体制和金融体制改革的要求，建设银行将长期承担的代理财政职能和政策性贷款职能分别移交财政部和新成立的国家开发银行，开始按照商业银行的要求对其经营管理体制进行全面改革。

1994年末，建设银行先后对资金管理体制、信贷管理体制、财务管理体制和会计核算体制进行或正在进行一系列重大改革，总行和一级分行集中调度、统一调度和经营资金的能力增强，财务会计制度进一步向国际准则靠近；同时，建设银行还对客户经营战略和区域经营战略进行重新定位；建设银行因此取得了更快的发展和更好的经营效益，建设银行步入了改革发展的新阶段。

从1994年起，建设银行对遍布全国的分支机构和储蓄网点进行了调整，在撤并部分县支行的同时增加了在全国中心城市的网点设置数量，与相应信贷政策的调整相配合，进一步加强了在中心城市的经营力度。

自1994年以来建设银行非利差业务取得了长足发展；在承继传统业务继续代理国家财政资金拨付的同时，作为国家开发银行的最大代理行承担该行资金的拨付和部分管理职能；1994～1998年，代理开发银行业务量已逾3420亿元，占开行业务总量的79.8%。

从1996年3月起建设银行启用现名并同时导入企业识别系统，几乎在一夜之间全行数万个办事机构和营业网点都开始使用新的形象识别标志。这湛蓝的行徽、黑色立体的行名透露出这家改革中的商业银行稳健经营、兼收并蓄、不断发展的经营风格；表达着一个不变的理念：根植中华大地，建设现代生活。

1996年建设银行全体职工捐款设立“爱心基金”，用于在贫困地区建设“希望小学”、帮助贫困大学生完成学业和奖励见义勇为的勇士，以弘扬尊师重教、扶危济困的中华民族传统美德，通过“爱心基金”已使千余名学生得以顺利完成了学业。

至1997年已有210个城市行完成了“城市综合网络系统”的建设并实现了与全行网络系统的连接。

2004年9月，建行进行股份制改革，由汇金公司、中国建投、宝钢集团、国家电网和长江电力共同发起设立股份公司，注册资本为1942.3025亿元。

2004年9月15日，中央汇金投资有限责任公司、中国建银投资有限责任公司、国家电网公司、上海宝钢集团公司和中国长江电力股份有限公司在京召开会议，决议共同发起设立中国建设银行股份有限公司，中国建设银行将由国有独资商业银行改制为国家控股的股份制商业银行。

2005年9月，美国银行和新加坡淡马锡控股（私人）有限公司的全资子公司亚洲金融控股私人有限公司完成了所购中央汇金投资有限责任公司持有的中国建设银行股份的首次交割。交割完成后美国银行和亚洲金融控股私人有限公司分别持有建设银行9.0%和5.1%的股份。

2005年10月，建行成功在香港联交所市场上市，募集资金725.5亿元人民币，注册资本和实收资本增加了2246.89084亿元，成为国有商业银行中首家上市的银行。

2005年10月27日，中国建设银行股份有限公司在香港联合交易所挂牌上市（股票代码0939）；这是首家实现公开发行上市的中国国有商业银行；经营范围经国务院银行业监督管理机构和国家外汇管理机构批准并经公司登记机关核准银行的经营范围是：吸收公众存款；发放短期、中期、长期贷款；办理国内外结算；办理票据承兑与贴现；发行金融债券；代理发行、代理兑付、承销政府债券；买卖政府债券、金融债券；从事同业拆借；买卖、代理买卖外汇；从事银行卡业务；提供信用证服务及担保；代理收付款项及代理保险业务；提供保管箱服务；经国务院银行业监督管理机构等监管部门批准的其他业务。

2007年6月14日，建行董事会会议上审议并通过A股上市计划。

2007年8月23日，建行召开临时股东大会审议并通过公开发行A股及上市的具体方案及相关安排。

2007年9月3日，中国证监会发行审核委员会公告定于2007年9月7日召开2007年第118次发行审核委员会工作会议，审核中国建设银行股份有限公司首次公开发行90亿股A股的申请。

2008年6月16日，中国建设银行正式对外发布了2007年企业社会责任报告。这是建设银行继2006年在国有大型商业银行中首家披露企业社会责任报告以来第二次向社会各界披露企业社会责任的年度报告，进一步展示了建行积极履行社会责任所取得的丰硕成果。

2009年共实施公益项目22个，投入总额9527.99万元；在应对玉树地震、南方旱灾、舟曲特大泥石流等自然灾害中建行组织各项捐款达5313万元，其中员工捐款2939万元，为灾区群众重建家园提供了有力支持。

2009年中国建设银行持续关注社会责任工作并不断探索新的实践方式；全年共实施了13个与社会公益相关的项目，投入总金额约为7274万元人民币。

2009年建行捐款6000万元人民币设立了“中国建设银行少数民族大学生成才计划奖（助）学金”连续5年在内蒙古、新疆、西藏、广西、宁夏等16个少数民族相对集中聚居的省、自治区内资助品学兼优、爱党爱国、维护民族团结的少数民族贫困大学生；同时继续实施“建设未来——中国建设银行资助贫困高中生成长计划”、建行希望小学援建与维护、“情系西藏——中国建设银行与中国建投奖（助）学金”、“中国建设银行清华讲席教授基金”等一系列支持教育事业的计划资助范围覆盖小学、中学和大学。

截至2010年底建行资产总额达人民币108103.17亿元（以下数据除特别注明外均按照国际会计准则计算币种为人民币）突破10万亿元，较2009年末增长12.33%；实现利润总额1751.56亿元，同比增加364.31亿元，增长26.26%；受益于业务发展、内地企业所得税税率调整实现净利润1350.31亿元，同比增加281.95亿元，增长26.39%；实现经营收入3234.89亿元，同比增长21.07%，其中利息净收入达2515.00亿元，手续费及佣金净收入达661.32亿元，同比分别增长18.70%、37.61%；综合盈利能力继续保持内地同业领先地位，年化平均资产回报率为1.32%，年化平均股东权益回报率为22.61%，净利息收益率为3.49%，分别较2004年同期提高0.08个、1.74个和0.08个百分点；资本充足率为12.68%，核心资本充足率为10.40%；资产质量稳步提升不良贷款额、不良贷款率继续双降，不良贷款率降至1.14%，较2009年末下降0.36个百分点；抗风险能力进一步增强，减值准备对不良贷款比率为221.14%，较2009年末提高45.37个百分点。

截至2011年12月末境内营业机构总计13581个，包括总行、一级分行38个、二级分行304个、支行8835个、4402个支行以下网点及专业化经营的总行信用卡中心；区域布局集中在特大城市、中心城市、强县富镇等地；在13个国家和地区设有海外机构，在中国香港、新加坡、法兰克福、约翰内斯堡、东京、首尔、纽约、胡志明市、悉尼设有9家海外分行，在中国台北和莫斯科设有2家代表处，在伦敦、香港设有2家子公司，在香港设有1家投资银行业务子公司；拥有建信基金、建信租赁、建信信托、中德住房储蓄银行和建信人寿5家境内子公司；全行正式员工约为32.9万人。

2013年1月9日，中国金币总公司和中国建设银行股份有限公司合作协议签约仪式在京举行。

2013年2月25日，中国建设银行与全国工商联在北京签订合作协议，双方旨在加强对中小企业和县域经济发展提供金融服务。

2013年10月29日，中国建设银行（欧洲）有限公司及中国建设银行卢森堡分行在卢森堡开业。

2013 年 10 月 30 日下午，据彭博社援引熟悉情况人士报道，中国建设银行将购买 MenezesdeBezerra 家族手中所持有的 70% 的股权而且将对剩余股权进行要约收购；已接近达成购巴西 Bicbanco 银行达成协议。

2015 年 7 月，继控股建信人寿后建行计划再申请两张保险牌照：一是保险资产管理公司，二是财险公司；据悉这两家待筹公司暂命名为“建信保险资产管理有限公司”、“建信财产保险有限公司”。

2015 年 9 月 23 日，建行在南非立法首都开普敦举行开普敦分行开业仪式，这是该行继约翰内斯堡分行之后在非洲大陆设立的第二家经营性分支机构。

2015 年 11 月 30 日，中国人民银行确定中国建设银行为瑞士人民币清算行。

（三）企业排名

根据《财富》杂志评定的世界 500 强企业中国建设银行近十多年的排名见表 1。

表 1　中国建设银行在世界企业 500 强中的排名

年份	2003	2004	2005	2006	2007	2008	2009	2010	2011	2012	2013	2014
排名	371	331	315	277	230	171	125	116	108	77	38	29

资料来源：《财富》杂志。

根据中国企业联合会统计评定的中国 500 强企业中国建设银行近十多年的排名见表 2。

表 2　中国建设银行在中国企业 500 强中的排名

年份	2003	2004	2005	2006	2007	2008	2009	2010	2011	2012	2013	2014
排名	10	9	10	8	14	7	6	6	8	5	5	5

资料来源：中国企业联合会。

二、掌门人信息

中文名：王洪章
国籍：中国
民族：汉族
出生地：辽宁昌图
出生日期：1954 年 7 月
职业：中国建设银行党委书记董事长
毕业院校：辽宁财经学院

（一）基本信息

王洪章，男，汉族，1954 年 7 月生，辽宁昌图人，1974 年 6 月加入中国共产党，1971 年 12 月参加工作，东北财经大学金融系货币银行学专业毕业在职研究生学历，经济学硕士高级经济师，中国注册会计师。

（二）学习、工作经历

1971 年 12 月～1973 年 10 月辽宁省锦西县东风街道机电厂工人、车间主任；

1973 年 10 月～1975 年 10 月辽宁省锦西县塔山公社插队“知青”；

1975 年 10 月～1978 年 9 月在辽宁财经学院财政金融系金融专业学习；

1978 年 9 月～1984 年 3 月中国人民银行信贷局、储蓄管理局、工商信贷部干部；

1984 年 3 月～1987 年 8 月中国工商银行工交信贷部工业一处副处长（其间：1985 年 9 月～1986 年 1 月在中央党校国家机关分校学习）；

1987 年 8 月～1991 年 2 月中国工商银行办公室秘书处副处长、处长（其间：1989 年 12 月～1991 年 2 月挂职任中国工商银行青岛分行行长助理）；

1991 年 2 月～1992 年 6 月中国工商银行办公室副主任；

1992 年 6 月～1994 年 10 月中国工商银行资金计划部副主任；

1994 年 10 月～1996 年 4 月中国工商银行营业部总经理（副局级）；

1996 年 4 月～1998 年 7 月中国人民银行稽核监督局副局长（其间：1993 年 3 月～1997 年 2 月在职攻读东北财经大学金融系货币银行学专业硕士学位）；

1998 年 7 月～2000 年 6 月中国人民银行内审司司长、中国人民银行纪委委员；

2000 年 6 月～2003 年 11 月中国人民银行成都分行行长、党委书记兼国家外汇管理局四川省分局局长；

2003 年 11 月～2011 年 11 月 27 日中国人民银行纪委书记、党委委员；

2011 年 11 月 28 日至今中国建设银行党委书记董事长；

第十届全国人大代表；中共第十七届中央纪律检查委员会委员；中共第十八届中央委员会候补委员。

（三）关于掌门人的相关报道

专访：包容性增长需要包容性合作——访中国建设银行董事长王洪章　中国政府网　2015 年 11 月 18 日；

王洪章：转型要下好先手棋　《经济参考报》　2015 年 10 月 30 日；

建行鼎新——专访中国建设银行董事长王洪章字号　《财经》　2015 年 6 月 9 日；

建行董事长王洪章：一带一路带来银行转型新契机　《证券日报》　2015 年 4 月 10 日；

王洪章：“一带一路”给国内金融机构带来发展机遇　新华网　2015 年 4 月 9 日；

王洪章：共铸建设银行更加辉煌的明天 《中国银行》 2014 年 10 月；

建行董事长王洪章：将适时推出深化改革方案 中国新闻网 2014 年 9 月 2 日；

王洪章：中国银行业面临五大挑战 《中国银行》 2014 年 1 月 2 日；

建行上半年净利 1200 亿元王洪章：不良贷款压力仍巨大 《北京晨报》 2013 年 8 月 27 日；

王洪章：详解建行风控体制改革 人民网 2013 年 8 月 26 日；

建行求变——专访中国建设银行董事长王洪章 《财经 》 2013 年 8 月 26 日；

王洪章：银行业遭经济遇冷考验建行盈利模式加速转型 和讯网 2013 年 7 月 15 日；

牢牢把握发展机遇 努力实现新的跨越——访中国建设银行党委书记、董事长王洪章 《金融时报》 2013 年 3 月 14 日；

中国建设银行董事长王洪章：兴亦人才成亦人才 《中国组织人事报》 2012 年 12 月 24 日；

王洪章：建行个人住房贷款增长速度非常高 中国共产党新闻网 2012 年 11 月 11 日；

访建行董事长王洪章：打造文化软实力提升建行竞争力 人民网 2012 年 10 月 22 日；

建行董事长王洪章——拓展经营领域创新转型模式 人民网 2012 年 10 月 19 日；

建行董事长王洪章称目前没有研究员工持股 《长江商报》 2012 年 8 月 28 日。

（四）掌门人的精彩语录

2013 年的“两会”是承上启下的重要会议，从这几天参会的感受来看，的确气象更新、令人精神振奋。作为国有控股商业银行的经营管理者，一方面我们感受到中国经济发展依然强劲，银行业也将在服务实体经济中继续保持稳健发展；另一方面国内外经济金融形势的不确定性也会给银行业带来较大的压力。但我们有理由相信我国银行业将在新的一年里继续保持规模增长、资产质量和经营业绩的良好态势。

从建设银行的情况来看，2012 年在国内外复杂的经济金融形势下，全行认真贯彻党中央、国务院的决策部署牢牢把握“稳中求进”的总基调，积极应对市场变化，坚持创新转型各项工作取得了新的进展：一是服务实体经济信贷结构调整取得新成效，基本建设、小微企业、涉农以及保障房等领域贷款增速均高于全行贷款平均增速；二是加快“综合性、多功能、集约化”战略实施综合化经营迈出实质性步伐；三是优化体制机制推进网点“三综合”建设、前后台分离、后台集约化以及经营体制优化等工作，激发了内部潜力和发展潜能；四是加强党的建设，认真学习贯彻党的十八大精神以及习近平总书记的重要讲话，迅速组织落实中央关于改进工作作风的要求，加强了党风廉政建设、基层组织建设，推进了干部人事制度改革。

当前国际经济形势依然充满变数，国内经济基本平稳中向好，银行业面临着难得的历史性发展机遇：一是新型工业化、信息化、城镇化、农业现代化的全面纵深推进将为国内经济增长注入了新的生机和活力，这是银行最大的发展机遇；二是国家鼓励有实力的企业“走出去”，支持金融、物流等企业建立全球服务网络，为银行全球化提供了难得的契机；三是金融市场丰富和发展促使银行加快对非银行金融机构的参股、控股步伐，金融服务日益多样化为银行进一步完善服务功能提供了机会。

同时，银行经营发展也面临着新的挑战：一是转变经济发展方式要求银行顺应经济发展导向，做好传统业务结构和发展模式向新兴业务结构和全新发展模式的整体战略转型；二是金融业竞争更加充分，诸多非银行金融机构、准金融机构，如第三方支付公司等大范围介入银行传统优势领域，迫使银行必须尽快从单一银行功能向综合金融服务集团转型；三是利率市场化改革加速、金融脱媒加剧、存贷款利差收窄要求银行进行全面转型。

面对新的机遇和挑战，建设银行审时度势及时提出了加快向“综合性、多功能、集约化”发展的战略转型。

之所以把“综合性、多功能、集约化”作为建设银行实现新发展的战略选择，是基于现实与未来战略的思考，这是建设银行步入国际一流银行的必经之路，是建设银行转变发展方式、实现可持续发展的必然选择，也是建设银行服务经济社会发展、满足客户服务需求的必然要求。随着中国经济社会快速发展，将会有更多现代化、国际化的企业集团迅速成长，进入世界前列，需要有相应实力的现代化银行为其提供跨市场、跨国界的综合性、多功能、一揽子金融服务；城乡居民收入的普遍提高以及中产阶层的崛起也需要银行提供更加综合、更有特色、更具吸引力的零售业务。这些无不对银行“综合性、多功能、集约化”提出更高要求。

2013年建设银行总的经营思路是：以党的十八大和中央经济工作会议精神为指引，大力支持实体经济发展，坚持以效益和质量为中心深化结构调整和经营转型，严控各种风险工作重点要放在发展、基础和风控三个方面；在加强内部控制和风险管理上落实全员的风险管理责任，每个部门、岗位都要落实“一岗双责”的要求；明确管控职责严格授信管理；着力提升风险识别、计量、监测技术；风险管理、业务经营和信贷审批等将按照“责权对等、相互制约”原则分开履职，按照“谁经营、谁负责，谁审批、谁负责”的要求切实履行各自职责；加强对各级干部员工的教育、管理和警示，坚持从严治行，推进案件防控长效机制建设，对案件和重大责任事故“零容忍”，切实提升内控合规管理水平。

一是按照既定的战略定位积极推进发展转型。目前综合化经营格局初步形成建设银行的非银行金融牌照种类领先于其他大型商业银行；各子公司加快发展加强战略协同服务集团、做大做强境内子公司利润同比大幅增长；海外布局提速，机构申设进度加快，率先实现在伦敦发行人民币债券；新的一年建设银行将会在发展转型方面有更多的作为。

二是积极主动调整结构服务实体经济。切实贯彻落实中央关于金融服务实体经济的要求，合理调配信贷资源大力支持国家重点项目、民生领域以及经济社会发展薄弱环节。

三是加快推进战略新兴业务发展。例如，推动电子银行客户与渠道应用高速增长将E商贸通、网上招投标、电子银行代缴费等典型应用全面铺开；通过“善融商务”进一步抢占电子商务新阵地。

四是强化创新驱动提升竞争能力。目前，建行正在进行“新一代核心系统”的建设我们将以此为重点打造领先的核心技术平台；着眼于完善服务功能、提升客户体验，尽可能多、尽可能快地把银行产品优先部署到电子渠道上。

三、发展战略

（一）企业愿景

建设城乡一体化全能型国际金融企业。

（二）发展战略

1. 战略目标

中国建设银行致力于发展成为专注为客户提供最佳服务、为股东创造最大价值、为员工提供最好发展机会的国际一流银行。

中国建设银行计划将资源集中用于目标客户、产品和重点区域：

（1）客户。加强与大型企业客户的传统良好关系，关注电力、电信、石油和燃气以及基础设施等战略性的龙头企业以及与主要金融机构和政府机关的传统良好关系，并选择性地发展与中小企业客户的关系；在个人银行业务方面大力提高来自高收入个人客户市场的收益，同时通过提供更具成本效益和规模经济效益的产品巩固大众客户基础。

（2）产品。发展批发和零售产品专注中间业务包括支付和结算服务、个人理财业务和公司财务管理；积极发展中国建设银行的个人银行业务，专注住房按揭和储蓄产品多样化并建立业内领先的信用卡业务。

（3）重点区域。重点发展长江三角洲、珠江三角洲和环渤海地区等经济较发达地区市场的主要城市并加快发展中国内陆省份的省会城市。

2. 建设银行竞争战略的选择

从SWOT分析中可以看出中国建设银行在努力转向综合经营的过程中仍然选择了差异化战略。原因如下：

（1）建设银行实施差异化战略的必要性。自改革开放以来，随着金融改革、金融开放的推进按需求分设相应的专业银行已转变为国有商业银行股份制，商业银行的建立和外资银行的相继进入，中国银行业引入了竞争机制，银行体制和服务技术发生了很大变化，但与发达国家的银行相比，国内银行还有很大差距；国内银行的具体产品、经营理念、经营方式、市场定位和策略等基本类同使中国银行业的服务功能存在严重缺陷，服务功能的同质化制约了银行的竞争力；银行同质化是银行低水平竞争的表现，不适应市场经济发展对银行的需求，就不能很好地发挥信息技术的推动作用，更不利于培养核心竞争力和形成与发挥竞争优势。

中国建设银行虽然具有广泛的客户基础，但是其缺乏个性的不足之处会使得自己逐渐丧失客户的信赖与支持，难以吸引更多的客户在建设银行办理业务，因此，建设银行应当采取差异化竞争战略大力发展中间业务，以观念、品牌之争抢先深入人心，进入市场向大众表达出产品的概念，以此吸引公众的目光取得竞争的优势。

（2）建设银行实施差异化战略的可能性。

第一，建设银行有庞大的资金以及客户源可以支持它实行差异化战略；建设银行具有良好的个人客户资源；建设银行在长期经营形成的“工商企业的银行、城市居民的银行”的形象已经深入中国的大中小城市以及居民个人；无论大中型企业客户，还是居民个人客户与建设银行都有着多年的合作经历建立了非常密切的关系；建设银行一直保持着国内最大的零售银行、信用卡银行及个人住房按揭贷款银行等优势地位。

第二，建设银行的技术已经比较成熟了，在实行差异化战略时成本不会过高；建设银行具有遍及全国大中小城市的机构网点和近几年建成的最先进的计算机网络系统。这种有形的网点与无形的网络使建设银行既具有大型银行的显著特点和优势，又完全具有社区小银行的功能和优势。这是国内和包括花旗银行在内的国际上任何一家银行目前尚不可能同时具有的。这些优势既在于有条件为大型公司客户提供优质服务，更在于其在开办消费性金融业务和其他种类的个人金融服务方面具有得天独厚的优势。

第三，建设银行的创新能力强是它实施差异化战略的源泉；建设银行不断地推出新的服务项目或者业务供客户使用，这些新的产品是其他商业银行现在所没有的产品。

3. 建设银行竞争战略的运用

中国建设银行采用差异化战略今后应该从以下几个方面入手：

（1）建设银行实施差异化战略的途径。

第一，以客户需求为导向提供差异化产品。随着经济发展水平的提高，人们的资产不断增加，对金融产品的需求向多元化和高层次化方向发展。因此，及时了解客户的真正需求是保证建设银行工作业绩取得实效的根本保证；建设银行应该继续加大市场的调研力度，可以通过网络、电话、走访、调查问卷等形式深入了解客户的需求；针对客户的不同需求提供不同的金融产品以满足客户的个性化需求。

第二，以先进的技术手段提供差异化服务。生活节奏的加快使人们希望商业银行提供更快捷、更方便的方式来处理事务，ATM 自主服务以及网络在线办理业务成为一种趋势。所以，在客户自行选择业务、办理业务方面，建设银行应该更加关注其安全性问题和简便性问题，这就需要在技术方面做好。只有这样才能使建设银行在和其他商业银行提供相同金融产品时凭借其差异化的服务方式来赢得客户的心，取得并保持竞争优势。

（2）建设银行实施差异化战略的方法。

第一，强化差异化品牌定位。中国建设银行要想突出品牌核心价值就必须强化差异化品牌定位采取创新型定位、求异性定位、演进型定位三种策略；创新型定位要围绕市场和客户进行，注意产品对品牌风格、核心价值的继承性和延续性，使新产品达到继续诠释“ICBC”品牌核心价值的目的，建立、健全创新产品开发和推广的运作机制，实行品牌项目责任制；求异性定位要通过企业形象、产品特性、优质服务等形式努力创造特色产品，以便将自己的产品与竞争对手的产品区别开来，使客户建立起品牌偏好与忠诚；实施演进型定位时要主动变革，加强对现有经营策略、业务品牌的变革，以吸引客户的眼球，提升客户的认同度。

第二，加强特色品牌的建设。建设银行要立足各地区域特点加强特色品牌建设；金融产品的同质化使品牌的个性化烙印成为消费者购买强势品牌的主要原因，鲜明的品牌联想也是强势品牌的主要特征之一；建设银行应当在“ICBC”统一品牌及其核心价值的统领下立足于区域特点、结合当地实际、根据市场变化来设计、创新、拓展业务品牌特性，把握新兴市场功能定位，积极推进个性化特色产品体系，创新打造领先的新兴产品品牌，最大限度地满足消费者特质和情感的双重需求，赢得客户的充分认可和好感，从而最大限度地赢得客户。

第三，形成差异化产品系列。建设银行在不断拓展新业务的同时必须注意要树立产品的竞争优势和品牌效应；建设银行的优势是零售方面的业务和个人理财业务。因此，建设银行需要充分发挥优势产品的市场影响力，利用丰富的客户资源整合业务品种和营销渠道，狠抓主打产品的营销工作，提升业务的创利水平。并且要整合客户实现产品和客户间的优化组合，使营销工作得到更好的梳理，形成建设银行特有的产品序列，以此来实现其差异化战略。

第四，构建全方位营销格局。建设银行实施差异化战略必须采用强有力的宣传活动和全方位的营销攻势；建设银行要精心策划制定营销方案，周密部署和安排阶段推行计划、业绩考核细则和营销措施；坚持对经营管理、外勤营销、一线操作人员进行有针对性的培训；优化用卡环境充分利用 ATM、POS、网上银行等开展渠道营销；通过市场营销使客户充分了解金融企业的服务内容、渠道和手段，更好地享受金融企业提供的各种产品与服务；在营销中不断改进产品品质和服务质量，有效地维护客户关系和客户的忠诚度。

第五，灵活地运用营销方式。建设银行实施差异化战略还必须灵活运用各种营销方式来开展主题营销和分层营销；建设银行要积极开展主题营销，引入文化营销理念根据不同时期和不同产品的特点，组织开展各类主题营销活动，同时引入文化营销理念，让文化来推动企业，实现从品质支撑到文化支撑的过程，使其更贴近潜在的目标消费者，让消费者在不知不觉中感受品牌和认知品牌的强大功能；建设银行还要积极开展分层营销寻找目标客户，充分利用多种传播途径和营销载体锁定不同层次的目标客户，开展因地制宜、因人而异的有针对性的营销，使有限的资源发挥出最有效的传播效应。

第六，完善产品创新的机制。建设银行要充分发挥客户经理作为市场前端在创新中的源头作用，使客户经理成为新产品需求的收集者和提供者，充分发挥拥有专业化知识和技能的产品经理在创新中的骨干作用，使产品经理成为产品研发的主力军；建设银行还要建立产品需求直达快速通道；客户需求不应层层审批而是能够直接抵达产品需求整合部门；要实行产品服务创意、功能设计、流程设计、销售、推广、维护及售后的全过程管理；另外建设银行还要制定科学、合理的产品和服务创新的激励约束机制；创新的激励与约束机制必须覆盖产品和服务创新的全过程，而且在强调激励的同时还要建立相应的约束机制，实现奖惩分明。

（三）战略转型

1. 稳步推进战略转型，经营能力稳步提升

信贷投放稳健有序。支持纳入国家战略的重大基础设施项目，基础设施行业领域贷款达25592.15亿元，增长11.87%；大力拓展普惠金融，境内零售类贷款占比45.4%，较上年提升2.4个百分点；紧紧围绕服务实体经济以小为主、以微为重主动对接有市场、有技术、有诚信、重环保、促就业的小微客户金融需求；支持住房等民生领域需求，个人住房贷款增长19.87%，至22538.15亿元，总额和新增额均居同业首位。

战略性业务快速发展。债务融资工具累计承销3989.83亿元，承销额连续四年同业排名第一；以“养颐”为主品牌的养老金融产品体系，进一步丰富养老金受托资产规模、账户管理规模分别新增188.32亿元和62.34万户；投资托管业务规模增幅38.06%，新增证券投资基金托管只数和首发份额市场领先；跨境人民币客户数突破1万个、结算量达1.46万亿元；信用卡累计发卡量6593万张，消费交易额16580.81亿元，多项核心指标排名同业第一；私人银行业务持续推进客户数量增长14.18%，金融资产增长18.21%。

综合金融服务功能逐步健全。完成收购期货公司交割更名为建信期货并正式开业，非银行金融牌照保持领先；各子公司市场位次大幅提升，业务规模跻身行业前列，建信信托管理资产规模跃居行业第三，建信人寿保费收入居银行系首位，建银国际IPO项目数在香港投行中领先；于2014年末综合化经营子公司资产增长34.30%，净利润增长31.63%。

国际化转型取得突破。主动融入全球市场，参与国际竞争，海外一级机构达到21家，初步实现对海外主要市场覆盖；与138个国家和地区的1470家机构建立总行级代理行关系，服务网络持续扩大；获得伦敦人民币清算行资格，成功发行宝岛债、点心债、歌德债、大洋债等。

2. 支持实体经济发展，持续推进信贷结构调整

合理配置资源，着力支持国计民生重点领域和薄弱环节；充分发挥传统优势，上年基础设施贷款新增2714.82亿元，占公司类贷款新增的75.25%，重点投向在建、续建项目，国家重点工程，城镇化和新农村建设等领域；继续保持住房金融领先优势，个人

住房贷款余额2.25万亿元，总额和新增居同业首位，房改金融市场占比超过50%；积极拓展小微企业金融服务，大力推广助保贷等新的经营模式以及善融贷、结算透等依托大数据技术研发的小微企业专属产品，提升小微企业服务水平；探索农村金融服务新模式，不断增加县域机构网点数量，加强与供销社等涉农企业机构的跨界合作，推广手机银行、自动柜员机和销售终端等服务方式，延伸服务渠道；严格控制过剩行业和监管政策调控领域信贷投放钢铁、水泥、电解铝、平板玻璃和船舶5大产能严重过剩行业，贷款较年初压缩49.86亿元，地方政府融资平台贷款较上年减少286.38亿元，客户结构继续优化。

3. 资源、渠道、考核全面变革，加快向综合性银行集团、多功能服务、集约化发展、创新银行、智慧银行方向转型

从“一心一意办银行”到率先在大型国有银行中海外上市，建行多次华丽转身引领转型，每一次改革无不经历脱胎换骨的过程；狂飙突进之后，银行业经营环境日益困难；中国经济增速放缓与结构调整周期来临，去杠杆、去产能的经济转型深入推进，银行信贷结构调整和资产质量加速恶化；利率市场化改革只差“临门一脚”；互联网金融业态对传统金融业务冲击迅猛；银行业传统盈利模式难以为继，转型势在必行。

2015年第一季度数据显示，16家A股上市银行净利润同比增长3.25%，比2014年同期放缓8.59个百分点，一季度末不良贷款率增加0.11个百分点，至1.33%；监管趋严、市场竞争愈加激烈以及面临营改增的挑战，推进全面变革成为唯一的出路。

在这样的背景下，建行继10年前的股改上市后再度启动转型；2013年年末建行在全国6大区、38个一级分行召开6次座谈会，专题研究新时期的战略定位和转型发展；王洪章称：“我参加了广州和贵州的座谈会，谈得非常深入，大家都很有紧迫感，他们比我还清楚转型恰当其时”。

2014年起建行内部分设12个课题组进行调查研究，召开多次座谈会和党委研究会制定转型发展规划，历经106稿修改后，转型方案终于在2013年12月底获得董事会通过；转型规划提出建行“综合性、多功能、集约化、创新型、智能化”的总体转型目标；在总目标下涉及7个重点领域和27项具体业务，细化到每一个业务条线都制定了具体的转型计划。

4. 组织架构：业务部门“公司化”

建设银行对转型改革活力的激发先从体制机制入手。2015年6月“建信养老金业务管理公司”正式挂牌营业，这意味着首家“银行系”养老金公司正式落地；该公司由建设银行和社保基金共同发起设立，建行是第一大股东，原建设银行养老金业务部撤销，全部业务和人员并入这家新公司；截至2014年末建行运营养老金受托和托管资产合计近1900亿元，运营养老金个人账户超过384万户，企业年金和养老金业务在业内处于领先地位。

建行设立养老金子公司正是依照新的战略转型规划而进行的布局，同时也是建行第三轮组织架构调整的一项重要内容。

未来建行考虑在业务集约化的基础上分拆业务部门单独设立子公司实现公司化运作；据悉未来同业业务、资产管理、工程造价咨询、信用卡、托管发展成熟后都可进行分拆；而目前建行已经拥有建信基金、建信租赁、建信信托、建信人寿、中德银行、建行期货6家境内子公司，还有建银国际一家境外非银行类子公司以及27家村镇银行，经营范围横跨境内、境外两个市场，业务覆盖基金、租赁、信托、保险、投行、期货以及专业化银行等多个行业和领域，拥有各类牌照，位居国内银行业首位；正在构建市场互为依托、业务互为补充、效益来源多样化、风险分散可控的经营构架。

四、组织结构①

（一）组织结构图

我们可以看到中国建设银行的组织结构总体上是超事业部型的组织结构，在组织最高管理层和各事业部之间增加一级管理机构负责统辖和协调所属各个事业部活动，这样管理在分权基础上又适当再度集中。超事业部制可以更好地协调各事业部之间的关系，甚至可以同时利用若干个事业部的力量开发新产品，减轻公司总部的工作负荷。通过超事业部强化了对各事业部的统一领导和有效管理，但增加了需要配备的人员和支付的各项费用。超事业部制这种组织机构形式对规模很大的公司尤为适宜。

人员变动情况

（1）建设银行董事。根据建设银行2013年第一次临时股东大会决议并经银监会核准，自2014年1月起张燕玲女士、郭衍鹏先生担任建设银行非执行董事，张龙先生担任建设银行独立非执行董事。

经建设银行2013年度股东大会选举，自2014年6月起董轼先生连任建设银行非执行董事，任期至2016年度股东大会。

自2014年3月28日起因个人工作原因赵锡军先生不再担任建设银行独立非执行董事；自2014年5月7日起因工作变动张燕玲女士不再担任建设银行非执行董事；自2014年10月8日起因工作变动齐守印先生不再担任建设银行非执行董事。

建设银行2015年1月6日发布公告，因年龄原因胡哲一先生向建设银行董事会提交辞呈辞去建设银行执行董事及副行长职务。

建设银行2015年3月9日发布公告，因工作变动朱洪波先生向建设银行董事会提交辞呈辞去建设银行执行董事及副行长职务。

（2）建设银行监事。根据第三届职工代表大会第三次会议决议，王琳先生自2014年1月起出任建设银行职工代表监事。

根据2013年度股东大会决议，郭友先生自2014年6月起出任建设银行股东代表监

① 中国建设银行2012年年度报告。

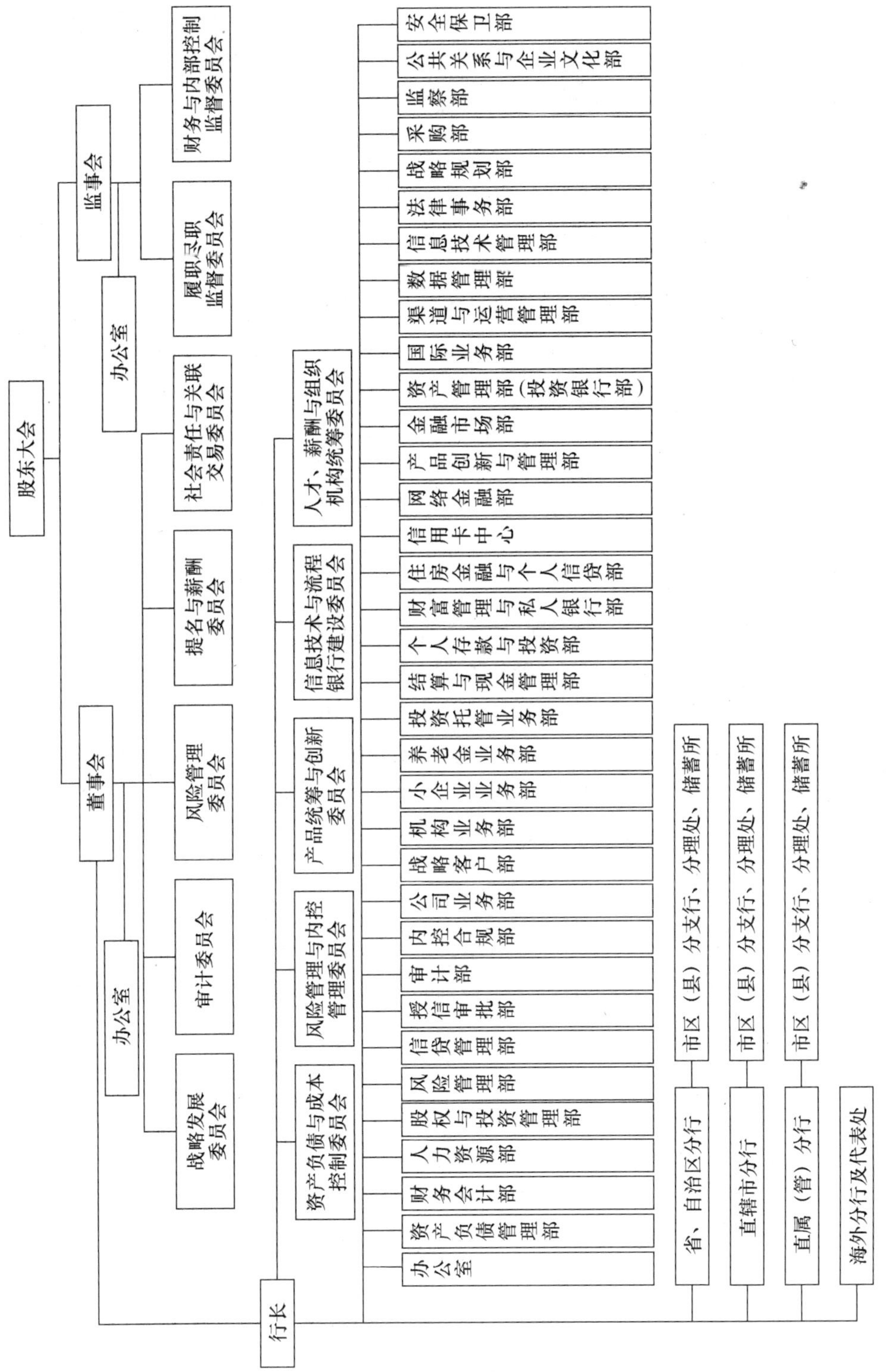

股东大会

董事会

办公室

战略发展委员会

审计委员会

风险管理委员会

提名与薪酬委员会

社会责任与关联交易委员会

监事会

办公室

履职尽职监督委员会

财务与内部控制监督委员会

行长

资产负债与成本控制委员会

风险管理与内控管理委员会

产品统筹与创新委员会

信息技术与流程银行建设委员会

人才、薪酬与组织机构统筹委员会

办公室

资产负债管理部

财务会计部

人力资源部

股权与投资管理部

风险管理部

信贷管理部

授信审批部

审计部

内控合规部

公司业务部

战略客户部

机构业务部

小企业业务部

养老金业务部

投资托管业务部

结算与现金管理部

个人存款与投资部

财富管理与私人银行部

住房金融与个人信贷部

信用卡中心

网络金融部

产品创新与管理部

金融市场部

资产管理部（投资银行部）

国际业务部

渠道与运营管理部

数据管理部

信息技术管理部

法律事务部

战略规划部

采购部

监察部

公共关系与企业文化部

安全保卫部

省、自治区分行

市区（县）分支行、分理处、储蓄所

直辖市分行

市区（县）分支行、分理处、储蓄所

直属（管）分行

市区（县）分支行、分理处、储蓄所

海外分行及代表处

图 1 中国建设银行组织结构

事；根据2014年监事会第四次会议决议，郭友先生自2014年6月起出任建设银行监事长。

因工作安排李卫平先生于2014年1月辞去建设银行职工代表监事职务。

因工作变动黄叔平女士于2014年4月辞去建设银行职工代表监事职务。

根据有关规定并因年龄原因张福荣先生于2014年6月辞去建设银行监事长及股东代表监事职务。

（3）建设银行高级管理人员。经建设银行董事会2014年第一次会议聘任并经银监会核准，黄毅先生自2014年4月起担任建设银行副行长。

2014年6月，庞秀生先生不再兼任建设银行首席财务官。经建设银行董事会2014年第二次会议聘任并经银监会核准，许一鸣先生自2014年6月起担任建设银行首席财务官。

经建设银行董事会2014年第六次会议聘任并经银监会核准，余静波先生自2014年12月起担任建设银行副行长。2015年2月余静波先生不再兼任建设银行首席审计官。

2014年1月赵欢先生不再担任建设银行副行长职务。

（二）公司治理

建设银行致力于维持高水平的公司治理，严格按照中国公司法、商业银行法等法律法规及上市地交易所上市规则的规定，结合建设银行公司治理实践优化公司治理结构完善公司治理制度。报告期内建设银行选举了执行董事、非执行董事和独立非执行董事，修订了建设银行的公司章程，制定了资本充足率管理办法及重大风险事项报告规程。

建设银行已遵守港交所上市规则附录十四《企业管治守则》及《企业管治报告》中的守则条文，同时符合其中绝大多数建议最佳常规。

1. 董事会的组成

建设银行董事会目前共有董事12名，其中执行董事2名，即王洪章先生、张建国先生；非执行董事4名，即陈远玲女士、徐铁先生、郭衍鹏先生和董轼先生；独立非执行董事6名，即张龙先生、伊琳·若诗女士、钟瑞明先生、维姆·科克先生、莫里·洪恩先生和梁高美懿女士。

2. 董事会专门委员会

董事会下设战略发展委员会、审计委员会、风险管理委员会、提名与薪酬委员会、社会责任与关联交易委员会5个专门委员会。其中审计、风险管理、提名与薪酬和社会责任与关联交易委员会独立非执行董事超过半数。

（1）战略发展委员会。建设银行战略发展委员会由10名董事组成，主席由董事长王洪章先生担任，委员包括张建国先生、陈远玲女士、伊琳·若诗女士、维姆·科克先生、莫里·洪恩先生、徐铁先生、郭衍鹏先生、梁高美懿女士和董轼先生。其中执行董事2名，非执行董事4名，独立非执行董事4名。

战略发展委员会的主要责任包括：

- 拟定战略及发展规划监测、评估其实施情况；
- 审核年度经营计划和固定资产投资预算；
- 审查年度经营计划和固定资产投资预算执行情况；
- 评估各类业务的协调发展情况；
- 审核重大组织调整和机构布局方案；
- 审核重大投资、融资方案；
- 在董事会授权范围内行使股权投资、IT 规划和资本充足率管理等权限。

（2）审计委员会。建设银行审计委员会由 6 名董事组成，主席由独立非执行董事钟瑞明先生担任，委员包括张龙先生、伊琳·若诗女士、莫里·洪恩先生、徐铁先生和董轼先生。其中非执行董事 2 名，独立非执行董事 4 名。

审计委员会的主要职责权限包括：

- 监督银行财务报告审查银行会计信息及其重大事项披露；
- 监督及评估银行内部控制；
- 监督及评价银行内部审计工作；
- 监督及评估外部审计工作；
- 关注可能出现的不当行为；
- 向董事会报告委员会工作；
- 董事会授权的其他事宜。

（3）风险管理委员会。建设银行风险管理委员会由 6 名董事组成，主席由独立非执行董事梁高美懿[①]女士担任，委员包括张龙先生、张建国先生、陈远玲女士、钟瑞明先生和莫里·洪恩先生。其中执行董事 1 名，非执行董事 1 名，独立非执行董事 4 名。

风险管理委员会的主要职责为：

- 根据建设银行总体战略审核建设银行风险管理政策并对其实施情况及效果进行监督和评价；
- 指导建设银行的风险管理制度建设；
- 监督和评价风险管理部门的设置、组织方式、工作程序和效果并提出改善意见；
- 审议建设银行风险报告对建设银行风险状况进行定期评估提出完善建设银行风险管理的意见；
- 对建设银行分管风险管理的高级管理人员的相关工作进行评价；
- 监督银行核心业务、管理制度和重大经营活动的合规性；
- 董事会授权的其他事宜。

---

① 自 2015 年 1 月 1 日起梁高美懿女士因个人原因不再担任建设银行董事会风险管理委员会主席。自该日起莫里·洪恩先生担任建设银行董事会风险管理委员会主席。详情请参见建设银行于 2014 年 12 月 12 日发布的董事会决议公告。

五、股权结构和集团管控

（一）股权结构

1. 股本结构

根据建设银行2011年第一次临时股东大会决议并经银监会和中国人民银行批准，2012年11月建设银行发行次级债券400亿元，品种为15年期固定利率债券，票面利率为4.99%，在第10年末附有前提条件的发行人赎回权。债券募集资金用于补充建设银行附属资本。根据建设银行2012年度股东大会决议并经银监会和中国人民银行批准，2014年8月建设银行在全国银行间债券市场公开发行了总额为人民币200亿元的二级资本债券，品种为15年期固定利率债券，票面利率为5.98%，在第10年末附发行人赎回权，债券募集资金用于补充建设银行的二级资本。2014年11月建设银行向境外机构投资者发行了总额为人民币20亿元的二级资本债券，品种为10年期在第5年末附发行人赎回权，前5年为固定利率，票面利率为4.90%，债券募集资金用于补充建设银行的二级资本。

2. 股份变动

表3　建设银行股份变动情况

单位：股

	2014年1月1日		报告期内增减+/（-）					2014年12月31日	
	数量	比例（%）	发行新股	送股	公积金转股	其他	小计	数量	比例（%）
一、有限售条件股份	—	—	—	—	—	—	—	—	—
二、无限售条件股份									
1. 人民币普通股	9593657606	3.84	—	—	—	—	—	9593657606	3.84
2. 境外上市的外资股	91967394499	36.78	—	—	—	138644000	138644000	92106038499	36.84
3. 其他[①]	148449925381	59.38	—	—	—	（138644000）	（138644000）	148311281381	59.32
三、股份总数	250010977486	100.00	—	—	—	—	—	250010977486	100.00

① 建设银行发起人汇金公司、宝钢集团、国家电网、长江电力持有的无限售条件H股股份。

3. 十大股东

于报告期末建设银行股东总数 698999 户，其中 H 股股东 51038 户，A 股股东 647961 户。于 2015 年 3 月 23 日建设银行股东总数 723424 户，其中 H 股股东 50551 户，A 股股东 672873 户。

表 4　中国建设银行前十大股东

股东总数	698999（2014 年 12 月 31 日的 A 股和 H 股在册股东总数）				
前 10 名股东持股情况					
股东名称	股东性质	持股比例（%）	持股总数	持有有限售条件股份数量	质押或冻结的股份数量
汇金公司	国家	57.03	142590494651（H 股）	无	无
		0.23	570941976（A 股）	无	未知
香港中央结算（代理人）有限公司	境外法人	30.46	76161402476（H 股）	无	无
淡马锡	境外法人	5.79	14473825216（H 股）	无	无
国家电网	国有法人	1.08	2705173730（H 股）	无	无
宝钢集团	国有法人	0.80	2000000000（H 股）	无	无
		0.10	246560498（A 股）	无	无
中国平安人寿保险股份有限公司—传统—普通保险产品	境内非国有法人	0.86	2143438329（A 股）	无	无
长江电力	国有法人	0.41	1015613000（H 股）	无	无
益嘉投资有限责任公司	境外法人	0.34	856000000（H 股）	无	无
中国平安人寿保险股份有限公司—传统—高利率保单产品	境内非国有法人	0.17	419776970（A 股）	无	无
香港中央结算有限公司	境外法人	0.04	112112047（A 股）	无	无

备注：①2014 年 12 月 31 日淡马锡持有建设银行 H 股共 14473825216 股，国家电网、长江电力分别持有建设银行 H 股 2705173730 股和 1015613000 股，代理于香港中央结算（代理人）有限公司名下。除去淡马锡、国家电网、长江电力持有的股份，代理于香港中央结算（代理人）有限公司的其余 H 股为 76161402476 股。②2015 年 1 月 16 日淡马锡向港交所进行了权益申报，详情载列于本年报“董事会报告书”。③截至 2014 年 12 月 31 日国家电网通过所属全资子公司持有建设银行 H 股股份情况如下：国网英大国际控股集团有限公司 795687000 股，国家电网国际发展有限公司 1315282730 股，鲁能集团有限公司 582204000 股，深圳国能国际商贸有限公司 12000000 股。④2014 年 12 月 31 日境外股东通过“沪股通”持有建设银行 A 股共 112112047 股，代理于香港中央结算有限公司名下。⑤上述部分股东属于同一管理人管理。除此之外建设银行未知上述股东存在关联关系或一致行动关系。

4. 主要股东

汇金公司是建设银行的控股股东，截至报告期末共持有建设银行 57.26% 的股份。汇金公司是经国务院批准依据《公司法》于 2003 年 12 月 16 日成立的国有独资公司，注册资本和实收资本为 8282.09 亿元，法定代表人为丁学东先生，组织机构代码为 71093296－1。汇金公司根据国家授权对国有重点金融企业进行股权投资，以出资额为限代表国家依法对国有重点金融企业行使出资人权利和履行出资人义务，实现国有金融资产保值增值。汇金公司不开展其他任何商业性经营活动，不干预其控股的国有重点金融企业的日常经营活动。

鉴于汇金公司2014年度经审计的财务报告需待控参股机构财务报表全部审计完成后方能提供，以下所列财务数据为2013年度经审计的数据。截至2013年12月31日，汇金公司资产总计为265037361.30万元，负债合计为13599354.85万元，所有者权益合计为251438006.45万元；2013年度净利润为45015073.88万元；2013年度经营活动、投资活动、筹资活动产生的现金流量净额为4174376.14万元。

截至2014年12月31日汇金公司直接持股企业基本信息如下：

表5 汇金公司直接持股企业基本信息一览

序号	机构名称	汇金公司持股比例（%）
1	国家开发银行股份有限公司	47.63
2	中国工商银行股份有限公司	35.12
3	中国农业银行股份有限公司	40.28
4	中国银行股份有限公司	65.52
5	中国建设银行股份有限公司	57.26
6	中国光大集团股份公司	55.67
7	中国光大银行股份有限公司	41.24
8	中国出口信用保险公司	73.63
9	中国再保险（集团）股份有限公司	84.91
10	新华人寿保险股份有限公司	31.34
11	中国建银投资有限责任公司	100.00
12	中国银河金融控股有限责任公司	78.57
13	申银万国证券股份有限公司	55.38
14	中国国际金融有限公司	43.35
15	中信建投证券股份有限公司	40.00
16	中国中投证券有限责任公司	100.00
17	中国光大实业（集团）有限责任公司	100.00
18	建投中信资产管理有限责任公司	70.00
19	国泰君安投资管理股份有限公司	14.54

（二）集团管控

1. 内部控制

中国建设银行积极开展内部控制现场测试和非现场评价，内部控制评价覆盖了所有的管理层级和部门、境内机构、海外机构、子公司以及业务产品和条线；中国建设银行在内部控制评价过程中未发现重大和重要内部控制缺陷；一些有待改善的事项对中国建设银行经营管理不构成实质性影响；中国建设银行高度重视这些事项将进一步采取措施持续改进。

中国建设银行深入贯彻财政部等五部委《企业内部控制基本规范》及其配套指引的要求，成立内控合规部各分支机构，也明确了承担内控管理的牵头部门，初步搭建了内控合规管理的组织体系；中国建设银行制定了内部控制基本规定，围绕内部环境、风险评估、控制活动、信息沟通、内部监督五要素明确了内部控制的目标、原则和管理要求，是全行实施内部控制的基础性制度。

中国建设银行制定了内部控制评价办法，明确了内部控制评价的内容、程序和方法，按照主要业务流程中关键控制点的控制状况进行评价，推动实现内部控制全员、全面、全过程管理；制定了子公司内部控制规范，实施工作指引指导子公司提升内控管理水平。

中国建设银行提出内部控制体系建设三年规划，明确了未来三年内控体系建设的目标、内容、责任与时间进度，以确保内控体系建设工作持续改进。

董事会于 2011 年 8 月审议通过了年报信息披露重大差错责任追究办法，建立了重大差错责任追究制度；报告期内中国建设银行未发生年报信息披露重大差错情况。

2014 年建设银行内控合规工作紧紧围绕监管要求和全行发展战略不断完善组织体系建设，加强内控合规文化宣传，推进内控体系建设三年规划和内控标准化强化内控评价、制度管理、系统建设和信息报告，实施合规检查和问题整改推进反洗钱作业集中、关联交易制度完善、操作风险管理工具应用和业务连续性自评估等各项工作有序开展，全行内控合规管理效能上了新台阶。

建设银行积极推进内控合规文化建设，通过宣讲、调研、简报、工作动态等多形式宣传内控合规核心价值观，通过分层次培训加强了队伍建设，提高了人员履岗适岗能力。

根据监管要求和管理需要，建设银行针对重点业务、关键环节实施了内控合规检查，重点就信贷业务内控有效性状况以内控视角实施了“五查”：查体制、机制与制度建设，查内部管控流程，查规范合规操作，查业务检查与问题整改，查责任追究。从内控角度分析了重点业务流程管理中的内控薄弱环节，加强了对业务条线的内控支持。

董事会关于内部控制责任的声明

按照企业内部控制规范体系的规定，建立健全和有效实施内部控制评价其有效性，并如实披露内部控制评价报告是董事会的责任。监事会对董事会建立和实施内部控制进行监督。高管层负责组织领导内部控制的日常运行。董事会、监事会及董事、监事、高级管理人员保证本报告内容不存在任何虚假记载、误导性陈述或重大遗漏并对报告内容的真实性、准确性和完整性承担个别及连带法律责任。

建设银行内部控制的目标是合理保证经营管理合法合规、资产安全、财务报告及相关信息真实完整，提高经营效率和效果，促进实现发展战略。由于内部控制存在的固有局限性，故仅能为实现上述目标提供合理保证。此外，由于情况的变化可能导致内部控制变得不恰当或对控制政策和程序遵循的程度降低，根据内部控制评价结果推测未来内部控制的有效性具有一定的风险。

建设银行依据《企业内部控制基本规范》及其配套指引、上海证券交易所《上市公司内部控制指引》、证监会和财政部《公开发行证券的公司信息披露编报规则第21号——年度内部控制评价报告的一般规定》、《商业银行内部控制指引》的监管要求制定了《中国建设银行股份有限公司内部控制基本规定》、《中国建设银行内部控制缺陷认定标准》。2014年度对内部控制评价办法进行修改完善，制定了《中国建设银行内部控制评价办法》等一系列内部控制制度。在全行范围内有效开展内部控制评价工作。

建设银行在披露年度报告的同时披露了内部控制评价报告和内部控制审计报告。

根据建设银行财务报告内部控制重大缺陷的认定情况，于内部控制评价报告基准日不存在财务报告内部控制重大缺陷，董事会认为建设银行已按照企业内部控制规范体系和相关规定的要求，在所有重大方面保持了有效的财务报告内部控制。

根据建设银行非财务报告内部控制重大缺陷认定情况，于内部控制评价报告基准日建设银行未发现非财务报告内部控制重大缺陷。一些有待改善的事项对建设银行经营管理不构成实质性影响。建设银行高度重视这些事项，将进一步采取措施持续改进。

建设银行聘请的普华永道中天会计师事务所已对建设银行财务报告相关内部控制的有效性进行了审计，出具了标准内部控制审计报告，认为建设银行按照《企业内部控制基本规范》和相关规定在所有重大方面保持了有效的财务报告内部控制。

年报信息披露重大差错责任追究制度的建立与执行情况

董事会于2011年8月审议通过了年报信息披露重大差错责任追究办法，建立了重大差错责任追究制度。报告期内建设银行未发生年报信息披露重大差错情况。

2. 风险管理①

（1）风险管理架构。董事会及其专门委员会、高级管理层及其专业委员会、风险管理部门等构成建设银行风险管理的组织架构。建设银行风险管理的基本架构如下：

建设银行董事会按公司章程和相关监管要求规定履行风险管理职责。董事会下设风险管理委员会，负责制定风险战略并对实施情况进行监督，定期对整体风险状况进行评估。董事会定期审议并通过集团的风险偏好陈述书并作为风险管理架构的核心组成部分，通过相应的资本管理政策、风险管理政策和业务政策等加以体现和传导，确保建设银行业务经营活动符合风险偏好。监事会对全面风险管理体系建设及董事会、高管层履行全面风险管理职责情况进行监督。高管层负责执行董事会制定的风险战略负责集团全面风险管理工作的组织实施。

建设银行高管层设首席风险官，在职责分工内协助行长组织相应的风险管理工作。风险管理部是全行业务风险的综合管理部门。信贷管理部是全行信用风险的综合管理部门。授信审批部是全行信用业务授信、审批的综合管理部门。资产负债管理部是流动性风险和银行账户利率风险的综合管理部门。内控合规部是内部控制管理、合规风险和操作风险的综合管理部门。其他各类风险则分别由相应的专业管理部门负责。

① 中国建设银行2014年年度报告。

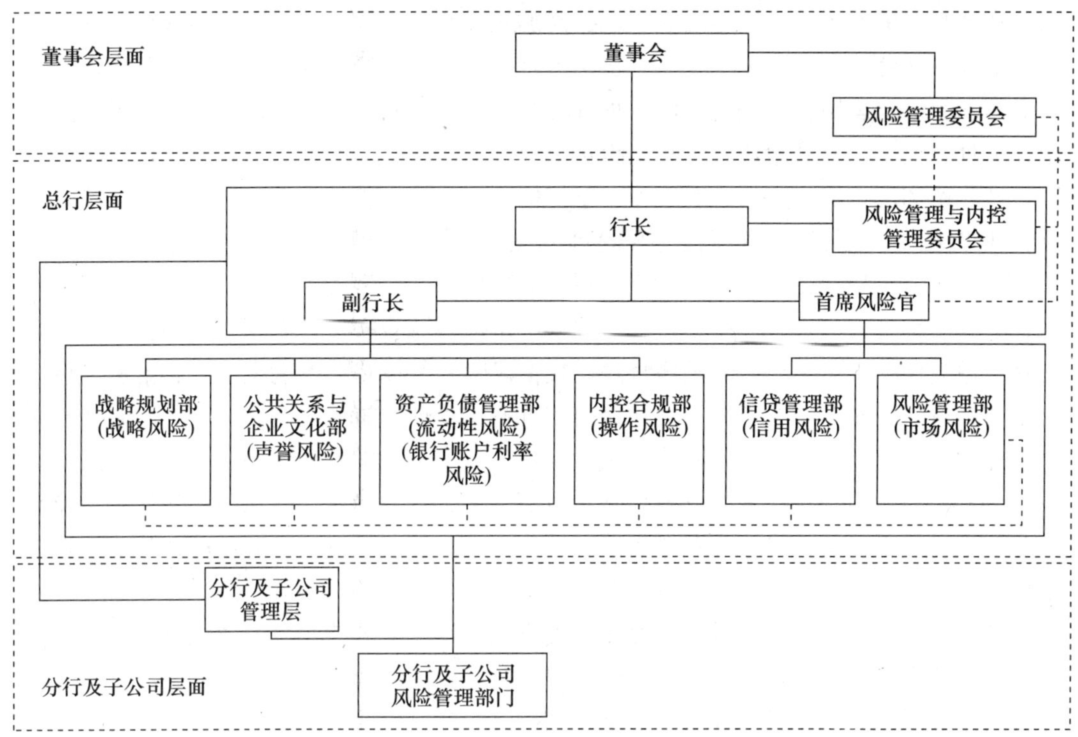

图 2　建设银行风险管理架构

建设银行重视风险偏好的执行、监测和重检。通过落实风险偏好传导机制加强对风险选择、风险资产配置的政策引导；按季监测、分析和报告风险偏好执行情况；考虑宏观经济“新常态”下风险规律的变化，启动集团风险偏好的重检修订工作；子公司通过公司治理机制落实母行风险管理要求，建立健全内部风险偏好、风险管理体系和风险政策。

中国建设银行运用金融工具时面对的风险如下：信用风险、市场风险、流动性风险、操作风险。

（2）信用风险管理。信用风险是指债务人或交易对手没有履行合同约定的对建设银行的义务或责任使建设银行可能遭受损失的风险。

2014 年建设银行积极应对复杂多变的经济形势，加大信用风险防控力度，及时调整优化信贷政策，完善优化制度流程，夯实贷前、贷中、贷后的基础管理，提升信用风险管理能力和水平。开展“信贷风险防控年”活动夯实信贷基础管理。完成上年度新发放贷款“回头看”工作，开展高风险行业、客户群、产品的专项风险排查或检查，及时化解潜在风险。加强贷前环节真实性核查和尽职调查，提升贷中放款审核的集约化管理水平，优化贷后和押品管理制度体系，完善海外机构信用风险管理的政策制度体系。及时调整优化信贷政策，提高信贷政策精细化水平。围绕国家产业政策、监管要求、全行发展战略和风险偏好重检完善信贷政策体系，细化客户选择标准，明确信贷投放重点严格管控高风险领域的信贷增长。积极应对国内外经济形势的变化，适时调整优化信贷政策，进一步针对风险凸显领域提高准入标准，严控贷款新增，实施精确管控。

加大不良处置力度，为资产质量稳定提供有效支撑。以重大项目、重点分行、重点产品为抓手综合运用各类处置手段，提升不良资产处置效率，注重提高现金回收、盘活上迁的处置比重，充分运用批量化、市场化处置渠道，合理安排核销总量，积极推进风险资产化解和已核销资产的处置工作。坚持依法合规加强基础管理的同时注重经验总结强化典型案例分析促进业务流程与管理制度的持续优化。

推进授信流程优化工作，践行主动授信管理理念。调整大中型对公客户授信管理办法建立健全综合授信重检制度，进一步完善客户信用风险敞口计量规定，加强对集团客户授信总量监控，切实防范集团客户过度授信风险。积极落实主动授信理念推进风险关口前移，进一步提升服务效率；强化信贷审批授权管理实施授权动态调整，同时加强对授信业务监控督查力度有效控制授信风险。

创新风险预警预控技术，开发优化计量模型和工具。建成涵盖对公、零售客户模型的信用评级体系，将计量工具和结果广泛应用于额度管控、贷后管理、欺诈侦测、智能催收、综合金融服务方案、产品创新等方面，提升了风险管理工具的应用深度和广度。开展多维度的综合性及专题性压力测试以提升系统性风险防控水平。建立完善区域、产品等多维度风险限额管理体系，有效传导风险偏好引导结构调整。

（3）流动性风险管理。流动性风险是指虽然有清偿能力但无法及时获得充足资金或无法以合理成本及时获得充足资金以应对资产增长或支付到期债务的风险。建设银行流动性风险管理目标是在满足监管要求的基础上保持合理的流动性水平，保障支付和清算安全同时充分、合理运用资金提高资金使用效率。2014 年银行体系流动性合理适度，但受春节假期现金需求增加、新股申购、企业集中缴税等因素影响，人民币市场资金出现了季节性波动。中国人民银行通过定向降低法定存款准备金率、公开市场操作、抵押补充贷款工具（PSL）、短期流动性调节工具（SLO）、中期借贷便利（MLF）等方式适度进行调整市场资金趋于宽松。建设银行根据资金情况适时采取积极应对措施，实施集团流动性协同管理调整债券投资、买入返售、存放同业等对流动性影响较大的相关产品运用额度和强大额资金流动预报流动性水平始终保持在合理范围保证了正常支付与清算。

（4）市场风险管理。市场风险是指因市场价格（利率、汇率、商品价格和股票价格等）发生不利变动而使本集团表内外业务发生损失的风险。2014 年建设银行继续完善市场风险管控制度，创新管理方法，改进市场风险管控工具，不断提升市场风险管理水平。完善市场风险管理政策制度。制定 2014 年全行市场风险政策与限额方案，明确风险政策导向和风险边界。修订重大风险预案和细则，加强应急管理。制定交易价格管控指引，修订交易对手信用风险管理办法、交易员管理办法、新产品管理规定、交易系统重要参数管理办法和金融市场业务风险管理手册制度体系日益完善。加强市场风险监控和报告。建立以融入流程为特征的主动风险管理模式，加强集团层面交易业务管理，加强海外机构金融市场业务风险管控。跟踪监测金融市场业务授信、授权、风险限额等执行情况，实现外汇与贵金属敞口的自动监控。按照“评估、检查、改进”的方式对黄金租借、外汇和贵金属报价、前后台对账、海外机构授权授信开展专项检查。

（5）利率风险管理。利率风险是指利率水平、期限结构等要素发生不利变动导致银行账户整体收益和经济价值遭受损失的风险。资产负债组合期限结构错配和定价基准不一致产生的重定价风险和基准风险是建设银行利率风险的主要来源，收益率曲线风险和期权风险相对影响较小。建设银行利率风险管理的总体目标是根据风险偏好和风险管理水平在可承受的利率风险容忍度范围内，最小化利率变动引起的净利息收入降低额。2014 年，建设银行积极应对利率市场化挑战，提升市场化、自主化、差异化定价能力，深入推进贷款基础利率（LPR）报价应用；综合运用利率敏感性缺口、净利息收入预测合理摆布资产负债组合期限结构、产品结构确保整体利率风险水平控制在设定的边界范围内。

（6）汇率风险管理。汇率风险是指汇率水平的不利变动使银行财务状况受影响的风险。汇率风险主要源于建设银行持有的非人民币计价的资产负债在币种间的错配以及金融市场做市而持有的头寸。建设银行通过资产和负债匹配规避汇率风险，通过限额控制汇率风险运用衍生金融工具对冲汇率风险通过产品合理定价转移汇率风险。2014 年建设银行完成资产负债管理系统（ALM）汇率风险模块的优化工作完善汇率风险敞口统计功能，提高汇率风险计量的准确性。

（7）操作风险管理。操作风险是指由不完善或有问题的内部程序、人员、系统或外部事件所造成损失的风险。2014 年建设银行根据监管要求和操作风险变化趋势综合应用操作风险自评估、关键风险指标、关键风险点检查等工具和方法有效开展对重要业务、关键环节的风险监测、评估和检查，持续完善和提升操作风险管理信息系统功能，建立健全业务连续性管理政策制度体系，保障全行各项业务运行安全。强化部门间、岗位间制约平衡机制。针对风险变化、业务创新和流程调整持续重检和动态调整不相容岗位（职责），积极推进并不断提升不相容岗位（职责）机控水平。持续完善操作风险管理系统平台。不断优化完善操作风险管理信息系统集成，并持续提升对风险与控制自评估、内外部损失事件、关键风险指标、情景分析、资本计量和业务连续性管理等支持功能切实发挥其在识别风险、改进控制、监测预警方面的积极作用。继续推动业务连续性管理体系建设。规范业务连续性应急预案及应急演练工作流程，建立应急预案评审机制推动应急预案标准化建设。建立业务连续性管理监督考核机制改进评估指标和标准，并开展全行自评估推动业务连续性管理工作的有效开展。

六、业务组合

（一）业务介绍

中国建设银行的主要业务分部有公司银行业务、个人银行业务、资金业务和包括权益投资、海外业务在内的其他业务；表 6 列出所示期间各主要业务分部的利润总额情况。

表6 中国建设银行主要业务

（人民币百万元百分比除外）	截至2014年12月31日止年度		截至2013年12月31日止年度		截至2012年12月31日止年度		截至2011年12月31日止年度	
	金额	占总额百分比（%）	金额	占总额百分比（%）	金额	占总额百分比（%）	金额	占总额百分比（%）
公司银行业务	151886	50.79	145939	52.16	118494	47.13	111041	50.68
个人银行业务	80553	26.93	64635	23.10	51663	20.55	37627	17.17
资金业务	64696	21.63	69107	24.70	76272	30.33	71059	32.43
其他业务	1591	0.65	125	0.04	5010	1.99	（620）	（0.28）
利润总额	299.086	100.00	279806	100.00	251439	100.00	219107	100.00

资料来源：WIND数据库。

公司银行业务

表7列出了公司银行业务分部的主要经营数据及变动情况。

表7 中国建设银行公司银行业务分部的主要经营

（人民币百万元百分比除外）	截至2014年12月31日止年度	截至2013年12月31日止年度	变动（%）	截至2012年12月31日止年度	截至2011年12月31日止年度	变动（%）
利息净收入	235656	202965	16.11	176390	159396	10.66
手续费及佣金净收入	42032	42119	（0.21）	40116	39170	2.42
其他营业收入	（6948）	（1352）	413.91	3	7	（57.14）
营业收入	270740	243732	11.08	216509	198573	9.03
营业税金及附加	（21646）	（20447）	5.86	（20307）	（16226）	25.15
业务及管理费	（51773）	（46551）	11.22	（47380）	（43751）	8.29
资产减值损失	（45736）	（31293）	46.15	（30697）	（28291）	8.50
营业利润	151585	145441	4.22	118125	110305	7.09
营业外收支净额	301	498	（39.56）	369	736	（49.86）
利润总额	151886	145939	4.07	118494	111041	6.71
	于2014年12月31日	于2013年12月31日		于2012年12月31日	于2011年12月31日	
分部资产	6106160	5585454	9.32	5368220	4643350	

资料来源：WIND数据库。

2014年公司银行业务实现利润总额1518.86亿元，较2013年增加59.47亿元，增幅4.07%；占本集团利润总额的50.79%，较2013年下降1.37个百分点。营业收入较2013年增长11.08%。其中在公司存贷款业务发展的驱动下利息净收入较2013年增长16.11%。

受国内保理、百易安等产品收入下降影响手续费及佣金净收入较2013年下降0.21%。基于审慎原则足额计提客户贷款和垫款损失准备资产减值损失较2013年增长46.15%。

（1）公司存款业务。建设银行在加强维护现有客户的同时注重存款产品组合应用和创新推动公司存款持续稳定增长。于2014年末建设银行境内公司客户存款66166.71亿元，较2013年新增1734.16亿元，增幅2.69%。

（2）公司贷款业务。建设银行公司贷款投放平稳均衡，重点支持实体经济发展。于2014年末建设银行境内公司类贷款和垫款余额57604.06亿元，新增3607.75亿元，增幅6.68%。基础设施行业领域贷款余额25592.15亿元，较2013年新增2714.82亿元，占公司类贷款新增的75.25%。涉农贷款余额17966.42亿元，新增1974.85亿元，增幅12.35%。其中新农村建设贷款余额1291.52亿元，新增126.03亿元，增幅10.81%。网络银行贷款自2007年以来累计投放1371.25亿元，累放客户超过1.68万户；加快拓展优质电商平台合作平台已达84家。

严格实施名单制管理钢铁、水泥、电解铝、平板玻璃、造船5个产能严重过剩行业贷款余额1407.07亿元，较上年减少49.86亿元。严控政府融资平台贷款总量持续优化，现金流结构监管类平台贷款余额较上年减少286.38亿元，现金流全覆盖类平台贷款占比95.60%。房地产开发类贷款重点支持信用评级高、经营效益好、封闭管理到位的优质房地产客户和普通商品住房项目，贷款余额4713.38亿元，新增266.88亿元。

（3）小企业业务。建设银行将小微企业金融服务作为支持实体经济的重要战略性业务，持续推动业务向小额化、标准化、批量化、集约化转型。2014年建设银行紧紧围绕服务实体经济以小为主、以微为重主动对接有市场、有技术、有诚信、重环保、促就业的小微客户金融需求；推广应用“助保贷”业务模式推进集群化客户服务；持续优化系统和业务流程运用零售化的评分卡工具，支撑小微企业信用评价小微企业贷款的可获得性大幅提高；拓展电子渠道应用以自助申请、支用、还款为特点的“网银循环贷”业务大幅增长；依托小企业经营中心的标准化、集约化处理优势在网点为客户推荐和办理小企业业务，进一步提高服务覆盖面。于2014年末按照2011年工业和信息化部等四部门联合下发的中小企业划型标准和银监会最新监管要求小微企业贷款余额11429.28亿元，较2013年新增1534.68亿元，增幅15.51%；授信客户数249737户，新增17776户。

（4）造价咨询业务。造价咨询业务是建设银行独具特色和品牌优势的中间业务产品，伴随着建设银行长期从事固定资产投资和代理财政职能而衍生和发展形成至今已有60年历史。建设银行36家一级分行具有住房和城乡建设部颁发的工程造价咨询甲级资质223家，二级分行设有专营机构。建设银行通过强化基础管理、健全专营机构、创新业务产品等措施实现造价咨询收入93.18亿元。

（5）机构业务。建设银行大力推广优化升级后的“民本通达”综合金融服务品牌，以教育、卫生、文化、环保等重点民生领域为核心进一步丰富综合服务的内涵。持续加深与北京外国语大学、浙江大学、厦门大学、北京协和医院、中国广播电视网络有限公司等领域重点优质客户的紧密合作关系；研究制定科研、旅游景区综合金融服务指引以及大气污染治理综合金融服务方案。成功蝉联中央财政非税收入收缴等代理业务资格并取得湖南、广东、云南等地省、市、县级多项财政业务代理资格；代理中央财政授权支付和非税收入收缴业务客户数保持同业第一。成功入围港股通合作银行与深圳证券交易所、大连商品交易所、上海清算所等签署《战略合作协议》。于 2014 年末建设银行“鑫存管”证券客户保证金第三方存管客户数 2418 万户，管理资金总额 2999.91 亿元，保持行业领先；期货投资者签约客户数量接近市场总量的 50%，保持市场第一位；开通期货公司数量达到 155 家，基本实现全覆盖。

（6）国际业务。国际业务保持快速发展势头。2014 年建设银行完成国际结算量 1.18 万亿美元，增幅 7.64%；跨境人民币结算 1.46 万亿元，增幅 61.94%；国外保函余额 272.46 亿美元，增幅 21.20%；转贷款余额 29.40 亿美元，增幅 21.99%。牵头完成重大支持企业“走出去”项目——埃塞俄比亚大型输变电站建设项目 12.8 亿美元出口信贷银团贷款，创造了建设银行单笔美元出口信贷融资项目最大签约额记录。创建“贸易金融”子品牌贸易融资产品超过 40 种；贸易融资累计投放量 1.4 万亿元，增幅 2.43%。成为伦敦人民币业务清算行，这是中国人民银行首次在亚洲以外的国家（地区）选定人民币清算行，也是建设银行首次获任海外人民币指定清算行。积极参与特殊经济区业务试点，率先在新疆霍尔果斯设立机构成为上海自贸区首批试点银行之一，分别在广西和苏州成立了中国—东盟跨境人民币业务中心和中国—新加坡跨境金融中心。代理行网络稳步扩大，总行级代理行达到 1470 家，覆盖 138 个国家和地区。

（7）投资托管业务。建设银行加大投资托管业务总行直接经营力度，促进跨境托管业务发展，提升集约化运营服务能力。于 2014 年末投资托管业务规模 4.28 万亿元，增长 1.18 万亿元，增幅 38.06%。证券投资基金托管规模 9490.99 亿元，居市场第二；新增证券投资基金托管 63 只，首发份额 768 亿份，均列市场第一。保险资产托管规模 9476.26 亿元，新增 3612.75 亿元，增幅 61.61%。人民币合格境外机构投资者（RQFII）托管规模 355.49 亿元，增长 295.26 亿元，增幅 490.22%。连续五年荣获英国《全球托管人》杂志“中国最佳托管银行”奖。

（8）养老金业务。养老金业务发展良好产品创新取得积极进展。创新推出“养颐无忧”补充医疗计划产品、“养颐安康”城镇化农民养老保障计划、“养颐乐家”住房补贴计划和“养颐普惠”员工持股计划共四项养老金新产品服务方案，进一步丰富了我行以“养颐”为主品牌的养老金融产品体系，实现了对补充医疗、新型城镇化等多个养老保障和福利计划细分市场的有效延伸。于 2014 年末运营养老金受托资产 553.23 亿元，新增 188.32 亿元，增幅 51.61%；运营养老金托管资产 1347.76 亿元，新增 504.78 亿元，增幅 59.88%；运营养老金个人账户 384.19 万户，新增 62.34 万户，增幅 19.37%。

（9）结算与现金管理业务。结算与现金管理业务持续稳健发展。于 2014 年末建设银行单位人民币结算账户486.00万户，新增68.06万户；现金管理活跃客户95.39万户，新增35.17万户。在同业率先推出银联单位结算卡，对公结算与现金管理业务自助化、智能化应用全面推广；对公一户通、“回款通”等产品优势不断巩固；创新推出虚拟平等现金池、智能理财现金池、票据池等产品进一步满足客户的财务共享、投资理财及票据管理需求；现金管理品牌“禹道”的市场影响力进一步提升。

（二）地区分部分析

表8列出了所示期间本集团按地区分部划分的利润总额分布情况。

表8 中国建设银行地区部分划分利润总额分布情况

（人民币百万元 百分比除外）	截至2014年12月31日止年度		截至2013年12月31日止年度	
	金额	占总额百分比（%）	金额	占总额百分比（%）
长江三角洲	41471	13.87	36768	13.14
珠江三角洲	36709	12.27	38469	13.75
环渤海地区	48212	16.12	45019	16.10
中部地区	46186	15.44	42191	15.08
西部地区	50240	16.80	46375	16.57
东北地区	14931	4.99	15597	5.57
总行	54996	18.39	51492	18.40
海外	6341	2.12	3895	1.39
利润总额	299086	100.00	279806	100.00

资料来源：WIND数据库。

七、商业模式

（一）价值模式

中国建设银行大力支持实体经济发展，深化结构调整和经营转型，严控各种风险，确保业务健康发展；重点推进如下工作：一是巩固存款市场份额增强存款稳定性；二是人民币贷款增速计划约12%信贷资源向资本占用少、经营效益好的业务倾斜；三是大力发展中间业务依法合规收费，以重点产品为突破口深入挖掘增长潜力；四是加快推进电子银行业务、金融社保卡、现金管理、养老金业务等战略性业务发展；五是继续夯实经营管理基础，着力拓展有效客户推进营业机构建设，不断提升定价能力，周密组织“新一代核心系统”一期功能释放，做好资本管理办法实施工作，强化重点领域风险管控提升内控合规管理水平。

（二）目标客户

企业集团、个人、机构、社会团体。

（三）竞争者

中国建设银行的行业内竞争者主要有国有独资银行、新兴股份制银行、城市商业银行和外资银行。

第一，国有独资银行，处于我国商业银行体系中主体地位的其他三家国有独资商业银行是中国农业银行、中国银行和中国工商银行。目前国有独资商业银行无论在人员、机构网点数量上还是在资产规模及市场占有份额上，均处于我国整个金融领域绝对举足轻重的地位，在世界上的大银行排序中也处于较前列的位置。据目前各商业银行发展态势来看，不管是在总资产方面还是存贷款份额方面中国建设银行都占据着相当重要的地位。

第二，股份制商业银行，新兴股份制商业银行包括中信实业银行、光大银行、招商银行、兴业银行等；改革开放大潮中诞生的股份制商业银行在特殊的历史条件下，以其灵活的经营机制优势经过十多年的快速发展，已经成为中国金融市场十分活跃的力量，成为推动我国国民经济发展的一支生力军。

第三，城市商业银行，城市商业银行的前身是城市合作银行；虽然冠以“合作”两字，城市合作银行实际上也属于股份制商业银行性质；我国原有约5000家城市信用社有相当多城市信用社已失去合作性质实际上已办成小型商业银行；其服务领域是依照商业银行经营原则为地方经济发展服务为中小企业发展服务；1998年城市合作银行全部改名为城市商业银行。

第四，外资银行，随着加入世贸组织以及市场开放，已经有数家外资银行进入中国银行市场，例如，花旗银行、汇丰银行等；国内银行原有的市场准入方面的优势不再存在，与外资银行处于同一起跑线上在金融市场中平等竞争；与国内银行单一的经营模式和方式形成鲜明对比，近年来大举进入我国的外资银行大多是混业经营的全能型跨国银行，其全球性的经营战略和全能型的经营方式在目前对其开放部分业务的情况下就已经显示出了其明显的优势，从多方面挤压国内银行的发展空间。

（四）核心竞争力

1. 业务结构多元发展

中国建设银行的业务结构主要包括负债业务、资产业务和中间业务三大类；具体经营范围包括办理人民币存款、贷款和消费信贷，居民储蓄各类结算发行和代理发行有价证券，代理其他银行委托的各种业务，办理外汇存款、贷款、汇款进出口贸易和非贸易结算，外币及外币票据兑换外汇，担保和见证境外外汇借款外币票，据贴现发行和代理发行外币有价证券，代办即期和远期外汇买卖征信调查和咨询服务，办理买方信贷国际金融组织和外国政府贷款的转贷以及经中国银行业监督管理委员会依照有关法律、行政法规和其他规定批准的业务。

2. 营销网络合理布局

经过几十年的发展，建行已经拥有极为发达的国内外网络，形同拥有数十万的员工和上万个分支机构覆盖了广阔的地域和人群，这是其他商业银行无可比拟的。近年来中国建设银行基本形成了以商业银行为主体跨市场、国际化的经营格局并在绝大多数商业银行业务领域保持国内市场领先地位。

3. 技术手段保持领先

中国建设银行成立 20 年来，一直十分重视信息通信等新技术在金融业的应用，通过不断发展和创新构建了强大的信息技术基础，建立了高度集中统一的电子化服务体系，与国外商业银行的信息化差距日益缩小，在国内银行业保持领先水平；现在高效、快捷的信息技术平台为中国建设银行迎接国内外竞争、实现自身可持续发展奠定了良好的基础。

在银行信息化领域以信息通信技术的发展和成熟为基础的数据大集中是近年来的一个热门话题，并成为包括银行、证券、保险等行业在内的整个金融信息化的发展大趋势；中国建设银行在 2000 年就前瞻性地启动了数据大集中工程并在 2002 年完成了全部工程建设；现在中国建设银行已经将分布在全国各地的 40 多个数据中心整合为互相连接、互为备份的北京、上海两大数据中心建成了全行统一的计算机系统平台。

近年来建设银行加快应用产品的研发与优化，积极研发新项目为广大客户提供日益丰富的金融产品，有力提升建设银行经营管理能力和风险管理水平；成功实施“三卡整合”工作，实现贷记卡产品“一个系统、一个章程”的目标；深化银行户口应用，实现客户全渠道账户信息的统一视图；国内第一家推出手机银行（WAP）3G 版网上银行和电话银行应用更加丰富；全力推进远程授权、业务运营风险管理、业务集中处理等业务运营三项改革相关系统建设；加大金融市场、私人银行和投资银行等应用系统的研发；投产个人客户内部评级系统市场风险和操作风险相关管理系统建设取得重大进展；搭建全行报表集中管理平台实现报表数据的自动加工；完成境外机构综合业务处理系统（FOVA）在 15 家境外分支机构的推广。

4. 电子服务全面展开

数据大集中是银行业发展的后台支撑系统，而为用户带来最直观感受的则是建立在各种信息技术基础上的电子化金融业务；在信息通信技术特别是网络技术的有力支撑下，中国建设银行不断创新拓展服务渠道创建了网上银行、电话银行、手机银行、自助银行等多种功能完善的电子银行体系，并推出了“95588”和“金融 e 通道”精品品牌。其中网上银行是最能体现信息通信技术魅力的业务之一；建设银行 2000 年就推出了网上银行业务并一直十分重视这项业务的发展。其中网上银行是最能体现信息通信技术魅力的业务之一；建设银行 2000 年就推出了网上银行业务并一直十分重视这项业务的发展，荣获《环球金融》杂志“全球最佳综合企业银行网站”、“中国最佳个人网上银行”等奖项。

建设银行个人网银优化境外外汇汇款功能，网上银行实现跨行转账智能路由控制功能，推出快捷转账、信用卡额度申请调整与账单邮寄地址变更等功能。企业网银完成对存量客户向新一代企业网上银行的迁移工作；完成海外企业网银在迪拜、中国台北、悉尼、东京、约翰内斯堡、伦敦等9家海外机构的推广，进一步拓宽了海外业务的服务渠道。

于2014年末，建设银行个人网上银行客户数17869万户，较2013年增长19.12%；交易额39.60万亿元，较2013年增长21.76%；交易量62.49亿笔，增长19.80%。企业网上银行客户330万户，增长18.15%；交易额128.80万亿元，增长23.53%；交易量23.00亿笔，增长18.34%。

八、营销模式①

（一）销售模式

1. 物理网点

中国建设银行境内营业机构总计14121个，包括总行、38个一级分行、310个二级分行、9954个支行、3818个支行以下网点及专业化经营的总行信用卡中心；营业机构较上年增加540个；巩固网点转型成果持续推进星级网点评定工作网点服务水平持续提升。

2. 自助渠道

自助渠道是中国建设银行最大的账务性交易渠道；于2012年末在线运行现金类自助设备56968台，增幅24.81%；投入运营自助银行13814家，新增3133家；2012年中国建设银行新建私人银行、财富管理中心66家，已开业私人银行、财富管理中心累计311家；“信贷工厂”小企业经营中心总计达到244家，辐射覆盖204个地级行政区；累计建成个贷中心近1200家，覆盖所有地级以上城市及百强县（市），已成为中国建设银行提供个人贷款产品服务的主渠道。

3. 电子银行

电子银行业务快速发展，个人网上银行客户数达到11926万户，较上年增长41.07%；交易量43.43亿笔，增长7.50%；企业网上银行客户213万户，增长54.10%；交易量12.98亿笔，增长33.96%；手机银行客户数8390万户，增长78.68%；交易量3.81亿笔，增长85.06%；电话银行客户数12433万户，增长29.23%；短信金融客户15841万户，增长34.18%；电子银行交易量是柜面交易量的270.30%，较上年提高63.58个百分点；个人网银系统和手机银行系统稳定性监测指标均达到100%；2012年个人网银系统创新推出私人银行版和e账户拓展银医、社保等生活服务，上新增个人结售汇、储蓄国债（电子式）等投资理财产品，大力开展代缴费应用，着力完善在线客服等基础功能；全年共发行60期网上银行专享理财产品；企业网银成功完成国内分行系统整合并推出海外版在香港分行试运行；手机银行推出新版客

① 中国建设银行2012年年度报告。

户端和“摇一摇”账户余额查询等功能，并在同业首家推出二维码理财产品销售，全年共发售4期；短信金融推出短信人工、智能客服和彩信发送服务；新推出私人银行网上银行具有七大功能板块、数百种产品服务，提供针对私人银行客户专属的财富管理报告、财富顾问专家、自助理财规划、增值服务、资讯与期刊等专属功能；建立了“房e通”房产自主交易融资服务平台，为客户提供房屋买卖及贷款的“一条龙”综合服务，实现了个人贷款电子渠道新突破；“e商贸通”、“网上招投标”、“e动终端”、“短信汇款”更加方便客户“悦生活”生活服务缴费平台让客户足不出户轻松完成各类生活缴费和场景应用“学生惠”让全国普通高校在校学生享受多项专属优惠。

（二）品牌建设

1. 信用卡业务品牌

中国建设银行已经发行的信用卡都以“龙卡”冠名已经公开发行的龙卡种类有：龙卡名校卡、龙卡商务卡、龙卡汽车卡、东航龙卡、上海大众龙卡、龙卡香港、精彩旅游信用卡、建行VISA明卡、艺龙畅行龙卡、芒果旅行龙卡、龙卡（大师杯）网球卡。

2. 公司贷款业务品牌

按照2011年工业和信息化部等四部门联合下发的中小企业划型标准小微企业贷款余额7454.53亿元，增幅17.97%；客户67999户，新增6580户；初步建立了适应微小企业特点的零售化业务流程，形成了“成长之路”、“速贷通”、“小额贷”、“信用贷”四大产品体系；在“信用贷”项下设计开发“善融贷”产品；依托政府和供应链核心企业研发“助保贷”和“供应贷”；中国建设银行小企业业务发展得到了社会各界的持续认可，被中小企业协会评为“优秀中小企业服务机构”。

3. 机构业务品牌

深入推进“民本通达”服务品牌，持续推广“文化悦民”综合金融服务方案；积极推进金融社保卡、居民健康卡、财政公务卡、军人保障卡“四卡”营销工作；继续巩固财政传统业务优势地位，成功获得财政部中央财政非税收入收缴代理银行资格；中央财政授权支付代理业务和中央财政非税收入收缴代理业务，客户数同业第一；大力推广中央财政授权支付业务网上银行产品；鑫存管业务新开户166万户，客户总数2214万户；期货投资者签约客户数量接近市场总量的50%，保持行业领先；首家推出证券质押信贷与监控业务，丰富了信贷业务产品的个性化服务功能。

4. 资金结算业务品牌

推出以“回款通”为代表的综合现金管理服务在收付款、资金预算管理环节向客户提供“融智”综合解决方案；推出跨行国内信用证优化单位结算卡、资金证明等业务进一步巩固对公一户通、多模式现金池等优势产品的市场领先地位；现金管理品牌“禹道”的市场影响不断扩大。

（三）服务建设

银行业的竞争是产品和服务的竞争，而谁能掌握客户的需求，谁就在营销中占据了主动。建行在国内银行业中率先建立了客户之声体系、客户体验中心、客户分析中心，真正做到从客户关切出发，倾听客户声音，满足客户需求，提升客户体验。

建行充分尊重客户的需求，通过深入洞察客户的潜在需求开发新的产品和服务，并通过邀请目标客户来产品创新实验室、客户体验中心进行实地体验，真实收集客户意见，着力改进产品和服务。在产品和服务的设计上，建行还充分运用目标客户来细分市场，深入研究不同客户的特征，提供差异化、个性化的服务，以满足不同类型客户的需求。建行还在全行范围内建立了客户接待日制度，由分行负责人亲自接待客户，了解客户需求，听取客户意见，取得良好效果，得到广大客户的充分肯定。

不同的客户群体对金融服务具有不同的需求，为了满足不同群体客户的个性化需求，建行对客户进行科学化的细分，截至目前，全国已建成财富管理中心115家，并在北京、上海、广东等地开设了私人银行中心，不断加大对高端客户的服务力度。今年，建行还在全国范围内推出财富卡和私人银行卡，为客户提供差别化的传统银行服务和个性化的非金融服务。

与此同时，建行继续加大对电子银行的改进力度，加快构建网站在线销售体系，为全行业务营销提供全面支持。目前，建行电子银行在客户营销和全行价值创造过程中已经发挥出了重要作用，电子渠道综合柜面替代率不断上升。

（四）营销渠道

建设银行的营销渠道多样化程度相当大，而且易于拓展，以小企业业务为例，建设银行的小企业业务的拓展渠道主要包括以下三个层面：

一是小企业条线自己的渠道。比如各级分行成立的小企业经营中心、信贷工厂、专业支行等。以上述机构为载体，客户可以进行业务的申请和处理，小企业客户经理发挥他们的专业优势，开展对外营销和业务拓展。

二是建行内部其他渠道，如加强与其他业务条线及部门的合作，开展公私联动营销。比如与信用卡中心合作，举办“卓越企业论坛”，拓展优质小企业客户；与财富部合作，向小企业客户推荐财富投资规划、信用卡、投资理财服务等个人类产品，向个人高端客户所拥有的小企业交叉销售小企业业务产品等，从而实现个人业务和小企业业务的统筹发展。

三是利用外部高端渠道拓展批量化营销。比如建设银行加强与工商联、工信部的深度合作，签订战略合作协议，通过其管辖的各类商会组织，打造批量化营销平台，降低营销成本，提高营销效率，并逐步将合作平台打造成优质客户的筛选器、信贷风险的缓释器和长远价值的孵化器。

（五）分销渠道

建设银行拥有广泛的分销网络，通过遍布全国的分支机构、自助设备、专业化服务机构和电子银行服务平台为广大客户提供便捷、优质的银行服务。

于2014年末，建设银行境内营业机构总计14856个，包括总行、37个一级分行、324个二级分行、11751个支行、2742个支行以下网点及1个专业化经营的总行信用卡中心。营业机构较2013年增加206个，区域布局突出特大城市、中心城市等地。全年网点装修项目累计开工2224个，网点物理环境和客户体验持续改善提升。

2014年，建设银行已开业私人银行、财富管理中心达338家。累计组建288家"信贷工厂"模式的小企业经营中心。累计建成个贷中心超过1500家，整体布局日趋完善，品牌效应日益凸显。在深圳前海智慧银行运营经验的基础上，启动了11家试点分行的推广建设工作，突出网点"自助、智能、智慧"的全新客户体验。建设银行电子银行业务坚持"智慧、泛在、跨界"的发展方向，加快推进渠道建设和产品创新，各渠道客户规模和交易规模稳步增长，客户质量不断提高，渠道应用水平和价值创造能力进一步提升。于2014年末，建设银行电子银行和自助渠道账务性交易量占比达88.03%，较2013年提高2.63个百分点；"悦生活"生活服务缴费平台让客户足不出户轻松完成各类生活缴费和场景应用，平台实现交易量2949.20万笔；"学生惠"让全国普通高校在校学生享受多项专属优惠，累计签约客户达644万户，来自全国2846所高等院校。

1. 网上银行

建设银行个人网银优化境外外汇汇款功能，网上银行实现跨行转账智能路由控制功能，推出快捷转账、信用卡额度申请调整与账单邮寄地址变更等功能。企业网银完成对存量客户向新一代企业网上银行的迁移工作；完成海外企业网银在迪拜、中国台北、悉尼、东京、约翰内斯堡、伦敦等9家海外机构的推广，进一步拓宽了海外业务的服务渠道。

于2014年末，建设银行个人网上银行客户数17869万户，较2013年增长19.12%；交易额39.60万亿元，较2013年增长21.76%；交易量62.49亿笔，增长19.80%。企业网上银行客户330万户，增长18.15%；交易额128.80万亿元，增长23.53%；交易量23.00亿笔，增长18.34%。

2. "善融商务"电子商务平台

持续优化丰富"善融商务"电子商务平台，提升客户体验。个人商城完成首页改版，进一步突出"精专特优"品类和优质商户；推出"分期优选"频道，实现了龙卡商城和善融个人商城的全面融合。企业商城重点发展优质商户，开展行业深耕工作；推出采购询价功能，升级改版专业市场综合首页。2014年，"善融商务"电子商务平台实现交易额462.79亿元，年末活跃商户达1.45万户。

3. 电话银行

建设银行客服号码统一为"95533"，菜单功能及渠道服务流程持续优化，短信、在线客服等新兴客服渠道使用量快速增长，服务效率和服务质量持续提升。于2014年末，建设银行电话银行客户数达17402万户，较2013年增长2432万户，增长16.24%。

4. 手机银行

推出新版手机银行客户端，提供"手机银行"、"悦生活"、"我的最爱"、"摇一摇"、"扫一扫"五大频道服务。推出短信银行客户端，可直接完成账户查询、转款汇款、缴费充值、信用卡等服务，客户体验大幅提升。于2014年末，建设银行手机银行客户数达到14679万户，较2013年增长25.98%；交易额7.38万亿元，增长101.35%；交易量30.42亿笔，增长155.10%。短信金融客户达到24320万户，较2013年增长21.93%。微信银行客户数达1400万户，其中，关注并绑定账户的客户数达873万户。

5. 自助银行

建设银行持续扩大自助渠道规模，扩展服务网络，优化渠道布局；加强精细化管理，完善设备功能。于2014年末，建设银行在线运行现金类自助设备81067台，较2013年增加12054台，增长17.47%；投入运营自助银行21274家，新增3396家，增长19.00%。

6. 网点转型

建设银行深入推进营业网点综合化建设，创新网点综合化管理模式，有效提高网点资源利用效率，全面提高网点综合金融服务水平。以客户为中心，全力打造综合性网点服务平台。通过推进单功能营业网点转型、推行综合柜员制等举措，方便、快捷为客户办理业务。于2014年年末，建设银行综合性网点达到1.37万个，综合柜员占比达到80%，客户可在转型网点享受便捷舒适的“一站式”服务。

以创新为驱动，全力打造高效率集约处理平台。在完成网点百余项非实时业务前后台分离基础上，自主研发柜面业务集约生产平台，实现总行层级实时业务集中处理。于2014年年末，建设银行14523个机构网点支票、汇兑、信用卡申请等30类柜面业务实现总行集中处理，日集中业务量峰值约92万笔，网点业务运营效率与集约化处理水平显著提升。

以协同机制为保障，全流程打造“一点营销，联动服务，综合解决”网点服务体系。于2014年年末，建设银行共组建综合营销团队17544个，开展联动营销，网点岗位间、团队间、网点与上级机构、专营中心间联动营销机制基本建成，网点综合营销服务能力显著增强，客户可在营业网点享受周到细致的“全方位”、“高品质”的银行服务。

九、创新体系

（一）深入推进营业网点综合化建设创新网点综合化管理模式

建设银行深入推进营业网点综合化建设创新网点综合化管理模式，有效提高网点资源利用效率全面提高网点综合金融服务水平。

以客户为中心全力打造综合性网点服务平台；通过推进单功能营业网点转型、推行综合柜员制等举措方便、快捷为客户办理业务；于2014年末建设银行综合性网点达到1.37万个，综合柜员占比达到80%，客户可在转型网点享受便捷舒适的“一站式”服务。

以创新为驱动全力打造高效率集约处理平台；在完成网点百余项非实时业务前后台分离基础上自主研发柜面业务，集约生产平台实现总行层级实时业务集中处理；于2014年末建设银行 14523 个机构网点支票、汇兑、信用卡申请等 30 类柜面业务实现总行集中处理日集中业务量峰值约 92 万笔网点业务，运营效率与集约化处理水平显著提升。

（二）建设“创新型银行”开展移动金融创新

2014 年建设银行继续以建设“创新型银行”为目标，坚持从客户、市场、技术、全球化、监管等维度进行创新驱动，初步建立了流程顺畅、协作高效、有机融合的产品创新体系；对公业务领域推出“一带一路”、京津冀协同发展等多项金融服务方案；推出财政国库集中支付电子化平台提升了客户体验；研发推出养颐系列四项养老金新产品，丰富了养老金产品体系；零售及电子银行业务领域推出个人金融 IC 卡“芯支付”，打通了 IC 卡在线自助服务渠道；推出龙卡热购信用卡等有效满足客户的差异化需求；开展移动金融创新，实现电子填单应用等新功能；投资与金融市场业务领域推出实物贵金属对公销售、推出第三方担保债券、地方国企超短期融资券、供应链金融理财产品等创新产品；于 2014 年末建设银行完成产品创新 1370 项，产品移植 223 项。

（三）创新金融服务助力小微企业发展

众所周知，小微企业具有企业规模小、流动资金少、资金周转困难这一基本特性，同时又面临着平稳过渡、升级发展的重要挑战，要想在市场上立足，必须借助融资这一方式。但对于涉及门类众多、需求多样的小微企业来说，到各大银行贷款都是阻力重重。建设银行安徽省分行一直在适时转变工作思路，调整经营举措。结合问题，制定出相应的解决方案。

一是探索新的押品：为了解决小微企业抵押担保难的现状，建设银行安徽省分行一直在着力突破传统的房产抵押和担保公司担保局限，探索新的抵押品。据了解，目前，已经引入了应收账款池质押、林权抵押、专利权质押等多种权利押品，研发推出了小企业应收账款池质押、小企业林权抵押、小企业专利权质押三个产品，解决了部分企业缺少抵押担保的融资难题。

二是转变思路主动上门：建设银行转变思路，一改以往“客户找银行贷款”传统思路，推出了小微企业“善融贷”业务。该业务以建行存量优质结算客户为贷款对象，以客户持续有效的结算量、日均金融资产为依据，创新采用“预授信”方式，主动为客户提供信用融资，贷款审批速度极快，一般 3～5 个工作日即可完成。既提升了建行服务大众的企业形象，又为建行挖掘出大批潜在客户、增强了市场竞争力。

三是引入新的担保方式：建设银行引入“抵押＋应收账款买断”、“抵押＋信用”、“保险公司信用保证＋担保公司担保”等组合担保方式，大大改善了传统单一抵押或单一担保的情况。有效解决了企业抵押担保不足的问题。

四是尝试新的营销模式：建设银行充分利用小企业产品创新资格优势，主动尝试与专业市场、政府机构等平台合作，研发出“市场通”、“助力贷”等批量化营销的新产品，有效加速了营销模式从一对一向批量化的转变。

五是开发新的还款方式：建设银行开发了专门用于归还企业存量到期贷款的、低定价水平的小企业“接续贷”产品，为中小企业贷存量款到期筹集调头资金成本高这一难题提供了解决办法。

（四）创新养老金融应对人口老龄化

养老金融正在成为市场关注热点。面对人口老龄化所带来的机遇与挑战，建设银行正在积极谋求改变，通过金融产品、销售渠道、客户服务等方面的创新，为客户提供一揽子养老金融综合解决方案。据了解，建设银行养老金业务所服务的企事业单位客户数、个人账户数和资金受托和托管规模发展迅猛，整体发展位于同业前列。建设银行董事长王洪章说，要高度重视养老金业务在利国、利民、利行等方面的重要意义，起点要高，要有气势。目前，建设银行已经形成了包括养老金咨询、企业年金受托、账户管理、托管、企业年金集合计划、养老保障与福利计划、养老金银行理财、养老金卡等五大类20余项具体产品的养老金融产品与服务体系。

1. 心系养老，致力资产保值增值

建设银行是国内养老金业务起步最早、产品创新最活跃的银行之一，奉行“忠于所托，为民养老”的服务理念，全心全意忠诚于客户的托付，把为民养老作为践行企业公民社会责任的目标。人口老龄化的压力和基本养老赤字风险正在倒逼我国的养老金市场化改革，越来越多的养老金将离开财政体系进入金融市场领域，需要专业的金融机构实行专业化的市场运作来实现养老资产的保值增值。建设银行针对养老金对公客户的投资理财需求推出的“乾元—养颐四方”养老金银行理财产品填补了养老金投资理财类产品的空白，引起了市场的热烈反响。

时值2013年重阳之际，建行首次面向具有养老需求的个人高资产净值客户发行了“乾元—养颐四方（重阳节专享）”养老主题理财产品，实现了高端客户的养老规划服务与养老金融有机结合。而国内首张具有养老特色的联名借记卡的推出，更是为建行养老金业务写上了浓墨重彩的一笔。这张建行养老金卡是建设银行与中国老龄产业协会金融涉老服务发展委员会合作推出的以龙卡通为基准，国内唯一一款具有养老特色的联名借记卡。

2. 心系民生，创新服务领域

在战略转型过程中，建设银行强化创新驱动，把养老金融创新作为突破人口老龄化困局的刀锋利器，从单一的企业年金业务向多元化养老金融综合服务转型，广泛开拓补充医疗、住房补贴、薪酬激励计划、廉洁保证金、高校医院类职业年金、新型城镇化农民养老保障等多个业务领域，着力解决影响社会民生和养老保障的难点焦点问题，满足客户日益多元化、个性化的社会保障需求，不断完善养老金融服务，致力成为“国内最佳，国际一流”的创新型银行。

建设银行围绕“综合性、多功能、集约化”的战略目标，关键领域战略转型均有突破性进展。为进一步加强总行战略性业务与优势业务之间的沟通与协作，建设银行依托集团整体经营优势，通过多部门、子公司、同业机构联动的方式，以优势业务带动养老金业务快速发展，全力打造养老金融综合服务平台。建设银行积极创新营销工具、创新产品研发、创新服务模式、创新条线管理，实现资源共享、信息共享、渠道共享，形成了“创新驱动新发展，创新应对老龄化”的养老金融创新模式，努力解决老有所养、老有所依、老有所乐、老有所安的民生问题。

3. 心系客户，满足养老金融需求

中国式养老具有明显的转型特点，客户对养老金融服务的创新要求也越来越高。建设银行针对客户在养老保障与福利计划政策咨询、方案设计、账户管理、资金保管、保值增值、支付结算等多方面的养老金融需求，创新研发了以“养颐四方”为品牌的系列养老金融产品，取得了较好的市场反响。“养颐”出自《易经·颐卦》：“颐，山雷颐，纯正以养。天地养万物，圣人养贤以及万民。”“养颐四方”的品牌理念体现出了建行养老金融服务的良好愿景和美好祝愿。

4. 心系员工，关注薪酬福利激励

随着人口老龄化的发展，基本养老保险和企业年金已经不能完全满足日益多元化的养老保障和养老保障与福利计划管理需求，各种带有养老和福利保障性质的补充养老保障方式不断涌现。建设银行时刻关注着市场需求和政策动向，满足各种养老金融服务需求。从 2005 年起，建设银行开始涉足企业年金管理领域，先后取得了企业年金基金托管人、受托人和账户管理人三项资格，作为受托人推出了“养颐乐”系列集合计划产品。同时，参与管理了多家机构合作发起设立的集合计划产品，在企业年金业务领域形成了完善的产品线。“养颐四方”产品更多面对的众多企业自主管理的福利计划资金，提供各类补充养老保障计划和员工薪酬福利计划管理服务。

建设银行凭借卓越的品牌形象和社会公信力、稳健的经营理念和风险管理、便捷的服务网络和强大的管理系统、专业的服务队伍和丰富的管理经验，为单位薪酬福利管理提供了更加便捷高效的管理手段。为激励和约束员工在日常工作中加强廉洁操守，建设银行根据其延期支付性质和个性化需求，进行业务流程优化和系统功能开发，实现账户清晰、资金安全、管理有效的薪酬延付计划管理模式，从风险控制、保值增值和计划管理等各方面，全面满足了单位以个人资金账户管理延付计划资金的服务需求。该项目在同业具有独创性和先进性，是目前首个向客户提供包括薪酬延付计划服务、代发工资业务、个人存款和银行卡等对公—对私业务全面联动的综合化服务，通过业务流程优化、信息资源整合、系统功能开发等综合服务，使管理效率得到有效提升，得到客户的高度认可。

十、国际化

（一）国际化的程度

中国建设银行海外网络覆盖面稳步扩充，墨尔本分行作为首家海外二级分行顺利开业；截至 2012 年末中国建设银行在中国香港、新加坡、法兰克福、约翰内斯堡、东京、首尔、纽约、胡志明市、悉尼、墨尔本设有海外分行，在莫斯科、中国台北设有代表处，拥有建行亚洲、建银国际和建行伦敦等经营性全资子公司，海外机构覆盖全球13个国家和地区；海外业务转型持续推进，建行伦敦在中资同业中率先在伦敦发行人民币债券，东京分行实现牌照升级开办零售业务。

2014年本集团海外布局工作取得积极进展。澳门分行、新西兰子银行、布里斯班分行（二级）和多伦多分行顺利开业；伦敦分行、建行欧洲下设的巴黎分行、阿姆斯特丹分行和巴塞罗那分行申请正式获得批准；完成对巴西BIC银行总股本72%的股权收购；智利分行、苏黎世分行和建行欧洲下设的米兰分行等机构申设工作也在积极推进中。于2014年末本集团在中国香港、新加坡、法兰克福、约翰内斯堡、东京、大阪、首尔、纽约、胡志明市、悉尼、墨尔本、布里斯班、中国台北、卢森堡、中国澳门和多伦多设有海外分行，拥有建行亚洲、建行伦敦、建行俄罗斯、建行迪拜、建行欧洲、建行新西兰等经营性全资子公司，拥有巴西BIC银行总股本72%的股权，海外机构覆盖全球20个国家和地区。于2014年末本集团海外商业银行资产总额9480.92亿元，较2013年增长32.67%；实现利润总额60.06亿元，增幅68.99%。

（二）国际化的路径

通常来说商业银行国际化经营主要通过两种组织形式实现境外扩张：新建投资和跨国并购。

1. 新建投资

跨国银行新建投资是指一国银行根据具体情况，在另一国设立形式各异、规模不一的海外分支机构如代理行、分行等机构组织形式；在新银行中外国投资者可以以全部股权参与即设立独资银行；也可以以部分股权参与即设立合资银行。

2. 跨国并购

跨国并购是指在市场竞争机制的作用下一国银行为获取对另一国某银行的经营控制权有偿地收购该银行的部分或全部产权以实现资产经营一体化的市场行为，包括跨国兼并和跨国收购；跨国并购的渠道包括发起收购的银行直接向国外目标银行投资也包括通过在外国的子公司、分行进行并购活动。

中国建设银行的国际化路径是结合使用第一种和第二种方法；

2002年2月通过收购在中国香港建立了建行全资子机构——香港建新银行；

2006年8月以12.4亿美元收购美国银行在中国香港的全资子公司——美国银行（亚洲）股份有限公司100%股权；

2009年8月12日建行全资子公司——建行亚洲以0.7亿美元100%收购AIG在港子公司美国国际信贷（香港）有限公司；11月更名为中国建设银行（亚洲）财务有限公司；

2009年12月29日建行将收购荷兰国际集团拥有的太平洋安泰人寿保险有限公司50%的股权；

2012年5月与西德意志银行洽谈收购其拉美的金融资产。

（三）国际化效果评价

经过这些年国际化战略的实行，中国建设银行在2012年末海外机构资产总额5185.79亿元，实现净利润23.34亿元，并建立了以下几个主要的境外机构：

1. 建行亚洲

中国建设银行（亚洲）股份有限公司是中国香港注册的23家持牌银行之一，注册资本65.11亿港元，为中国建设银行在港澳地区的零售及中小企业服务平台，在港澳地区营业机构数量达到50家；建行亚洲在严格控制风险的前提下，保持较好的业务发展趋势；于2012年末资产总额1416.28亿元，净资产144.36亿元；客户贷款和存款余额分别为955.99亿元和875.42亿元；不良贷款率0.14%；实现净利润6.29亿元；建行亚洲的客户数量持续上升，于2012年末客户总数22.1万户，新增2.6万户；充分利用人民币国际化和中国香港作为人民币离岸中心的发展机遇人民币相关业务取得长足进步，连续两年担任人民币国债联席牵头行与簿记行、被中国香港《资本杂志》授予“资本卓越人民币服务大奖”；通过与内地分行紧密合作建行亚洲的联动业务，规模和服务能力亦迅速提升，中国企业的贷款余额达453.00亿元；信用卡业务持续健康发展，全年新增信用卡账户7万个，零售消费总额接近45.14亿元。

2. 建银国际

建银国际（控股）有限公司是中国建设银行在中国香港全资拥有的子公司，注册资本6.01亿美元，从事投资银行相关业务，业务范围包括上市保荐与承销、企业收购兼并及重组、直接投资、资产管理、证券经纪、市场研究等；2012年建银国际企业融资及财务顾问业务稳步发展，以账簿管理人参与项目名列中资银行系投行前列；并购业务竞争力显著增强；债券融资业务实现突破，完成中国建设银行在中国香港和伦敦发行人民币债券等项目；资产管理业务继续保持领先优势，在医疗、文化、环保、航空等产业的市场认知度持续提升；品牌形象进一步提升先后获得《财资》“年度香港本地最佳投行”、《中国证券报》“金牛最佳海外中资投行奖”等多个奖项；截至2012年末公司资产总额186.68亿元，净资产66.32亿元，实现净利润0.82亿元。

3. 建行伦敦

中国建设银行（伦敦）有限公司是中国建设银行在英国注册的全资子公司，注册资本2亿美元；2009年3月获得了英国金融服务管理局（FSA）颁发的银行牌照；目前主要业务范围包括公司存贷款业务、国际结算和贸易融资业务、英镑清算业务以及资金类金融产品业务；建行伦敦积极服务于中资在英机构、在华投资的英国公司、中英双边贸易的企业客户，拓展建行在英国及欧洲地区的服务渠道；凭借在英镑清算方面的优势，建行伦敦正逐步成为中国建设银行的英镑清算中心并借此为客户提供方便、快捷、高效的多币种清算服务；2012年11月建行伦敦率先发行10亿元离岸人民币债券，确立了在欧洲市场中资同业银行的领先地位；截至2012年底建行伦敦资产总额50.68亿元，净资产12.72亿元，实现净利润0.79亿元。

中国建设银行的国际化、综合化经营战略是在立足国内市场、发展好银行主业的同时加快开拓国际金融市场，加快发展保险、信托、投行、基金、租赁、证券等非银行业务，构建市场互为依托、业务互为补充、效益来源多样、风险分散可控的经营构架，同时实现以客户需求为导向的功能选择，为客户提供全方位、多样化的金融服务。

4. 建行俄罗斯

中国建设银行（俄罗斯）有限责任公司是建设银行在俄罗斯注册的全资子公司，注册资本42亿卢布，成立于2013年3月。建行俄罗斯持有俄罗斯中央银行颁发的综合性银行牌照，业务品种包括银团贷款、双边贷款、贸易融资、国际结算、资金业务、金融机构业务、清算业务、现金业务、存款业务、保管箱等。于2014年末建行俄罗斯资产总额21.00亿元，净资产4.82亿元，实现净利润2916.28万元。

5. 建行迪拜

中国建设银行（迪拜）有限公司是建设银行在迪拜国际金融中心（DIFC）注册的全资子公司，注册资本1亿美元。2013年4月获得了迪拜金融管理局（DFSA）核发的"一类许可证"，这是该区域内业务范围最广的商业银行牌照，经营范围为批发性业务包括存贷款、自营/代理投资交易、安排信贷或投资、金融产品或信贷咨询、安排保管等。自开业以来建行迪拜积极拓展各项资产负债业务，已为对公客户开办银团贷款、贸易融资、国际结算、代客外汇买卖等各类商业银行业务。于2014年末建行迪拜资产总额46.61亿元，净资产6.08亿元，实现净利润1192.23万元。

6. 建行欧洲

中国建设银行（欧洲）有限公司是建设银行在卢森堡注册的全资子公司，2013年7月获得卢森堡财政部签发的全功能银行牌照，注册资本2亿欧元。建行欧洲以卢森堡为中心辐射欧洲大陆为欧洲地区的各类客户提供优质金融服务。

建行欧洲目前以企业金融和金融市场业务为主，重点服务于国内"走出去"的大中型企业客户和在华欧洲跨国企业。于2014年末建行欧洲资产总额20.36亿元，净资产15.16亿元，实现净利润1370.50万元。

7. 建行新西兰

中国建设银行（新西兰）有限公司是建设银行在新西兰注册的全资子公司，注册资本为5000万美元。2014年7月获新西兰储备银行颁发的商业银行全功能牌照，并于2014年11月21日正式开业。

建行新西兰拥有批发和零售业务牌照，目前以批发业务为主，能够为国内"走出去"的客户以及新西兰当地客户提供公司贷款、贸易融资以及人民币清算和跨境资金交易等全方位、优质的金融服务。未来，建行新西兰还将积极探索并开办零售业务。于2014年末建行新西兰资产总额4.49亿元，净资产2.82亿元。

8. 巴西BIC银行

巴西BIC银行成立于1938年，总部位于圣保罗，是一家规模较大的中型银行，注册资本为2012809865.25巴西雷亚尔。核心业务为公司贷款业务同时经营资金、个人信贷等银行业务以及租赁、证券等非银行金融业务。该行自2007年起在圣保罗证券交易所上市。

于2014年末BIC银行拥有37家巴西境内分支机构及1家开曼分行网点覆盖巴西大部分州及主要城市。BIC银行共有5家全资子公司和1家合资公司（BIC银行持股40%），各子公司分别经营设备租赁、个人贷款、证券、VISA团体信用卡和预付卡发行及数据处理服务合资公司主营保理和福费廷业务。于2014年末巴西BIC银行资产总额362.94亿元，净资产30.07亿元，交割日至年末实现净利润负2.90亿元。

十一、企业布局

1. 境内一级分行

建设银行拥有广泛的分销网络，通过遍布全国的分支机构、自助设备、专业化服务机构和电子银行服务平台为广大客户提供便捷、优质的银行服务。

于2014年末建设银行境内营业机构总计14856个，包括总行、37个一级分行、324个二级分行、11751个支行、2742个支行以下网点及1个专业化经营的总行信用卡中心；营业机构较2013年增加206个，区域布局突出特大城市、中心城市等地；全年网点装修项目累计开工2224个，网点物理环境和客户体验持续改善提升。

2014年建设银行已开业私人银行、财富管理中心达338家；累计组建288家“信贷工厂”模式的小企业经营中心；累计建成个贷中心超过1500家，整体布局日趋完善，品牌效应日益凸显；在深圳前海智慧银行运营经验的基础上启动了11家试点分行的推广，建设工作突出网点“自助、智能、智慧”的全新客户体验。

于2014年末建设银行机构总数为14880个，其中境内机构14856个，境外机构24个。

下表列出于所示日期建设银行分支机构和员工的地区分布情况：

表9 建设银行分支机构和员工的地区分布情况

2014年12月31日	机构数量（个）	占比（%）	员工数量（人）	占比（%）
长江三角洲	2462	16.55	57510	15.45
珠江三角洲	1885	12.67	47289	12.70
环渤海地区	2427	16.31	60584	16.27
中部地区	3588	24.11	83036	22.30
西部地区	3031	20.37	70451	18.92
东北地区	1460	9.81	37440	10.06
总行	3	0.02	15391	4.13
海外	24	0.16	620	0.17
合计	14880	100.00	372321	100.0

截至2014年末建设银行共有员工372321人，较2013年增长1.06%（另有劳务派遣用工6275人，较2013年减少24.58%），其中大学本科以上学历224992人，占60.43%；境外机构当地雇员473人；此外需建设银行承担费用的离退休职工为52286人。

2. 附属机构

本集团已初步搭建综合化经营框架，综合金融服务功能逐步健全。于2014年末本集团在非银行金融领域拥有建信基金、建信租赁、建信信托、建信人寿、建信期货、建银国际子公司；在特定领域和区域设立了若干提供专业化和差别化服务的银行机构，包括中德住房储蓄银行和27家村镇银行。综合化经营子公司业务发展总体良好，业务规模稳步扩张，资产质量保持良好。于2014年末综合化经营子公司资产总额1895.45亿元，较2013年增长34.30%；实现净利润24.64亿元，增幅31.63%。

（1）建信信托。建信信托有限责任公司注册资本15.27亿元，建设银行、合肥兴泰控股集团、合肥市国有资产控股持股比例分别为67%、27.5%和5.5%，目前经营的业务品种主要包括信托业务、投资银行业务和固有业务。信托业务品种主要包括单一资金信托、集合资金信托、财产信托和股权信托等。信托财产的运用方式主要有贷款和投资。投资银行业务主要包括财务顾问、股权信托、债券承销等。固有业务主要是自有资金的贷款、股权投资、证券投资等。

于2014年末建信信托受托管理资产规模6658.35亿元，跃居全行业第三；资产总额80.95亿元，净资产73.05亿元，实现净利润8.69亿元。

（2）建信人寿。建信人寿保险有限公司注册资本44.96亿元，建设银行、中国人寿保险股份有限公司（台湾）、全国社会保障基金理事会、中国建银投资有限责任公司、上海锦江国际投资管理有限公司和上海华旭投资有限公司分别持股51%、19.9%、14.27%、5.08%、4.9%和4.85%。建信人寿主要经营范围包括人寿保险、健康保险、意外伤害保险等各类人身保险业务；上述业务的再保险业务；国家法律、法规允许的保险资金运用业务等。

2014年建信人寿保费收入保持银行系首位，经营区域进一步拓展，投资收益稳步提高。于2014年末公司资产总额405.87亿元，净资产76.49亿元，实现净利润1.72亿元。

（3）建信租赁。建信金融租赁有限公司注册资本45亿元人民币，为建设银行全资子公司。经营范围包括融资租赁业务，转让和受让融资租赁资产，固定收益类证券投资业务，接受承租人的租赁保证金，同业拆借，向金融机构借款，境外借款，租赁物变卖及处理业务，经济咨询，在境内保税地区设立项目公司开展融资租赁业务，为控股子公司、项目公司对外融资提供担保，银监会批准的其他业务。

2014年建信租赁通过强化战略协同实现了自身经营模式的转型，升级搭建了海外飞机租赁业务平台，在飞机租赁专业化经营上取得新进展。于2014年末建信租赁资产总额771.28亿元，净资产62.20亿元，实现净利润5.05亿元。

（4）建银国际。建银国际（控股）有限公司是建设银行在中国香港全资拥有的子公司，注册资本 6.01 亿美元，从事投资银行相关业务，业务范围包括上市保荐与承销、企业收购兼并及重组、直接投资、资产管理、证券经纪、市场研究等。

2014 年建银国际持续深入推进战略转型，各项业务健康发展。以账簿管理人参与项目数名列中外资投行前列，作为独家财务顾问完成多个大型央企并购项目，债券承销规模大幅增长；资产管理业务稳步推进，将 RQFII 业务拓展至欧洲市场；平台建设不断完善，获批成为上海自贸区首批投资性跨国公司，总部外汇资金集中运营管理试点企业。于 2014 年末建银国际资产总额 223.18 亿元，净资产 74.00 亿元，实现净利润 4.58 亿元人民币。

（5）建信基金。建信基金管理有限责任公司注册资本 2 亿元，建设银行、美国信安金融集团和中国华电集团资本控股有限公司持股比例分别为 65%、25% 和 10%。经营范围包括基金募集、基金销售、资产管理和中国证监会许可的其他业务。

2014 年建信基金受益于股债双牛的市场形势，各项业务实现跨越式发展。于 2014 年末建信基金资产管理总规模为 3613 亿元。其中公募基金规模为 1216 亿元，非公募资产规模为 1125 亿元。公司资产总额 10.16 亿元，净资产 8.82 亿元，实现净利润 1.65 亿元。

（6）建信期货。建设银行于 2014 年 4 月完成对原上海良茂期货经纪有限公司的股权交割手续，并将其正式更名为建信期货有限责任公司。建信期货有限责任公司注册资本 4.36 亿元，建设银行、上海良友（集团）有限公司分别持股 80%、20%。建信期货主要开展商品期货经纪、金融期货经纪业务以及监管部门批准的其他业务。

2014 年建信期货收购整合工作进展顺利，各项业务保持基本平稳。于 2014 年末公司资产总额 9.79 亿元，净资产 4.95 亿元。

（7）中德住房储蓄银行。中德住房储蓄银行有限责任公司注册资本为 20 亿元，建设银行和德国施威比豪尔住房储蓄银行股份公司分别持股 75.10% 和 24.90%。中德住房储蓄银行开办吸收住房储蓄存款发放、住房储蓄贷款发放、个人住房贷款，发放以支持经济适用房、廉租房、经济租赁房和限价房开发建设为主的开发贷款等业务，是一家服务于住房金融领域的专业商业银行。

2014 年中德住房储蓄银行业务快速发展，住房储蓄产品销售突破百亿元。于 2014 年末中德住房储蓄银行资产总额 251.35 亿元，净资产 24.70 亿元，实现净利润 1.77 亿元。

（8）村镇银行。于 2014 年末建设银行主发起设立湖南桃江等 27 家村镇银行，注册资本共计 27.85 亿元，建设银行出资 13.77 亿元。村镇银行坚持为“三农”和县域小微企业提供高效金融服务，取得了较好的经营业绩。于 2014 年末 27 家村镇银行资产总额 152.66 亿元，负债总额 121.59 亿元，净资产 31.07 亿元；贷款投向坚持“支农支小”各项贷款余额 109.08 亿元，农户及小微企业贷款余额占比达 88.47%；实现净利润 1.19 亿元。

建设银行附属公司 41 家分支机构，总计 236 个，其中境内分支机构 134 个，境外分支机构 102 个；建设银行附属公司共有员工 9843 人（另有劳务派遣用工 366 人），其中境内员工 6093 人，境外员工 3750 人；此外需子公司承担费用的离退休职工为 26 人。

附属公司具体如下：

建信基金管理有限责任公司、建信金融租赁股份有限公司、建信人寿保险有限公司、建信信托有限责任公司、安徽繁昌建信村镇银行有限责任公司、重庆万州建信村镇银行有限责任公司、河北丰宁建信村镇银行有限责任公司、河南新野建信村镇银行有限责任公司、黑龙江肇东建信村镇银行有限责任公司、湖南桃江建信村镇银行股份有限公司、江苏高淳武家嘴建信村镇银行有限责任公司、江苏海门建信村镇银行有限责任公司、江苏泰兴建信村镇银行有限责任公司、江苏武进建信村镇银行有限责任公司、江苏锡山建信村镇银行股份有限公司、宁波慈溪建信村镇银行有限责任公司、宁波宁海建信村镇银行有限责任公司、山东滕州建信村镇银行有限责任公司、山东文登建信村镇银行有限责任公司、山东诸城建信村镇银行有限责任公司、山东邹城建信村镇银行有限责任公司、陕西安塞建信村镇银行有限责任公司、上海浦东建信村镇银行有限责任公司、苏州常熟建信村镇银行有限责任公司、浙江苍南建信村镇银行股份有限公司、浙江淳安建信村镇银行有限责任公司、浙江江山建信村镇银行有限责任公司、浙江丽水莲都建信村镇银行有限责任公司、浙江青田建信华侨村镇银行有限责任公司、浙江武义建信村镇银行有限责任公司、新建发有限公司。

十二、企业文化[①]

（一）企业价值

诚实、公正、稳健、创造。

（二）愿景

始终走在中国经济现代化的最前列，成为世界一流银行。

（三）企业使命

为客户提供更好服务，为股东创造更大价值，为员工搭建广阔的发展平台，为社会承担全面的企业公民责任。

企业使命一般包括三方面内容：企业的社会责任和形象、企业的经营哲学和企业的生存目的。其中企业的社会责任、信誉和形象应放在企业使命的首位；中国建设银行的企业使命是为客户提供更好服务，为股东创造更大价值，为员工搭建广阔的发展平台，为社会承担全面的企业公民责任。

中国建设银行已初步建立社会责任管理体系，自上至下包括董事会、高级管理层、总行公共关系与企业文化部、各一级分行以及各营业网点；中国建设银行总行公共关系与企

① 中国建设银行网站。

业文化部负责组织开展相关工作，工作团队涉及总行31个相关部门以及38个一级分行和海外分支机构、子公司；2012年制定下发《中国建设银行股份有限公司年度社会责任报告编制披露工作规程（试行）》，建立“年度社会责任报告核心指标”体系以及工作团队的管理机制，以规范中国建设银行年度社会责任报告编制和披露的工作流程并通过收集、分析和使用报告基础信息、数据更好地了解各利益相关方对中国建设银行的期望与诉求，为不断改进社会责任管理工作、提升社会责任业绩奠定了良好的制度基础。

（四）理念

1. 经营理念

以市场为导向，以客户为中心。

2. 服务理念

客户至上，注重细节。

3. 风险理念

了解客户，理解市场，全员参与，抓住关键。

4. 人才理念

注重综合素质，突出业绩实效。

（五）银行标志

中国建设银行以古铜钱为基础的内方外圆图形有着明确的银行属性，着重体现建设银行的“方圆”特性；方代表着严格、规范、认真；圆象征着饱满、亲和、融通。

图形右上角的变化形成重叠立体的效果代表着“中国”与“建筑”英文缩写，即两个C字母的重叠寓意积累，象征建设银行在资金的积累过程中发展壮大为中国经济建设提供服务。

图形突破了封闭的圆形象征古老文化与现代经营观念的融会贯通，寓意中国建设银行在全新的现代经济建设中植根于中国面向世界。

标准色为海蓝色象征理性、包容、祥和、稳定，体现国有商业银行的大家风范，寓意中国建设银行像大海一样吸收容纳各方人才和资金。

十三、社会责任[①]

2014年建设银行持续推进企业社会责任战略目标的实施，努力成为“服务大众的银行、促进民生的银行、低碳环保的银行、可持续发展的银行”。

---

① 2012年中国建设银行社会责任报告。

（一）中国建设银行的社会责任理念

立足实体经济，以客户为中心，不断创新产品和服务，在实现各项业务稳步健康发展的同时努力成为：

1. 服务大众的银行

关注大众客户的体验和诉求，不断创新和改进业务流程，积极开拓消费金融市场，努力提升客户服务能力。

2. 促进民生的银行

将业务发展与支持国家经济发展和促进民生改善相结合，优先发展小企业金融业务，努力为“三农”、西部大开发等民生领域提供更好的金融服务。

3. 低碳环保的银行

积极履行环境责任，大力支持低碳经济和环保产业，加大企业节能减排力度，降低自身能源消耗。

4. 可持续发展的银行

提升企业价值创造力为股东提供持续稳定的回报；关注员工利益努力，为员工创造更好的工作氛围、提供更好的职业发展机会；关注社会需求积极参与公益慈善事业，关注社区建设和发展，努力回报社会为推动社会的和谐发展做出贡献。

（二）中国建设银行社会责任体系框架

中国建设银行已初步建立社会责任管理体系，自上至下包括董事会、高级管理层、中国建设银行总行公共关系与企业文化部、各一级分行以及各营业网点；总行公共关系与企业文化部负责组织开展相关工作，工作团队涉及总行31个相关部门以及38个一级分行和海外分支机构、子公司。

2012年制定下发《中国建设银行股份有限公司年度社会责任报告编制披露工作规程（试行）》，建立“年度社会责任报告核心指标”体系以及工作团队的管理机制以规范中国建设银行年度社会责任报告编制和披露的工作流程，并通过收集、分析和使用报告基础信息、数据更好地了解各利益相关方对中国建设银行的期望与诉求，为不断改进社会责任管理工作、提升社会责任业绩奠定了良好的制度基础。

（三）社会责任的实施成果

1. 支持绿色信贷

2014年建设银行持续加大在绿色环保、节能减排领域的信贷投入，严格控制高能耗、高污染、产能过剩行业的信贷投放，对具备商业可持续性、市场前景良好、符合循环经济和绿色经济要求的客户和项目给予支持。同时坚持实施“环保一票否决”制度对于环保不达标的企业，无论经营状况和财务指标有多好，都不予信贷支持。

于2014年末建设银行绿色信贷余额4870. 77亿元，折合减排标准煤1969. 58万吨，减排二氧化碳当量4653.39万吨，节水89.91万吨。

2. 注重低碳运营

建设银行在日常经营管理过程中大力推广手机银行、微信银行、电话银行等移动金融服务，降低客户成本，节约社会资源，减少对环境的负面影响。同时通过尽量减少人员出差、提倡以视频会议代替现场会议、推行无纸化办公、控制办公区域室内温度、在办公场所使用节能节水设备等方式降低能源消耗、减少碳排放。

3. 参与环保活动

建设银行开展了多项环保公益活动，其中广西分行助力“美丽广西”乡村建设活动向定点扶贫县融水县捐款33.3万元用于修建垃圾焚烧炉、硬化道路、环保工程建设和学校基础设施建设等，得到了当地政府和百姓的高度认可；在植树节前夕四川分行携手客户陆续开展了“植树治霾、呵护生命”——蓝丝带青年植树活动掀起植树造林、净化环境、美化家乡的热潮。

4. 积极回馈社会

2014年建设银行积极回馈社会，继续捐款支持社会公益事业，共实施新的重要公益项目14个，捐款总额3593万元。捐款支持云南鲁甸地震灾区抗灾救灾和灾后重建。2014年云南鲁甸发生地震灾害，建设银行向云南鲁甸地震灾区捐款566万元，用于支持灾区人民抗震救灾、重建家园。

继续实施“中国建设银行母亲健康快车资助计划”。2014年建设银行捐赠700万元购置的45辆“母亲健康快车”在京发车。至此建设银行已累计捐款2200万元，购置146辆母亲健康快车，在新疆、西藏、甘肃、青海、云南、广西、贵州、内蒙古、河北、辽宁10个省、区贫困乡县投入使用，为当地的妇女健康检查、疾病救治、孕产妇卫生保健提供服务，被当地百姓称为“救命车”。

持续推进长期公益项目。于2014年末建设银行实施的长期公益项目累计捐款金额1.4亿元。“少数民族地区贫困大学生成才计划”累计发放奖（助）学金6000万元、资助少数民族地区贫困大学生20000人次；实施的“贫困英模母亲资助计划”已累计发放资助款3539万元、资助英模母亲12800人次；实施的“情系西藏——中国建设银行与中国建投奖（助）学金”已累计发放奖（助）学金161万元、资助西藏地区的贫困学生770人次。继续资助44所建行希望小学为其培训乡村教师308人次。

结合自身优势创新开展公益项目。2014年建设银行继续开展“积分圆梦·微公益”项目，搭建中国建设银行龙卡信用卡持卡人将积分兑换为公益捐赠资金的新平台，创新探索通过信用卡积分捐助公益事业发展的新途径。重点关注贫困地区学生的精神健康，开展爱心音乐季、启智夏令营、励志成长课、艺术大课堂、金融体验课、感受新发展等系列积分圆梦项目。于2014年末建行龙卡积分捐赠总额已近10亿，可兑换公益资金近200万元，累计捐建快乐音乐教室24所。

5. 消费者权益保护

健全消费者权益保护机制。为确保消费者权益保护工作在全行范围内协调、有序开展建设银行制定了《消费者权益保护工作指引（试行）》进一步健全了消费者权益保护工作管理体系；结合“3·15”开展消费者权益保护专题活动开展了敬老服务、特殊群体服务、投诉预防和处理等特色活动；注重消费者权益保护宣传教育开展了以“放飞青春梦想，金融伴你成长”为主题的宣传服务月活动；将消费者权益保护要求嵌入各业务领域和相关流程。

持续监测和改进客户服务质量。建设银行逐步建立起业内领先的消费者服务质量监测评价体系，通过对消费者满意度的持续监测，并开展神秘人专项检查，有针对性地实施产品和服务改进，消费者服务体验持续改善。2014 年度监测结果显示个人客户总体满意度达到75.3%，较2013 年提升6.6 个百分点，高出同业平均水平2.5 个百分点；对公客户总体满意度达到93.5%，较2013 年提升0.8 个百分点。

十四、财务绩效

（一）整体数据

截至2014 年末本集团资产总额167441.30 亿元，较2013 年增长8.99%；客户贷款和垫款总额94745.23 亿元，增长10.30%；客户存款总额128986.75 亿元，增长5.53%；营业收入5704.70 亿元，较2013 年增长12.16%。其中利息净收入增长12.28%，净利息收益率（NIM）2.80%；手续费及佣金净收入占营业收入比重为19.02%；成本收入比为28.85%；利润总额2990.86 亿元，较2013 年增长6.89%；净利润2282.47 亿元，增长6.10%；资本充足率14.87%，不良贷款率1.19%，拨备覆盖率222.33%。

表10 2003~2014 年中国建设银行基本财务数据 单位：百万元人民币

年份	销售收入	收入增长率	利润	利润增长率	资产	所有者权益	从业人数（人）
2003	112056.00	4.35%	4304.00	-16.7%	3083194.88	186230.00	307000
2004	154525.61	37.9%	411.43	-90.44%	3554279.04	186280.24	275000
2005	157656.00	14.33%	48388.00	116.14%	3904785.00	194744.00	310391
2006	186570.00	18.33%	47096.00	-2.67%	4585742.00	287579.00	300288
2007	151593.00	17.78%	46319.00	-1.65%	5448511.00	330204.00	297506
2008	314183.00	38.12%	69142.00	49.27%	6598177.00	422281.00	298868
2009	402937.00	28.25%	92642.00	33.99%	7555452.00	467562.00	298581
2010	398672.00	-1.06%	106836.00	15.32%	9623355.00	559020.00	301537
2011	454087.00	13.90%	134844.00	26.22%	10810317.00	696792.00	313867
2012	579578.00	27.64%	169439.00	25.66%	12281834.00	816661.00	329438
2013	508608.00	-12.91%	279806.00	65.13%	15363210.00	1074329.00	368416
2014	570470.00	12.16%	299086.00	6.89%	16744130.00	1252363.00	372321

资料来源：中国企业联合会。

（二）经营业绩

表 11　2008 ~ 2014 年中国建设银行经营业绩数据　单位：百万元人民币

年份	2008	2009	2010	2011	2012	2013	2014
主营业务收入	263738. 00	260613. 00	318426. 00	393313. 00	453576. 00	508608. 00	570470. 00
收入增长率	17. 52%	1. 18%	22. 18%	23. 52%	15. 32%	12. 13%	12. 16%
营业利润	119741. 00	138725. 00	175156. 00	219107. 00	251439. 00	277972. 00	297247. 00
营业利润率	44. 97%	52. 80%	54. 55%	55. 34%	55. 18%	54. 65%	52. 11%
净利润	92642. 00	106836. 00	135031. 00	169439. 00	193602. 00	215122. 00	228247. 00
净利率	35. 13%	40. 99%	42. 41%	43. 08%	42. 68%	42. 30%	40. 01%
权益负债比率	0. 06	0. 07	0. 07	0. 07	0. 07	0. 07	0. 08

资料来源：CSMAR 数据库。

（三）盈利能力

表 12　2008 ~ 2014 年中国建设银行盈利能力数据

年份	2008	2009	2010	2011	2012	2013	2014
净资产收益率	17. 71%	18. 96%	17. 50%	18. 77%	19. 32%	20. 14%	18. 34%
总资产收益率	1. 23%	1. 11%	1. 25%	1. 38%	1. 10%	1. 40%	1. 36%
营业利润率	44. 97%	52. 80%	54. 55%	55. 34%	55. 18%	54. 65%	52. 11%

（1）对平均资产回报率和加权平均净资产收益率的分析：2013 年，中国建设银行平均资产回报率为 1. 32%，加权平均净资产收益率为 22. 61%，分别较 2012 年分别提高 0. 08 个百分点和 1. 74 个百分点，可见建设银行在 2013 年间利用资产获取利润的能力明显增强。

（2）对净利息收益率的分析：企业的 2013 年的净利息收益率为 2. 49%，较 2012 年提高 0. 08 个百分点，呈企稳回升态势，生息资产规模适度增长，推动利息净收入较 2012 年增加，银行的传统业务收入依靠的主要是存贷差，净利息收益率的提高说明企业的主营业务收入获利能力增强，即企业的业务能力增强。

（四）资产质量

近五年建行的不良贷款率逐年下降，拨备覆盖率逐年上升，贷款总额准备金率也逐年提高。

表13　2008～2014年中国建设银行资产质量数据

资产质量（%）	2008年	2009年	2010年	2011年	2012年	2013年	2014年
不良贷款率	2.21	1.50	1.14	1.09	0.99	0.99	1.19
拨备覆盖率	131.58	175.77	221.14	241.44	271.29	268.22	222.33
减值准备对贷款总额比率	2.91	2.63	2.52	2.64	2.69	2.66	2.66

资料来源：中国建设银行历年年度报告。

从数据上来看，三个主要的资产质量指标：不良贷款率、拨备覆盖率、减值准备对贷款总额比率都较上一年有所变化。其中，不良贷款率和减值准备对贷款总额比率与资产质量成反向关系，拨备覆盖率与资产质量呈正向关系，三个指标的变化都表明企业的资产质量提高，即企业的运营能力进一步提高。具体分析如下：

（1）对不良贷款率的分析：中国建设银行的不良贷款率为1.14%，较上年减少0.36个百分点，而不良贷款表明银行的低流动性，这说明银行的不良贷款占总贷款比重下降，即企业的资金流动性增强，货币周转率有所提高，企业的营运能力有所提高；

（2）对拨备覆盖率的分析：中国建设银行的拨备覆盖率为221.14%，较上年增加45.37个百分点，可见不良贷款大幅降低，表明货币周转率有所提高。

（五）资本充足情况

近五年建行的资本充足率总体呈逐年上升的趋势。

表14　2008～2014年中国建设银行资本充足率数据

资本充足情况（%）	2008年	2009年	2010年	2011年	2012年	2013年	2014年
核心资本充足率	10.17	9.31	10.40	10.97	11.32	10.75	12.12
资本充足率	12.16	11.70	12.68	13.68	14.32	13.34	14.87
总权益对总资产比率	6.19	5.81	6.48	6.65	6.80	6.99	7.48

资料来源：中国建设银行年度报告。

（六）成长能力

近五年来建行的总资产增长率趋于稳定；近三年稳定在14%左右；营业收入在历经较大波动后也逐渐趋于稳定。

表15　2008～2014年中国建设银行成长能力数据

报告期成长性指标	主营业务收入增长率	净利润增长率	总资产增长率	净资产增长率	每股收益增长率
2014年度	12.16%	6.14%	8.99%	16.53%	6.14%
2013年度	10.39%	11.12%	9.95%	13.19%	11.12%
2012年度	16.03%	14.13%	13.77%	16.10%	14.13%
2011年度	22.75%	25.52%	13.61%	16.41%	25.52%

续表

报告期成长性指标	主营业务收入增长率	净利润增长率	总资产增长率	净资产增长率	每股收益增长率
2010 年度	21.07%	26.31%	12.33%	25.44%	18.06%
2009 年度	-0.12%	15.29%	27.37%	19.21%	15.29%
2008 年度	21.89%	34.10%	14.51%	10.69%	34.10%

资料来源：CSMAR 数据库。

上市商业银行的平均股利分配率为 22.35%，平均利润留存率为 77.65%，表明企业的利润留存还是相对较高的。其中深发展 2012 年不分配利润，主要是为了对中国平安的定向增发及兼并收购而没有股利分配。其中预计可持续增长率最高的深发展，因为其股利分配率为 0，作为特例，不具有可比性。其次是招商银行，为 32.13%，最后是浦发银行。一般利润留存率较高的银行都具有较高的可持续增长率。

建设银行计算的 2013 年可持续增长率为 13.18%，低于其 2012 年的权益净利率，同时也低于同业的平均增长速度。说明中信银行的发展潜力低于同业平均水平。如果中信银行要获得超额增长率，那么必须作出相应的改变。

前述分析已经表明，建设银行的权益乘数有提高的空间，通过提高权益乘数，并增加总资产周转次数，都可以获得超额增长。但同时要避免无效增长的陷阱。

十五、自贸区因素

自贸区建设是国家重大改革和制度创新的“试验田”，通过金融创新有力支持自贸区发展，是商业银行履行社会责任的重大课题，也是实现自身创新驱动、转型发展的重要机遇。作为首批入驻上海自贸区的商业银行之一，建设银行争办了多项自贸区业务的首批和首单，并在金融业务创新的基础上，充分利用境内外两种资源、两个市场，通过跨境人民币借款业务、FT 境外融资业务、“走出去”企业海外融资综合服务以及融资租赁公司双保理业务为企业降低融资成本，实现融资便利。

（一）上海自贸区

2013 年 9 月 27 日，中国建设银行上海自贸区分行已正式获批，成为首批获批的自贸区内金融机构。

国务院原则通过上海自贸区总体方案后，建行制定并向监管机构递交了金融服务方案，内容涉及对公、对私、投行等业务条线，提供包括资金结算、现金管理、资金托管、本外币信贷、汇兑、融资租赁、信托理财、期货交易、产业投资基金、投行业务、个人及私人银行业务在内的一揽子金融服务。服务群体包括上海外高桥保税区、外高桥保税物流园区、洋山保税港区和上海浦东机场综合保税区的机构及客户。

1. “FT 账户等于开了一个新银行”

FT 账户被认为是针对自贸区金融创新的基础工程，其最准确的称呼应当是“自贸区分账核算体系”，目的在于资本开放的进程中，区内资金和境外资金的自由汇兑更为便捷，同时监管层可以实时、有效地监控资金流动和防范风险。

2015年2月，上海自贸区《分账核算业务境外融资与跨境资金流动宏观审慎管理实施细则（试行）》落地实施，利用FT账户从境外进行融资，一时成了各家银行自贸区业务中的重头戏。根据实施细则，在上海自贸区取消境外融资的前置审批，全面放开本、外币境外融资。在这一政策下，不仅企业境外融资的规模由原本的以实缴资金的1倍上调到2倍。支撑FT项下境外融资生意如火如荼的，还在于金融机构也同步允许到境外融资。

“以前，金融机构是没有境外借款额度的，随着今年政策的放开，银行和非银金融机构都可以去境外融资，并利用融资资金为区内企业服务，上半年上海地区四大行FT项下贷款的增长远高于一般性贷款的增加。”建设银行上海市分行副行长、自贸区分行行长李骏进一步解释称。

据了解，截至2015年8月末，本外币合计统计，沪上四家国有大型商业银行在FT账户项下的贷款余额合计达到1622亿元，单建行上海市分行就发放了713亿元FT项下贷款。而据中国经济网记者了解，FT账户对三类企业最受用：第一类是企业海外并购，第二类是国企在海外基础设施建设的输出，第三类就是金融机构走出去并购。

2. 先试先行积极创新金融业务

金融创新是上海自贸区的核心灵魂，也是建行上海自贸区业务发展的原动力。在中国人民银行上海总部的指导下，建设银行较早开始了自贸区金融创新实践。以加快推进金融服务自贸区实体经济改革为目标，建设银行的金融服务方案致力于解决如何畅通自贸区企业的融资渠道、如何降低融资价格、如何提高跨境投融资汇兑便利和如何简化优化业务流程等问题。

目前建设银行在上海自贸区开展的创新业务包括跨境人民币双向资金池、跨境人民币借款、外汇资本金意愿结汇业务、跨国公司外汇资金集中运营管理、自由贸易账户（FT账户）体系等。

跨境双向人民币资金池及跨国公司外汇资金集中运营管理业务是最受企业欢迎的自贸区金融政策之一，为跨境经营的企业集团实现跨境资金调配提供了极大便利。

早在2014年1月，自贸区分行为上海畅联国际物流股份有限公司办理了行内首笔跨境人民币借款业务，以境内分行开立人民币融资保函作为担保、境外分行直接发放人民币跨境贷款的联动模式，在极短的时间内成功为该公司融入境外低成本资金，融资成本较该公司原有境内流动资金贷款模式节约20%以上，实现了人民币跨境使用的先行先试。

而针对企业入驻自贸区的最基本需求，建设银行在自贸区金融服务中推出了“一站式管家”特色服务。从为企业代寻区内注册地开始，到上门收取相关证照办理材料，再到为新设外商投资企业办理外汇登记、境外直接投资（FDI）入账登记手续、为企业开立基本账户等、提供一站式、全方位的贴心服务。

此外，2014年4月，建行上海分行成为跨境人民币第三方支付的首批试点银行，与银联电子商务完成上海市范围内首批跨境人民币第三方支付业务。截至目前，已累计完成第三方支付业务近11亿元人民币。

建行透露，未来将向自贸区提供大额授信，用于区内港口、机场、仓储、物流等基础设施建设投入、国际大宗商品交易和资源配置平台、跨国贸易及并购、服务外包、租赁业务及航运产业等重点企业和重点领域。

建行还将以自贸区作为创新平台，重点推进人民币资本项目可兑换、大宗商品交易平台、跨境人民币、贸易金融、航运金融等产品创新，参与自贸区建设成可推广复制的“试验田”。未来，建行还将发挥总部集团化优势，全方位参与自贸区金融改革创新工作，为区内企业提供多功能、集团化服务。

未来，建行还将发挥总部集团化优势，全方位参与自贸区金融改革创新工作，为区内企业提供多功能、集团化服务。

（二）天津自贸区

与天津自贸区挂牌成立同步，建行天津自由贸易试验区分行于2015年4月21日正式开张营业。建行天津自由贸易试验区分行坐落在天津港保税区，除开办正常的本外币对公及对私业务外，将重点发展天津自贸区特色业务。与此同时，建行天津分行所辖的其他营业网点正式同步受理天津自贸区内客户申请办理的各项业务。

天津自贸区连同京津冀协同发展战略、“一带一路”战略这三大国家战略，将在投资、贸易、金融等多领域实现突破与创新，为商业银行在相关领域的业务拓展提供了重大机遇。对此，建行给予了高度重视，为确保天津自贸区成立后的第一时间顺利开展业务，建行在业务研究、客户储备、宣传推广等多个方面进行了充分准备。据介绍，挂牌当日建行系统内各家机构共为40余家自贸区内企业开立了本外币账户（其中自贸区分行为首尔分行开立了跨境清算账户），办理国际结算6000万美元，跨境人民币业务5000万元，办理贸易融资3000万美元，其中，首笔自贸项下贸融业务是为某贸易公司开立的2900万美元信用证，为某企业汇出2000余万人民币成为自贸首笔跨境人民币，与多家客户就本外币双向资金池业务签订意向协议。建行通过遍布天津全辖的营业网点为自贸区注册客户提供金融服务。

此外，建行天津分行在天津港片区、天津机场片区、滨海新区中心商务片区三大自贸园区区域内均设有服务机构，实现了网点的全覆盖。下一阶段，建行将紧跟天津自贸区相关政策落地的步伐，以自贸区金融创新业务为特色和重点，着力在区内基础设施建设、对外投融资、跨境人民币业务、融资租赁业务、保理业务、大宗商品市场以及金融同业市场等多个领域取得突破并发挥引领作用，并通过丰富资金运用渠道和手段，更好地服务于区内实体经济的发展，努力成为自贸区金融业务的推动者和排头兵。

建设银行将以自贸区金融创新业务为特色和重点，着力在区内基础设施建设、对外投融资、跨境人民币业务、融资租赁业务、保理业务、大宗商品市场以及金融同业市场等多个领域取得突破并发挥引领作用，并通过丰富资金运用渠道和手段，更好服务于实体经济的发展。

（三）福建自贸区

2015年4月21日，福建自贸试验区揭牌，为助力自贸区发展，建行顺应推出跨境双向人民币资金池、内保内贷、外汇资本金意愿结汇三大创新业务，以满足自贸区内企业不同需求。

而2015年恰逢福建省政府与中国建设银行签署战略合作协议三年之际，三年来，建行累计提供各类资金9179.3亿元，连续三年全面实现战略合作协议中“在福建的贷款增速高于全国建行平均水平，贷款余额继续领先其他金融机构”的承诺，发挥了建设新福建金融主力军的作用。建行发挥自身传统优势，大力支持基础设施和重点项目建设，为中国（福建）自贸区提升吸引力与辐射力提供有力支撑，同时紧密跟进中国（福建）自贸区建设进程，为客户提供全方位、一站式的金融服务。

1. 服务新福建建设：稳增长、调结构、促改革、惠民生

2012年以来，建设银行福建省分行围绕服务福建省科学发展、跨越发展，在积极争取增加信贷规模的同时，大力创新融资渠道和方式，积极引入海外融资、利用理财产品募集资金、借助债务融资工具融资以及服务企业IPO募资和开展私募基金业务等，广筹八方资源，服务福建省稳增长、调结构、促改革、惠民生。

建行福建省分行大力服务强化内需拉动，突出支持福建省重大项目、重点投资领域和大众消费，在已提供资金支持的同时，意向承诺贷款1666亿元；通过造价咨询服务，为项目节约资金17亿元。围绕“抓龙头、铸链条、建集群”，积极支持工业稳定增长，服务培育产业龙头，建设特色现代农业，提升外贸竞争新优势，促进我省产业转型做大做强。重视改善民生，大力扶持小微企业，服务新型城镇化，多维度提升百姓幸福指数。其中，“善融商务”建行电商平台入驻闽企超过1.6万家，实现在线交易超过83亿元，有力支持闽货“走天下”；累计发放信用卡分期390亿元，助力百姓购车、装修等消费升级。

2. 建行在产品创新、服务实力方面成绩显著

2015年，福建省自贸区建设开足马力推进。面对福建省众多金融银行机构，建行福建省分行实力满满：在存款方面，存款总量突破3600亿元，连续11年保持当地同业水平第一。在跨境人民币方面，2014年全年实现跨境人民币结算量675亿元（不含厦门），在当地市场排名第一，较2013年同期新增327.8亿元，增幅达94.33%，获得总行贺信表彰。

与此同时，建行福建省分行在产品创新方面具有自己的优势。分行创新的“换币贴现通”产品在2014年5月总行组织的第二届“青年创新建行强”创新创效金点子大赛中获得“产品创意奖”一等奖。同年10月，该产品在2014年中国建设银行产品创新与流程优化评奖活动中又获得“产品创新奖”三等奖。与此同时，先后推出的“跨境贸易融资存贷宝”和“外汇掉期宝”两项创新产品，也都得到市场与客户的广泛认

可。建行荣获中国人民银行福州中心支行颁发的“2010～2014 年度福建省银行业机构跨境人民币业务先进集体”；连续数年在国家外汇管理局福建省分局对银行执行外汇管理规定情况考核中评级为 A 级。

建行在全球的布局优势为服务福建自贸区提供了强有力的支持。1991 年建行设立了第一家海外机构——伦敦代表处，成为新中国成立以来进入伦敦国际金融中心的第一家中资银行。1995 年 12 月，建行设立了第一家海外分行——香港分行。2013 年 10 月，卢森堡分行和子银行开业，开启了建行全面拓展欧洲市场的窗口。2014 年初，多伦多分行正式获得加拿大财政部批准，成为在加拿大首家获得分行牌照的中资银行。建行响应国家“走出去”战略，积极支持企业大力拓展海外市场。

3. 打造一流品质，勇当服务福建省自贸区建设的主力军

建设银行在特殊经济区金融服务的经验，为福建省分行提供了有益借鉴。2013 年 11 月建行新疆霍尔果斯中心支行正式营业，成为区内第一家入驻的商业银行，也是霍尔果斯国际边境合作中心唯一一家开展跨境人民币创新业务的银行，抢得了市场先机。抓住上海自贸区首批试点机会，建行积极拓展区内客户，率先在外汇资本金意愿结汇等业务上实现突破。深入研究前海地区发展政策，作为国内首批与前海入区企业签署贷款协议的中资银行，成功实现跨境人民币贷款的引进。2014 年 12 月 12 日，建行平潭支行为一台资企业办理全省建行首笔外汇资本金意愿结汇业务，该笔业务的成功办理，不仅标志建行实现了外汇资本金意愿结汇业务的突破，而且赢得客户的高度认同。

建设银行福建省分行在支持福建省自贸区建设中将继续打造跨境人民币综合业务的领先优势。据了解，建设银行是全球范围内人民币综合实力第二大行，拥有近 3 亿个人客户、300 余万公司客户的庞大的境内客户群体，大部分重点客户是我国企业“走出去”的主要力量。建行拥有庞大的人民币资金实力，是人民币业务品种最为丰富、人民币产品创新最为积极的银行之一。

同时，建行获任伦敦人民币清算行，在离岸人民币市场占据了有利地位。这是中国人民银行首次在亚洲以外的国家（地区）选定人民币清算行，也是建行首次获任海外人民币指定清算行。作为人民币清算行，建行能够提供快捷安全的人民币清算服务、拓展活跃有序的人民币离岸资金交易市场、探索市场认可的大宗商品人民币定价机制。

4. “对台”是福建自贸区的最大特色

建行的服务优势也很突出。1 月 13 日，建行总行决定，在福州成立“中国建设银行海峡两岸跨境金融中心”。该中心负责海峡两岸本外币跨境业务的全面合作和交流工作，由总行国际业务部、福建省分行共同管理，福建省分行负责日常运营。建行工作人员介绍，这种运营模式，打破常规，将有效提升两岸跨境金融交流的决策层级和反应效率。

此前，在 2013 年 6 月，建设银行台北分行开业；2013 年 12 月，建设银行作为首批中资银行在中国台湾发行了单笔最大金额的人民币债券（宝岛债），试水境外人民币债券发行与承销；2014 年 12 月，建行福建省分行与台北分行签订《跨境联动战略合作协议》，双方将进一步加深合作，共同服务台资企业；2015 年 1 月，建行台北分行在平潭

支行开立代理人民币清算账户，为两岸企业及民众提供更多便利。

为了更好服务福建自贸区建设，分行成立了自贸区业务领导小组，制定了全面对接福建自贸区的推进方案。分行在福州片区、平潭片区的机构，已获监管部门批准，是首批获准机构。分行还邀请上海自贸区分行副行长来闽解读自贸区政策，向客户推介重点产品，积极借鉴复制上海自贸区经验。

建行福建省分行将依托建行集团整体优势，紧紧跟进福建自贸区建设进程，加大资金倾斜和支持力度，持续加大金融创新，丰富服务内涵，加快自贸区政策红利的转化、落地，更好地服务自贸区发展需要。

5. 建行福建分行自贸区服务再升级

2015 年 10 月建设银行福建自贸试验区平潭片区分行和福州片区分行分别举行揭牌仪式，两家机构都由原来的“支行”升格为“分行”，这也标志着建设银行服务福建自贸区的服务再升级。

在揭牌仪式上，建设银行福建自贸试验区福州片区分行还分别与福州海嘉建设有限公司、福州经济技术开发区建设发展有限公司、中铝瑞闽股份有限公司、名城地产（福建）有限公司、福建融达通供应链管理有限公司 5 家企业签署战略合作协议。

2015 年以来，建行福建省分行积极支持福建自贸试验区的配套建设，安排专人密切跟进自贸区政策，持续推动“跨国企业外汇资金集中运营”、“跨境人民币双向资金池和集中支付”、“跨境借款”、资本金意愿结汇等重点产品的突破。据建行福建省分行有关负责人介绍，在福建，建行的存款总量已连续 11 年同业第一，跨境人民币结算总量蝉联同业第一。这些先天优势，为建行服务福建自贸区提供了有力支撑。

6. 先行先试，争当自贸试验区金融服务主力军

2015 年 4 月，建行将辖内的马尾支行、平潭支行分别更名为福建自贸试验区福州片区支行和福建自贸试验区平潭片区支行，专注于自贸试验区的相关服务。8 月，又将两家支行升格为分行，并在自贸试验区内设立 8 家营业网点，为自贸区内客户提供优质便捷的金融服务。

在揭牌仪式上，建行福建省分行相关负责人表示，建行福建分行将依托建行集团的优势，充分发挥全球资源优势，通过与海外分支机构的密切合作、与集团子公司的合作，积极创新，先行先试，帮助企业充分利用境内外两种资源、两个市场，降低融资成本，提升竞争力。一方面，将加强与区内的融资租赁、跨境电商、大宗商品市场等新兴企业的沟通，依托投资银行、国际业务等多平台优势，大胆创新，为客户提供全面、优质的金融综合服务；另一方面，积极研究自贸试验区金融政策，主动挖掘客户需求，深化合作领域，借助建行创新优势，先行先试，为区内的企业提供专业的金融服务，发挥自贸试验区金融服务主力军的作用。

据悉，建设银行把福建列为重点支持区域，对包括自贸区在内给予重点倾斜支持。2015 年 8 月 11 日，中国建设银行与福建省政府在福州签署支持福建科学发展跨越发展金融合作备忘录，开启新一轮银政战略合作序幕。

根据合作备忘录，在2015～2020年，建设银行计划为福建省经济发展提供融资超过5000亿元，并在信贷政策、审批条件等方面制定差异化策略。

7. 对接两岸，立足创新，实现多项业务新突破

据介绍，建设银行在福州设立的“中国建设银行海峡两岸跨境金融中心”，是建行适应福建自贸试验区建设需要，立足福州在“一带一路”中“海上丝绸之路”的门户地位，积极参与自贸区金融改革，提升跨境人民币金融服务水平的重要举措。

该中心旨在打造服务大陆与台湾海峡两岸的专业平台，提高对台经贸、跨境金融的综合服务水平。作为建设银行提供跨境金融服务的区域性专业机构，该中心从五个方面推动跨境金融业务的发展，支持福建自贸试验区金融综合改革建设。一是加强与海峡两岸台资企业的金融综合服务，提供外汇清算、存款、贷款、跨境人民币结算等金融服务，制定服务台资企业的差异化服务策略；二是建设与台湾和东南亚地区银行跨境人民币同业往来账户之间的资金汇划渠道，提供资金清算服务；三是推动总分行与“福建自贸区”、“平潭综合试验区”等特殊区域开展股权投资基金的业务合作；四是推动个人跨境人民币对外直接投资业务和个人跨境结算业务发展；五是利用福建特殊区域先行先试的优惠政策，加强与台资同业、风险和创业投资等公司的联动，结合汇率、利率市场等变化，创新和研发跨境金融产品，提供跨境金融服务方案，支持实体经济发展。

8. 建行推出三大创新业务服务福建自贸区

2014年12月，建行福建平潭支行借助综合实验区的优惠政策，为某台资企业办理了200万美元的外汇资本金意愿结汇，并结合定期存款为客户提供资产保值增值方案。此举实现了外商投资企业外汇资本金意愿结汇业务的零突破。据了解，外汇资本金意愿结汇是指自贸区内注册外商投资企业的外汇资本金可以将外汇资本金全部结成人民币存入一个待支付人民币账户中，待支付人民币账户中的资金由商业银行按照资本金使用管理要求进行监管。该业务可有效规避外汇汇率波动风险，实现资金的保值增值。

跨境双向人民币资金池业务是指跨国企业集团境内外成员企业间的双向人民币资金归集业务，属于企业集团内部的经营性融资活动。建行福州城东支行有关负责人告诉笔者，它具有两个优点：一个是资金跨境流动条件放宽，有效解决境内外企业之间资金供求不平衡，提高资金使用效率；另一个是强化内部管理，提高资金使用透明度，控制并降低成员企业可能发生的资金风险。

而内保内贷则是跨境借款的主要应用模式，可借入境外低成本资金，降低企业财务费用，对于大项目，还可以解决境内人民币贷款规模不足问题。建行有关负责人提醒，允许自贸试验区内企业、银行从境外借入本外币资金，企业借入的外币资金可结汇使用。

（四）广东自贸区

2015年8月19日，中国建设银行广东自贸试验区分行在南沙揭牌。建行广东省分行与南沙开发区管委会签署自贸区战略合作备忘录。

建行广东自贸试验区分行是建行广东省分行为支持广东自贸试验区建设而打造的专业机构，内设5个部门，下辖10个网点，拥有一支近两百人的专业队伍。作为系统内第一大行，建行广东省分行是唯一蝉联广东省政府金融创新一等奖的金融机构，也是广东自贸区金融改革创新的领跑者。自贸区政策出台以来，该行累计为中交集团、中冶集团、大横琴、长隆等自贸区重点客户提供了融资支持，为中电投珠海横琴热电有限公司发放业内第一笔南沙、横琴新区跨境人民币贷款1亿元，并协助珠海中国铁建港航局集团有限公司取得跨境直贷2.5亿元人民币的批复。

截至目前，该分行共利用境外资金近千亿元人民币，较上年同期增长38%。其中，海外分支机构联动业务量同比增幅为69%，利用境外融资金额同比增幅20%。针对近期人民币汇率波动，分行相关专业人士建议，进出口企业应做好汇率风险管理，通过外汇衍生工具，如远期结售汇、人民币对外汇期权等产品锁定汇率风险，同时密切关注境内外汇率及利率市场走势，在符合国家相关规定的前提下，合理进行境内外资金及融资产品组合，降低生产经营成本。

随着建行广东省分行为横琴区内某重点项目发放1亿元跨境人民币贷款的最终获批，标志着横琴、南沙新区首笔跨境人民币贷款正式落地。这也意味着，在人民银行广州分行的大力支持下，建行广东省分行会同建行澳门分行，在积极实践中央扩大企业融资渠道的改革政策，坚持不懈推动金融创新上又增添了新的成功范例。

1. 多元化跨境人民币业务

FT账户为企业境外低成本融资打开了一扇大门，扩大了双向人民币融资渠道，尤其是对接港澳地区。据香港金管局数据显示，截至2014年12月，香港地区人民币存款达10036亿元，破万亿元大关形成最大的离岸人民币资金池，为区内与港澳地区开展双向人民币融资提供了成熟的条件。

与此同时，政策也给予了多项支持，中国（广东）自由贸易试验区总体方案（以下简称“方案”）为粤港澳三地机构在自贸区内共同设立人民币海外投贷基金、自贸区内港澳企业的境外母公司可向境内资本市场发行人民币债券等，打通了多条双向人民币融资渠道。

2. 建行的目标是“机构升格，服务升级”

据了解，建行广东省分行服务南沙自贸区举措明确，亮点众多，引入高校合作为其中之一。该分行与中山大学自贸区综合研究院签署加强自贸区业务合作备忘录，同时银校共建的金融产品创新实验室也在会上揭牌。该分行负责人表示，“实验室经济”的春天即将来临，分行将与中山大学开展政策研究、金融创新、人员培训等多方面的交流，彰显金融创新的特色定位，为自贸试验区客户提供全方位的综合金融服务，为“一带一路”、区内企业“走出去”等提供跨境金融服务，力争成为广东自贸区金融首选合作银行，将南沙打造成为彰显综合金融服务标杆的重要阵地。会上，建行还推介了该分行综合金融服务、投资银行特色产品，并送上自贸区金融服务政策解读。该行还与广州诚恒化工有限公司、久泰能源（广州）有限公司分别签署跨境人民币双向资金池合作协议。

中国农业银行案例分析

一、发展历程及排名

（一）企业（集团）简介

中国农业银行的前身最早可追溯至1951年成立的农业合作银行。20世纪70年代末以来，中国农业银行相继经历了国家专业银行、国有独资商业银行和国有控股商业银行等不同发展阶段。2009年1月，中国农业银行整体改制为股份有限公司。2010年7月，中国农业银行分别在上海证券交易所和香港联合交易所挂牌上市，完成了向公众持股银行的跨越。

作为中国主要的综合性金融服务提供商之一，中国农业银行致力于建设面向“三农”、城乡联动、融入国际、服务多元的国际一流大型商业银行。中国农业银行凭借全面的业务组合、庞大的分销网络和领先的技术平台，向最广大客户提供各种公司银行和零售银行产品和服务，同时开展金融市场业务及资产管理业务，业务范围还涵盖投资银行、基金管理、金融租赁、人寿保险等领域。截至2014年末，中国农业银行总资产159741.52亿元，发放贷款和垫款80980.67亿元，吸收存款125333.97亿元，资本充足率12.82%，全年实现净利润1795.10亿元。

截至2014年末，中国农业银行境内分支机构共计23612个，包括总行本部、总行营业部、3个总行专营机构、37个一级（直属）分行、353个二级分行（含省区分行营业部）、3515个一级支行（含直辖市、直属分行营业部、二级分行营业部）、19647个基层营业机构以及55个其他机构。境外分支机构包括8家境外分行和2家境外代表处。中国农业银行拥有14家主要控股子公司，其中境内9家，境外5家。

2014年，中国农业银行首次入选全球系统重要性银行。在美国《财富》杂志全球500强排名中，中国农业银行位列第47位；在英国《银行家》杂志全球银行1000强排名中，以一级资本排名计，中国农业银行位列第9位。中国农业银行标准普尔发行人信用评级为A/A－1，穆迪银行存款评级为A1/P－1，惠誉长/短期发行人违约评级为A/F1，以上评级前景展望均为稳定。

（二）企业发展历程

中国农业银行1951年成立以来，从国家专业银行，到国有独资商业银行，再到股份制商业银行；从最初肩负国家赋予的发展农村金融事业的神圣使命，到如今的金融市场竞争主体；从开始偏隅农村的单一市场，到现在的城乡兼顾、网点和客户遍布海内外的市场新格局，走过了一段极其不平凡的发展历程。回顾中国农业银行的历史，可以说，一部中国农业银行史就是一部新中国农村金融史的缩影。中国农业银行作为新中国农村金融事业的拓荒者，进行了无数积极的探索和实践，在不同的历史时期都为服务“三农”和支持经济发展做出了重要贡献。

1. 改革开放前的“三起三落”

（1）中国农业银行的第一次成立与撤销。1951年7月，经中央人民政府政务院批复，农业合作银行正式成立，这就是中国农业银行的前身。农业合作银行成立后，在中国人民银行的统一领导下，积极发挥其职能作用，支援和促进农村经济和农业互助合作运动按照党和国家的方针政策健康发展。此时农业合作银行未设分支机构，基层的农村金融工作仍由中国人民银行办理。随着我国进入“组织制度建设”阶段，按照中共中央1951年12月发出的《关于实行精兵简政，增产节约，反对贪污、反对浪费和反对官僚主义的决定》精神，中国人民银行总行精简机构，于1952年7月撤销农业合作银行，农村金融工作归中国人民银行统一领导和管理。

（2）第二次成立与撤销。1953年中共中央《关于发展农业生产合作化的决议》发布以后，农业合作化运动在各地迅速发展起来。为了进一步帮助组织全国四亿多农民，不断增加生产设备，扩大再生产，逐步完成社会主义改造，急需建立一个专门办理国家对农业的投资和办理农业的长期放款的中国农业银行。1955年3月，经国务院批复同意，中国农业银行成立。

中国农业银行第二次成立后，积极开拓极贫户贷款、国营农业贷款、农田水利贷款、贫农合作基金贷款等农村金融业务，为稳定生产、促进农业经济发展做出了积极贡献。但由于在新中国成立后很长一段时期，中国人民银行同时履行了中央银行和商业银行的职能，中国农业银行与中国人民银行在业务运行中存在职能交叉、关系不顺的问题。而且两行分别设立，需大量增加机构和干部，增加基本建设和费用开支。因此，1957年4月国务院决定，将中国农业银行的各级机构同中国人民银行合并，中国农业银行的名义即予撤销。

（3）中国农业银行的第三次建立与撤销。“大跃进”之后，国家确定1962～1964年为贯彻大办农业、大办粮食方针和“调整、巩固、充实、提高”八字方针的国民经济调整时期。为加强农业资金的统一管理和提高农业资金的使用效益，国家决定恢复成立中国农业银行。1963年11月全国人民代表大会常务委员会第106次会议通过决议，“批准设立中国农业银行，作为国务院的直属机构”。1963年11月12日，中国农业银行总行在北京正式成立。

中国农业银行成立后不久即对支农资金进行了全面安排，同时建立贫下中农无息专项贷款，对农贷资金管理实行基金制，接办投资拨款监督工作，全面清理1961年以前的农业贷款。同时，中国农业银行还贯彻执行和制定了若干农村金融规章制度，帮助生产队建立耕畜和农具折旧制度，并对信用社的相关工作进行部署整顿和打击高利贷。但是，由于中国人民银行和中国农业银行在农村基层机构设置上存在矛盾，1965年11月，中国农业银行再次和中国人民银行合并。

2. 在商业化改革中前进

1979年2月中国农业银行第四次恢复成立以来，相继经历了国家专业银行、国有独资商业银行和国有控股商业银行等不同发展阶段。30年来，中国农业银行以商业化改革为主线，已逐步发展成为一家网点网络覆盖城乡、服务功能齐全、品牌形象良好的大型国有商业银行。2007年，全国金融工作会议确定了农行“面向‘三农’、整体改制、商业运作、择机上市”的改革原则，标志着中国农业银行进入建设现代化商业银行的历史新时期。

（1）第四次恢复成立。1978年12月，党的十一届三中全会认真研究农业问题，要求全党把农业尽快搞上去。全会通过的《关于加快农业发展若干问题的决定（草案）》中明确提出，恢复中国农业银行，大力发展农村信贷事业。1979年2月23日，国务院发出《关于恢复中国农业银行的通知》。恢复后中国农业银行的主要任务是，统一管理支农资金，集中办理农村信贷，领导农村信用合作社，发展农村金融事业。1979年3月13日，中国农业银行正式恢复建立，在中国金融改革的历程中，迈出了历史性的第一步。

（2）向国有商业银行转变。进入90年代，特别是1992年以后的近十年间，随着我国金融体制改革的不断深化，中国农业银行按照中央国务院部署，经过“一分一脱一剥离”的改革，逐步向国有商业银行转变。

①农业发展银行分设。1993年12月，国务院颁发了《关于金融体制改革的决定》，确定组建国家开发银行、中国农业发展银行、中国进出口银行三家政策性银行，同时要求在政策性业务分离出去后，国家各专业银行要尽快转换职能，建立现代商业银行的运行机制，把国家专业银行办成真正的国有商业银行。根据《决定》的有关精神，1994年4月，中国农业发展银行正式组建。从中国农业银行分设出农业发展银行，是农村政策性金融与商业性金融相分离的重要改革步骤，这一重大改革，打破了多年来农村金融中“大一统”的格局，把多层次的农村金融体系建设向前推进了一大步。

②农村信用社和信托投资公司与中国农业银行脱钩。长期以来，中国农业银行领导和管理农村信用社，有力地促进了农村信用社的健康发展。但是，中国农业银行长期领导管理农村信用社衍生了政企不分，一身多任的问题，既不利于中国农业银行的商业化改革，也与信用社存在许多利益上的矛盾，不利于信用社按合作制的原则发展。为此，1996年8月，国务院决定农村信用社与中国农业银行脱离行政隶属关系，其业务管理和金融监管分别由农村信用社县联社和中国人民银行承担。经过各方共同努力，基本上

在1996年底前，以省为单位先后宣布农村信用社与中国农业银行脱离行政隶属关系。以此为切入点，农村金融体制改革进入了新的历史阶段。

③向长城资产管理公司剥离不良资产。为防范和化解金融风险，依法处置国有商业银行的不良资产，加强对国有商业银行经营情况的考核，党中央、国务院要求深化金融改革、整顿金融秩序、防范金融风险，决定组建资产管理公司，专门收购并经营四家国有商业银行的不良资产。1999年7月，国务院正式批复组建中国长城资产管理公司。长城资产管理公司是具有独立法人资格的国有独资金融企业，主要任务和目标是收购、管理、经营、处置、回收从中国农业银行剥离的不良资产，利用国家给予的特殊法律地位和专业优势，最大限度地保全资产、减少损失。1999年，中国农业银行向长城资产管理公司剥离了3458亿元不良资产。中国农业银行的不良资产剥离到长城资产管理公司后，大大减轻了中国农业银行的历史经营包袱，不良贷款占比明显下降，经营效益明显提高。

（3）顺利实施股份制改革并实现公开上市。2007年1月，第三次全国金融工作会议召开。这次会议明确了中国农业银行股份制改革的十六字原则："面向'三农'、整体改制、商业运作、择机上市"。中央的政策部署，极大地鼓舞了农行推进改革发展的信心和士气。2007年6月，农行新一届党委成立，农行股份制改革的准备工作全面展开。随着股改准备工作的深入推进，改革时机和条件日趋成熟。

①股份公司挂牌成立。2009年1月9日，中国农业银行股份有限公司创立大会在北京召开。大会审议通过了《中国农业银行股份有限公司章程（草案）》，选举产生了中国农业银行股份有限公司第一届董事会和监事会。2009年1月16日，中国农业银行股份有限公司在人民大会堂召开成立大会，大会公告中国农业银行股份有限公司承继原中国农业银行的全部资产、负债、业务、机构网点和员工。

②公开上市。2010年4月16日，农行召开了发行上市工作启动会，正式开启了中国农业银行公开上市进程。随后，社保基金理事会入股农行，成为战略投资者。2010年6月9日，农行首次公开发行申请在证监会89次主板发审委会议上通过。次日，H股上市通过港交所聆讯。6月17日，IPO路演拉开帷幕，在路演过程中，农行以城乡联动、高速成长为核心的"大象起舞"投资故事赢得了投资者的广泛认同。2010年7月15日和16日在上海和香港成功实现"A+H"公开上市，一举成为A股第3大上市公司、全球第7大上市银行。农行公开上市，标志着本轮国有商业银行改革顺利收官，对于增强银行业的稳健经营及可持续发展能力都具有全局性的意义。这是中国农业银行历史上新的里程碑，揭开了中国农业银行建设国际一流现代商业银行的新篇章。

（三）大事记

中国农业银行，前身最早可追溯至1951年成立的农业合作银行，是在新中国时期

成立的第一家专业银行。[①]

中国农业银行于1979年2月恢复成立，总部设在北京。

1979年2月23日，国务院发出《关于恢复中国农业银行的通知》。

1984年6月1日，农业银行引进首笔世界银行贷款。

1985年6月24日，中国农业银行首次统一行名字体。

1985年6月25日，中央决定成立中国农业银行党委。

1994年中国农业发展银行分设。[②]

1996年农村信用社与中国农业银行脱离行政隶属关系，中国农业银行开始向国有独资商业银行转变。

1997年，农行政策性业务剥离速度加快。

1999年，农行和工、中、建三家银行剥离1.4万亿元不良资产给四大资产管理公司。

2004年，农行第一次上报股改方案。

中国农业银行积极支持公益事业。2004年，组织广大员工开展“中国农业银行万亩员工林示范工程”捐款活动，用于甘肃省定西地区荒山绿化，捐款共计547.8万元，为“再造西部秀美山川”贡献力量；据不完全统计，为帮助灾区人民重建家园，向遭受印度洋海啸的东南亚国家捐款283.8万元；向中国扶贫基金会捐款10多万元；向国务院确定的定点扶贫县支出帮扶款100万元；坚持为金融系统特困女职工捐款，捐助金额达89.2万元。

2006年11月，完成了历时三年多的全国数据集中项目。

中国农行发展速度迅猛，该企业在中国企业联合会、中国企业家协会联合发布的2006年度中国企业500强排名中名列第十三。

2007年完成数据中心迁移工程一期，顺利实现了业务数据由数据运行中心（北京）和全国36个分中心到农业银行数据中心（上海）的大切换，各项技术指标达到，并通过国际标准化认证，农业银行灾难备份中心（北京）的建设进展顺利，成为农行IT基础架构的重要核心之一。

2007年1月19日至20日，全国金融工作会议确定农业银行股份制改革总的原则是“坚持面向‘三农’、整体改制、商业运作、择机上市”。

2007年9月，农行选择吉林、安徽、福建、湖南、广西、四川、甘肃、重庆八个省（区、市）开展面向“三农”金融服务试点。

2007年向社会发布了社会责任报告，坦诚、详尽地展示了中国农业银行乐以天下、忧以天下的企业责任观及2007年度社会责任表现，并承诺将紧扣“三农”主题，关注“三农成长”，认真履行企业社会责任，为广大人民福祉，为小康社会建设尽职尽责。

① 资料来源：中国农业银行官网。

② 资料来源：凤凰网。

2008年1月23日，农业银行明确提出“3510”奋斗目标和发展战略。

农行“立足本土，全球运作”战略

2008年3月，农行开始推动在6个省11个二级分行开始“三农”金融事业部改革试点。

2008年5月底，“三农”金融服务第一阶段试点结束。

2008年四川汶川地震发生后，农业银行在第一时间进行捐款，截至2008年5月28日下午，中国农业银行向地震灾区的捐款总额达10440.28万元，其中农行员工个人自愿捐款7440.28万元。中国农业银行自1979年恢复成立以来，在社会各界的大力支持下，全行员工开拓创新，奋力拼搏，在建设现代商业银行的征途上，积极探索，勇于实践，实现了由专业银行向现代商业银行的历史性转变，资金实力显著增强，业务领域不断拓宽，经营结构逐年优化，财务收益大幅跃升，管理水平不断提高，在支持国民经济发展、为客户提供优质服务的同时，自身不断成长壮大。

2008年8月，农行总行设立“三农”金融事业部，全面推动全行“三农”金融事业部制改革。

2008年10月，农行股改方案获国务院通过。

2009年1月15日，中国农业银行股份有限公司在北京人民大会堂宣告成立。标志着中国国有商业银行的股份制改革基本完成。

2009年1月15日，中国农业银行由国有独资商业银行整体改制为股份有限公司。

2009年11月3日，中国农业银行与微软（中国）有限公司在北京签署战略合作备忘录，双方将在金融电子化渠道、银行后台IT支撑系统等方面开展全方位合作。

农行与微软签署战略合作协议

2009年12月10日农银国际控股有限公司在中国香港开业，农行加快国际化战略布局。

2009年，中国农业银行全面推进业务经营转型，其价值创造力、市场竞争力和风险控制力持续提升。

2009年，中国农业银行全面推进业务经营转型，价值创造力、市场竞争力和风险控制力持续提升。2010年末总资产突破10万亿元大关，各项存款达8.99万亿元，各项贷款4.96万亿元，贷存比仅为55.77%，资本充足率为11.59%，核心资本充足率为9.75%，均处较高水平。

2010年渣打与农行建立了战略合作伙伴关系，并成为农行在中国香港首次公开发行的基石投资者。

2010年7月，中国农业银行在上海证券交易所挂牌上市，完成了向公众持股银行的跨越。

2010年7月15日，H股交易时间在7月16日在中国香港成功上市，美国投资管理公司资本集团（The Capital Group）旗下的Capital Research and Management（CRM），持有农行H股数量达39.32亿股，占农行H股总数的12.79%，美国摩根士丹利对农行H

股持股比例为16.31%，卡塔尔投资局购买了28亿美元农行股份、科威特投资局8亿美元、渣打银行持股121728.1万H股、荷兰合作银行2.5亿美元、柒集团2.5亿美元（澳大利亚公司）、淡马锡2亿美元、大华银行1亿美元、ADM公司1亿美元，至此中国五大银行全部完成“A+H”两地上市。农行“A+H”股IPO将在全球募集221亿美元，成为全球历史上最大IPO，农行股改上市项目也被美国哈佛大学编入全球知名企业成功经营案例库。

2011年7月22日，中国农业银行与英国剑桥大学剑桥海外留学生基金会在京签署了《中国农业银行剑桥奖学金谅解备忘录》。农行在中国香港面向全球启动IPO。截至2011年末，总资产达11.68万亿元。

2012年11月23日，国家住建部住房公积金监管司信息化推进处吴旭彦处长一行来泰安就本项工作开展调研，并在泰安市公积金中心召开座谈会。

2012年12月23日，中国农业银行2013年“金钥匙春天行动”启动仪式在厦门举行。

2012年农行以康复扶贫贷款为推手，不断推动残疾人社会保障体系和服务体系建设，增强贫困残疾人的自身发展能力。截至2012年末，农行累计投放康复扶贫贷款3.4亿元，较2011年增加1.7亿元，贷款支持助残扶贫企业或项目42个，辐射8731户残疾人农户，户均增收8990元。

2013年2月20日，湖北省人民政府和中国农业银行《城镇化建设与金融服务全面战略合作备忘录》签约仪式在武汉举行。

2015年8月28日，入围由中国品牌价值研究院主办的中国品牌500强第23位。

2015年10月8日，中国人民银行人民币跨境支付系统（以下简称CIPS系统）成功上线。中国农业银行作为CIPS系统首批的19家上线直参行之一，与工行、中行、交行、汇丰、渣打等主要对手行实现了业务往来。当日上午9时整，该行深圳分行成功发送了农业银行全国首笔CIPS往账业务，通过CIPS实时清算到达台湾账户行，帮助客户实现快速收款，见证了中国跨境人民币支付系统启用的历史时刻。

（四）企业排名

根据《财富》杂志评定的世界500强企业，中国农业银行近十多年的排名见表1。

表1　中国农业银行在世界企业500强中的排名

年份	2005	2006	2007	2008	2009	2010	2011	2012	2013	2014	2015
排名	397	377	277	223	155	141	127	84	64	47	36

资料来源：《财富》杂志。

根据中国企业联合会统计评定的中国500强企业，中国农业银行近十多年的排名见表2。

表2　中国农业银行在中国企业500强中的排名

年份	2005	2006	2007	2008	2009	2010	2011	2012	2013	2014	2015
排名	14	13	10	9	9	10	10	7	6	10	10

资料来源：中国企业联合会。

二、掌门人信息

中文名：刘士余

国籍：中国

民族：汉族

出生地：江苏灌云

出生日期：1961年11月

职业：董事长

毕业院校：清华大学

（一）基本信息

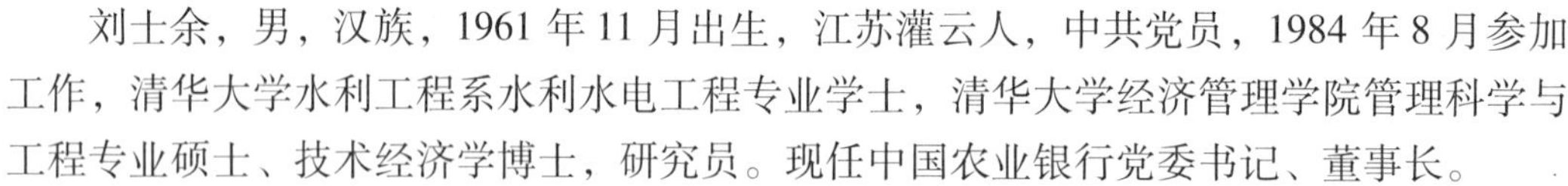

刘士余，男，汉族，1961年11月出生，江苏灌云人，中共党员，1984年8月参加工作，清华大学水利工程系水利水电工程专业学士，清华大学经济管理学院管理科学与工程专业硕士、技术经济学博士，研究员。现任中国农业银行党委书记、董事长。

（二）工作经历

1987～1996年先后工作于上海市经济体制改革办公室、国家经济体制改革委员会、中国建设银行。

1996～1998年任中国人民银行银行司助理巡视员、副司长；

1998～2002年任中国人民银行银行监管二司副司长、司长；

2002～2004年任中国人民银行办公厅主任、党委办公室主任；

2004年7月任中国人民银行党委委员、行长助理；

2006年6月任中国人民银行党委委员、副行长。

2014年10月任中国农业银行股份有限公司党委书记、执行董事候选人。

2014年12月任中国农业银行党委书记、董事长。

（三）关于掌门人的相关报道

刘士余：切实加强消费者权益保护营造良好金融生态

近日，国务院办公厅发布了《关于加强金融消费者权益保护工作的指导意见》。这是我国首次从国家层面对金融消费者权益保护进行部署，对提升金融消费信心、促进金融市场健康运行、维护国家金融稳定、实现全面建成小康社会战略目标具有重要意义。商业银行要进一步提高认识，采取切实有效的措施，维护好消费者的合法权益。

保护消费者权益是银行健康、可持续发展的内在动力。客户的需求和信任是银行发展的前提和基础。保护消费者权益，就是保护了消费者的信心，就是稳定了银行生存发展之基。必须深刻认识消费者与银行之间的相互依存关系，切实加强消费者权益保护，营造良好金融生态。

在各级监管部门的指导和帮助下，农业银行在服务客户和保障消费者合法权益方面取得了明显进展：

一是积极推动消费者权益保护工作与公司治理、企业文化和经营发展战略的融合。健全了与维护消费者权益相适应的工作组织架构。修改完善了农业银行企业文化核心价值观，强化“客户至上，始终如一”的服务理念。在发展规划中明确了消费者权益保护重点工作，凸显了消费者权益保护在发展战略中的重要地位。

二是健全完善消费者权益保护相关制度体系。制定了《中国农业银行消费者权益保护工作办法》，搭建形成了“总纲 + 专项制度集群”的整体制度框架。将消费者权益保护工作纳入总行对一级分行的考核体系，加强了对消费者权益保护工作的内部考评、审计及其他相关内部管理。

三是建立全流程的消费者权益保护体系。在售前环节，严格遵守国家关于金融服务收费的各项规定，建立科学合理的定价原则和定价策略。在售中环节，充分尊重消费者的知情权和选择权，主动践行告知义务，加强金融消费者适当性评估工作，确保“将合适的产品卖给合适的人”。在售后环节，开展在线监控、影像抽查与现场检查，开展产品和服务后评价，健全完善消费者投诉处理机制。

四是促进普惠金融发展。针对农村地区基础金融服务不足问题，研发推广金穗惠农卡、金穗惠农通、金穗扶贫惠农贷等特色产品，采用便利店、客户经理流动服务、电话服务等方式，努力使“三农”客户获得必要、及时的基本金融服务。

五是建立健全金融知识普及长效机制。持续多年开展形式多样、内容生动、贴近消费者的全行性宣传教育活动，提高消费者的金融知识、金融素养和风险意识。

当前，银行消费者的需求呈现出多元化、差异化变化趋势，便捷、高效的体验诉求更为强烈，维护自身权益的意识普遍提高，对消费者保护工作带来了新的挑战。中国农业银行将始终坚持依法合规经营的底线，紧绷消费者及客户权益保护这根弦。

要以法治思维统领消费者权益保护工作。把加强消费者权益保护作为农行法治建设的重要内容，从完善规章制度、推动制度实施、加强制约监督和形成有力保障等方面进行统筹、部署和推进。

要以客户为中心提升服务质量。把“以客户为中心”落在实处，在服务态度、服务范围、服务效率、服务水平等方面下大力气，让所有消费者特别是农民、残障人士、老年人、低收入人群等特殊消费者群体享受到高效、优质的银行服务。

要完善消费者权益保护工作机制。健全事前协调和管控机制，使消费者权益保护的各项要求切实落实到各个业务环节。完善消费者投诉处理机制，强化投诉处理责任落实，积极运用多元化的纠纷解决机制维护消费者的合法权益。优化负面舆情监测和信息互动机制，有效化解市场关注的热点问题、消费者普遍投诉或反映的问题，提升客户服务体验。

（四）掌门人的精彩语录

互联网金融有两个不能触碰的底线：一个是非法吸收公共存款，另一个是非法集资。

金融互联网，在互联网发展到今天，已成为一个热词。随着马云、史玉柱、刘强东等互联网大佬的纷纷涉足，互联网金融彻底成了搅局者。

对于这样一个新生事物，中国的传统金融持怎样一个态度？正在举行的中国互联网大会上，央行副行长刘士余给了一个很好的答案：互联网金融正推动传统的金融行业发展，但法律风险太大。

在刘士余看来，互联网金融有两个不能触碰的底线：一个是非法吸收公共存款，另一个是非法集资。以下为他演讲的部分节选：

互联网金融正在成为科学化的和包容性增长的，越来越大的，贡献越来越多的正能量。所以这个是不可不视，更不可小视。

云计算、手机智能化为互联网金融提供非常巨大的技术基础。众所周知的，已经建立的基本形态，就是互联网支付，P2P 和众筹融资，证券和保险也推出了新的金融业务活动，社会各界反映都是好的，也都是持支持态度的。据不完全统计，2012 年，咱们依托于互联网的第三方支付种子，现在讲是 250，真正从事互联网支付企业的是 97 个牌照，还有 150 多家是预付卡，真正的互联网支付企业大概是 100 家，可能最近还有一批牌照要发出来了。

互联网支付企业的支付总量大体是 6 万亿的数，大概占到整个支付总量的 0.5%。但是交易笔数，就是每一笔发出交易指令占整个大的 40%，互联网支付表现出单笔量很小，使用，或者说发生海量的长尾（音译）特征已经非常明显了。从这个角度来讲，互联网好像有一种精神，是什么精神呢？就是抱着长尾巴在路上不停地拔尾巴毛，然后吹着口号一直往前走。

此外，互联网金融取得了强劲的发展，而且在传统的金融行业起到了巨大的推进和推动的作用。实际上互联网金融的发展，互联网金融，金融互联网是我们战略上的分类，不是严格上的定义。由于互联网特征是至上排下（音译）反过来也有创造需求的特征，在不断地挑动传统金融的神经。传统金融行业和互联网金融已经形成了相互博弈，相互促进，共同发展的这么一种态势，构成了中国广义的金融体系，我认为，我作为中国银行管金融市场，金融稳定，金融改革，包括支付法律的事来讲，互联网金融应该是广义金融的一部分。传统银行的互联网的业务，也应该是广义的互联网金融的组成部分，所以两边是交叉进行的，相互促进的。

三、发展战略

（一）企业愿景

建设城乡一体化全能型国际金融企业。

（二）发展战略

1. 战略目标

建设面向“三农”、城乡联动、融入国际、服务多元的一流商业银行。

为实现战略目标，农行将实施以下措施：

①利用在县域市场的领先地位和先发优势，进一步强化农行在县域地区的业务布局和客户渗透，提升县域金融业务对农行盈利的贡献度。

②坚持城乡业务“双轮驱动”的战略格局，努力形成城乡业务有机联结、相互促进、协调发展的局面。

③根据自身实际，实施审慎稳健的国际化发展战略，逐步融入国际金融市场，以提升全球服务的能力。

④加快金融服务创新的步伐，通过提供多元化的金融服务，深度发掘客户价值，不断培育新的盈利增长点。

⑤持续将零售银行业务的发展作为一个重要的战略支撑，并不断增强各项业务在重点城市地区的竞争能力。

⑥强化战略的执行，在资源配置、考核激励等方面做出制度性安排，加强战略传导机制的建设。

2. “四个发展”与“六个重点”

在业务经营上，要把握好“四个发展”，即坚持积极发展、坚持理性发展、坚持创新发展、坚持稳健发展。在执行过程中，要把握好五个战略重点：巩固扩大“三农”和县域优势，深入挖掘零售业务发展潜力，增强对公业务的经营支柱作用，努力提升城市行核心竞争力，充分发挥大行综合化服务优势。

六个方面重点工作：

促进负债业务稳定增长。全行必须深入推进客户、渠道、产品和主动负债管理“四大工程”，巩固负债业务优势。壮大客户基础，提升渠道竞争优势，增强产品和服务的引存增存功能，提高主动负债管理能力。

调整优化信贷结构。要继续实施“保、进、控、退”，主动对接区域发展战略和产业转型升级要求，完善政策制度，创新服务模式，深挖有效需求，增强服务“三农”和实体经济的能力。要扩大“三农”和县域贷款投放，抢抓一批大行业、大客户、大项目，积极培育新兴领域信贷增长点，继续做好小微企业金融服务，深耕个人信贷市场。同时，加大高风险领域“控”和“退”的力度。

推动新兴业务加快发展。要抓住各类金融市场蓬勃发展的契机，进一步整合经营资源，加快新产品、新业态、新模式的培育，打造专业化、特色化的新兴业务体系，把新的业务增长点做大做强。要完善投资银行业务体系，健全投融资及交易性金融业务体系，打造专业化的资产管理业务体系，加快发展跨境金融服务体系，打造具有特色的网络金融服务体系。完善资源配置政策和机制。要把有限的资源用在刀刃上，优化绩效考核，优化信贷规模配置。

严格财务支出管理，严格经济资本管理，严格息差目标管控。

打好风险防控的攻坚战、持久战。要清醒认识风险形势的严峻性和紧迫性，按照“严、紧、准、实、稳”的要求，分类施策、标本兼治，以更加有力的措施防范风险，以更加有效的手段化解风险，牢牢守住风险底线。

抓好“双基”管理工作。要落实分级管控责任，强化运营管控能力，增强科技支撑和服务能力，加大案件防控力度，进一步改进对基层的服务。

3. 差异化竞争战略

（1）构建差异化竞争战略的必要性。

①构建差异化竞争战略是农业银行参与市场竞争的现实需要，面对瞬息万变时不我待的市场竞争形势，中国农业银行只有充分梳理现有资源，发掘自身优势，奋起直追，在市场竞争中发扬狭路相逢勇者胜的亮剑精神，才可能在市场中壮大实力，巩固地位。

②构建差异化竞争战略是金融同质化竞争背景下农业银行发展转型的内生需求，由于受到监管政策发展战略人才储备等诸多因素的制约，国内银行业同质化竞争态势日趋激烈，这不仅体现在微观的金融产品上，还体现在宏观的战略定位上，只有全面实施差异化竞争战略，才能在竞争中顺应经济周期变化，捕捉热点，冲出“红海”，挺进蓝海。

③构建差异化竞争战略是金融脱媒现象不断加剧银行传统盈利模式遭遇挑战后实行转型的必然要求。随着金融体制改革的深化，国内融资渠道不断拓宽，银行作为传统融资平台的地位受到挑战，金融脱媒现象不断加剧，不仅使得针对不断缩小的传统资产负债业务蛋糕的竞争日趋白热化，更使得传统的依靠资金杠杆及高额息差盈利的模式遭遇生存危机。中国农业银行实施差异化竞争战略不仅是要以自身特殊优势抢占传统业务市场，更需要真正地实行经营转型，克服同质性。

④构建差异化竞争战略是客户需求日趋多样化的必然要求，随着我国金融市场逐步开放与活跃新技术的广泛应用，客户的需求日趋多样化，市场细分的要求也越来越高，对此，农业银行只有认真分析客户需求，贴近市场，才能赢得客户留住客户，并在此基础上将差异化竞争能力升华为企业的核心竞争力。

⑤构建差异化竞争战略是树立良好品牌形象的必然选择，农业银行应以差异化竞争战略构建为契机，真正以自身特点形成比较优势，在合作中赢得广大客户的认可与尊重，力求将农业银行优秀的品牌形象深深烙印在客户的心间。

（2）构建差异化竞争战略的优势。

①农业银行面向“三农”服务城乡的历史使命是构建差异化竞争战略的核心优势。近年来，随着我国经济市场化改革进程的不断加速，城镇化进程有力地推动了县域经济的发展，城乡经济一体化程度不断提高，随着经济结构的进一步优化，县域经济必将继续快速发展，县域金融业务也必将焕发出勃勃生机。

②农业银行的规模与布局是构建差异化竞争战略的天然优势。农业银行是我国最具规模的大型商业银行之一，其拥有行业内覆盖范围最广泛的销售网络，近24000家分支机构覆盖了全国所有城市和99.5%的县级行政区，尤其是在经济发达地区保持了较高的网点渗透率。作为网点体系的补充和延伸，农业银行还拥有功能先进的电子银行交易及服务渠道体系强大的物理及电子渠道为农业银行提供了强有力的营销平台及全面发展的基础，有利于农业银行细分市场行业市场区域市场，以各类客户为服务对象，全面实施差异化竞争战略。

③农业银行的股份制改造形成了全面构建差异化竞争战略的内生动力，经过股份制改造，农业银行明晰了权属关系，逐步完善了公司治理结构，控制人、管理人“双缺位”的现象得以扭转。本着回报股东，成就员工的使命，农业银行经验丰富的管理团队通过持续强化风险管理和内部控制，依托先进的信息技术平台，快速释放了市场竞争力，全面构建差异化竞争战略，快速实现业务发展转型是农业银行的内生需求。

（3）差异化竞争战略的运用。

①整合城乡联通的大平台资源，打造一体化营销模式，拓展与客户合作的深度及广度，通过庞大的物理及电子渠道网络，农业银行建立了多元化的公司与个人客户基础，农业银行与众多大型集团、行业龙头企业、政府部门金融机构建立了全面深入的合作关系，并且拥有国内最庞大的个人客户群体。

②树立细分市场意识，合理配置金融资源，客户对产品和服务需求的差异性是银行差异化经营的市场基础，市场上众多的客户群对金融服务的需求千差万别，没有任何一家银行能够以一种金融服务满足所有客户的需求，这就要求银行重视市场细分，将大市场区分为更细小的市场或客户群体，农业银行只有在对市场进行细分的基础上，借助多样的金融产品与服务，将有限的资源合理分布于特定的市场，尽可能地满足不同客户群体的需求，才能营造竞争优势。

③在同质化竞争中，着力关注客户感知，以便迅速获得差异化竞争优势，客户在消费产品或服务时，主要关注：一是能够满足其需求；二是该银行产品或服务与同类相比有何优势；三是取得成本与所得之间的价值空间有多大，价值空间越大，选择的可能性就越大。农业银行必须从客户的角度去定义客户需求，首屈一指的就是客户感知，客户感知的方法多样，可以通过交流访谈问卷等方式调查顾客的真实需求。针对市场同质化竞争激烈，部分客户难以主动或者没有专业能力去关注感知银行产品及服务的差异化竞争力的状况，可以以培训、展销等市场活动来引导客户对银行的产品及服务进行感知，引导过程中应当注意倾听客户的意见和建议，变客户被动接受为主动参与，使得客户的

感知真实客观，从而银行能够基于客户需求的真实状况及变化，准确及时地调整产品及服务，在激烈的同业同质竞争中最先贴合客户，在引领市场的同时有效降低客户的价格敏感程度以获得稳定的利润空间。

④加大创新力度，以优质产品及服务满足客户的金融需求。差异化发展战略的构建是建立在组织资源有限的假设之上，创新是组织生存发展的源泉，其实质上是实现有限资源最优配置的过程，农业银行只有在细分市场并充分感知客户需求的基础上，不断加大金融创新力度，发挥自身优势，才能够巩固已有的市场并拓展新的目标市场。金融创新主要体现为产品和服务的创新，最终反映为产品和服务以明显的差异性塑造不可替代性。由于金融产品及服务天然具有易复制性，所以农业银行应当持续不懈地进行创新，才能保持差异化优势。虽然同质金融产品及服务日益多样，但随着客户金融知识水平的不断提高，单个金融产品或单项服务的创新已经越来越难以满足客户需求，所以农业银行要想在差异化竞争中脱颖而出，还应当着力创新综合有机的多元产品矩阵。

⑤加强人才培养与选拔，打造高素质的服务团队。农业银行差异化竞争战略实施的每一个环节都需要大量优秀人才的参与，农业银行人才的培养与使用应当建立完善的制度，而不应当仅仅依赖于领导的慧眼，因为只有优秀的培养机制，才能锻造出真正的人才；只有公正的用人机制，才能选拔出真正的人才；只有先进的绩效考核机制，才能激励起真正的人才；只有建立完善科学的制度，才能为全面构建差异化竞争战略提供所需的人才，才能使差异化竞争战略的构建具备真正的可持续性。

⑥积极开拓“蓝海市场”，发掘新兴利润增长点。蓝海战略最早是由 W. Chankim 和 Renee Mauborgne 在合著的《蓝海战略》一书中提出的。这一理论形象地将市场分为“红海”和“蓝海”：“红海”代表已知的竞争残酷的市场，参与“红海”市场的竞争，必然面临着更为猛烈的对抗，所以“红海”战略又被称作血腥战略。“蓝海”代表了蕴含庞大需求的未知市场空间，开发“蓝海”市场是企业获取更大利润、实现持续发展的必然选择。随着自身的不断发展，国内银行业已不可避免地陷入同质化竞争的困局，各家银行的市场定位、组织架构、目标客户、盈利模式、产品结构高度趋同，城市业务大客户等局部市场竞争过度。然而，相对城市金融同业竞争日趋白热化的局面，县域金融资源较为稀缺，多年来的城镇化建设助推了县域经济的发展，县域经济对金融的需求日益扩大，但县域金融产品和工具单一，服务供给不足，资金外流严重，县域金融的“蓝海”特征十分明显，受益于城乡一体化的经营模式，肩负面向“三农”历史使命的农业银行对于抢占县域金融“蓝海”市场有着得天独厚的优势，应当果断地优化县域金融市场的资源配置，创新产品及服务，在确立县域金融体系支柱地位的同时，防控风险，实现县域金融“蓝海”市场的持续健康发展。

⑦实施品牌战略是构建差异化竞争战略的重要环节。农业银行应当具备强烈的品牌战略意识，多途径地在消费者心目中树立起良好的形象品牌战略，一是可以使产品或服务附带品牌价值，拥有市场区隔，部分避免正面碰撞，减缓竞争压力；二是可以降低目标客户的价格敏感程度，品牌本身成为客户的购买诱因，良好的品牌形象既能够阻碍同

业竞争者抢夺客户，又能够为自身赢得充足的利润空间；三是现代心理学研究认为，人天性厌恶一切变化，因此，在差异化竞争战略的实施中，得到满足的客户必然会对品牌产生偏好，形成一定的忠诚度。

4. 积极顺应改革开放深化步伐，全力参与自贸区建设

自贸区改革是我国全面深化改革开放的重大战略部署，重点推行资金市场化和融资自由化，将为中国农业银行带来难得的发展机遇。自贸区战略有利于促进中国农业银行在岸与离岸、跨境与跨业、实业与资本、本币与外币金融服务管理模式的创新；有利于中国农业银行利用境内外两种资源、两个市场设计组合产品，降低企业融资成本，更好地服务于实体经济；有利于中国农业银行在国家资本项目可兑换、人民币跨境使用、利率市场化等领域创新金融产品；自贸区重点打造现代服务业和先进制造业示范区，建设贸易和航运中心，推进贸易转型升级，有利于中国农业银行拓展新兴金融服务领域。

作为首批在自贸区成立分行的银行，中国农业银行积极参与自贸区建设。一是出台支持自贸区业务发展的具体政策。在绩效考评、资金管理、金融市场、信贷管理、产品创新等方面简政放权，加大对分行的政策支持和业务授权。二是率先在上海自贸区实施自贸分账核算体系，推进自由贸易账户服务创新。中国农业银行自贸账户中小企业跨境人民币综合金融服务被监管部门设为金融创新典型推广案例。截至 2015 年 6 月末，中国农业银行自贸账户开户数、存贷款余额分别为 1540 户、17. 12 亿元、134. 09 亿元，自贸账户存贷款增速和份额提升幅度均居四大国有商业银行首位。三是推出了涵盖本外币结算、投融资、资金交易、现金管理、电子商务、大宗商品等领域的自贸区特色金融产品和服务体系。四是全面参与资本项目可兑换改革创新。中国农业银行成功获得“沪港通”跨境结算银行资格并托管“沪港通”下境内首只 ETF 基金；获得黄金交易国际板首批结算银行、上海清算所首批自贸区大宗商品金融衍生品清算会员等资格。五是积极抢滩自贸区扩容后的首批客户和业务。广东自贸区挂牌当日，中国农业银行推荐新入南沙片区企业数量达 54 家，居四大国有商业银行第一；在前海蛇口片区挂牌当日即为企业办理了跨境人民币借款业务。在天津自贸区内为企业办理了国内首笔联合租赁与跨境租赁相结合的海洋工程装备租赁业务。在福建自贸区，中国农业银行为片区内唯一一家人民银行征信信息查询代理行，并与多家重点企业签订自贸区业务合作框架协议。

四、组织结构

（一）组织结构图

中国农业银行自股份公司成立以来，一直将公司治理建设作为实现中国农业银行发展战略目标的重要工程之一，不断完善公司治理结构，积极健全公司治理机制，持续提升公司治理水平，公司治理整体运行情况良好有序。

中国农业银行构建了股东大会、董事会、监事会和高级管理层“三会一层”的公

司治理结构，引入了“科学决策、利益制衡、稳健经营”的现代商业银行公司治理理念，公司治理结构已经开始良好有序运行。根据《公司法》、《商业银行法》等相关法律法规，中国农业银行制定并实施了公司章程、“三会”议事规则、行长工作规则、董事会专门委员会工作规则、议案提交规则和授权方案等一系列公司治理文件，清晰界定了公司治理各主体的权限划分和职责定位，确保了各主体诚信尽责、勤勉履职，逐步建成了独立运作、密切配合、相互制衡、有效监督的现代商业银行公司治理机制。通过“三会一层”的科学决策和有效运转，中国农业银行进一步明确了战略目标与发展定位，提升了公司治理水平，提高了风险管控能力，稳步推进服务“三农”、业务经营转型、精细化管理等改革发展各项工作，显著提高了中国农业银行的综合竞争力和金融服务水平，为打造优秀大型上市银行奠定了坚实的基础。

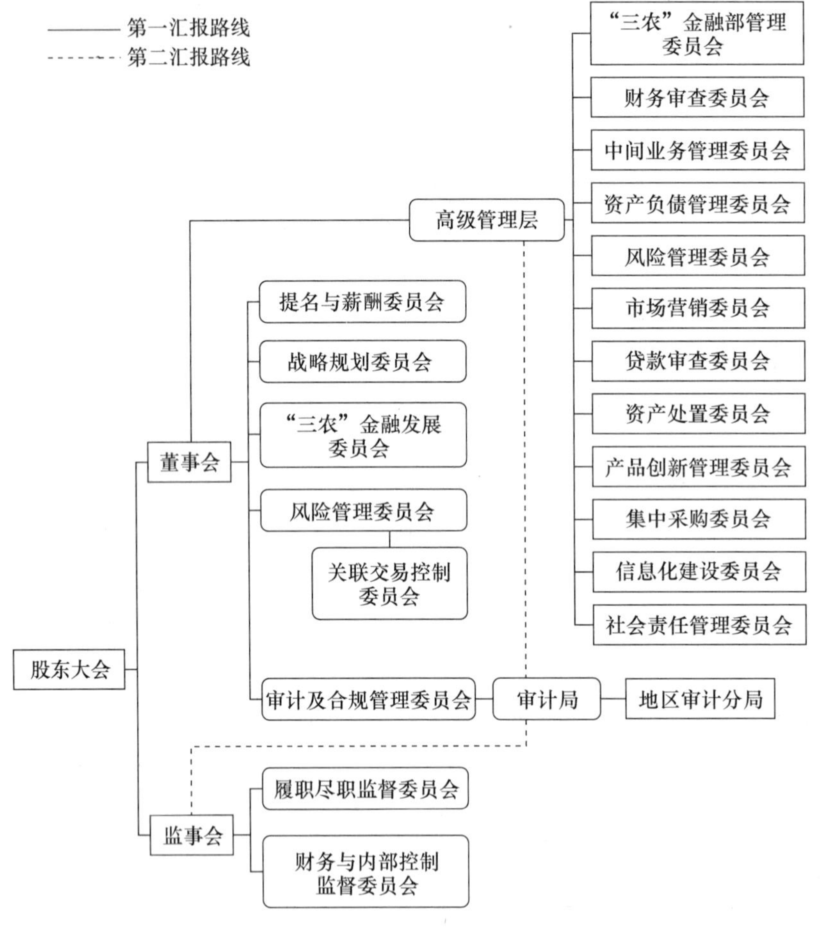

图1　中国农业银行组织结构

（二）境内外分支机构

中国农业银行通过全国24064家分支机构，30089台自动柜员机和遍布全球的1171

家境外代理行，以覆盖面最广的网点网络体系和领先的信息科技优势，向全世界超过3亿5千万客户提供便利、高效、优质的金融服务。

截至2014年底，中国农业银行境内分支机构共计23612个，包括总行本部、总行营业部、3个总行专营机构、37个一级（直属）分行、353个二级分行（含省区分行营业部）、3515个一级支行（含直辖市、直属分行营业部、二级分行营业部）、19647个基层营业机构以及55个其他机构。中国农业银行境外分行8家和境外代表处2家，境内主要控股子公司9家。

1. 大陆地区

2010年末总资产突破10万亿元，2011年达11.68万亿元，占全国银行金融业资产总额的11.3%，是中国最具规模和实力的大型上市商业银行之一，也是中国金融体系的重要组成部分。2011年末各项存款达9.62万亿元，各项贷款5.63万亿元左右，资本充足率为11.94%，核心资本充足率为9.75%，均处较高水平，截至2011年末，不良贷款率同比分别下降0.48%，拨备覆盖率为263.1%，提升95.05%，各核心指标跃居国内可比同业前列。农行年报也显示，其中间业务发展最迅速，全年实现手续费及佣金净收入约461.28亿元，比上一年多收入104.88亿元左右，增幅超三成，如剔除代理财政部处置不良资产业务手续费收入后，那么这一增速更可提高至42.8%，其中的电子银行、信用卡、投资银行、代理保险等业务增幅均在50%以上。

2010年农行实现营业收入2904.18亿元，同比增长30.7%；净利润约949.07亿元，利润增长率达到46%左右；2011年实现营业收入3777.31亿元，同比增长30.1%，实现净利润约1220亿元，同比增长28.5%，利润增长率居四大行之首。

各项核心指标均达到国内金融业领先水平，穆迪长期存款评级/前景展望为A1/稳定。

2. 海外发展

农行制定了中长期发展战略——“立足本土，全球运作”，拟定了海外发展规划，积极布局国际各大金融中心。下一步，农行将继续立足于国内市场，紧紧抓住人民币国际化、企业客户国际化、金融资产国际化三条主线，有重点、分步骤地进行国际化机构布局。此外，农行还先后与法国农业信贷银行、花旗银行、恒生银行、渣打银行、蒙特利尔银行成为合作伙伴，在国际支付环球汇票服务和跨境贸易人民币结算业务领域合作，从而构建一个全球性的商品期货交易团队，并成为这一国际市场的主流力量；争取通过五年到十年的努力，把中国农业银行建成分支机构覆盖全球主要金融市场，能进行24小时外汇资金营运和全球外汇跨国清算的国际化大型商业银行。

➢香港分行中国香港（香港分行、农银国际控股有限公司、农银国际财务有限公司）

➢新加坡（新加坡分行）

➢英国（中国农业银行（英国）有限公司）

➢日本（东京分行）

➢美国（纽约分行）
➢韩国（首尔分行）
➢阿联酋（迪拜分行）
➢德国（法兰克福分行）
➢澳大利亚（悉尼代表处）
➢加拿大（温哥华代表处）
➢越南（河内代表处）

五、股权结构和集团管控

（一）股权结构图

1. 股本结构

截至2015年5月15日，中国农业银行的总股本为324794117000.00，其中流通股本为294055293904.00，流通H股为3073882.31万股。

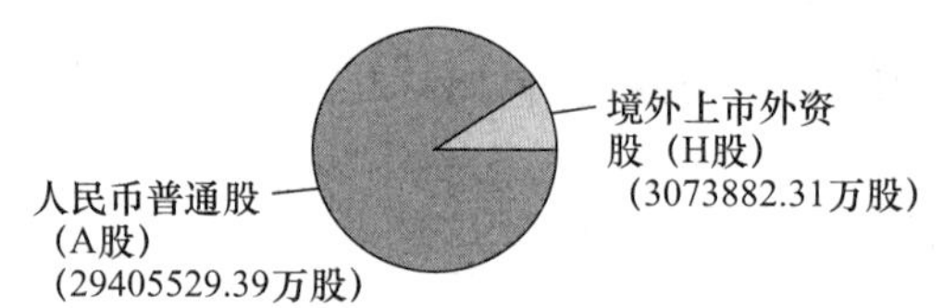

图2　股本结构

2. 前十大股东

2015年9月30日，中国农业银行的前十大股东及所占持股比例如下：

表3　中国农业银行前十大股东

名次	股东名称	股份类型	持股数（股）	持股比例	增减（股）
1	中央汇金投资有限责任公司	流通A股	131260538482	40.41%	1255434700
2	中华人民共和国财政部	流通A股	127361764737	39.21%	不变
3	香港中央结算（代理人）有限公司	流通H股	29323898460	9.03%	-10527750
4	全国社会保障基金理事会	流通A股	9797058826	3.02%	不变
5	中国证券金融股份有限公司	流通A股	4226962338	1.30%	新进
6	STANDARDCHARTEREDBANK	流通H股	1217281000	0.37%	不变
7	中国人寿保险股份有限公司	流通A股	1195757000	0.37%	7000000
8	中国双维投资有限公司	流通A股	746268000	0.23%	不变
9	中国铁路建设投资公司	流通A股	742974000	0.23%	不变
10	中油资产管理有限公司	流通A股	539733400	0.17%	不变

3. 前十大流通股股东

2015 年 9 月 30 日，中国农业银行的前十大流通股股东及所占持股比例如下：

表 4 中国农业银行主要流通股股东

名次	股东名称	股份类型	持股数（股）	持股比例	增减（股）
1	中央汇金投资有限责任公司	流通 A 股	131260538482	40.41%	1255434700
2	中华人民共和国财政部	流通 A 股	127361764737	39.21%	不变
3	香港中央结算（代理人）有限公司	流通 H 股	29323898460	9.03%	-10527750
4	全国社会保障基金理事会	流通 A 股	9797058826	3.02%	不变
5	中国证券金融股份有限公司	流通 A 股	4226962338	1.30%	新进
6	STANDARDCHARTEREDBANK	流通 H 股	1217281000	0.37%	不变
7	中国人寿保险股份有限公司	流通 A 股	1195757000	0.37%	7000000
8	中国双维投资有限公司	流通 A 股	746268000	0.23%	不变
9	中国铁路建设投资公司	流通 A 股	742974000	0.23%	不变
10	中油资产管理有限公司	流通 A 股	539733400	0.17%	不变

（二）集团管控

1. 内部控制

中国农业银行的内部控制包含与实现整体控制目标相关的内部环境、风险评估、控制活动、信息与沟通、内部监督等内部控制要素，涉及对公业务、个人业务、“三农”业务、资金计财、风险管理、科技产品及行政支持等主要控制流程，覆盖公司层面、业务流程层面和信息系统层面三大层面。形成新的《中国农业银行内部控制评价办法》和一系列内部控制评价测试模板，全面体现了新的监管要求和内部控制评价的先进理念。

2. 授权管理①

授权管理是商业银行公司治理、合规管理和内部控制的重要组成部分。中国农业银行在经营管理中涉及多种“授权”，具体如下：

（1）委托代理授权。农业银行的农行在从事保险代理、基金等中间业务时，就需要保险公司、基金公司等被代理方签发授权委托书；而农业银行在经济纠纷案件处理中需外聘律师代理诉讼时，农业银行则需向外聘律师签发授权委托书。上述两种授权的法律意义是使受权人享有代理权，在授权人和受权人之间形成民商法意义上的委托代理法律关系。通常在授权人签发授权委托书之前，授权、受权双方要签订《委托代理合同》。双方在进行上述行为时应严格遵循《民法通则》与《合同法》有关“代理”及“委托合同”的相关规定。

（2）业务审批权授权。业务审批权授权系指农业银行对辖属分支机构负责人、职

① 蔡喆．浅论中国农业银行的授权管理［J］．湖北农村金融研究，2007（03）：20-23.

能部门负责人和关键业务岗位工作人员业务审批权限的授权。其受权人是辖属分支机构负责人、职能部门负责人和关键业务岗位工作人员，授权的内容是业务审批权限。而业务审批权的授权则因受权人的不同而具有不同的法律性质。

第一，农行以前对分支机构的授权变为对“分支机构”业务经营权授权和对“分支机构负责人”业务审批权授权两部分。

第二，将农行以前对职能部门授权变为对“职能部门负责人”业务审批权授权。其主要变化在于授权对象的变化。

3. 风险管理能力[①]

国有专业银行商业化改革后的1997年，农业银行依据人民银行颁布《加强金融机构内部控制的指导原则》开始探索实践内部控制，自此揭开了内控管理工作的序幕。十余年来，农行制定了一些内部控制制度，如前中后台相分离的组织架构、以审贷分离为核心的信贷新规则、统一法人体制下的授权制度、半独立的内部审计监督体系、全员防控的案件专项治理活动等。这些工作的开展为农业银行这么多年的发展起到极其重要的保驾护航作用。

六、业务组合

（一）业务介绍

公司主要业务包括公司银行业务、个人银行业务、资金业务及其他，主要产品及业务包括：①公司类贷款，主要划分包括流动资金贷款、房地产开发贷款、项目贷款和贸易融资等；②票据贴现，主要向客户按折扣价购买剩余期限不超过6个月的银行承兑汇票和商业承兑汇票；③公司存款，主要向客户提供本外币定期存款、活期存款等产品和服务；④中间业务产品与服务，主要为客户提供多种中间业务产品与服务，主要包括结算、现金管理、投资银行、资产托管、对公理财、担保及承诺、代收代付、证券交易结算资金第三方存管以及期货保证金存管等。

1. 公司金融业务

2015年上半年，中国农业银行积极适应经济发展新常态，持续推进对公业务经营转型。着力加强三级核心客户和小微企业客户群建设，做大做强中等客户群体。积极服务实体经济，进一步完善重大营销项目库，加大对重点客户和重大项目的信贷投放，大力支持新型城镇化建设和企业“走出去”。创新营销机制，发挥系统联动、公私联动、行司联动和境内外联动的联动营销优势。加快推进公司业务投行化，着力发展债券承销、银团贷款、并购贷款、资产证券化等高端投行业务，为公司客户提供优质的综合金融服务。

截至2015年6月末，中国农业银行拥有356万个公司银行客户，其中有贷款余额

---

① 王泽．中国农业银行经营风险内部控制研究［M］．西南财经大学，2009.

的客户 7.58 万户。

（1）公司类存贷款业务。2015 年上半年，中国农业银行继续夯实对公存款业务长效发展基础，稳步推进对公存款营销工作，公司存款实现稳步增长。截至 2015 年 6 月 30 日，中国农业银行境内公司存款 47988.81 亿元，较 2014 年末增加 3615.98 亿元，增长 8.1%。

报告期内，中国农业银行结合国家产行业政策导向，重点支持交通运输、电力、商务服务等行业，加大棚户区改造和城市基础设施建设信贷支持力度，进一步优化信贷结构。截至 2015 年 6 月 30 日，中国农业银行境内公司类贷款和票据贴现余额合计 57034.94 亿元，较 2014 年末增加 3987.35 亿元，增长 7.5%。

报告期内，中国农业银行继续优化房地产贷款结构，综合运用多种风险防控手段，切实防范房地产贷款风险。截至 2015 年 6 月 30 日，中国农业银行法人房地产贷款余额 4255.8 亿元，较 2014 年末下降 54.4 亿元；不良率 0.51%，较 2014 年末上升 0.12 个百分点。新增法人房地产贷款主要投放重点为政府土地储备贷款，截至 2015 年 6 月 30 日，政府土地储备贷款余额较 2014 年末增加 130.51 亿元，增长 14.8%。

（2）小微企业金融业务。报告期内，中国农业银行继续积极探索大型商业银行服务小微企业的有效模式，做强、做优小微企业金融业务。着力支持"一带一路"、京津冀协同发展、长江经济带以及上海自贸区内的优质小微企业，积极支持以三级核心客户群为依托的产业链优质小微企业，大力支持重点县域和优质"三农"小微企业。实施创新驱动，与"众创空间"开展合作，扶持创新型与创业型小微企业发展；在北京等地创新推出"科易贷"等产品，推进科技与金融的深层次结合；在浙江、天津等地推行"e 商管家"等在线融资平台，利用互联网服务小微金融；推出"政府增信"模式，通过政府风险补偿金、政策性担保公司担保、保险公司信用保单等增信手段突破小微客户担保瓶颈，解决小微企业"融资难"问题。

截至 2015 年 6 月 30 日，中国农业银行小微企业贷款余额 10546.07 亿元，较 2014 年末增加 796.87 亿元，贷款增速为 8.2%，高于全行贷款增速 0.4 个百分点。

（3）机构业务。截至 2015 年 6 月 30 日，中国农业银行共与 215 家银行建立代理合作关系，合作领域不断拓宽。第三方存管业务保持较快发展，截至 2015 年 6 月 30 日，第三方存管系统上线证券公司 98 家，签约客户 2175.31 万户，上半年存管资金日均余额 2337.46 亿元，同比增长 262.3%。截至 2015 年 6 月 30 日，合作期货公司达 158 家，签约客户 56.05 万户，期货保证金存管规模 347.90 亿元。

中国农业银行银保市场影响力不断增强。截至 2015 年 6 月 30 日，中国农业银行共与 45 家保险公司签订全面合作协议。上半年实现代理保险新单保费 1166.24 亿元，同比增长 35.0%。实现代理保险业务收入 36.75 亿元，同比增长 28.6%，业务收入市场份额保持大型商业银行第一，领先优势不断扩大。

（4）结算与现金管理业务。

①支付结算。中国农业银行持续加强对公结算账户营销和服务工作，不断创新和完

善结算产品，重点推广单位结算卡、结算套餐等产品，增强账户服务功能，提升客户金融服务体验。截至2015年6月30日，中国农业银行对公人民币结算账户达440.69万户，较2014年末增长4.4%；上半年对公人民币结算业务量261.42万亿元，同比增长7.0%；单位结算卡发卡量累计达51.49万张，较2014年末增长58.4%；结算套餐签约客户32.83万户，账户覆盖率达7.5%。

②现金管理。中国农业银行不断优化现金管理产品功能，全面推广票据池及代收代付等产品。持续强化现金管理客户营销与服务，巩固现金管理客户基础。发展本外币资金集中运营业务，拓展与外资银行的合作领域，推进境内外相互代理业务，加强协同营销，提升全球现金管理客户服务水平。扩大“行云”现金管理品牌影响力，提升现金管理业务的市场竞争力。截至2015年6月30日，农行现金管理客户已达63.74万户，较2014年末增长28.1%。

③贸易融资和国际结算业务。中国农业银行积极落实国家推动企业“走出去”、人民币国际化及“一带一路”战略的各项要求，主动适应客户多样化贸易金融服务需求，积极拓展服务贸易和资本项下新兴业务领域，创新涉外保函、银行保单融资、境内外联动保理等业务产品，国际结算、结售汇、贸易融资等业务市场竞争力稳步提高。2015年上半年，中国农业银行境内分行国际贸易融资发生额为444.03亿美元；境内分行完成国际结算量为4762.1亿美元，累计开立涉外保函为180.3亿美元。

中国农业银行积极服务人民币国际化和自贸区扩区升级，参与金融改革试验区建设，持续推进跨境人民币结算产品创新和业务普及，跨境人民币业务实现快速增长。2015年上半年，中国农业银行境内分行跨境人民币结算量达6048.9亿元。

（5）投资银行业务。2015年上半年，中国农业银行积极拓展债券承销、资产证券化、并购贷款、银团贷款等高端投资银行业务，深入推动对公业务投行化转型。

报告期内，中国农业银行共发行债务融资工具163期，募集资金1903.67亿元，同比增加456.47亿元，增长31.5%。积极牵头和参与大型银团贷款项目，为优质对公客户提供上市财务顾问、并购重组财务顾问、并购贷款等综合金融服务。

2. 个人金融业务

2015年上半年，中国农业银行继续深化零售业务战略转型，满足不同客户群体个性化、差异化的金融服务需求。加强个人客户关系管理，完善客户增值服务体系，不断提升客户体验。实施网点优化工程，推进网点营销环境建设，增强自助银行营销功能。持续加强产品创新，个人金融业务竞争力稳步提升。截至2015年6月30日，中国农业银行个人客户达4.64亿户，其中个人贵宾客户2300余万户。

（1）个人贷款。中国农业银行积极支持居民家庭购买首套和改善型普通自住房的贷款需求，截至2015年6月30日，中国农业银行境内个人住房贷款余额17151.19亿元，较2014年末增长1644.46亿元。截至2015年6月30日，中国农业银行境内个人贷款余额25624.90亿元，较2014年末增长1658.51亿元。

（2）个人存款。中国农业银行继续加强县域服务渠道建设，完善个人客户分层服务体系，加大账户类产品创新力度，优化存款证明、旅游保证金等业务功能，首批推出个人大额存单产品，增强存款吸收能力，个人存款保持稳定增长。截至2015年6月30日，中国农业银行境内个人存款余额79177.12亿元，较2014年末增长4953.94亿元。

（3）银行卡业务。截至2015年6月30日，中国农业银行借记卡累计发卡7.61亿张，较2014年末增加0.36亿张，存量居四大行首位。其中IC借记卡累计发卡3.44亿张，较2014年末增加0.63亿张。根据人民银行要求，发行了PBOC 3.0标准借记卡，进一步夯实了IC卡发展基础。进一步拓展客户群体，不断提升IC借记卡多行业应用功能，有效提升了借记卡使用率及客户活跃度。

截至2015年6月30日，中国农业银行信用卡累计发卡5565.89万张，信用卡特约商户总量96.18万户。上半年，中国农业银行实现信用卡消费额5825.95亿元，同比增长25.0%。中国农业银行新推出房贷客户专属信用卡和全球支付芯片卡，分别面向优质客户和境外商旅、海淘人士发行。加大与品牌商户合作力度，推进网上银行、掌上银行客户交叉营销，实现信用卡业务快速发展。

表5　中国农业银行信用卡发行量

项目	2015年6月30日	2014年6月30日	增长率（%）
借记卡发卡量（万张）	76094.24	67552.92	12.6
贷记卡发卡量（万张）	5058.43	4394.43	15.1
	2015年1~6月	2014年1~6月	增长率（%）
借记卡年消费额（亿元）	34685.24	32179.08	7.8
贷记卡年消费额（亿元）	5397.95	4625.46	16.7

（4）私人银行业务。截至2015年6月30日，中国农业银行有32家分行成立私人银行部，全行私人银行客户6.4万户，管理资产超过7400亿元，较2014年末增加约1000亿元。

报告期内，中国农业银行积极推进私人银行业务转型，建设私人银行客户服务体系，为私人银行客户提供全方位、个性化、私密性的综合财富管理服务。加快构建私人银行专属产品体系，形成约定预期收益型、净值型理财管理计划、全权委托资产管理和代销四大产品系列。深入推进私人银行顾问咨询服务，持续丰富家族信托、跨境金融服务、新三板服务、法律税务咨询服务内容。制定和完善业务管理制度，不断强化私人银行业务风险管理。

3. 资金业务

中国农业银行资金业务包括货币市场业务和投资组合管理。中国农业银行坚持稳健经营原则，灵活应对国内外经济金融市场变化，适时调整投资策略，不断提升风险管理水平，资产运作效益进一步提升。

（1）货币市场业务。2015年上半年央行三次降息，普降和定向相结合三次降准，完善差别准备金动态调整机制，通过公开市场操作、中期借贷便利（MLF）、抵押补充贷款（PSL）、常设借贷便利（SLF）、国库现金管理灵活调节各期限流动性，引导资金支持实体经济，降低企业融资成本。

中国农业银行在利率市场化推进的过程中，加强对货币政策的研究和市场流动性预判，利用公开市场业务、中期借贷便利（MLF）、货币市场融资等工具拓宽主动负债渠道，保证流动性安全，提高资金使用效率。2015 年上半年，中国农业银行人民币资金融资交易量 94275.50 亿元，其中融入资金交易量 7315.38 亿元，融出资金交易量 86960.12 亿元。中国农业银行大力发展同业存单业务，积极履行做市商职能，2015 年上半年存单交易量 488.7 亿元，较 2014 年全年增长 187%。

与此同时，中国农业银行继续坚持审慎的外币融资策略，关注发达经济体货币政策变动，适度控制融资期限。

（2）投资组合管理。截至 2015 年 6 月 30 日，中国农业银行投资净额 40184.38 亿元，较 2014 年末增加 4428.08 亿元。

1）交易账户业务。2015 年上半年，受宏观经济和货币政策等推动，债券市场收益率总体下行，但期限利差有所扩大。中国农业银行密切关注债券市场变化，进一步加强了对市场形势的研判，不断优化调整交易组合管理策略，灵活摆布交易类债券资产规模、券种配比和期限结构，并根据市场走势进行交易操作，取得了较佳收益。

2）银行账户业务。2015 年上半年，人民币债券市场收益率总体下行，区间震荡加大。中国农业银行加强对债券市场利率走势研判，较好把握市场波动，合理安排投资节奏，通过双向动态操作持续优化投资组合结构，有效提高了投资组合收益率，组合收益率持续位于同业前列。

2015 年上半年，国际债券市场波动性显著加大。面对多变的市场环境，中国农业银行坚持稳健的外币投资策略，控制组合久期、适度扩大组合规模、投资信用等级高的债券、严控风险，不断提升组合收益。截至 2015 年 6 月 30 日，中国农业银行自营外币债券投资组合规模为 163.6 亿美元。

4. 资产管理业务

（1）理财业务。

1）个人理财业务。为满足客户日益增长的理财需求，中国农业银行大力推进理财产品设计创新和销售模式创新，理财签约客户稳步增加。截至 2015 年 6 月 30 日，中国农业银行理财产品余额为 10439.51 亿元，其中个人理财产品余额 7135.54 亿元，对公理财产品余额 3303.97 亿元。

中国农业银行推行专业化和差异化客户管理，继续完善以客户需求为导向的产品体系，丰富现有优势产品品种，加强净值型产品研发，专门推出服务“三农”客户的惠农理财产品，获得了市场的认可和好评。

中国农业银行理财产品会计核算和管理符合会计准则和相关监管规定，每只理财产品单独建账、单独核算。

2）资产托管业务。截至 2015 年 6 月 30 日，中国农业银行托管资产规模 58352.10 亿元，较 2014 年末增加 8711.68 亿元。其中保险资产托管规模 21551.62 亿元，居同业首位，较 2014 年末增长 11.8%。上半年实现托管及其他受托业务佣金收入 16.79 亿元。

（2）养老金业务。2015 年上半年，中国农业银行大力推进养老金业务，成功营销一批知名客户企业年金及类年金项目，全国社会保障基金托管业务取得重大突破。截至 2015 年 6 月 30 日，中国农业银行养老金托管规模 2879.39 亿元，较 2014 年末增长 9.3%。

（3）贵金属业务。2015 年上半年，受美元升息预期等因素影响，国际贵金属价格震荡下行，国内实物贵金属需求下滑明显。中国农业银行作为境内主要贵金属做市银行，依托上海黄金交易所、上海期货交易所及伦敦贵金属市场，通过黄金租赁、对客贵金属衍生品交易、实物黄金买卖等业务满足客户贵金属交易、投资和套期保值等各类需求。2015 上半年，中国农业银行自营及代理黄金交易量 1375.53 吨、白银交易量 13234.54 吨。黄金租赁业务稳健发展，租赁业务收入同比增长 24.8%。

（4）代客资金交易。2015 年上半年，人民币汇率呈现先贬、后升、再企稳的双向波动走势，中国农业银行不断优化结售汇业务结构，着力发展外汇买卖业务，针对客户保值避险需求，加大产品创新力度。报告期内，中国农业银行在部分分行挂牌越南盾、缅甸元及老挝基普货币并推出越南盾、缅甸元及老挝基普客户结售汇业务。2015 年上半年，中国农业银行代客结售汇交易量 1556.25 亿美元，代客外汇买卖交易量 121.11 亿美元。

（5）代销基金业务。2015 年上半年，资本市场总体保持活跃，区间震荡加剧，基金行业改革创新不断深化。中国农业银行积极抓住市场机遇，与优秀基金公司深入合作，研发定制契合市场热点的创新产品，加强对首发基金与绩优基金的营销。广泛普及基金投资知识，提升营销队伍专业素养。加大系统研发力度，持续优化客户体验。上半年，中国农业银行累计代理销售基金 2625.26 亿元，较 2014 年同期增加 989.52 亿元，增长 60.5%。

（6）代理国债业务。2015 年上半年，中国农业银行代理发行储蓄国债 6 期。其中代销凭证式国债 2 期，实际销售 81 亿元；代销储蓄国债（电子式）4 期，实际销售 84.52 亿元。

5. 分销渠道

（1）物理网点。报告期内，中国农业银行持续深化网点转型，推进网点标准化管理，提升网点价值创造能力。大力推广超级柜台，提高业务处理效率，降低运营成本，提升客户体验。打通城市社区和县域“三农”服务“最后一公里”，基本实现“村民足不出村，居民足不出户，办理银行业务”。截至 2015 年 6 月 30 日，全行完成标准化建设的网点占比达到 86.1%，设立非现金服务区的网点 17700 多个，设立贵宾服务区的网点 18100 多个，设立独立自助服务区的网点 21700 多个。

（2）电子银行。中国农业银行追踪互联网金融发展新态势，积极探索经济发展新常态下的金融服务模式。升级上线了体验更佳、功能更全面的新版掌上银行。“e 商管家”电商平台迅速推广，创新推出了“e 农管家”“三农”电商平台。不断丰富线上理财渠道，深入开展O2O营销和体验营销，有效提高了客户活跃度。2015年上半年，全行各类电子渠道客户规模稳步增长，交易规模持续扩大，价值创造能力得到了进一步提升。截至2015年6月30日，电子银行各类客户累计达7.16亿户，较2014年末增加0.73亿户。2015年上半年，电子渠道金融性交易笔数达88.29亿笔，同比增长33.4%；电子渠道金融性交易占比达91.7%，同比提高了3.26个百分点。

（3）网上银行。中国农业银行不断深化网上银行和网站服务创新。强化个人网上银行资产管理能力，提升客户体验，推出保险、大额存单等新业务。拓展企业网银海外体系建设，成功推出新加坡分行企业网银。提升网站价值创造能力，持续优化完善信用卡、个人贷款在线申请、网点排队预约等功能，成功推出新版黄金、外汇、债券、保险等栏目。截至2015年6月30日，个人网上银行客户总数达1.5亿户，上半年交易额达47.95万亿元；企业网上银行客户总数达349万户，上半年交易额达46万亿元；上半年门户网站访问量达23.73亿次。

（4）电话银行。2015年上半年，中国农业银行优化升级电话银行服务功能，整合交易功能，优化操作流程，着力提升客户满意度。报告期内，“95599”客服中心总呼入量达2.06亿通，人工接通量3721.38万通，接通率83.2%。

（5）掌上银行。推出新版掌上银行，以客户视角为中心，优化交易流程，建立多层次安全认证体系，提升用户体验；新增移动社交分享功能；优化“e购天街”交易平台，全新推出“发现”和“优惠”两大栏目，集中全行商务资源，开展常态化的营销和优惠活动，全面覆盖生活服务领域。截至2015年6月30日，掌上银行用户总数达1.29亿户，上半年交易额达4.85万亿元，同比增长178.7%，掌上银行短信客户达到2.85亿户。

（6）自助银行。截至2015年6月30日，中国农业银行自助现金终端达11.8万台，居大型商业银行首位，自助服务终端达4.8万台。持续加大县域自助设备投放。增强渠道服务能力，提高设备运营效率，来行业务自助设备分流率达73.6%。新增消息服务主动营销和客户经理信息告知功能，推动自助银行业务由简单交易型向智能营销型转变。实施国际卡受理环境改造，优化现金类自助设备受理环境。

6. 互联网金融

2015年上半年，中国农业银行以丰富的线下资源和磐云平台为依托，继续深入推进大数据、移动通讯技术的应用，强化互联网金融服务实体经济、服务小微企业、服务县域金融的产品和模式创新，致力于打造集支付、融资、理财、交易和电子商务等一体化的线上综合产品和服务体系，形成线上线下业务联动的经营格局。

（1）网络支付。报告期内，中国农业银行重点加强移动支付服务体系建设，搭建了虚实融合的电子账户体系、互联互通的用户体系和便捷平滑的跨行通道。试点推广移动金融服务终端产品——“银讯通”，以县域金融客户为对象，以智能手机为依托，着重以现代化支付结算手段增强农村移动终端支付服务能力，有效提升了农行“惠农通”工程质量和对边远山区金融服务覆盖能力，改善了农村基础金融服务环境。截至2015

年6月30日，中国农业银行在四川地区签约“银讯通”代理点9431个，累计布放“银讯通”终端7187台，实现金融性交易近300万笔，金额3.65亿元。

（2）网络融资。中国农业银行应用大数据理念，创新推出了面向产业链上下游小微企业的信用融资产品“数据网贷”。截至2015年6月30日，“数据网贷”在比亚迪和浪潮集团两个商圈累计自动放款511笔，金额1.67亿元，贷款余额1.06亿元，较2014年末增长253%。大力拓展“数据网贷”试点商圈，进一步探索面向全产业链条的综合金融解决方案，并与全国棉花交易市场、蒙牛集团、中粮国际、新希望六和、海信、大北农、抚顺新钢等近十家新增商圈建立合作关系，下半年将陆续上线。

（3）电子商务。截至2015年6月30日，中国农业银行电子商务特约商户总数达13590户，上半年电子商务累计交易金额达到9541.4亿元，同比增长75.2%。报告期内，中国农业银行在县域电子商务金融服务领域积极布局，“四融平台”（面向农户和农业生产全过程，提供集融通、融资、融商、融智为一体的互联网金融综合服务平台）、“e农管家”等特色电子商务服务模式在部分地区试点实践。截至2015年6月30日，“四融平台”共布放终端1886台，其中融商业务累计上线网上店铺356家，发布购销信息3.5万条，完成交易1.09万笔，金额10.36亿元。“e农管家”实现了农村零售商与县域批发商之间的采购活动的线上化和农民日常缴费购物活动的电子化，目前累计上线商户2万余户，实现交易37581笔，交易金额7.11亿元。

7. 境外业务

中国农业银行积极服务国家经济外交战略，稳步推进机构布局，打造具有农行特色的、差异化的海外服务平台，提升全球一体化金融服务能力。2015年上半年，境外机构的业务范围、经营层次、跨境金融服务能力和盈利水平持续提升。报告期内，中国农业银行莫斯科子行、卢森堡分行、卢森堡子行正式营业。截至2015年6月末，中国农业银行已在13个国家和地区设立了16家境外机构，覆盖亚洲、欧洲、北美和大洋洲的境外机构骨干网络基本形成。截至2015年6月末，中国农业银行境外分行及控股机构资产总额6496.14亿元，较2014年末增长24.2%；上半年实现净利润18.12亿元，同比增长22.8%。

（二）业务结构

表6　各业务分部营业收入情况

项目	2015年1~6月		2014年1~6月	
	金额（百万元人民币）	占比（%）	金额（百万元人民币）	占比（%）
公司银行业务	144248	52.6	145091	54.4
个人银行业务	101579	37.1	95448	35.8
资金运营业务	21110	7.7	19127	7.2
其他业务	7210	2.6	6969	2.6
营业收入合计	274147	100.0	266635	100.0

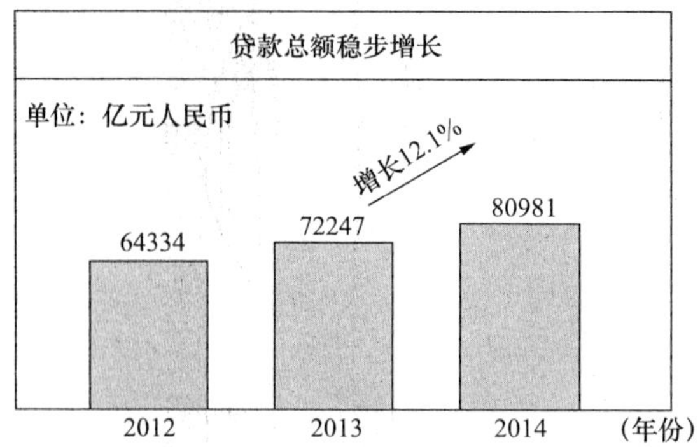

图3 贷款总量持续增长，结构持续优化

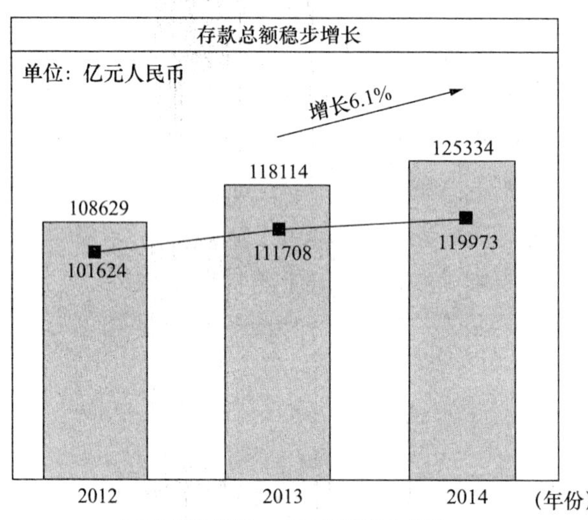

图4 存款总量稳步增长，稳定性强

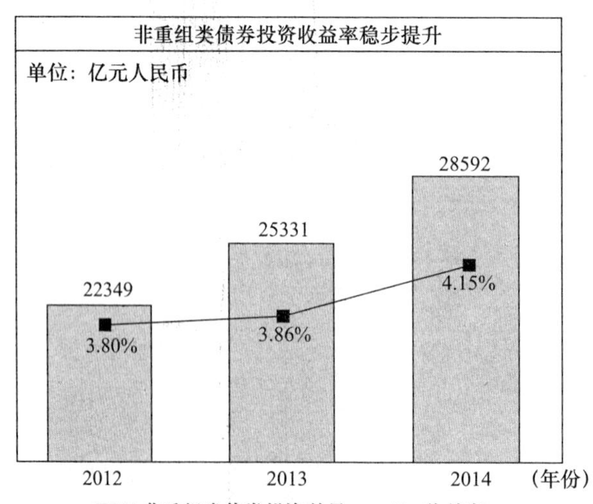

图5 债券投资结构持续优化，收益水平不断提高

七、商业模式

（一）价值模式

围绕股东价值最大化的目标，在大力拓展城市业务的同时，力图在巩固县域“三农”业务差异化发展优势上取得新进展；在增强公司银行业务支柱地位的同时，力图在巩固零售银行业务战略基点地位和形成独具特色的金融市场业务优势上取得新进展；在支持东部地区分行巩固市场、率先发展的同时，力图在持续推进各区域分行协调发展方面取得新进展；在扎根本土做好境内业务和发展商业银行主体业务的同时，力图在融入国际和多元化服务方面取得新进展。

（二）目标客户

企业集团、个人、机构、社会团体。

（三）竞争者

内资和外资其他银行或金融机构。

（四）核心竞争力

1. 显著受益于未来中国城乡经济的协同发展

中国农业银行在城市地区具有领先地位，并将凭借覆盖广泛的销售网络以及客户基础进一步强化这一地位。截至 2013 年 12 月 31 日，中国农业银行在城市地区的贷款总额和存款总额分别为 48766. 79 亿元和 68519. 74 亿元。

在中国发展迅速的广大县域地区，中国农业银行是最重要的金融服务提供商和领导者。截至 2013 年 12 月 31 日，中国农业银行在县域地区的贷款总额和存款总额分别为 23480. 34 亿元和 49594. 37 亿元。

2. 覆盖全国的网络体系与电子银行渠道的有机结合

中国农业银行拥有遍布全国的经营网络，分支机构数量在大型商业银行中位居首位。截至 2013 年 12 月 31 日，中国农业银行拥有 23547 家境内分支机构。

中国农业银行在经济发达地区亦保持较高的网点渗透率，截至 2013 年 12 月 31 日，中国农业银行在长江三角洲、珠江三角洲和环渤海地区分别拥有 3102 家、2575 家和 3344 家分支机构。

截至 2013 年 12 月 31 日，中国农业银行现金类自助设备达 98545 台，自助服务终端达 44285 台。2013 年，中国农业银行电子渠道交易笔数达 445. 95 亿笔。

3. 庞大、多元化且富有潜力的客户基础

截至 2013 年 12 月 31 日，中国农业银行拥有约 326 万个公司客户，其中有贷款余额的约7.75万户；拥有约398.45万个对公人民币结算账户、25.4万个现金管理客户。

中国农业银行拥有中国最庞大的个人客户群体，截至2013年12月31日，中国农业银行拥有4.4亿户个人客户，其中个人贵宾客户1900余万户。

4. 强大的存款基础带来稳定、低成本的资金来源

截至2013年12月31日，中国农业银行的存款总额为118114.11亿元。

截至2013年12月31日，中国农业银行个人存款占比达到58.6%。以个人存款为主的存款结构，使得中国农业银行获得了稳定增长的资金来源。

截至2013年12月31日，中国农业银行活期存款占比为54.6%。以活期存款为主的存款结构，使得中国农业银行存款成本在同业中保持领先优势。

2013年，中国农业银行存款付息率为1.74%，在国内大型商业银行中保持存款的低成本优势。

5. 快速成长的中间业务

2013年，中国农业银行手续费及佣金净收入831.71亿元，占营业收入的比重为17.98%。

截至2013年12月31日，中国农业银行托管资产规模达35859.14亿元，其中保险资产托管规模17070.74亿元，居同业首位。

2013年，中国农业银行代理新单保费953.85亿元，实现代理保险业务收入36.31亿元，业务收入市场份额连续四年保持四大行第一位。

2013年，中国农业银行代理业务手续费收入、电子银行业务收入、托管及其他受托业务佣金收入增长率分别为16.2%、22.4%和33.8%。

八、营销模式

（一）品牌建设

中国农业银行在一级品牌“大行德广，伴您成长”下设有“五金”品牌，包括“金钥匙”、“金光道”、“金穗卡”、“金e顺”、“金益农”五种，分别代表农业银行零售系列金融产品、对公系列金融产品、银行卡系列金融产品、电子渠道系列金融产品和“三农”系列金融产品。

1. 金钥匙：开启财富，引领生活

金钥匙是中国农业银行面向广大个人客户推出的零售系列金融产品服务品牌，主要包括好时贷个人贷款、人民币理财产品、代理产品、个人综合理财服务、个人理财顾问服务等。金钥匙品牌以渠道便利、品种齐全、功能强大的个人金融产品和服务满足客户多元化，个性化的金融需求。

2. 金光道：智通道合，偕行以远

金光道是中国农业银行以客户需求为导向，通过创新产品与服务，全面整合各类本外币存贷款及中间业务，为客户提供专业的对公金融服务品牌。中国农业银行资深金融专家团队全面整合公司金融产品，为客户提供综合性全方位金融服务解决方案，解决企业成长中的各种金融服务难题，助力企业实现飞跃发展。

3. 金穗卡：卡随心动，金随卡行

金穗卡是中国农业银行银行卡产品品牌，包含信用卡、借记卡两大产品体系。金穗借记卡包括金穗借记卡普卡、金穗借记卡金卡、金穗借记卡贵宾卡、金穗星座卡和金穗校园卡等全国统一品牌；金穗信用卡拥有金穗贷记卡和金穗准贷记卡两大产品系列。农业银行以强大的服务网络和丰富的服务渠道为依托，充分满足不同客户群体消费、支付结算、汇兑、储蓄、代理业务、投资、理财等多种金融需求，成为持卡人生活中不可或缺的金融伙伴。

4. “金 e 顺”：轻松在线，拥有无限

“金 e 顺”是中国农业银行基于现代电子信息技术的在线金融服务品牌，主要包括网上银行、电话银行、手机银行、自助银行、转账电话等在内的交易渠道体系，以及客户服务中心、消息服务和经营门户网站等在内的服务渠道体系，随时随地让客户尽享安全、快捷、高效的在线金融服务。

5. 金益农：惠农天下，益农万家

金益农是中国农业银行针对“三农”客户推出的中国第一个“三农”金融服务品牌。金益农为“三农”客户提供丰富的金融产品和优质的金融服务，满足“三农”客户个性化金融需求，努力为农业产业化、农村商品流通、农业农村基础设施、小城镇建设、特色资源开发、农村中小企业、农民生产生活和公共金融服务提供金融支持，促进农业增产、农村经济发展和农民增收。农业银行切实践行服务“三农”的市场定位及社会责任，充分发挥在农村金融体系中的骨干和支柱作用。

（二）首创金融智能“超级柜台”开启银行运营服务新模式

中国农业银行首创研发“超级柜台”新型运营服务模式，通过硬件设备的集成和软件系统的整合，创建“大堂现场引导、客户自助办理、后台专业审核”的新型业务处理模式，推动网点由交易处理向服务与营销转型。

“超级柜台”实现了效率与安全的平衡。一方面，“超级柜台”极大提高了业务办理的效率。客户可在智能机器上自主发起业务申请，填写少量电子信息即可完成多项业务办理；客户指令固化在智能机器的业务办理流程中，银行卡和 K 宝、K 令等电子银行安全介质由智能机器自动发放给客户。客户无须填写纸质凭证，改变了银行柜面业务填单多、签名多、流程繁琐的现状。个人非现金业务提高办理速度 4 ~7 倍，对公账户开户及签约业务提高办理速度 6 倍。另一方面，“超级柜台”重构银行传统风险控制模式。客户身份由后台专业人员集中审核，应用人脸识别技术提高客户身份审核的效率与

准确率，保障了业务办理的安全性。

截至2015年6月30日，“超级柜台”已具备90%个人非现金业务和对公账户“开户+8项签约”业务功能，在中国农业银行2700多家网点应用。客户经理通过使用“超级柜台”可为客户提供咨询、营销、交付的“一站式、互动式”服务，网点从金融产品交付场所逐渐转变为综合性的销售和服务平台。

（三）服务“一带一路”建设，打造行业特色海外服务体系①

国家“一带一路”战略推进将为中国农业银行提供广阔的市场空间、广泛的客户群体以及重要的战略机遇。一是有利于我国与沿线农业资源丰富的国家在农林牧渔业、农业机械、农产品生产加工及流通领域开展深度合作，为中国农业银行深化沿边地区县域金融服务、提升农业国际化金融服务能力提供广阔发展空间。二是“一带一路”建设将推动我国与沿线国家煤炭、油气、金属矿产等传统能源资源的勘探合作开发，推动水电、核电、风电、太阳能等清洁可再生能源合作。三是“一带一路”建设将推进国际骨干通道建设，为中国农业银行基础设施建设金融服务带来重大发展机遇。四是“一带一路”建设将促进我国与沿线国家优化产业合作和分工，促进我国优势产能“走出去”，将极大拓宽中国农业银行国际产能合作金融服务领域。五是我国与“一带一路”沿线国家贸易结构不平衡、地区差异大、贸易增长潜力大，为中国农业银行服务国际经济贸易合作尤其是边疆贸易业务带来重大发展机遇。

中国农业银行积极进行顶层设计，制定出台了《关于落实“一带一路”战略的实施意见》，主要支持措施包括：一是配置“走出去”专项资金，拓宽资金使用范围，建立有竞争力的对客报价机制。二是安排“走出去”业务专项信贷资源，加快“走出去”业务审批流程，制定支持产能输出的行业政策，战略性经济资本计划配置向“一带一路”优质项目倾斜。三是加大“走出去”客户拓展力度，建立“走出去”项目库，开展“走出去”业务年度专项营销活动。四是完善重点区域境外机构布局，加快在“一带一路”沿线重点国家的机构申请设立和升级，打造农行特色海外服务平台。五是提高“走出去”金融服务能力，重点推广出口信贷、内保外贷、涉外保函、银团贷款等“走出去”客户普遍适用的产品；加大跨境人民币结算、融资、交易等产品推广力度；完善多币种清算平台和交易渠道，加快全球现金管理平台和企业网上银行建设。六是增强对国际金融市场特别是对“一带一路”沿线国家国别风险的研究能力；探索与信用保险机构、国际组织、境内外金融同业等机构合作，建立风险分散和缓释机制。七是加强金融同业合作，加强与政策性银行在经验分享、信息共享和银团贷款方面的合作；深化与商业银行同业在银团贷款、风险控制等领域的合作；积极与亚洲基础设施投资银行、丝路基金、国际金融公司等对接，探索建立双边、多边金融合作机制。

---

① 资料来源：中国农业银行年报。

九、创新体系

（一）农行创新互联网金融服务“三农”模式

为进一步提升服务“三农”水平，农业银行积极推进“互联网+”行动，将互联网新思维、新技术与服务“三农”有机结合，通过构建涵盖农村电商、移动金融、电子机具的“三农”互联网金融服务体系，有力推进农村普惠金融发展。

“通过农行给我们提供的‘四融’平台终端去采购原料、销售产品，安全又方便。”提起农行“四融”平台给企业带来的便利，甘肃某农业发展有限公司负责人兴致勃勃地说。“四融”平台是农业银行在甘肃省探索推出的互联网金融服务“三农”新模式。通过借助“金穗融商通”触摸式自助服务终端，为“三农”客户搭建集融资、融通、融智、融商于一体的“四融”平台。目前，该平台已发放贷款逾136亿元，惠及20余万贫困农户。

“e农管家”是农业银行推出的全功能“三农”电子商务平台，融合惠农通服务与电子商务，实现“三农”电商线上线下便捷支付多元化，支持电脑、手机、平板等多场景应用客户端，广泛连接农户、农家店、县域商家，构建了集电商、金融、缴费、消费于一体的“三农”互联网金融生态圈。“e农管家”在湖北省首推运用，已进驻省内县域大型批发商800余户，实现了省内69个县域全覆盖，推广下游农家店2万余户，已有5000多个“金穗惠农通”服务点应用“e农管家”进行互联网化升级。

为改善农村地区金融服务环境，农业银行在四川省试点推出了“手机APP（应用软件）+移动支付盒子（支付机具）”的新型农村移动金融解决方案——银讯通。通过将手机与线下服务点相结合，打造升级版的村级社区银行，使农户足不出村即可享受到小额存取现、转账结算、代缴费等服务，业务范围涵盖新农保（合）、财政资金、财政直补资金以及各类涉农补贴等代理，具有设备投入低、应用加载灵活、可持续运营等特点。截至目前，农行已累计布设银讯通服务点1.13万个。仅今年前4个月银讯通交易笔数就达408万笔、交易额达9.4亿元，深受农户喜爱。

为更好开展涉农贷款服务，农业银行创新推出“数据网贷”。“数据网贷”首先在农行山东、深圳等分行试点，产品着力突出客户“自金融”体验，实现了全程网上操作，业务操作简便、期限灵活、随借随还，客户足不出户即可在农行借款和还款。截至目前，农行对2家“数据网贷”客户的上下游小微经销商累计自动发放贷款1179笔、总额3.63亿元，余额1.97亿元，未出现一笔不良。“数据网贷”的推出为破解涉农企业（农户）、小微企业融资难题提供了一条新出路。

（二）“大数据”推动中国农业银行业务不断创新

中国银监会等四部委联合发布了“关于应用安全可控信息技术加强银行网络安全

和信息化建设的指导意见”。该指导意见要求银行业对信息安全与信息主权问题更加重视，打破IT设备被少数国外厂商垄断的局面，应用国产品牌。继曙光为中国建设银行构建数据备份重删系统的案例后，笔者今天又为大家带来曙光在金融行业的又一成功案例。

随着网络数据量的迅速增长，如何从互联网时代庞大的“数据宝藏”中获得价值和洞察力成为企业普遍关心的问题。为了更好地对企业产生的“大数据”进行管理，使之转化为生产力，中国农业银行（以下简称中国农行）携手中科曙光，采用曙光XData大数据一体机系统，支撑中国农行历史数据查询和分析业务，让“大数据”成为推动中国农行业务持续不断创新的基础。

作为一家面向“三农”、城乡联动、融入国际、综合经营的大型商业银行，中国农行在很早之前就部署了各种IT应用系统，给业务发展提供强大的信息化手段。而随着农行业务的快速发展和公司治理要求的不断提高，各类应用系统产生的数据量急速增加。据初步统计，目前农行各应用系统每年产生的非结构化数据已经超过1PB（1024TB）结构化数据也以百TB计，加之已归档的历史数据，总数据量已经需要以PB为单位计算。

在中国农行的数据出现爆炸式增长的背景下，如何处理、保存这些海量的数据，并抽丝剥茧发现数据所蕴藏的价值，就成为首要面对的问题。由于关系型数据库架构在面临大数据处理时先天性不足的原因，中国农行亟待新的方法和技术来解决这些问题，以满足新的需求，推动业务持续快速地发展。

中国农行相关人士表示：“近些年，中国农行启用了手机银行、电子支付、云计算等诸多数据密集型业务，这让农行数据资源的‘储量’越来越丰富，数据也越来越成为我们最有价值的资产之一。但同时，这些数据极为巨大，数据类型异常复杂，特别是非结构化和半结构数据量远远超过结构化数据，采用传统的方式很难从中发现蕴含的商业价值。因此，农业银行迫切需要一套挖掘效果好的大数据解决方案，为金融业务发展提供数据支撑。”

中国农行应用曙光XData大数据一体机系统，推进业务持续创新。

在信息技术管理部的推动下，中国农行软件开发中心引入业内备受关注的“大数据”技术，并对相关的技术及其在银行内应用可行性进行了充分的研究，明确了大数据处理技术在农业银行的应用场景。基于对大数据处理技术的研究与应用工作，以及对文件管理、历史数据查询以及数据分析类应用进行原型研究的基础上，农行正式完成在大数据处理和应用方面的技术初步落地。整套解决方案以曙光XData大数据一体机系统作为支撑，XData大数据一体机由1个管理节点、2个namenode、42个datanode组成，存储接近600TB容量数据，随着业务数据量的增加，系统通过简单扩展硬件的方式保证符合业务对容量和性能的要求。

曙光方面表示：“由于农行业务复杂，数据格式多变，非结构数据如票据影像大量存在，对这些数据进行统一存储分析管理成为一项重要的需求。曙光大数据解决方案立足于基础平台建设，通过 SQL 连接器和常用 BI 报表工具进行集成。此外，系统还可以迅速完成结构化数据急速导入，完全融入数据生命周期管理。”

在应用了曙光 XData 大数据一体机系统之后，中国农行满足了系统对于并发用户数和性能的要求，能够支撑农业银行历史数据查询和分析业务，为下一步的业务拓展奠定了基础。中国农行相关人士表示：“在曙光的帮助下，我们建立了相对完善的大数据系统，并解决了部署、业务移植开发等技术难题，跨过了应用门槛。为公司盘活数据资产、抢占新技术的制高点提供了支撑，推动了业务创新和持续不断的发展。”

（三）农行创新信用卡业务模式

中国农业银行在新浪网主办的“2014 银行业发展论坛暨第二届银行业评选”中荣获“年度创新信用卡”大奖。

农业银行信用卡从客户需求出发，围绕产品创新、渠道创新、服务创新、管理创新等多个维度，在五大方面大力推进信用卡线上线下融合发展的业务模式。一是实现信用卡业务的线上线下融合，推进信用卡业务网络化渠道创新，快速推进移动办卡、网络办卡等新兴办卡方式，实现全国重点区域精品网点全覆盖；二是搭建社会化网络平台，通过信用卡微信、微博平台建设，深化客户服务和关系营销，通过新媒体平台积累的稳定客户数量已经超过数百万；三是深度挖掘客户数据，逐渐形成分层营销，积极延伸金融服务入口，通过客户数据价值的有效应用、客户关系精准维护等手段，实现客户忠诚度和满意度的有效提升；四是基于面向未来的产品生命周期管理理念，遵循以客户为中心的服务原则，研发推广多款业界领先的信用卡新产品，完善产品序列与信用卡基础产品体系；五是实现管理创新，通过全流程关键业务优化提升客户满意度以及运营有效性。

2014 年，农行信用卡继续大力落实金融创新驱动战略，全新启动“农行信用卡 360 度升级服务”，将农业银行信用卡由“产品服务”时代推进到以“客户体验”为中心的服务品牌时代。一是持续推动服务模式升级，从制度、流程和服务质量上全方位落实以客户为中心的经营理念，以 360 度全方位服务升级深度推动信用卡“至诚相伴”服务品牌的传播；二是以数据挖掘为手段，以提高客户忠诚度为目标，全面开展客户生命周期管理和客户分层管理，持续改善客户体验，努力提升品牌接受度、客户活跃度和忠诚度；三是以客群分析为基础，从客户需求出发，以悠游世界、环球商旅等系列商旅产品、漂亮妈妈女性产品、小白金等重点产品为抓手，以发卡、收单联动互促提升客户用卡体验为目标，实施跨界合作，联合 80 万商户，整合优质资源配套增值服务，共同为信用卡持卡人服务；四是结合内外部数据，提高营销针对性，实施产业合作，构建吸引力强、覆盖面广的特惠商户网络，打造“乐享周六”活动品牌，形成线上线下融合为最广大客户群体服务的价值网络。

未来，农行信用卡将加快创新步伐，持续丰富优化信用卡产品和服务体系，加强产业合作，积极拥抱大数据，真正将实时营销、平台制胜、互动分享的理念渗入到信用卡业务发展的方方面面，力争成为客户最喜欢的信用卡品牌。

据悉，本次评选由新浪网发起，通过历时一个半月的网上投票并综合了上百名机构、专家评委的投票，从信用卡用户数量、信用卡品牌认知度、开通及操作便捷程度等三个维度出发，最终综合评出各大奖项。

十、信息化建设[①]

（一）加快信息化业务创新

2015 年，商业银行核心系统进入新一轮更新换代。上一代核心系统的主要问题是前台的产品管理和交易处理系统与后台核算、清算系统是一体的，新一代核心系统要实现前后台分离、交易与清算分离，并构建起强大、统一的总分行、境内外、本外币一体化清算系统，满足产品快速部署，业务快速创新的需要。具体应围绕以下三个方面展开：

首先，统筹考虑客户需求以及新技术、经济和监管形势等外部因素。一是要以客户为中心，根据近年来客户需求在移动化、社交化、整合化、场景化、群体化等方面的发展趋势，采取相应应对策略；二是要关注新的技术，诸如物联网、传感技术、分布式、云计算、大数据、身份识别，以及万众创新和开源社区等新技术的兴起，都将为银行的产品创新、成本降低提供新的手段；三是要注重控制信息化成本，技术产品选型要做到自主可控，以应对新经济形势的变化和满足监管要求。

其次，优化核心系统应用架构，实现主机与开放平台相结合的架构体系。要优化核心系统的应用分层架构，合理分布主机和开放平台业务，确保主机客户账务相关核心业务的高效稳定，将主机中非核心产品服务剥离至开放平台，可以做以下尝试，一是将大部分主机查询交易移到开放平台；二是将主机中与客户账务非紧密耦合的产品移到开放平台，形成差异化服务的架构布局；三是分离核心银行系统中交易访问控制等功能，并将其与客户服务集成和操作风险控制层整合，形成核心银行系统前置服务层；四是采用 PC 服务器构建云计算平台，形成主机和开放平台融合的基础架构，降低技术成本。

要深化面向服务应用架构的设计，实现交易的子化和服务化，建立全行统一的服务目录，研究推进服务集成控制层的建设，实现服务跨业务系统的调用、共享和组合，扩大符合 SOA 架构的通用平台的应用范围。

最后，优化核心系统数据架构，提升核心系统数据服务能力。一是借新一代核心业务系统建设的契机，完善数据标准，做好数据治理工作，为银行数据标准的建立、遵循、评估与反馈建立一套行之有效的工作流程与机制，持续提升核心业务系统的数据质量；二是根据数据使用方式、数据生命周期等制定数据的分布式部署和应用方案，将主机定位于强数据一致性的业务逻辑和数据管理服务器，有效降低主机系统资源使用；三

---

① 以新一代核心系统建设为契机描绘农行信息化新蓝图［J］．中国金融电脑，2015（12）．

是合理地对一些数据做冗余部署，以提高性能；四是通过数据库实时复制技术，将公共静态数据、变化不是很频繁的合约产品信息、客户当日交易明细等复制到开放平台，进一步减少对主机数据库的依赖；五是完善数据等级和分类，根据使用者的权限与数据等级做匹配，以加强信息安全控制。

（二）BoEing 新一代核心业务系统

BoEing 是农业银行新一代核心业务系统，于 2009 年 10 月启动，采用分模块整体切换上线模式，整个工程建设分为四期，历时 6 年，历经 3 任董事长和多任主管行长，最终于 2015 年 10 月 7 日成功实施。回顾 BoEing 的建设历程，6 年前，尽管以 ABIS 系统（the Agricultural Bank of China Integreted System，中国农业银行综合应用系统）为核心的应用系统体系已经能够全面覆盖并较好地满足农业银行业务经营管理各领域的需要。但 ABIS 系统是 20 世纪 90 年代为满足大集中需要而设计研发的，已不能完全适应近年来业务与技术的高速发展，在客户体验、产品开发、内部管理等方面的局限性逐渐凸显。建设新一代核心业务系统成为农业银行的必然选择。

2009 年，农业银行在深入研究企业战略、业务规划及需求的基础上，站在全行的高度，做出了建设“蓝海工程”的重大决策。可以说，BoEing 系统真正体现了“战略前移、规划前移、标准前移、需求前移”的建设思想，最终实现“应用集成、信息共享、基础统一”的企业级逻辑集中目标。作为农业银行党委的一项重要战略部署，BoEing 系统建设承载着全行新战略、新理念落地的要求，既是推动农业银行深化改革的一次重要机遇，也是践行“科技先行”战略的一个重要抓手。

在信息化高速发展，金融业全面创新的大背景下，BoEing 工程的全面投产，不仅实现了“以客户为中心，快速产品创新，全面提升管理能力”的目标，更全面提升了农业银行的创新能力，为农业银行产品创新、服务创新和管理创新提供更加强大的科技动力。

BoEing 系统是农业银行科技人员基于 ABIS 系统在开发、运维过程中的经验自主研发的新一代核心业务系统。系统设计目标有三个，一是实现以客户为中心，提升客户服务能力；二是满足业务快速创新要求，提高系统的整合度和模块化程度；三是提高内部经营管理能力。目前，前两个目标基本实现，第三个目标取决于系统投产后的配套工作。应用系统更新和架构优化不是一个工程就能解决的，而是一个长期、持续的过程，农业银行科技部门将在后续的工作中不断推进。

BoEing 系统的特点和优势及其在农业银行业务发展中发挥的重要作用主要体现在六个方面：

一是极大整合、丰富了客户信息。BoEing 系统全面记录农业银行各类客户的信息，包括基本信息、资产负债的财富信息、交易的行为信息、与企业或个人关联关系信息等。通过对上述信息的记录和分析，可实现在充分了解客户的基础上，挖掘其潜在需求，定制个性化服务，进行公私联动交叉营销，以不断提升客户体验。

二是构建了全新的业务运营体系。BoEing工程建设特别注重在业务运营方面能力的提升，通过界面组合和流程整合等方式，优化柜面业务流程，避免重复要素输入，提升柜员操作效率；通过交易监控和数据分析，提升风控预警能力和风控反应速度，从技术上提升了对业务风险的控制能力。

三是支持全方位的核算体系。基于交易与核算分离的机制，BoEing系统可以提供更为精细化的管理数据，实现核算到客户，分析客户对农业银行的贡献度，进而提供差异化服务；核算到员工、机构，分析柜员、客户经理以及经营机构的绩效考核水平；核算到产品，分析产品的利润贡献度，推动产品创新及产品退出。

四是极大提升了客户体验。对内部柜员，BoEing系统终端采用全图形界面，统一了界面风格，改善了视觉效果。柜员办理业务时，可即时获得提示和帮助信息，有助于提升柜员交易效率和服务能力。对外部客户，实现渠道协同，减少了客户的操作和等待时间，提升了客户的使用体验。

五是建设优化了一大批产品功能。BoEing系统的一到三期工程中，采用先进的产品工厂模型重构了基金、国债、私行、对公与个人贷款、对公存款、现金管理、支付结算、投资理财等业务条线的产品（目前有1万多个产品），极大提升了相关业务领域的客户差异化服务能力、利率市场化支持能力；四期工程则升级了个人负债业务系统（PDS）、IC卡电子现金等系统，重构了银行卡受理环境，尤其是在核心系统内重构了全新的贷记卡系统，创新性实现贷记卡的全币种、全渠道、全品种覆盖，功能高度参数化。贷记卡系统纳入核心系统后，系统架构简单，不需要手工并账，彻底解决了因手工清算所带来的透支差额问题，大幅提升了客户服务质量和操作风险防控水平。

六是助推农业银行互联网金融发展。商业银行互联网金融的实质是“金融+互联网”，必须立足“金融”这个主业。BoEing系统为互联网金融的发展提供了坚实基础。农业银行发展互联网金融，将立足物理网点和各类终端的网络优势，以线上线下联动为特色，加快打造金融服务、电商和社交生活“三大平台”，以及支付、融资、理财、供应链金融和信息服务“五大产品线”，实现全方位客户信息整合。同时，将建立总分联动研发、集中运营、科学的交易分析评价等机制，全力保障互联网金融创新发展。

十一、国际化

在全球经济金融一体化的背景下，农业银行适应企业“走出去”的需求，顺应商业银行国际化的潮流，开始了自身“走出去”的探索，取得了显著的效果。

（一）“走出去”的步伐

农业银行的国际业务最早可以追溯到20世纪80年代为财政部代理的“世界银行农业贷款项目”。20世纪90年代我国专业银行改革开始后，农业银行开始拓展国际业务，先后设立了香港分行和新加坡分行，在伦敦、东京、纽约相继成立了代表处，迈出了

“走出去”的第一步。

农行在2008年制定了三年、五年、十年规划（简称“3510规划”），要用十年时间建成核心业务指标达到国际先进水平的、国际一流的现代商业银行。作为国际化发展的重要布局措施，2009年12月，正在推进股改的农业银行，在中国香港设立了农银国际控股有限公司。农业银行于2010年初明确了企业文化理念，提出“建设城乡一体化的全能型国际金融企业”的愿景。2010年7月，在上海和中国香港两地的成功上市，使农行成为国有控股的国际化的公众持股银行，也标志着农行的“走出去”发展迈入了新的阶段。股改上市后，农行内部管理体制更加健全，公司治理结构更加完善，企业形象显著提升，经营管理水平和可持续发展能力大幅增强。

从2011年开始的三五年，正值中国企业“走出去”和人民币国际化的大发展时期，流动性充裕的中国银行业“走出去”恰逢其时。无论是从公开上市来看，还是从“3510规划”来看，抑或从战略愿景来看，“走出去”都已经成为农业银行面临的重大战略抉择。2011年农业银行提出，要顺应新时期的必然选择，实施适时审慎的“走出去”战略，参与国际金融市场竞争。自2011年以来，农业银行“走出去”战略进一步发展，确立了国际化经营的指导思想，其主要内容是以人民币国际化、企业客户国际化、金融资产国际化为主线，打造布局合理、内外联动的全球清算和服务格局；同时，确定了国际化水平适度、网络布局合理、经营结构优化、风险管理规范的国际化发展目标，提出在发展原则上应坚持成熟市场和新兴市场并举、战略并购和机构申设并行、功能导向和客户跟随并重造布局合理、内外联动的全球清算和服务格局；同时，确定了国际化水平适度、网络布局合理、经营结构优化、风险管理规范的国际化发展目标，提出在发展原则上应坚持成熟市场和新兴市场并举、战略并购和机构申设并行、功能导向和客户跟随并重。

（二）境外机构分布情况

2009年以来，农业银行有重点、分步骤地推进“走出去”战略，逐步优化了海外机构布局。

2009年，继设立了农银国际控股有限公司后，农业银行又设立了法兰克福代表处、首尔代表处和悉尼代表处。2010~2011年，农行相继启动了伦敦代表处、纽约代表处、东京代表处、首尔代表处和悉尼代表处的升格工作，以及迪拜分行、温哥华代表处和河内代表处的设立工作。

2012年是农业银行“走出去”战略取得重要进展的一年。这一年2月农行第一家海外子银行——英国子行在伦敦开业，8月纽约分行正式开业，在欧美发达国家经营性机构的成立，大幅提升了农行的全球金融服务能力，是农行国际化的重要阶段性标志。11月，农行在东南亚的第二家、在发展中国家的第一家海外机构——河内代表处正式成立，标志着农行在深入拓展亚洲市场、布局新兴市场上迈出了重要的一步。同年，首尔分行、温哥华代表处也相继成立。

2013年，农业银行继续密集进行海外机构的战略性布局。3月，农业银行在中东地区的第一家分支机构——迪拜分行成立。4月，东京分行正式开业。11月，法兰克福分行成立，这是农业银行在欧洲大陆设立的第一家分支机构，拥有德国金融监管局颁发的银行执照，是欧元一级清算行、欧元清算系统 Target2（the Trans - European Automated Real - time Grosssettlement Express Transfer System，泛欧实时全额自动清算系统）和 SEPA（the Single Euro Payments Area，单一欧元支付区）成员，也是农业银行在欧洲的清算中心。

2014年3月，悉尼分行正式开业。2014年末，卢森堡子行和莫斯科子行相继获批，至此，农行在欧洲已设立4家经营性机构，标志着农行海外经营机构网络布局揭开了新的篇章。截至2014年末，农行已在13个国家和地区设立了15家境外机构，包括香港分行、新加坡分行、首尔分行、纽约分行、迪拜分行、东京分行、法兰克福分行、悉尼分行，英国子行、卢森堡子行、莫斯科子行、农银国际控股有限公司与农银财务有限公司13家经营性机构，以及温哥华代表处、河内代表处2家非经营性机构，经营网络覆盖亚洲、欧洲、美洲和大洋洲等的主要国家和地区，海外机构布局进一步优化。

（三）境外机构业绩状况

经过近20年的发展，尤其是股改后正式提出适时审慎“走出去”战略以来，农业银行的国际化经营已迈出了坚实的步伐。农行海外机构坚持审慎经营，加强风险管理，稳步健康发展，不断改善和优化业务结构，跨境金融服务能力和综合服务能力稳步增强。

1. 海外资产和利润快速增长

经过股改上市，农行海外机构的资产总量、盈利水平和管理能力均有了很大提高。农行虽然国际业务起步较晚，但海外资产的增幅在四大行中却是最大的。2013年年末，海外经营机构资产规模达675亿美元，是2008年年末海外总资产的11.3倍；实现利润总额4.88亿美元，是2008年利润的14.4倍。从2008年到2013年，海外机构资产在全行资产中的占比从0.55%上升到2.84%，海外机构利润在全行利润中的占比从0.43%上升到1.39%。截至2014年6月末，农行已设立的13家境外机构总资产突破800亿美元。

2. 跨境服务功能更加广泛

一是在服务渠道上，不断升级海外机构的信息系统，优化电子银行服务渠道，通过网上银行、手机银行等业务，使物理网点和网络平台密切配合，为客户提供多元化的便捷服务。二是在产品创新上，跟随和适应“走出去”企业的需求，依托现有的国际业务产品，加大产品研发与整合力度，不断丰富农行的跨境产品体系。三是在业务范围上，以境外机构为载体，境内外分行加强联动，营销拓展财务顾问、上市保荐等投行业务，夯实在投行业务方面的发展基础，为“走出去”企业提供综合化的跨境服务。仅2014年上半年农行境外机构就叙做联动项下国际业务856亿美元，并协同总行和境内分行开展重点外资跨国公司客户总部营销，境内外协同效应逐步显现。

十二、企业布局

（一）国内布局

中国农业银行境内分支机构共计23612个，包括总行本部、总行营业部、3个总行专营机构、37个一级（直属）分行、353个二级分行（含省区分行营业部）、3515个一级支行（含直辖市、直属分行营业部、二级分行营业部）、19647个基层营业机构。

（二）国际布局

截至2014年末，农行已在13个国家和地区设立了15家境外机构，包括香港分行、新加坡分行、首尔分行、纽约分行、迪拜分行、东京分行、法兰克福分行、悉尼分行，英国子行、卢森堡子行、莫斯科子行、农银国际控股有限公司与农银财务有限公司13家经营性机构，以及温哥华代表处、河内代表处2家非经营性机构。

①境外分行：香港分行、新加坡分行、首尔分行、纽约分行、迪拜分行、东京分行、法兰克福分行、悉尼分行、英国子行、卢森堡子行、莫斯科子行。

②境外子银行：中国农业银行（英国）有限公司。

③境外附属公司：农银国际控股有限公司、农银财务有限公司。

④境外代表处：温哥华代表处、河内代表处。

十三、企业文化①

农行的企业文化核心理念图如图6所示。

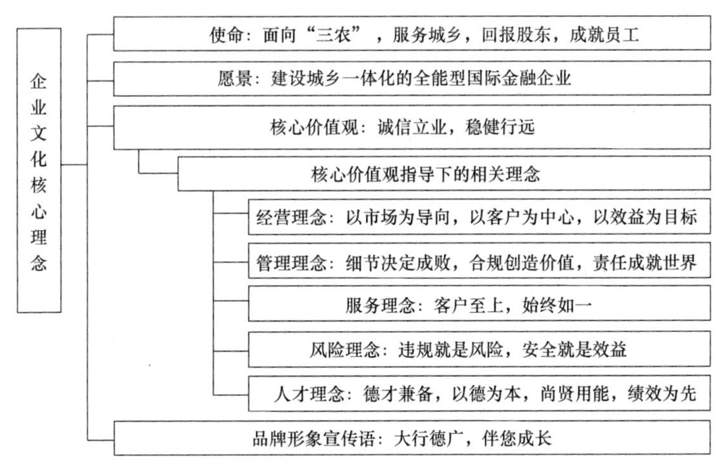

图6　中国农业银行企业文化核心理念

① 资料来源：中国农业银行网站。

（一）企业价值观

早在2010年1月21日，中国农业银行股份有限公司就第一次明确提出了“诚信立业，稳健行远”的企业核心价值观。所谓诚信就是：守诺、践约、无欺。诚信是人生的立足点，是人们的行为准则，也是企业发展的法宝。诚信包括两层含义：一是要以信用取信于人；二是对他人要给予信任。“诚信立业”是农业银行股份有限公司的发展之基，全行员工要坦诚做事、真诚待人、信誉至上、诚实守信；要热爱本职工作，忠于农行事业。“稳健行远”是农业银行股份有限公司的发展之法，全行上下要牢固树立和实践科学发展观，严谨务实、精细管理、开拓创新，正确处理发展速度、规模、质量和结构的关系，努力实现风险与收益的有效匹配，走持续稳健的发展之路。该核心价值观体现了农业银行股份有限公司。该核心价值观被全面体现在中国农业银行股份有限公司的风险理念中。该核心价值观还被全面体现在中国农业银行股份有限公司的管理理念中。

（二）企业使命

中国农业银行的企业使命是：面向“三农”，服务城乡，回报股东，成就员工。

企业使命一般包括三方面内容：企业的社会责任、信誉和形象、企业的经营哲学和企业的生存目的。其中企业的社会责任、信誉和形象应放在企业使命的首位。从农业银行1979年恢复伊始至现在，国家和中央政府作为农业银行的唯一所有权人和出资者，以及制度安排和责任设定者，对这个问题一直有明确的表述和规定。2003年，中央农村工作会议就农业银行在农村的市场定位和分工，明确为三个重点：第一，支持农业产业化；第二，支持农村小城镇建设；第三，办好扶贫贷款。从上述文献资料引述可见，20多年来，不管国家经济体制有多大变革，也无论农业银行是处于专业银行时期还是转轨变型为商业银行时期，党中央、国务院设定农业银行作为农村金融服务主体的性质和定位从来就没有变化，这也是农业银行企业使命的根本所在。

（三）核心价值观指导下的相关理念

经营理念：以市场为导向，以客户为中心，以效益为目标

管理理念：细节决定成败，合规创造价值，责任成就事业

服务理念：客户至上，始终如一

风险理念：违规就是风险，安全就是效益

人才理念：德才兼备，以德为本，尚贤用能，绩效为先

十四、社会责任①

（一）中国农业银行的社会责任理念

农业银行秉承“责任为先，兼善天下；勇于担当，造福社会”的社会责任理念，努力打造一家负责任有担当的银行。农行始终把社会责任作为企业文化建设的内核，积极打造服务“三农”的责任担当文化、服务边疆地区的金融保障文化、服务广大百姓的民生金融文化、服务生态环保的绿色金融文化、减贫扶弱的公益慈善文化，逐步形成“五位一体”的责任文化推进体系。

农行围绕“面向‘三农’，服务城乡，回报股东，成就员工”的使命，秉承“责任为先，兼善天下；勇于担当，造福社会”的责任理念，发挥横跨城乡的业务优势，实施差异化发展战略，坚持与利益相关方携手合作，推动服务“三农”、实体经济、民生福祉、生态环境、社会和谐五大领域的责任实践，致力实现经济社会环境的协调发展。

（二）中国农业银行社会责任体系框架

中国农业银行社会责任指标体系共包含一级指标 4 个，二级指标 30 个，三级指标 64 个，四级指标 213 个，从定性和定量两个角度，系统反映和衡量中国农业银行日常活动对利益相关方及社会、环境的影响，全面、直观地向利益相关方展示中国农业银行在社会责任领域践行绩效。

（三）社会责任执行

中国农业银行各利益相关方的诉求和期望如图 7 所示。

农行着力在以下几个方面执行自身应承担的社会责任：

1. 服务“三农”，推进城乡协调

2014 年，中国农业银行在服务“三农”、改善民生、支持边疆、扶贫济困等方面义利共生，责任担当。其中“金穗惠农通”电子机具行政村覆盖率达到 75.2%，在少数民族地区发放贷款余额 5266.11 亿元，边境线 2 公里以内的网点达到 105 家，海拔 3000 米以上的网点达到 514 家。

（1）深化农村基础金融服务。中国农业银行以惠农卡为载体，重点推进金穗“惠农通”工程建设，努力扩大农村基础金融服务覆盖面，填补金融服务空白，有效地发挥了金融惠农和富农的重要作用。

截至 2014 年末，“金融惠农通”工程也渐渐改变着农村地区“一手交钱、一手交货”的传统支付习惯。通过科学布局服务点，贴心提供技术指导和维护，推出刷卡消费

① 2012 年中国农业银行社会责任报告。

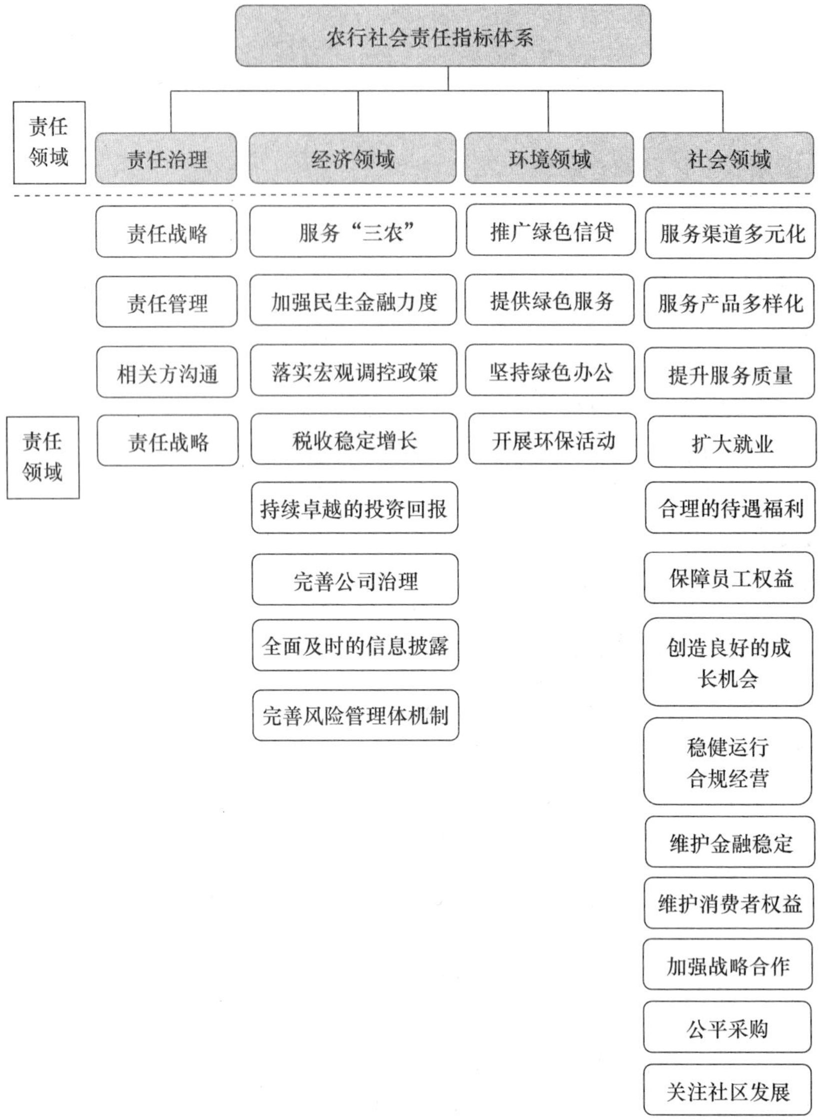

农行社会责任指标体系

责任领域

- 责任治理
  - 责任战略
  - 责任管理
  - 相关方沟通
  - 责任战略
- 经济领域
  - 服务“三农”
  - 加强民生金融力度
  - 落实宏观调控政策
  - 税收稳定增长
  - 持续卓越的投资回报
  - 完善公司治理
  - 全面及时的信息披露
  - 完善风险管理体机制
- 环境领域
  - 推广绿色信贷
  - 提供绿色服务
  - 坚持绿色办公
  - 开展环保活动
- 社会领域
  - 服务渠道多元化
  - 服务产品多样化
  - 提升服务质量
  - 扩大就业
  - 合理的待遇福利
  - 保障员工权益
  - 创造良好的成长机会
  - 稳健运行合规经营
  - 维护金融稳定
  - 维护消费者权益
  - 加强战略合作
  - 公平采购
  - 关注社区发展

责任领域

图7　中国农业银行各利益相关方的诉求和期望

可享受优惠等方式，使农民对电子渠道的认可程度逐步提升。全国累计发放惠农卡近1.61亿张，2014年新增2125.20万张，更多的农民开始享受现代金融带来的便利。

（2）推进新型城镇化。新型城镇化，是协调我国城乡“二元”结构、解决“农业、农村、农民”问题的战略性选择。

2014年，中国农业银行整理城镇化融资产品及服务27项，创新推出城镇化贷款、土地整治贷款及商品流通市场建设贷款等产品，覆盖基础设施、公共服务设施、土地整治等城镇化建设全过程。截至2014年底，中国农业银行农村城镇化贷款余额11537.50亿元，较年初增加822.40亿元，增幅7.68%，覆盖全国1000个县（县级市）；支持商品流通市场建设贷款投放 88.4 亿元。

（3）推进农业现代化。中国农业银行致力打造现代农业金融服务体系，构建支持新型经营主体的服务模式，尝试土地流转收益抵押、林权抵押等差异化的担保抵押方式；通过支持农业产业化龙头企业，带动产业链上的广大农户扩大生产经营，为我国农业走“产出高效、产品安全、资源节约、环境友好”的现代发展道路铺就金融坦途。

截至 2014 年底，中国农业银行信贷支持的龙头企业 5066 家，贷款余额 1682 亿元，比年初增加 134 亿元，增幅 8.66%；服务的国家级、省级龙头企业分别达 1036 家、7216 家，服务覆盖率分别达 84%、58.5%；支持专业大户、家庭农场等新型农业经营主体 14.04 万户，存量客户 8.74 万户，贷款余额 173.98 亿元，较年初增加 66.14 亿元。

（4）建立美丽乡村。2014 年，中国农业银行出台《关于金融支持“美丽乡村”建设工作的意见》，加大乡村发展信贷投入，完善乡村服务渠道，从人居环境、基础设施和公共服务等领域着手，助力建设“科学规划布局美、村容整洁环境美、创业增收生活美、乡风文明素质美”的新农村。

（5）助力农民致富。为了更好地满足农户的金融需求，支持农民致富，2014 年，中国农业银行出台农户贷款目录，梳理全国通用和区域特色农户贷款产品 18 项。截至 2014 年底，中国农业银行农户贷款余额 1546.09 亿元，较年初增长 77.56 亿元，贷款增幅 5.28%。

（6）改善农村金融环境。中国农业银行制定《关于全面加强和改善农村基础金融服务的意见》，推动农村信用体系建设，组织骨干员工赴农村挂职，深化发展农村金融自治，为农村金融环境改善提供智力支持；进一步拓展农村金融服务覆盖面，持续推动农村物理网点服务功能强化，继续推进“金穗惠农通”工程，依托信息技术着力打造互联网服务“三农”新渠道，向跨越农村金融“最后一公里”迈出重要一步。

2. 支持实体经济发展

我国经济正经历一场从高速发展到常规发展的历史性变革，进入“三期叠加新常态”。这种“新常态”，考验着金融业的判断力和执行力，也考验着商业银行的大局观和责任感。作为国有控股大行和国际系统重要性银行，中国农业银行责任在肩。2014 年，农行通过印发《进一步做好金融服务实体经济工作的通知》，围绕国家“稳增长、促改革、调结构”总基调，强劲推出服务实体经济 4 方面 15 条政策措施。

小微信贷是一项利国利民的事业。多年来农行从客户评级、授信流程、资源配置、产品创新和网点建设等方面，不断对小微企业信贷服务体系进行梳理和完善。创新推出了一系列特色金融产品和服务，小微企业贷款手续明显精简，贷款覆盖率稳步提高。

截至 2014 年底，农行已经连续 4 年实现了小微企业贷款增长“两个不低于”（贷款增速不低于全部贷款平均增速、贷款增量不低于上年同期水平）要求，有效发挥了大银行服务小微企业的支柱性作用。2014 年，小微企业贷款客户 25.40 万户，比年初增加 2.85 万户；贷款余额 9749.20 亿元，比年初增加 1616.19 亿元，高于全行各项贷款增速 8.48 个百分点，贷款增速与增量均居大型商业银行首位。

此外，农行已在13个国家和地区设立了15家海外分支机构（含5家境外控股子公司）。农行境内外机构协同响应客户需求，积极为中石化、中海油、中国电子等多家“走出去”企业提供融资和配套服务，同时加大“引进来”客户营销力度，全面跟进跨国公司对华投资和需求信息，开展总部营销，对全行整体经营支撑作用显著提升。2014年，共实现联动国际业务量1541.9亿美元。

3. 扶贫攻坚

作为国务院扶贫开发领导小组成员单位中唯一的商业银行，农行始终把“缩小贫困差距”作为自己的使命，积极探索商业化、可持续金融扶贫模式，致力于改善偏远地区、集中连片贫困地区以及落后革命老区的金融环境，使发展成果能够惠及更广大民众。

2014年，农行国家级和省级贫困县扶贫贷款余额8407.70亿元，在集中连片特困地区累计投放贷款2525.60亿元，在全国商业银行中位居前列，这也许就能让人们理解，为什么中国农业银行能够成为国务院扶贫开发领导小组成员单位中唯一的商业银行。2014年，农行海拔3000米以上的网点有500多个，边境线2公里以内的网点有100多个，这也许就能让人们理解，为什么会有“金融界碑”这一说法。

农行主动承担“普惠金融”重任，在边疆、特困地区以及革命老区等经济发展相对落后、金融机构数量偏少地区开展金融服务，将最基础的金融服务延伸到最薄弱的地区，突破金融服务的“最后一公里”。通过设置物理网点、布放银行自助设备、搭建金融服务平台，大力支持优势产业和特色产业发展，服务边疆和贫困地区振兴发展，促进当地百姓安居乐业。

4. 践行服务民生

2014年，农行继续加大力度支持关乎百姓生活的民生领域，通过重点支持棚户区改造项目，改善百姓居住环境。同时，创新金融服务方式，与其他各界机构合作，在教育、医疗、就业、民生消费等方面为更多的人提供完善的金融服务。随着人口向城市涌动，人地资源矛盾的加剧以及近年来房地产价格的不断上涨，城市住房问题变得更加尖锐。“蜗居”在楼中村、城中村成为不少城市低收入群体颇为无奈的选择。

2013年7月，国家启动新一轮棚改工作，设立2013~2017年改造各类棚户区1000万户的目标。然而，棚户区改造耗资巨大，建设资金存在缺口。农行在有效控制风险前提下积极提供信贷服务，推动棚户区改造顺利开展。通过进一步完善相关政策，降低项目资本金比例要求，优化业务授权管理和运作流程；推出了棚户区改造贷款专属信贷产品，利用投行、基金、租赁、保险等方式拓宽棚户区改造项目融资渠道和模式。

2014年是实践《中国农业银行棚户区改造贷款管理办法》的第一年，截至2014年底，农行棚户区改造项目贷款余额433.74亿元，比2013年增加262.03亿元。从城市到国有工矿，从林区到垦区，安徽、北京、黑龙江、广东等省市一大批低收入家庭已经或即将迁入新居，开始新生活。

改善医疗条件。农行加大对医疗卫生领域的金融支持力度，深入了解医疗机构以及百姓对医疗卫生的需求，通过对医疗环境改善、医疗卫生信息化服务等方面的金融支持，协助提高社会保障水平，提升卫生服务能力，促进人口健康发展。截至 2014 年底，农行医疗卫生贷款余额 360. 38 亿元，全年新增发放 28. 58 亿元；

关注教育发展。自 1999 年开办国家助学贷款业务至 2014 年底，农行已经为全国近 1000 所高等院校提供全面金融服务。累计发放助学贷款 134 万笔、金额 81 亿元，帮助 40 余万名大学生顺利完成了学业。

创造就业机会。农行累计为 6300 位创业妇女发放贷款 4. 18 亿元，累计发放农村青年创业贷款 18. 73 亿元，惠及创业青年 2. 82 万人。

普及金融知识。农行广泛开展“金融知识进万家”、“普及金融知识万里行”等活动，通过将金融知识送至社区、学校、企业和农村，有效推进了金融知识的普及，服务了百姓生活，让金融知识切实发挥出便民惠民利民的作用。

5. 助力环保

生态文明建设是关系社会福祉、关乎民族未来的长远大计。农行持续发挥金融孵化作用，建立和完善支持节能减排和淘汰落后产能的长效机制，依托服务创新，引导金融资源向技术研发和生态环境保护产业转移，培育低碳经济新的增长点，为通往生态文明树立金融路标。一直以来，农行大力贯彻绿色信贷政策，在绿色交通、可再生能源及清洁能源等 12 个绿色信贷领域各有建树。截至 2014 年底，农行绿色信贷贷款余额 4724. 47 亿元，比年初增加 1420. 26 亿元，增长 42. 98%，高于全行法人贷款增速 32. 96 个百分点。

6. 优化服务

农行拥有商业银行中规模最大的客户群体和连接城乡的网点网络，每三个国内居民当中，就有一人是农行的客户。因此，做好客户服务，帮助客户创造价值，始终具有特殊意义。当智慧城市成为中国发展的新议题时，农行通过对智慧银行领域的探索，为国民更高的生活质量蹚路。

农行在全国 37 家分行首创研发的“超级柜台”运营模式精彩亮相，全年共在 1320 个网点布放大堂式超级柜台 899 台、桌面式超级柜台 957 台。“超级柜台”最大的特点是打破了传统的银行业务处理流程，通过硬件设备的集成和软件系统整合，采取“大堂现场引导、客户自主办理、后台专业审核”的新型业务处理模式，实现绝大部分个人客户非现金业务的快速处理。在柜台上往往需要耗时数十分钟的个人客户开卡业务，在“超级柜台”上仅需三四分钟。受到客户的一致好评。

7. 热心公益

2014 年，作为社会的一员，农行时时不忘回馈社会，瞩目于最需要帮助的群体，伸出希望之手，推动自身发展成果与全社会共享。2014 年，农行一如既往地为灾区援建贡献力量，持续推动“母亲邮包”、“母亲健康快车”等品牌公益项目惠及更多群体，为和谐社会建设出一份力。

2014 年，农行再次携手中国妇女发展基金会，捐款 360 万元购置 30 辆“母亲健康快车”，分别发往江西、青海、广西、湖北四个省区，为当地的妇女提供健康检查、疾病救治、孕产妇卫生保健等系列医疗服务。作为流动医疗专用车，健康快车依托获赠地区的医院及医疗人员开展服务。2014年，农行支持的30辆健康快车开赴江西、青海、广西、湖北四省区，针对地区需求开展医疗卫生服务。健康快车所到之处，获得了当地公众的热烈好评。截至2014年底，各地“母亲健康快车”项目执行医院累计培训基层医护人员2735人，开展义诊咨询11592人次、健康普查32002人次，救助困难群众2015人，运送危重孕产妇1686人，免费发放各类药品价值142087万元，10万名妇女群众受益。2014年底，农行荣获2013～2014年“中国妇女慈善奖”最高荣誉“典范奖”。

8. 成就员工

农行视每位员工为最弥足珍贵的资源。一直以来，农行秉承“以人为本、人才强行”的人力资源发展策略，切实维护员工各项合法权益，强化员工职业教育培训，积极构建多渠道职业发展通道，完善多维度绩效考核机制，注重人文关怀和员工身心健康，有效增强员工对农行的使命感、责任感、成就感和认同感。青海有很多员工家在西宁，人工作在遥远的县城的现象。比较近的，员工两三个月回一次家，住个七八天，路程远的，要半年甚至一年回一趟家。房子、距离，这两个问题，一直困扰着青海员工，在某种程度上，也打击了他们的工作积极性。

为改善高寒牧区员工工作生活条件，解决跨地区工作的员工日常居住问题，2014年，农行在青海分行辖属海拔3500米以上黄南州、果洛州、玉树州的12个县支行投资3352万元建设员工周转房（指用于解决在工作地无住房员工临时性周转住宿需求的住房）。周转房是按照统一标准建造的。每个县支行建设18套员工周转房，投资290万元，无论是干部还是普通员工，每户都是45平方米，一厨一卫一厅，设施配套。员工只要各自交纳水电费、物业费、取暖费，就可以搬着铺盖入住，家属也可在探亲时居住。每栋周转房还配套了氧吧、健身器材、小食堂、小沐浴室等设施。

十五、财务绩效

（一）整体数据

近十年中国农业银行营业收入增长近7倍，除2006年之外，利润稳定增长。

表7 2005～2014年中国农业银行基本财务数据

年份	销售收入（百万元人民币）	净利润（百万元人民币）	资产（百万元人民币）	所有者权益（百万元人民币）
2005	7877700.00	104400.00	—	—
2006	11607800.00	522600.00	477101900	7960700
2007	17923700.00	4378700.00	534394300	8400200
2008	21118900.00	5147400.00	605012700	8862800
2009	22227400.00	6499200.00	701435100	29054100

续表

年份	销售收入（百万元人民币）	净利润（百万元人民币）	资产（百万元人民币）	所有者权益（百万元人民币）
2010	29041800.00	9487300.00	888258800	34292500
2011	37773100.00	12192700.00	1033740600	54207100
2012	42196400.00	14509400.00	1167757700	64960100
2013	46262500.00	16631500.00	1456210200	84453700
2014	52085800.00	17946100.00	1597415200	10326190

资料来源：中国农业银行年报。

（二）经营业绩

近5年来，中国农业银行主营业务收入稳步增长，2014年的增长率为12.86%，营业利润率维持在平均40%左右。

表8　2008~2014年中国农业银行经营业绩数据　　单位：百万元人民币

年份	2008	2009	2010	2011	2012	2013	2014
主营业务收入	211189	222274	289061	376775	417727	462625	520858
收入增长率	—	5.25%	30.05%	30.34%	10.87%	10.74%	12.86%
营业利润	52071	73742	119430	156738	186971	212176	230944
营业利润率	24.66%	33.18%	41.32%	41.60%	44.76%	45.89%	44.34%
净利润	51453	65002	94907	121956	145131	166211	179461
权益负债比	23.15%	24.91%	18.06%	16.97%	16.63%	16.24%	15.21%

资料来源：CSMAR数据库。

（三）盈利能力

中国农业银行近几年净资产收益率在10%以上，接近20%，总资产收益率也在1%左右，每股收益逐年增加。

表9　2008~2014年中国农业银行盈利能力数据

年份	2008	2009	2010	2011	2012	2013	2014
净资产收益率	17.71%	18.96%	17.50%	18.77%	19.32%	19.73%	17.41%
总资产收益率	0.73%	0.73%	0.92%	1.04%	1.10%	1.14%	1.12%
成本费用利润率	32.90%	49.77%	70.61%	82.93%	104.11%	109.74%	111.2%
每股收益（元）	0.20	0.25	0.29	0.38	0.45	0.51	0.55

资料来源：CSMAR数据库。

资产收益率等于利润总额除以资产总额，资本收益率等于利润总额除以资本净额。资产收益率和资本收益率反映了商业银行的盈利能力，其值越大说明盈利能力越强，偿债能力也越强。农业银行2009年到2013年的税前资产收益率不断上升，说明农行5年来盈利能力不断增强，能更好地保证农行存款利息的偿还，不会有偿债风险。而资本收益率从2010年的20.73%连续两年小幅下降到2013年19.92%，而农行的利润总额和资本净额都在不断上升，说明资本增速大于利润增速，也就说明农行在不断增加资本总量的同时，资本成本也在上升，使得利润相对减少。

净利息收益率等于净利息收入除以生息资产平均余额，反映商业银行通过存贷利差以及债券投资带来的收益，也反映了银行的盈利能力。

（四）资产质量

近五年，农行的不良贷款率逐年下降，拨备覆盖率逐年上升，贷款总额准备金率也逐年提高。

表10　2008~2014年中国农业银行资产质量数据

资产质量（%）	2008年	2009年	2010年	2011年	2012年	2013年	2014年
不良贷款率	4.32	2.91	2.03	1.55	1.66	1.54	1.82
拨备覆盖率	63.53	105.37	168.05	263.1	326.14	352.85	298.52
贷款总额准备金率	2.75	3.06	3.4	4.08	5.24	5.44	5.44

资料来源：中国农业银行年度报告。

不良贷款率等于不良贷款余额除以发放贷款和垫款总额，贷款准备金率等于贷款减值准备余额除以发放贷款和垫款总额。所以在一年的发放贷款和垫款总额不变的情况下，不良贷款率越低越好，贷款准备金率越低越好，而贷款准备金率只有大于不良贷款率是才能保证弥补不良贷款带来的损失，减少风险。从表10中可以看出，2009年贷款准备金率为3.06%，不良贷款率为2.91%，贷款减值准备刚好可以弥补不良贷款带来的损失。往后各年贷款总额准备金率逐年升高，不良贷款率逐年下降，两者之间差距逐渐拉大，表明农业银行拥有足够的准备金来应对不良贷款，不良贷款也就不会对农行的资本造成严重影响。

拨备覆盖率等于贷款减值准备余额除以不良贷款余额，表示商业银行用以冲销不良贷款的资金是否充裕，该比率的最佳状态为100%，即贷款减值准备刚好抵消不良贷款带来的损失。农业银行的拨备覆盖率从2009年的105.37%一直上升到2013年的352.85%，远远超出最佳状态，说明农业银行为避免不良贷款损失产生巨大影响，不断加大贷款减值准备，力求将损失降到最低。

（五）资本充足情况

近五年，农行的资本充足率总体呈现逐年上升的趋势。

表 11　2008～2014 年中国农业银行资本充足率数据

资本充足情况（%）	2008 年	2009 年	2010 年	2011 年	2012 年	2013 年	2014 年
核心资本充足率	8.04	7.74	9.75	9.5	9.67	9.25	9.30
资本充足率	9.41	10.07	11.59	11.94	12.61	11.86	12.95
总权益对总资产比率	4.14	3.86	5.25	5.56	5.67	5.21	6.46

资料来源：中国农业银行年度报告。

按照《巴塞尔协议》中关于资本充足率的规定和计算方法，资本净额与风险加权资产的比重为资本充足率，其比率必须大于等于 8%。从农行的资本充足情况可以看出，农行从 2009 年到 2013 年五年来的资本充足一直保持在 10%～13%，完全符合《巴塞尔协议》的要求。

农业银行作为国有四大行之一，一旦出现风险或出现损失，将对整个金融体系造成重大影响。2010 年《巴塞尔协议》的新规定出台后，我国对于系统重要性银行的充足率要求除 8% 的资本充足率之外，还要加上 2.5% 的超额资本以及 1% 的附加资本。所以农业银行 2010～2013 年的资本充足率都必须在 11.5% 以上。2010 年之前，商行核心资本充足率必须大于等于 4%，2010 年之后核心资本充足率必须大于等于 6%。目前农业银行的资本充足率满足国际规定和国家要求，说明农业银行拥有足够的资本用于防止风险和弥补损失，保证银行经营的正常发展，也说明农业银行在资本管理中采取了比较谨慎的态度。

十六、荣誉成就

2008 年，中国农业银行荣膺“‘三农’金融服务突出贡献奖”，“金 e 顺”电子银行获得首届中国电子金融“金爵奖”——“用户满意的电子金融品牌”。

2009 年 5 月 10 日，经过亚洲银行家领袖成就奖国际咨询委员会的甄选与评估，中国农业银行在亚洲银行家领袖成就奖评选项目中获得中国区现金管理成就奖。

中国农业银行门户网站在“第二届中国电子服务大会暨 2009 年中国本土银行网站竞争力排名发布会”上荣获 2009 年中国本土银行网站“最佳运营绩效奖”。

2009 年，在由中华英才网发起的“中国大学生最佳雇主调查”活动中，中国农业银行从 3800 多家受调查企业中脱颖而出，荣获“最佳雇主 TOP 50”奖项。

2009 年 9 月 5 日，在以“成就、挑战、机遇、信心”为主题的“2009 中国国际金融服务展”上，农业银行新一代网上银行荣获了服务类“优秀金融产品奖”。

2009 年 11 月，中国农业银行在金融界网站主办的“2009 年电子银行业务及风险管理论坛暨颁奖盛典”上，获得了“2009 年网上银行最具客户忠诚度奖”。

2010 年 3 月，在由腾讯网携手北京电视台、财经杂志、21 世纪经济报道、央视商道以及中国国际广播电台中国之声联合主办的“影响中国 2009 腾讯网络盛典评选”活动中，农业银行网上银行荣获“2009 年度最佳网上银行”称号。

2010 年，在第一财经举办的“2010 第一财经·中国企业社会责任榜（CSR）评选”颁奖盛典上，农业银行荣获“2010 第一财经·中国企业社会责任榜—优秀实践奖”。

2010 年 12 月，“2010 第一财经金融峰会暨 2010 第一财经金融价值榜（CFV）颁奖典礼”在北京举行。此次评选中，农业银行项俊波董事长荣获“年度金融家”，农业银行荣获“年度金融机构”、“最佳现金管理银行”等奖项。

2011 年 12 月，农业银行荣获《21 世纪经济报道》颁发的“2011·亚洲最具社会责任银行奖”和“第八届中国最佳企业公民奖”，以及《第一财经日报》颁发的“中国企业社会责任榜·杰出企业奖”。

美国 Fortune 2011 年中国最具创新力的中国公司中国农业银行入选了资本市场 20 年最具影响力上市公司的候选名单。

2011 年 12 月，第六届 21 世纪亚洲金融年会隆重推出《2011 年亚洲银行竞争力排名研究报告》，农业银行从参与排名的 199 家亚洲银行中脱颖而出，位列 2011 年亚洲银行竞争力排行榜第三。

2011 年 12 月 9 日，由东方财富网主办的年度大型评选活动“2011 东方财富风云榜”正式揭晓，农业银行一举斩获“2011 年度最佳电子银行奖”、“2011 年度银行业最佳营销案例”两项大奖。

农业银行 2011 年年后先后获得由中国电子商务协会和中国金融产业联盟颁发的金爵奖“2011 年度电子金融行业优秀示范企业”、“2011 年度最具竞争力电子银行品牌”、“2011 年度用户满意十大电子金融品牌”，以及中国金融认证中心颁发的“2011 年中国网上银行综合实力奖”等多项大奖。

农行电子银行业务荣获和讯中国财经风云榜 2011 年度“最佳银行门户网站”和“最佳企业网银”两项大奖。

2011 年在胡润品牌榜中以 750 亿元品牌价值，排名第 8。

2011 年，在美国《财富》杂志全球 500 强排名中，农业银行位列第 127；在英国《银行家》杂志全球银行 1000 强排名中，按 2010 年税前利润计，农业银行位列第 7。2011 年，农业银行穆迪长期存款评级/前景展望为 A1/稳定。

2012 年 1 月，农业银行小企业简式贷荣获“2011 先驱中国年度产品奖”。

2012 年 3 月，英国《银行家》杂志发布“2012 年全球银行品牌 500 强排行榜”，农业银行以 99.29 亿美元的品牌价值，位居全球 18 位，排名较 2011 年提升了 5 位。

2012 年 6 月，农业银行在由《证券时报》社举办，国内各证券公司和商业银行参评的“2012 中国区优秀投行评选”活动中，荣获“最佳银行投行”同时获得“最佳财务顾问银行”、“最佳银团融资银行”、“最佳债券融资项目”和“最佳银团融资项目”四个单项奖。

在中国银行业协会举办的《2011 年度中国银行业社会责任报告》发布暨社会责任

工作表彰大会上，农业银行荣获“年度最具社会责任金融机构奖”和“年度最佳社会责任实践案例奖”，农行新疆阿勒泰兵团支行185团分理处、西藏分行墨脱县支行和新疆分行塔什库尔干县支行荣获“年度最佳社会责任特殊贡献网点奖”。

2012年8月，中国银行业协会决定授予农行“银团最佳发展奖”，同时对农行牵头的“北京丰台区城乡一体化周庄子村旧村改造银团贷款项目”和“上海仲利国际租赁有限公司银团贷款项目”授予“银团最佳交易奖”。

2012年9月15日，在2012年度PMI（项目管理协会）中国项目管理大会上，中国农业银行凭借门户网站项目荣获PMI（中国）项目管理最高奖项——“年度项目大奖”，成为国内第一家获此殊荣的银行。

2012年11月，中国农业银行在“中国银行业高峰论坛暨‘细分之王’2012《环球企业家》年度创新银行榜发布会”上被评为“最佳中小企业金融服务银行”。

2012年12月，中国农业银行荣获“2012年度优秀中小企业服务机构”称号。

2012年12月，中国农业银行凭借履行社会责任的出色表现荣获“第九届中国最佳企业公民综合奖”及“2012中国企业社会责任杰出企业奖”两项殊荣。这两个奖项分别在由21世纪报系主办的“2012中国企业公民论坛暨第九届中国最佳企业公民”及第一财经主办的“2012第一财经·中国企业社会责任榜（CSR）”评选活动中获得。农业银行已连续四年在上述评选中载誉而归。

2012年底，农业银行开发推广的新型人力资源信息化（e-HR）系统，获得2012年度中国企业级IT应用评选颁奖大会“创新应用企业奖”。

2012年在胡润品牌榜中以870亿元品牌价值，排名第6。

2013年3月，在香港《财资》（The Asset）杂志举办的“2012年度财资企业奖项”（The Asset Corporate Awards）评选中，农业银行再次获评最高级别“白金奖”。

2013年4月，中国银行业协会组织召开《2012年度中国银行业服务改进情况报告》发布会暨文明规范服务千佳示范单位表彰会，农业银行荣获“2012年度中国银行业文明规范服务千佳示范单位评选活动突出贡献奖”及“2012年度中国银行业普及金融知识万里行活动最佳组织奖”等多项荣誉，108家网点获“中国银行业协会文明规范服务千佳示范单位”荣誉称号，当选网点数量居同业第二。

农业银行在《证券时报》社主办的“2013中国区优秀投行评选”活动中，荣获“最佳银行投行”大奖，以及“最佳债券承销银行”和“最佳银团融资银行”两个单项奖，并凭借“山西焦煤集团私募债项目”和“中国神华并购贷款项目”获得年度“最佳私募债项目”和“年度最佳并购贷款项目”奖。

2013年6月28日，在中国银行业协会2012年度中国银行业社会责任工作表彰大会上，农业银行凭借良好的社会责任工作业绩，荣获“年度最具社会责任金融机构奖”、“最佳绿色金融奖”、“最佳社会责任实践案例奖”、“公益慈善优秀项目奖”，农行西藏措勤县江让营业所和福建宁德长兴支行荣获“年度最佳社会责任特殊贡献网点奖”。

十七、自贸区元素

（一）上海自贸区

农业银行上海自贸区分行于2013年9月30日正式挂牌成立。与多数银行将自贸区内机构整合升格类似，农行也将自贸区内原先的三家分支机构整合升格成立了上海自贸区分行。

农业银行在上海自贸区内原有3家分支机构，分别是外高桥支行、外高桥保税区支行和港区分理处，截至2013年6月底上述机构存款总量14.4亿元，涉及自贸区内客户1500余户。自贸区分行成立后，将上述分支机构划归其统一管理。

农业银行上海自贸区的成立，最重要的创新将集中在人民币资本项目开放以及跨境金融业务进一步试点上。未来本外币、境内外现金管理平台等资金结算类业务，贸易融资、信贷资产转让等融资类业务，外币类电子商务业务都可能成为自贸区分行的重要创新领域。

根据国际经验，自贸区主要是服务贸易便捷化。2012年，上海服务贸易进出口额已占据全国服务贸易进出口总额的30.7%。自贸区的贸易、航运、金融、物流、大宗商品贸易等现代服务业将面临巨大市场机遇，上述领域也是农行自贸区分行业务拓展重点。

上海自贸区金融改革从“1.0时代”走向“2.0时代”并加速步入“3.0时代”。面对经济新常态，自贸试验区以制度创新为核心，主动承担着破解改革难题的重任，争做改革开放的排头兵、创新发展的先行者。在参与上海国际金融中心建设和与上海张江国家自主创新示范区开展“双自联动”的过程中，上海自贸区正向建成开放度最高自贸区的目标迈进。

农业银行上海分行深刻意识到自己肩负的历史使命，为全面满足自贸区实体经济优质金融服务的需求，紧跟上海自贸试验区金融改革的步伐，建立了面向国际市场的跨境金融服务和产品创新体系，深度融入上海自贸区及上海国际金融中心联动建设。2015年，农行上海分行“自由贸易账户项下跨境人民币综合金融服务”及“分账核算单元美元兑人民币自营掉期业务”两次入围上海自贸区金融创新案例。

1. 承接国家战略，打造全行改革发展的试验田

农业银行作为金融行业的国家队，主动承接国家战略，积极响应国家政策，高度重视自贸区业务发展。总行党委在上海自贸区分行挂牌成立之初就明确提出要将上海自贸区分行打造成为“产品创新实验行、国际金融业务旗舰行、综合金融服务拓展行、经营管理机制创新行以及激励机制和业务管理特区”的“五位一体”发展战略。在自贸区成立的两年时间里，先后两次出台了关于支持上海自贸区业务发展的意见，从业务授权、产品创新、资源配置、考核激励、人才队伍等多方面给予上海分行差异化政策支

持。该行积极运用自贸区政策服务实体经济，在自贸区“准离岸”特性上做文章，在联动境内境外两个市场上花心思，在提升跨境金融服务能力上下功夫，摸索出了一条自贸区金融服务的新路子。

农行上海分行建立自贸区“全链条”工作机制，加快业务创新发展，提升金融服务水平。结合自贸政策变化快、创新力度大的特点，农行建立起贯穿创新政策解读、创新工作协同推进、创新产品落地等包含自贸创新各环节的工作机制。一是建立政策传导机制。建立分支行两级自贸区业务联系人队伍，定期召开联系人会议方式，及时解读最新金改政策。二是建立工作协同推进机制。对重要事项采取“销号式”推进机制，定期梳理重点及难点工作，提交自贸区业务推进领导小组商议。三是探索自贸区创新“绿色通道”。借鉴上海银监局创新监管互动机制，在总行授权下对现有制度未覆盖或与该行当前制度规定不符的，建立“一事一议”机制，推动创新发展。四是积极建立跨省、跨境联动机制，实现境内外资源整合。在跨省联动方面，指派专人负责对接系统内各省分行的营销需求与业务受理，完善联动产品办理流程，优化客户体验和系统设置。在跨境联动方面，联合海外分行提供跨境金融服务，在区内企业跨境并购贷款、区内企业境外主体自用熊猫债承销等投融资领域保持与海外分行的密切联系。2015 年 7 月 23 日，中国农业银行上海市分行与纽约分行在上海共同举办自贸区业务推介会，拓展和深化中美企业贸易及投资往来的各项金融服务，促进跨境服务能力的提升，为国内优质企业加快国际化经营布局提供更加优质、高效、便捷的金融服务，为国内企业“走出去”和境外企业“引进来”搭建平台。

2. 建立本外币一体的自贸账户体系，全面提升金融服务水平

自由贸易账户的设立是探索投融资汇兑便利、扩大金融市场开放和防范金融风险的一项重要制度安排。农总行党委多次组织专题会议研究上海自贸区系统建设推进事宜，同步协助上海分行完成与中国人民银行资金监测系统联调对接测试。在中国人民银行上海总部的指导下，建立了一套有利于风险防控的账户体系，满足了“标识分设、分账核算、独立出表、专项报告、自求平衡”的监管要求。与此同时，在总行和上海分行的共同努力下，114 项专门用于规范分账核算业务的制度办法以及自贸区分账核算业务专项授权顺利通过中国人民银行上海总部验收，标志着该行自由贸易账户业务正式落地。

农行上海分行结合 FT 账户项下各类金融改革试点政策，推出了涵盖结算、投资、融资、现金管理等多领域的自贸区创新金融产品。在自贸区扩区后，农行立即为扩展区域内的多家企业提供基于分账核算单元的融资服务，确保上海自贸区金融改革“红利”第一时间向新挂牌的区域辐射。针对扩展区域企业更丰富的业务分布，农行充分利用自贸分账核算单元服务全球的特性，在支持国内企业，特别是民营企业“走出去”和境外企业“引进来”方面提供了包括融资、结算及外汇买卖等一揽子金融服务方案，积极探索电子商业汇票在分账核算单元的运用，为更好地探索自贸区创新金融业务、服务实体经济提供有力保障。

在服务“走出去”企业方面，农行推出了“内保自贷”产品，以境外借款人的境内关联公司担保，为该境外客户FTN账户办理融资服务。2015年6月，农行上海分行为宁波某民营企业在德国的平台公司提供资金支持，以该企业向农行宁波分行申请开立的备用信用证为担保，上海农行在FTN账户项下为其境外子公司提供资金2750万欧元。在吸引境外客户境内投资方面，农行推出了“自保内贷”产品。为某分类信息技术公司的香港平台开立FTN账户，以1800万元定期存款作为全额保证金质押，向其境内关联公司提供1500万人民币贷款。

外币功能上线后，FT账户体系连接境内、境外两个市场的优势更加明显，既提升了金融服务实体经济的能力，又拓宽了企业融资渠道，降低了企业融资成本，提升了贸易融资便利。外币功能开通当日，农行上海分行为多家贸易企业通过FT账户办理福费廷业务，不到2%的融资成本远低于境内人民币平均5.3%左右的贷款定价水平，为企业带来了实实在在的收益。

3. 搭建准境外平台，提供跨境投资便利

在《中国（上海）自由贸易试验区境外投资项目备案管理办法》和《中国（上海）自由贸易试验区境外投资开办企业备案管理办法》等自贸区政策红利下，人民币资本项目的逐步放开进一步推进跨境投资的便利化。农行上海分行利用自贸区在跨境直接投资方面的便利政策，充分发挥自贸区内企业开展资本金意愿结汇业务灵活、便捷的优势，为投资企业提供高效的结算服务。服务功能实现了从经常项下向资本项下的延展，助力境内外企业以上海自贸区为平台开展跨境直接投资，切实提高境外投资便利性。

2015年1月，某电气集团股份有限公司发布定增预案，农行上海分行客户A拟通过成立有限合伙公司B的方式认购1亿元，其中部分认购资金来源于境外。该行在了解客户需求后，第一时间为其开立了外币资本金账户，并帮助客户办理外汇资本金登记和相关确权手续，再为其成立的有限合伙主体B公司开立结汇待支付账户，协助其前往外汇管理局办理境外投资项下再投资登记。外汇资本金从A公司资本金账户结汇转入有限合伙公司B，再由B公司参与上述电气集团股份有限公司的定向增发，整个流程耗时仅一周，大大增强了投资效率。

依托自贸区内简政放权的政策，不仅境外企业投资境内便利了，境内企业“走出去”的步子也能迈得更大。为了享受自贸区的政策红利，某公司在自贸区内成立了一家新公司，并向农行上海分行申请办理跨境直接投资业务，该客户与两家外方公司签署了新西兰项目投资协议，收购位于新西兰奥克兰的电信大楼，总投资约11000万美元。当得知该公司有跨境投资的需求后，该行成立专项营销小组，捋清业务流程，为客户办理了跨境直接投资登记，金额为3667万美元，占总投资的33.33%。该笔业务区别于以往的境外企业投资境内，是一笔“走出去”业务。原先客户需要去外管局办理多项手续进行境外投资，现由该行直接为客户办理，大大方便了客户“走出去”。

4. 构建要素市场平台，做好清算服务

农行上海分行高效、高质做好支持资本市场开放的配套服务及业务推进工作。为配合支持各类交易所在自贸试验区设立面向国际的金融交易平台，该行通过系统开发和产品配套，做好存管银行和结算银行的各类配套服务工作，推动人民币在金融市场更广泛使用，推动金融改革，促进经济转型升级，助力我国争夺大宗商品国际定价权。

黄金国际版的推出，意味着以人民币计价和结算的“上海金”开始走向世界，对于提高交易流动性、增加投资机遇、活跃自贸区业务具有重要意义。该行完成了上海国际黄金交易中心相关系统开发和上线工作，成为黄金国际版业务首批结算银行及首批国际会员，推动我国黄金市场“走出去，引进来”。近期该行又为某国内知名黄金制造企业的境外平台和一家境外银行等黄金国际版 A 类会员，开立自由贸易账户并提供清算服务。同时，为便利境外交易者和境外经纪机构从事境内期货交易，该行配合上海国际能源交易中心原油期货上市做好准备，完成相关系统的开发和投产。

在要素市场中，大宗商品交易所一边连着实体企业，一边连着金融服务，是一个信息流、资本流、商品流交汇互联互通的平台。农行上海分行积极参与上海清算所自贸区航运及大宗商品金融衍生品代理清算业务，成为首批自贸区大宗商品金融衍生品清算会员。该行面向全国铜生产及消费量集中地区的客户，宣传自贸区铜溢价产品及相关政策。结合大宗商品贸易企业的套期保值需求，以该产品为契机，营销清算所会员单位签约并开立 FTE 账户，成功拿下上清所铜溢价掉期业务第一单，为代理客户办理全市场首单自贸区铜溢价掉期代理清算业务。

5. 支持总部经济发展，服务实体经济

跨境双向人民币资金池和跨国公司总部外汇集中运营等资金池类的产品是最受企业欢迎的上海自贸区金融创新产品之一。随着企业跨国经营活动的开展，集团为满足自身生产经营的需求，开展境内外成员企业间的资金调拨已成为必然选择之一。试验区要吸引跨国企业的全球或地区总部，尤其是一些重要管理功能的进入，推动试验区产业结构的转型升级，就必须要重视这些来自实体经济的客观需求。人民银行上海总部 2014 年 2 月印发了《中国人民银行上海总部关于支持中国（上海）自由贸易试验区扩大人民币跨境使用的通知》，允许同属一个集团内的境内外母子公司、分、子公司之间可以建立跨境人民币资金池，开展人民币资金的双向归集业务。

农行上海分行积极支持区内跨国公司提高全球资金使用效率，积极开发符合客户需求的财资管理、流动性管理产品和方案，设计高效的跨境资金流动和外汇资金集中收付、净额结算方案等。在贸易金融、企业融资、资金集中运营、外汇买卖以及跨境交易等方面发挥积极的创新和引领作用，帮助企业提高效率、降低成本、抵御风险，协助集团企业将其地区总部、运营中心、共享服务中心和财资中心搬入自贸区。

某大型跨国企业根据自身经营和管理，需要统筹调度境内外成员的资金，农行上海分行积极对接客户需求，设计建池方案，顺利办理跨境双向人民币资金池业务，提高了集团资金使用效率。上海某公司希望实现其配置全球资金、开展境内外投资、调配成员企业资金往来等综合金融服务的需求，向该行申请办理外汇集中运营业务。为确保业务的顺利开展，该行上下联动，在向外汇局递交相关材料三个月后，顺利取得了《国家外汇管理局上海分局关于上海某公司开展外汇资金集中运营管理业务的备案通知书》。最后，在该行各条线部门的通力协作下完成了包括远期信用证在内的一系列外汇业务，满足了跨国公司外汇资金集中管理、灵活配置的需求。

6. 探索多品种融资工具，降低资金成本

农行上海分行利用分账核算单元“两个市场、两种资源”的优势，搭建多渠道的融资平台，推出本外币各期限流动资金贷款、贸易融资、项目融资等产品，满足融资主体资金需求。上海某公司主要从事服装贸易，向该行申请流动资金贷款用于自身经营，支付原材料采购费用。该行向客户介绍自贸区对推进贸易方式转变及投融资汇兑便利化等方面的创新政策。企业很快就被FT项下贷款资金价格优势吸引，与该行共同研究制订融资方案。以该笔贷款为切入点，办理了FT项下汇款、结售汇等国际业务，帮助客户充分享受自贸区制度创新产生的“溢出效应”及新一轮改革开放释放的红利。

除区内银行借款外，区内企业和金融机构还可以通过分账核算单元直接从境外融资。今年2月新推出的分账核算业务境外融资，相比于以往“投注差”、试验区跨境人民币借款等模式，给予企业更高的借款额度和更丰富的融资产品，同时将借款对象从一般的企业延伸到包括银行在内的金融机构。在新模式下，不同的借款主体拥有不同的融资上限，按照期限、币种和类别等因素明确了差异化的额度占用。既支持中长期，也支持短期；既能借外币，也能借人民币；既有表内的一般借款，也有表外及或有负债类产品。在借款流程上，以事后数据报送代替事前审批，简化企业办理的流程，有效降低企业融资成本和财务成本。农行敏锐捕捉到区内对于证券、期货等金融机构及投资性公司资本项下的融资需求，协助为证券公司设计境外融资方案，从境外融入1亿美元，用于投资境外基金、债券等固定收益类产品，打通了资金“外来外用”的渠道。随着自贸区扩围及自贸区新一轮金融改革措施即将出台，更多金融机构将有投资境外市场的需求，特别是证券类机构开展境外投资的需求将进一步激发，该行此次与证券公司的先行先试，将有利于形成自贸区内金融机构资金沉淀的中心。

7. 研发多样化交易工具，有效规避风险

农行上海分行积极探索金融衍生交易，帮助客户规避利率和汇率风险。该行在分账核算单元下通过美元兑人民币自营掉期交易，实现人民币与美元头寸的互换。一方面，通过衍生品交易降低银行外币资金成本，为进一步降低区内企业外币融资成本提供了下降空间，为实体经济发展落实低成本资金，及补充分行核算单元外币资金流动性提供了新渠道。另一方面，帮助企业在享受低成本资金的同时，规避利率、汇率风险。该案例入围上海自贸区第四批金融创新案例。

作为自贸区金融改革创新的主力军，农行上海分行将围绕即将出台的上海自贸区新一轮金融改革政策，进一步加大产品创新与服务力度。依托在岸、自贸、境外和全资子公司“四位一体”的平台优势，加强自贸区业务跨省、跨境联动，为客户提供集“本外币、区内外、境内外、投商行”于一体的跨境金融整体解决方案，进一步提升跨境金融服务能力，为更好地支持上海自贸区与上海国际金融中心联动建设做出更大贡献。

（二）广东自贸区

2015 年 4 月 26 日，中国（广东）自由贸易试验区前海蛇口片区正式挂牌成立，这是新时期国家对外开放的重要举措，也是粤港澳合作的战略平台，更是广东推进“一带一路”战略实施的核心枢纽，这将大大助推深港合作力度和人民币国际化进程。在前海蛇口自贸区挂牌之际，中国农业银行前海分行积极响应，依托自贸区功能叠加优势，全力打造全球跨境业务中心，提供自贸区金融改革创新服务。自贸区挂牌当日，该行即成功为华讯方舟办理首笔 4000 万元跨境贷款业务，使客户第一时间享受到自贸政策带来的红利。

1. 提前布局，跨境融资先行先试

为契合前海深港现代服务业合作区的成立，2014 年，农行将原前海支行升格为前海分行。该行成立以来，立足前海，精耕细作，在自贸区正式挂牌之前，已经开展了多项跨境创新金融服务。截至 2015 年 4 月末，累计近 3000 户前海注册企业选择落户农行，累计完成跨境贷备案 130.04 亿人民币，实现跨境贷投放 30.95 亿人民币，已经为易谷网、供销海外等数十家前海企业获取境外低成本资金。

同时，农银国际也已经正式入驻前海蛇口自贸区，未来农行还将推动农银租赁、农银保险、农银汇理等子公司布局前海，切实更好地帮助企业利用好境内外两种资源、两个市场，降低融资成本，提升企业的盈利能力和参与国际竞争的能力。农行切实履行国有大行的职责，以实际行动为“一带一路”建设和人民币国际化注入强大动力。

2. 创新开拓，服务内地支持产业

前海分行自成立以来，一直围绕着“立足前海、服务内地、面向世界”的发展宗旨，积极发挥跨境业务桥头堡的作用，勇于承担境内行的境外行功能，积极为前海及内地企业拓宽境内外融资渠道。前期，该行联合前海管理局先后赴北京、湖南、湖北等地进行系列推介会活动，吸引了一批央企、国企、地方企业在前海投资，为全国农行客户提供了“一站式”服务。

近日，农行前海分行联合总行、香港分行、湖北分行为前海区内海晟租赁办理跨境租赁贷人民币 1.94 亿元，该笔跨境租赁贷最终投向湖北分行某集团公司机器设备售后回租项目，间接为该公司打通了境内外资金通道，每年可为该公司节约资金成本数百万元。该笔跨境业务是农行助力内地非前海企业获得境外低成本资金，主动融入“一带一路”国家战略，为“海上丝绸之路”的建设与发展发挥积极作用的集中体现。

同时，农行前海分行积极响应前海管理局号召扶持前海融资租赁产业，成功为中广核租赁完成前海区域内首笔最大金额 3 亿元跨境融资租赁贷，为兴业租赁投放前海首笔金融租赁贷 6 亿元，是前海区域内为融资租赁行业投放跨境贷款最多的银行。

3. 放眼全球，跨境业务服务升级

前海作为“国家金融业对外开放试验的示范窗口”和“人民币跨境业务创新试验区”，国务院关于自贸区总体方案再次要求自贸试验区当好改革开放的排头兵，创新发展先行者，这为前海企业的跨境融资和跨境资金管理提供了难得的历史机遇。

农行审时度势，顺势而为，在自贸区成立前一个月批复同意在深圳（前海）挂牌成立中国农业银行跨境人民币业务深圳中心，中心的职能并未局限于清算功能，而是将前海业务范围涵盖了所有跨境人民币业务，并鼓励以跨境人民币清算与自贸区创新业务为突破口，全面推动跨境人民币业务。此外，农行前海分行跨境业务合作行由原来仅农行香港分行1家迅速扩充到20多家香港银行，同时该行还与中银香港、创兴银行、南洋商业银行等境外同业开立了资金清算账户。这些举措将助力农行前海分行全球跨境中心的建设。

2015年3月，国家外汇管理局出台外债宏观审慎管理试点政策，前海成为全国唯一一个可以同时开展跨境人民币贷款和外债试点的特殊区域。农行前海分行积极行动，先行先试，成功为首创环境办理首批外债签约登记试点业务，成功实现了农行跨境业务和品牌形象的协同发展。

未来，农行前海分行还将结合广东自贸区战略定位和区域特色，在跨境人民币、跨境投融资、互联网金融、新型要素平台等方面积极创新产品和服务，力争将该行打造为境内外联动的枢纽，全行跨境业务平台、总部企业服务平台、产品创新平台、金融资产交易平台、粤港澳金融合作平台，真正实现“全行为前海，前海为全行”。农行前海分行将在建设全球跨境业务中心同时，密切跟踪“一带一路”建设的政策导向，加大“一带一路”金融创新力度，为自贸区企业乃至全球客户带来更加优质高效的现代综合金融服务。

（三）天津自贸区

2015年4月21日，中国农业银行天津自由贸易试验区分行获批当天即对外挂牌成立，成为中国（天津）自由贸易试验区首批对外营业的银行业金融机构。挂牌当日完成首笔人民币2000万元跨境借款业务，让企业第一时间享受到新政策带来的红利。

农行天津分行抓住自贸区建设、京津冀协同发展、“一带一路”、滨海新区开发开放和国家自主创新示范区建设五大战略叠加的良好发展机遇，紧跟天津自贸区建设步伐，不断创新系列金融产品，完善服务体系，有效对接客户需求。

为有效推动自贸业务有序开展，农行天津分行成立了自贸工作领导小组，稳步推进各项工作。强化政策解读与分析，明确产品创新方向，确保各项工作有效落实。多次组织针对员工的自贸业务专题培训，深植“自贸”业务经营理念，形成了“全行懂自贸业务，全行会办自贸业务”的良好氛围。

农行天津分行积极抢抓自贸政策机遇，对接客户金融需求。成功举办题为“跨境融合扬帆起航”自贸业务推介会，积极搭建银企交流平台。活动邀请专家对自贸区金融政策、自贸金融产品及外汇交易产品等进行现场讲解。吸引了近 200 家企业代表参加，8 家企业现场与农行签订了自贸业务合作协议。推介会深化了银企合作关系，为企业自贸业务的开办奠定了良好基础。

天津自贸区挂牌后，农行天津分行认真研究并积极对接自贸政策，着眼于国内国际市场，重点打造跨境人民币、本外币全球现金管理、外汇资金交易、跨境投融资等一系列跨境金融产品在内的金融综合服务体系，充分利用自贸区成立的有利契机，增强农行自贸业务的品牌影响力，不断提升服务内涵和服务品质，将自贸业务作为全行转型升级的新引擎、产品创新的新高地。未来，该行将积极对接实体经济金融需求，为广大企业提供更具个性化、专业化的金融服务，助力滨海新区投资建设和贸易便利化，更好地服务自贸区发展需要。

（四）福建自贸区

2015 年 4 月 21 日，中国农业银行福建自贸试验区福州片区分行正式挂牌营业。

挂牌仪式结束后，农行福建分行与福建省马尾造船股份有限公司、福建国脉集团有限公司、福建中景石化有限公司、福建阳光集团有限公司、福建财茂集团有限公司、科立视材料科技有限公司、一丁集团股份有限公司 7 家重点企业签订自贸区业务合作框架协议。

农行福建分行副行长傅金荣表示，这是农行与企业双方优势互补、分享自贸区改革红利、实现互利共赢的开始。双方将努力构建合作发展的新平台、新机制，提升双方自贸区业务战略协同与层次，借自贸区改革东风，共同实现战略发展中新的跨越。

农行福建分行将发挥资金、结算、产品和人才的综合优势，为战略合作伙伴提供中短期流动资金贷款、项目融资、信用证、进出口押汇、福费廷、出口保理及全球现金管理服务、“赢付通”产品组合理财方案、资本金意愿结汇、跨境双向人民币资金池、外汇集中运营等自贸区金融业务品种。

根据经营规划和自贸区新规，农行福建分行将组织专业团队做好融资顾问工作，积极提供技术支持和配套金融服务；全面收集整理自贸区优惠政策，优先专属定制金融产品；充分利用境内外分支或代理机构及资金优势，提供实时、优惠的市场报价，积极通过跨境本外币借款等拓展企业的融资渠道，降低融资成本；提供投资理财顾问服务、产品推介会、各类金融专题讲座等全方位金融服务。签约企业将积极配合农行创新、开发金融产品，先行先试农行自贸区特色产品，分享产品使用体验或反馈意见，真正实现银企的双方共赢。

中国工商银行案例分析

一、发展历程及排名

中国工商银行（全称“中国工商银行股份有限公司”，简称“工行”）成立于1984年，是中国五大银行之首，世界500强企业之一，拥有中国最大的客户群，是中国最大的商业银行。中国工商银行是中国最大的国有独资商业银行，基本任务是依据国家的法律和法规，通过国内外开展融资活动筹集社会资金，加强信贷资金管理，支持企业生产和技术改造，为我国经济建设服务。

（一）企业（集团）简介

中国工商银行作为中国资产规模最大的商业银行，经过29年的改革发展，中国工商银行已经步入质量、效益和规模协调发展的轨道。

中国工商银行2003年末资产总额约52791亿元人民币，占中国境内银行业金融机构资产总和近1/5。截至2010年末，工商银行总资产约134586.22亿元，当前总市值约14344.70亿元，居全球上市银行之首。①

截至2014年末，中国工商银行总资产约206099.53亿元，比上年末增加16922.01亿元，增长8.9%；总负债190726.49亿元，比上年末增加14333.60亿元，增长8.1%；全年实现净利润约2762.86亿元，增长5.1%，平均总资产回报率（ROA）为1.4%，加权平均净资产收益率（ROE）为19.96%，核心一级资本充足率为11.92%，一级资本充足率为12.19%，资本充足率为14.53%。营业收入6588.92亿元，增长11.7%，其中利息净收入4935.22亿元，增长11.3%，非利息收入1653.70亿元，增长13%；营业支出2922.80亿元，增长18.5%，其中业务及管理费1762.61亿元，增长6.6%，成本收入比下降1.28%至26.75%。

（二）企业发展历程

2015年3月26日中国工商银行2014年净赚2763亿元，再度成为最赚钱银行。

2014年11月7日批准设立中国工商银行（墨西哥）有限公司。

---

① 工商银行2012年报．金融界银行［引用日期2012－11－8］．

2013 年 7 月 22 日胡润国有品牌榜排名第二位。

2011 年 9 月 15 日工商银行孟买分行获准成立。

2011 年 8 月 25 日上半年工商银行税后利润超千亿元。

2011 年 5 月 23 日工商银行卡拉奇分行和伊斯兰堡分行正式开业。

2010 年 10 月 28 日工商银行前三季度实现税后利润 1278 亿元。

2010 年 4 月 21 日中国工商银行完成对泰国 ACL 银行的自愿要约收购。

2010 年 3 月 25 日中国工商银行拟通过发行 A 股可转债和 H 股补充资本金。

2010 年 1 月 6 日中国工商银行稳居全球市值最大银行。

2008 年 10 月 22 日中国工商银行多哈分行正式开业。

2007 年 12 月 5 日工商银行荣获“2007 香港公司管治卓越奖项”。

2007 年 11 月 30 日工银金融租赁有限公司正式开业。

2007 年 11 月 14 日中国工商银行印度尼西亚有限公司正式成立。

2006 年 1 月 27 日中国工商银行与高盛集团、安联集团、美国运通公司 3 家境外战略投资者签署战略投资与合作协议，获得投资 37.82 亿美元。

2005 年 10 月 28 日中国工商银行股份有限公司成立大会在北京隆重召开，中国人民银行行长周小川和中国工商银行股份有限公司董事长姜建清为股份公司揭牌。

2005 年 10 月 25 日中国工商银行股份有限公司创立大会及第一次股东大会在京举行。

2005 年 4 月经国务院批准，以现代产权制度和公司治理制度建设为核心的股份制改革正式启动，工商银行的管理进入了全新的历史发展阶段。

2004 年 2 月中国工商银行正式聘请普华永道对工商银行未来 8 年公司治理机制和全面风险管理改革进行整体规划。

2002 年 1 月聘请安永会计师事务所对上海、浙江两地分行进行外部审计，这在国有商业银行中是第一次。中国工商银行制定下发《中国工商银行信贷资产质量五级分类管理办法》。

1998 年 2 月与香港东亚银行以收购形式合资组建工商东亚金融控股有限公司，占 75% 的股份；2000 年 4 月，收购香港上市银行——友联银行并更名为中国工商银行（亚洲）有限公司（简称“工银亚洲”）。

1996 年 1 月中国工商银行下发《关于实行中国工商银行法人授权制度的通知》（工银发〔1996〕7 号），正式推行法人授权制度。

1995 年 11 月中国工商银行伦敦代表处开业，这是中国工商银行在欧洲设立的第一个机构。

1992 年 3 月第一家境外分支机构新加坡代表处开业。

1986 年 7 月中国工商银行不再设立董事会，实行行长负责制。

1984 年 1 月中国工商银行正式成立，注册资金 208 亿元，总资产 3333 亿元。

（三）企业排名

表1　2008～2014年中国工商银行的排名情况　　单位：万元、名

排名情况	2008年	2009年	2010年	2011年	2012年	2013年	2014年
营业收入（万元）	39003400	49000400	47340600	54500200	70955700	70955700	54500200
中国500强排名	4	4	5	4	4	4	4
世界500强排名	133	92	87	77	54	25	18
上财竞争力500强排名	—	3	4	2	2	2	3

资料来源：①世界500强企业（排名来源：《财富》杂志）；②中国500强企业（排名来源：中国企业联合会）的排名；③上财竞争力500强排名来源：上海财经大学500强企业研究中心，中国500强企业发展报告。

二、掌门人信息

（一）基本信息

姜建清，管理学博士，1953年2月出生，1970年参加工作，2000年2月任中国工商银行行长、董事长。姜建清的银行家生涯就是从中国工商银行的柜台职员开始的。他于1984年从上海财经大学毕业，并在上海交通大学获得了硕士和博士学位，经过几年的工作变动又回到了工商银行。2000年2月出任中国工商银行行长职务以来，姜建清带领中国工商银行全面推进各项改革和业务的发展，初步建立了以市场为导向、以客户为中心、以防范风险为重点的组织架构；同时推进跨国经营战略，在海外代理行总数已达655家。中国工商银行在2001年分别被英国《银行家》、美国《全球金融》杂志评为2001年度“中国最佳银行”，几年来在《银行家》的全球1000家大银行排序、美国《财富》杂志世界500强企业排序中均有上佳表现。

（二）学习、工作经历

姜建清取得博士学位后还在美国哥伦比亚大学进修过一段时间。不仅具有丰富的金融工作经验，而且对金融理论也很有研究，发表过大量学术文章和论著。

1993年姜建清任中国工商银行上海市分行副行长，1995年任上海城市合作银行行长，1999年7月任中国工商银行党委副书记、副行长，2000年2月任党委书记、行长职务，接替调任中国人民银行副行长的刘廷焕，2010年9月17日任中国人民银行货币政策委员会委员。①

① 国务院办公厅关于调整中国人民银行货币政策委员会组成人员的通知。

2005 年 10 月，中国工商银行股份有限公司成立，姜建清任党委书记、董事长。[①] 2009 年获得第一财经金融价值榜“年度银行家”殊荣，[②] 2011 年再获第一财经金融价值榜“年度银行家”荣誉。[③]

2012 年 11 月 14 日，当选中共第十八届中央委员会候补委员。[④]

（三）关于掌门人的相关报道

1. 工行改革

率领工行上市，姜建清感受到了这辉煌一刻。他的名字经常和许多“最”联系在一起。工行总市值超过 1 万亿元，成为 A 股市场最大的上市公司，并跻身亚洲最大、全球前五大上市银行。除此之外，工行“A + H 模式”是对传统体制和模式的一次重大突破，将促进工行实现完全市场化经营，并把中国银行业的一系列改革开放行动推向新高峰，“A + H”创造了 25 项历史纪录。

银行业的改革万众瞩目，驾驭这样的航母，姜建清不可能轻松。他曾经吐露对国有商业银行改革的希望和忧虑，“银行的改制方案包括财务重组、成立股份公司、引进国外战略投资者乃至上市等内容”，但是，“完善公司治理才是商业银行深化改革的核心”。“外界如果以理想化的眼光来看待这个过程，就会很失望。改制是一个痛苦的过程，是没有终结的战争。”

姜建清遇到的棘手难题之一是如何处理工行内部的重重矛盾，如何协调好员工对领导层的种种不满。自 1997 年起，工行开始撤并营业机构，精简营业队伍。到 2005 年，工行员工人数为 36 万，比最多时足足少了 35% 左右。姜建清的目标是继续“压缩二线人员规模，调整充实一线”。为了冲销呆坏账，工行每年利润中的大部分被提留，这意味着员工的奖金福利大幅缩水。

这都使姜建清饱受指责，但他极其坚定地推行改革，上市无疑是阶段性的胜利。姜建清说：“我不认为改革有什么突破点，很难想象一个东西突破了，一切问题就都解决了。搞商业银行就是跑马拉松，不是 100 米跑得快一点就行了，而是要持续地跑下去。”

2. 次贷危机

上海加快推进金融中心建设，不仅利于中国金融的发展，而且对防范全球金融市场发展不平衡而导致的风险也有重要作用。

说话语速不急不缓，略带一点上海口音，中国工商银行董事长姜建清在媒体眼中的形象向来是严谨低调的。

2006 年 10 月，中国工商银行完成了在香港和上海两地证券交易所上市，总市值超

① 姜建清任中国工商银行党委书记、董事长。

② 2009 年第一财经金融价值榜颁奖典礼：年度金融人物。

③ 2011 年第一财经年会·金融峰会在北京召开。

④ 中共第十八届中央委员会候补委员．人民网［引用日期 2012 - 11 - 15］．

过1万亿元，创造出当时全球最大IPO。这次发行同时创造出了多项纪录：首只在香港和内地市场同步同价上市的股票和A股市场上市值最大的上市公司等。

2008年5月，姜建清出席了“2008陆家嘴论坛”。长期的银行工作经历和扎实的理论基础成就了他对中国银行业的敏锐的洞察力，对市场和风险他有着自己独特的理解。

针对2014年在美国爆发的次贷危机，姜建清认为：“次贷危机作为亚洲金融危机后影响最为深远的金融事件，已经用一种令人记忆深刻的方式，向我们展示了金融领域风险的集聚、风险的传染和风险释放的长远影响。”

金融风险是不分国别和制度的，任何国家、地区一旦放松警惕或疏于防范，随时可能会感受到风险爆发的切肤之痛。

华尔街投行高盛在2015年3月发布的一份报告中称，预计因次贷危机导致市场动荡带来的全球信贷损失将达到1.2万亿美元，其中近40%的损失将来自华尔街，包括银行、券商、对冲基金和政府支持企业在内的美国借贷机构，在计提贷款损失拨备后将蒙受大约4600亿美元的信贷损失。姜建清认为，次贷危机并没有过去，美国经济衰退的可能性依然存在，次贷风波所带来的阴霾更不可能马上消失，美国在现代金融风险、金融创新、债券评估、信息透明度等方面存在严重的问题，引起了国际金融界的深度关注，并迫切需要改革。“全球的金融结构和金融发展的方式都面临着重新调整和审视”。

在国际市场巨大的不确定性面前，工商银行以其对待风险一贯的谨慎态度，躲过了次贷危机这场“浩劫”。在2015年3月工商银行的年报发布会上，工行行长杨凯生介绍，该行共有次贷支持债券12.26亿美元，累计计提的减值准备是4亿美元，“计提的拨备比上我们浮亏的金额，比例是112%。对于2007年末我们所拥有的次贷浮亏，全部都覆盖了”。

3. 失衡的金融市场

“很多人都把次贷危机归结为不稳健的信贷风险管理，失去监管的金融创新导致了这种传播，甚至过于宽松的货币政策，还有未能很好履行他们职责的评估、评级等，但是人们往往忽略了不平衡的金融市场结构对这方面所造成的影响。”姜建清表示。他认为，从现在全球债券市场的结构来看，美国的债券市场占比过大，实际上不利于全球的投资者有效地分散风险。

根据国际清算银行的统计，截至2007年底，美国的国内债券余额占全球国内债券余额的43.1%，同期美国的国际债券余额占全球国际债券余额的比例高达20%。这样可以看到，实际上全世界投资者把他们的钱都放到了这个交易规模大、流动性好、过去收益也不错的，又被认为是风险管理严密的美国的债券市场。

“我们把鸡蛋都放在了一个篮子里。”姜建清称，结果这种不平衡的市场结构加剧了美国债市风险在全球范围内的传播和转移。由于当前中国所持的外汇储备以及商业银行、企业，包括居民手中持有的外汇资金巨大，这给我们维持和增强中国投资的安全性、流动性和盈利性带来了巨大挑战。姜建清指出，当前国际金融面临的新的巨大挑战在于，全球金融总量的规模是全球实体经济总量的十多倍，我们正面对着疲软的美元、肆虐的通胀和脆弱的市场。美元的国际货币地位有所下降，其担负的国际货币职能不断被削弱，美元的贬值助推油价、金价、粮价等大宗商品的价格全面上涨。可以看到，作为国际货币体系的三重内涵即全球储备资产的安全、汇率制度的稳定和物价水平的可控，均已受到了冲击，国内的宏观经济形势也面临着挑战。监管当局选择用从紧的货币政策来抑制通货膨胀。

姜建清指出，在次贷危机和全球的通胀压力显著加大的背景下，各国的货币政策取向却有所不同。美联储连续地大幅降息，欧洲央行降息的可能性降低，英国央行两次降息，日本央行被迫放弃加息的念头，注重各自利益和眼前效果的货币政策，不仅使恢复全球市场信心的作用大打折扣，而且将引导全球大量过剩的流动性，跨国投机，也蕴含着下一轮资产泡沫的产生。上海加快建设金融中心，对防范全球金融风险有重要的推动作用。

姜建清明确提出，对金融中心地位的竞争，归根结底是对经济发展主导权和金融资源定价权的竞争。姜建清认为，这解释了为何各国国际金融中心地位的争夺日趋白热化。上海加快推进国内和国际金融中心建设，不仅有利于中国金融的发展，而且对防范全球金融市场由于发展不平衡而导致的风险也有重要的防范作用。

姜建清说，现在很多关于次贷的讨论都把注意力放在怎么完善一个旧的市场上，其实，也应该更多地关注怎么建设一个新市场。

“从很多年以前来看，在全球股票市场，新股的融资基本上在美国完成。这些年 A 股市场和香港股票市场发展，我们最大的 IPO——工商银行 210 亿美元的筹资，就在 A 股市场和港股市场完成的。”

姜建清认为，应对当前系统的市场风险需要双管齐下。“为了应对挑战，我认为中国的投资应该更加注意投资区域的多元化、产品的多元化，并且快速发展中国本外币的债券市场。”

一方面，中国的投资有必要改变投资区域过于集中于美国债券市场的现状，在更多的经济体发现并挖掘投资机会；另一方面，为了降低单一市场波动引发的系统性风险，建立和完善区域性的债券市场显得尤为重要。

姜建清表示，中国应当加快建设和发展一个高效、有深度和流动性良好的国内债券市场，未来也有可能将其发展成亚洲的债券市场。随着 Shibor（上海银行间同业拆放利率，Shanghai Interbank Offered Rate）认可度不断提高，公司债的发行上市和上证所固定电子平台的开通，上海的交易已经稳步前进。但跟全球市场相比，中国市场的发展还是任重道远。

另外，中国有必要适当调整币种结构，减少美元资产带来的汇率风险，并且将投资方向适当地转向国际商品市场，增加中国战略性资源的储备，增强中国投资组合整体风险的分散程度。在多元化投资方面，姜建清指出，需要从细节入手，时刻注重控制风险，一要循序渐进；二要稳健。通过细致地识别新目标市场和新目标产品的潜在风险，并采取前期小幅介入的方式积累经验；三要注重整体规划，完善整体产品之间的关联；四要建立良好的监管制度、透明的信息披露和科学的组织体系。

4. 出色的银行管理者

“我从普通柜员开始就与工行结下不解之缘，几乎经历了所有业务管理岗位。”在姜建清26年的银行从业生涯中，绝大部分时间是在工行度过的，对于工行，他自然有着别人难以比拟的感情。

今年52岁的姜建清，如果不是讲话中偶尔还跑出点上海人的口音，你绝对不会看出他出生于南方。6年江西插队与3年河南煤矿生涯早已把他磨砺得黝黑而壮实。与很多人一样，那段特殊的经历让姜建清身上具有某种不断向上的韧劲和毅力。1979年，26岁的姜建清回到上海，开始进入银行系统工作，他一边工作，一边抓紧时间学习。1984年，他从上海财经大学毕业，并在上海交通大学获得硕士和博士学位。此外他还在美国哥伦比亚大学进修过一段时间。

姜建清在银行的从业生涯是从工行的柜台职员开始的，在不断学习和辗转几家银行工作了16年后，姜建清的才能终于得到认可。1995年，他被任命为中国工商银行上海市分行副行长，之后一路稳步走来，直到2000年2月出任中国工商银行党委书记、行长。

“作为从基层一步步走上来的领导，姜建清有着多年丰富的金融工作经验。同时，作为管理学博士、中国金融学会副会长，他又具有很高的理论素养，出版和发表了许多金融学术著作和文章。”中国人民大学商学院教授邓荣霖评价说。

在工行股改揭牌的同时，人们还见到了久未谋面的前香港特别行政区财政司司长梁锦松的身影，他的身份是工行独立董事。除他外，前高盛证券总裁约翰·桑顿，现任美国加州伯克利大学经济系教授钱颖一亦在工行的独董名单中。从三位独立董事的履历看，他们各有专长，请这些人来，不能不说明姜建清的良苦用心。

5. 上市压力和内部攻坚战

对于姜建清来说，下一步工作重点自然就是如何让工行这艘“巨轮”尽快驶入资本市场。种种迹象表明，工行IPO仍然还有很多变数，姜建清的面前还有难题待解：“工行股份公司挂牌后，仍然面临提高盈利能力、裁减人员两大问题。”

一个不容忽视的问题是，由于历史原因，工行的各种包袱比较沉重，就拿不良贷款来说，未来工行至少需要消化两类贷款损失4600多亿元，而据姜建清先前给出的规划：“工行将把约每年利润的80%拿出来用于彻底解决呆坏账问题”，这就意味着要彻底消化掉这些损失，大约需要5年时间。

另外，工行这次实行的是整体改制模式，由股份公司接收工行原来的所有资产和附属公司。姜建清在此前承诺，改制后，不会大规模撤并机构和裁员。但他也说：“这不等于改制上市后我们就很快有能力大幅度提高员工的工资收入。”

如何让一个好政策正确执行，如何让员工心服口服，如何让全行上下齐心协力使明年的上市工作顺利推进……还有一场并不容易的内部攻坚战等着姜建清。

（四）掌门人的精彩语录

1. “改革不是百米赛跑”

姜建清深知，工行以什么样的顺序、步骤、节奏推进股改至关重要，而注资不过是一个外部条件，并不能起到决定性作用。

“股份制改造是一个全面走向市场的过程，今后全行将面临更加严格的市场监管，面临成本、风险控制和资本回报的刚性约束。因此，全行必须清醒地认识到改制后经营管理的要求更高、责任更大、担子更重。”姜建清的话像在做某种提醒，更像在给工行员工打气。面对股改后的问题，姜建清坦陈，除增加透明度外，工行正在进行大刀阔斧的改革，改善服务、撤并亏损营业网点。

“干银行就像跑马拉松一样，不能只盯着100米、1000米、10000米，不要期待这时候的掌声响起。往往企盼短暂成绩和荣誉的选手是跑不到终点的。搞银行管理需要激情、耐力，当然也要技术、速度，更需要默默跑完全程才能获得成功。”姜建清对管理银行有自己的心得。“怎么办银行？10个字：效益、质量、管理、发展、创新。说来非常简单，效益是目标，质量是前提，实际上银行的生命线就是质量。”

2. “这一生不会白过”

姜建清在金融圈内口碑极佳，很多人认为他是中国少有的银行家，而姜建清却从不以此自居：“虽然我从业26年，但也只不过是个银行管理者，从不敢自称是银行家。”

做事一向不显山不露水的他，今后可能要面临一个转变，作为股份公司的当家人，他必须高调地面对来自外资以及国内其他对手的竞争。

姜建清十分看重工行这个平台，他说，“洋人能给我很高的薪酬，但他不能给我世界第十大银行CEO的位子。我有幸在银行业经历中国改革开放的全过程，亲身感受中国经济和金融业的腾飞，实在是难得的人生历程。如果在这个岗位上，让工行成为世界上最优、最大、最强的商业银行，这一生就没有白过。”

姜建清这个名字注定要与中国银行业的命运紧紧地连结在一起，此时的他或许感慨颇多，当时与他一同掌印四大行的刘明康与尚福林如今已分别荣任银监会主席与证监会主席，而张恩照则在建行上市的前几个月被“双规”，唯独他仍然带领着工行“破浪前行”。虽然艰辛，但看着自己的努力终于修成正果，他又何尝不会“情也陶然，意也陶然”。

（五）其他需要描述的掌门人信息情况

1. 超级“航母”上市

姜建清，他有马拉松选手的超强耐力，又有百米选手的爆发力，冲刺沪港资本市场，创造全球首发市值最大纪录。八年上市路，功到自然成。超级“航母”级的公司上市，成为2006年的一大景观。姜建清率领的工行就是旗舰。面对国有商业银行市场化改革的严峻命题，他举重若轻。2006年10月，香港和上海两地证券交易所共同见证了25项新纪录：全球最大IPO，总市值超过一万亿元等。

2012年姜建清被评为20世纪影响中国的25位企业家之一。①

2. 经济年度人物

2006年CCTV中国经济年度人物，被誉为中国经济界的奥斯卡。2006年获奖者是姜建清。

全国工商联主席黄孟复讲：如果对一个企业来讲，责任分内外两方面，对企业内部，他是对员工要负责，对他的股东要负责，对他所有的企业的行为和消费者负责，企业还有一层责任就是尽到社会的责任、环境的责任、社会公益的责任，对企业来讲责任的意义还是非常广泛的。

姜建清说：我们有不少评判银行的标准，比如说市值，2006年工商银行排列在全球前三位，比如说资产的规模、资本金，还有盈利水平，我想不管从哪个指标来看，即使我们现在的市值的指标，已经名列世界最大银行的前列，但是在很多的方面包括服务品质，风险管理等，我们离世界一流商业银行有差距，这是我们所要改进的地方，但是我想我们会不断地缩小与他们的差距。

在姜董的身上，我们看到了一种淡定和从容，在他的身上有一种银行家的气质，觉得非常值得信赖。②

三、发展战略

（一）企业愿景

建设最盈利、最优秀、最受尊重的国际一流现代金融企业。

（二）发展战略

中国工商银行高度重视发展战略的制定与执行，坚持以战略指导业务发展。经营转型是工商银行发展战略的核心。股改以来，围绕这一战略主线，工商银行已编制并实施了两个三年规划，取得了突出成就，印证了转型战略顺应经济金融发展趋势、客户需求和符合工商银行经营发展实际，是正确和有效的。2012年是工商银行2012～2014年发展战略规划（以下简称“新三年规划”）的开局之年，工商银行将继续贯彻转型思想，着力推进经营模式的深度变革，提升核心竞争力，推动各项事业稳健可持续发展。

1. 中国工商银行六年战略转型的主要成就

2006～2011年是中国工商银行十年战略转型大步推进的阶段。过去六年，工商银行积极把握国内经济发展模式转型的历史机遇，努力克服国际金融危机的不利影响，坚

① 20世纪影响中国的25位企业家［引用日期2012－08－29］.

② 2006年CCTV中国经济年度人物获奖者：姜建清．搜狐．2007－01－20［引用日期2013－01－20］.

定不移地推进结构调整和发展模式转变，战略转型成效突出：

其一，坚持走资本集约型发展道路，较好地平衡了业务发展和资本约束之间的关系，在同业中率先探索出了一条较低资本耗费的发展道路。

其二，较好地处理了“向哪里转”的问题，在合理控制信贷等高资本消耗业务规模扩张的同时，不断加大对新兴业务、中间业务领域的投入和发展力度，构筑起新的业务发展架构，建立起在重大潜力业务领域的显著优势。

其三，转型激发了全行的发展活力，经营效率显著提升。

其四，结构调整取得实效，形成了业务、资产、负债和收益结构的可持续发展。

其五，深入推进区域发展战略，重点竞争区域分支行经营业绩与市场竞争力有所提升。

其六，体制机制改革较快推进，全行的管理体系建设再上台阶。

其七，综合化、国际化战略顺利推进，逐步形成了支撑工商银行未来发展的跨境、跨市场业务平台。

2. 中国工商银行新三年规划的战略框架

今后一段时期，国内外经济金融环境仍具有较大的不确定性和复杂性，工商银行将更加坚定地推进经营转型，着力实现发展方式的根本性变革，以更好地把握机遇和应对挑战。未来三年，工商银行将坚持以科学发展观为指导，认真落实国家宏观调控政策，深入贯彻“调整结构、创新驱动、优化格局、深化改革、提升服务、完善治理、人才兴行、文化引领”三十二字战略方针，加快发展方式转变，推动全行健康可持续发展，朝着实现“最具盈利能力、最优秀、最受尊重银行”的目标迈出更大步伐。工商银行将坚持服务实体经济，坚持走资本集约型的发展道路，依托经营结构优化调整和业务与体制机制的改革创新，确保经营业绩稳健可持续增长。

工商银行相信，新三年规划将对工商银行未来的经营发展起到重要的战略指导和推动作用，工商银行将大力贯彻实施，推动全行的经营水平再上台阶。

3. 中国工商银行“一带一路”战略

随着我国对外开放的不断深化，越来越多的中国企业参与到新兴市场，特别是“一带一路”沿线国家的经贸投资活动中来，产生了大量兑换当地货币、汇兑和外汇套期保值等金融需求。过去由于国内银行未开办一些国家的货币交易业务，企业往往需要通过当地金融机构进行转换，增加了交易难度和兑换成本。为此，工商银行推出了“一带一路”及其他新兴市场国家货币的外汇买卖和套期保值服务，从而帮助企业有效降低当地货币汇兑成本和“走出去”面临的汇率风险。

中国工商银行面向公司和机构客户新推出了 80 个新兴市场国家币种的外汇买卖业务，其中 20 个可自由兑换货币可以办理外汇即期、远期、掉期以及配套的存款和汇款服务，另外 60 个非自由兑换货币可办理无本金交割远期等套期保值服务。截至 2015 年末，工商银行可办理的对公外汇买卖币种已达 105 个，在国内商业银行中率先实现了外汇业务对“一带一路”沿线国家的全面覆盖。

此外，工商银行主动适应客户全球化、多元化金融服务需求，紧跟中资企业对外贸易和投资进程完善境外布局，全球化服务能力快速提升。截至2015年末，工商银行已成为全球网络覆盖最广的中资金融机构，境外网络遍及全球42个国家和地区，分支机构达到400家，并通过参股南非标准银行间接延伸至20个非洲国家，形成了横跨亚、非、拉、欧、美、澳的全球化金融服务网络。其中，在“一带一路”沿线18个国家拥有120余家分支机构，是“一带一路”沿线国家覆盖最广的中资金融机构。

四、组织结构

工商银行组织结构图如图1所示。

完善公司治理是增强企业核心竞争力的基础工程，卓越的公司治理是中国工商银行持续发展的基石。

2006年10月27日，中国工商银行在上海及香港同步上市，实现了从国有独资商业银行到股份制商业银行，再到国际公众持股公司的历史转变。按照中国《公司法》、《证券法》等相关法律法规和现代金融企业制度的基本要求，工商银行建立了由股东大会、董事会、监事会和高级管理层组成的现代公司治理架构，初步形成了权力机构、决策机构、监督机构和管理层之间决策科学、执行有力、监督有效的运行机制。

目前，中国工商银行董事长和行长分设，董事会和监事会及高级管理层均设立有专门委员会，股东大会、董事会、监事会和高级管理层的职责权限划分明确。董事会、监事会和高级管理层依据公司章程和议事规则等规章制度，各司其职、有效制衡、互相协调，不断完善公司治理、加强风险管理和内部控制，不断提高公司的经营管理水平和经营绩效，以为股东创造持续卓越的投资回报为根本目标。

五、股权结构和集团管控

（一）股权结构

表2　工行股权结构

股东名称	股份类别	持股数（股）	占A股/H股股本比例（%）	占总股本比例（%）
A股股东	A股	269612212539	100.00	75.65
其中：				
汇金公司	A股	123717852951	45.89	34.71
财政部	A股	123316451864	45.74	34.60
H股股东	H股	86794044550	100.00	24.35
A、H股股东合计	A、H股	356406257089		100.00

注：以上资料来源于截至2015年6月30日中国工商银行股东名册。

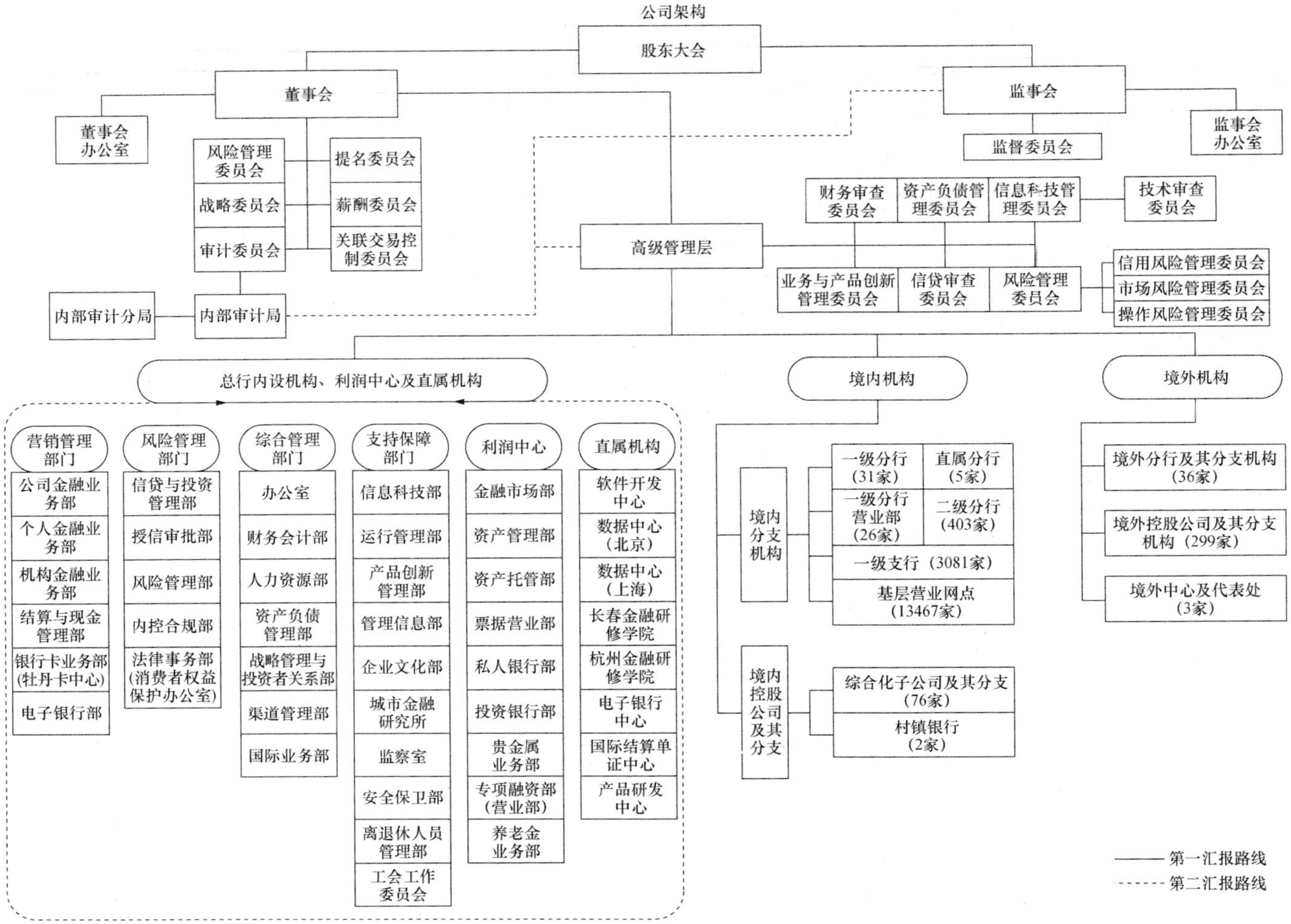

公司架构

股东大会

董事会
董事会办公室
风险管理委员会
战略委员会
审计委员会
提名委员会
薪酬委员会
关联交易控制委员会
内部审计局
内部审计分局

监事会
监事会办公室
监督委员会

高级管理层
财务审查委员会
资产负债管理委员会
信息科技管理委员会
技术审查委员会
业务与产品创新管理委员会
信贷审查委员会
风险管理委员会
信用风险管理委员会
市场风险管理委员会
操作风险管理委员会

总行内设机构、利润中心及直属机构

营销管理部门：公司金融业务部、个人金融业务部、机构金融业务部、结算与现金管理部、银行卡业务部（牡丹卡中心）、电子银行部

风险管理部门：信贷与投资管理部、授信审批部、风险管理部、内控合规部、法律事务部（消费者权益保护办公室）

综合管理部门：办公室、财务会计部、人力资源部、资产负债管理部、战略管理与投资者关系部、渠道管理部、国际业务部

支持保障部门：信息科技部、运行管理部、产品创新管理部、管理信息部、企业文化部、城市金融研究所、监察室、安全保卫部、离退休人员管理部、工会工作委员会

利润中心：金融市场部、资产管理部、资产托管部、票据营业部、私人银行部、投资银行部、贵金属业务部、专项融资部（营业部）、养老金业务部

直属机构：软件开发中心、数据中心（北京）、数据中心（上海）、长春金融研修学院、杭州金融研修学院、电子银行中心、国际结算单证中心、产品研发中心

境内机构

境内分支机构：一级分行（31家）、直属分行（5家）、一级分行营业部（26家）、二级分行（403家）、一级支行（3081家）、基层营业网点（13467家）

境内控股公司及其分支：综合化子公司及其分支（76家）、村镇银行（2家）

境外机构

境外分行及其分支机构（36家）
境外控股公司及其分支机构（299家）
境外中心及代表处（3家）

—— 第一汇报路线
------ 第二汇报路线

图1　工行组织结构

资料来源：中国工商银行官网。

表3 历次分红情况（每10股）

会计年度	分红（人民币元）	送股（股）	股权登记日	派息日
2006	0.16（税前）	0	2007年6月20日	2007年6月28日
2007	1.33（税前）	0	2008年6月17日	2008年6月26日
2008	1.65（税前）	0	2009年6月3日	2009年6月30日
2009	1.70（税前）	0	2010年5月26日	2010年6月25日
2010	1.84（税前）	0	2011年6月14日	2011年7月8日
2011	2.03（税前）	0	2012年6月13日	2012年7月12日
2012	2.39（税前）	0	2013年6月25日	2013年7月19日
2013	2.62（税前）	0	2014年6月19日	2014年6月20日
2014	2.55（税前）	0	2015年7月6日	2015年7月7日

资料来源：中国工商银行官网。

工商银行股东大会根据工商银行的经营业绩、现金流量、财务状况、资本充足率、未来前景、工商银行股利支付的法律和法规限制及其他相关的因素决定是否发放股利及发放股利的数额。根据我国公司法和工商银行公司章程，工商银行的所有股东对股利及分配具有相同的权利。工商银行只会在全数弥补累计亏损（如有）并进行下列分配之后才会从净利润中发放股利：

按中国会计准则决定的工商银行净利润弥补累计亏损后金额的10%的法定公积金当法定公积金累计额达到相当于工商银行注册资本的50%的数额时，则不再需要提取法定公积金及在工商银行股东大会上经股东批准后提取任意公积金。

此外，根据财政部最近规定，包括工商银行在内的金融机构，必须保持不低于在进行股利分配前所承担风险资产的1%的一般准备金。该一般准备金将成为金融机构准备金的一部分。财政部建议金融机构应采取必要步骤，以于2008年前符合此规定，最迟不得超过2010年。为了满足财政部的该等规定，根据工商银行股东于2006年7月31日召开的临时股东大会通过的有关股利政策批准，工商银行将提取H股发行或A股发行完成日（以较早者为准）前的净利润的20%作为一般准备；H股发行或A股发行完成日（以较早者为准）后，将结合工商银行实际情况，按照净利润20%～30%的比例提取一般准备，以确保在2010年底前达到要求。“发行完成日”是指H股发行或A股发行时的交割日。①

根据中国法律，股利只能从可分配利润中支付。可分配利润是指根据中国会计准则和国际财务报告准则确定的期间净利润及期初可分配利润之和（或减去期初累计亏损，如有），二者以较低者为准，并减去按中国会计准则计算提取的法定公积金、一般准备

① 资料来源：中国工商银行官网，http://www.icbc-ltd.com/ICBCLtd/投资者关系/股票及分红/股利分配政策。

金和任意公积金（由股东大会决定是否提取）后的余额。当年没有分配的可分配利润可以留存到下一年再分配。但是，一般工商银行在没有当年的可分配利润的情况下不会支付股利。股利支付需要经股东大会批准。工商银行股东有权依持股比例获得股利。

中国银监会有权禁止资本充足率低于 8%，或核心资本充足率低于 4%，或违反我国的银行法规的任何银行，支付股利或其他形式的分配。

表 4　工行股本结构

	最新股本 2015 年 2 月 12 日		2014 年 12 月 31 日	
	数量（股）	比例	数量（股）	比例
有限制条件股份	0.00	0.00	0.00	0.00
无限制条件股份	35640625.71	100.00	35349421.38	100.00
人民币 A 股	26961221.25	75.65	26670016.93	75.45
境内上市 B 股	0.00	0.00	0.00	0.00
H 股	8679404.46	24.35	8679404.46	24.55
N 股	0.00	0.00	0.00	0.00
S 股	0.00	0.00	0.00	0.00
其他流通股	0.00	0.00	0.00	0.00
股份总数	35640625.71	100.00	35349421.38	100.00

资料来源：和讯网。

（二）集团管控

中国工商银行治理结构图如图 2 所示。

1. 股东大会

股东大会是工商银行的权力机构。股东大会依法对工商银行重大事项做出决策，包括决定工商银行的经营方针和投资计划，审议批准工商银行的年度财务预算方案、决算方案，审议批准工商银行的利润分配方案和弥补亏损方案，修订工商银行章程、股东大会、董事会和监事会议事规则等。

股东提名候选董事的程序：单独或合计持有工商银行有表决权股份 5% 以上的股东可以提名董事候选人（工商银行公司章程第 115 条），单独或合计持有工商银行 1% 以上股份的股东可以提名独立董事候选人（工商银行公司章程第 122 条）。满足前述条件的股东提名董事候选人的程序如下：

（1）董事候选人经有权提名人提名，董事由工商银行股东大会选举产生。

（2）有关提名董事候选人的意图以及被提名人表明愿意接受提名的书面通知，以及被提名人情况的有关书面材料应在股东大会举行日期七日前发给工商银行，提名人应当向股东提供董事候选人的简历和基本情况。

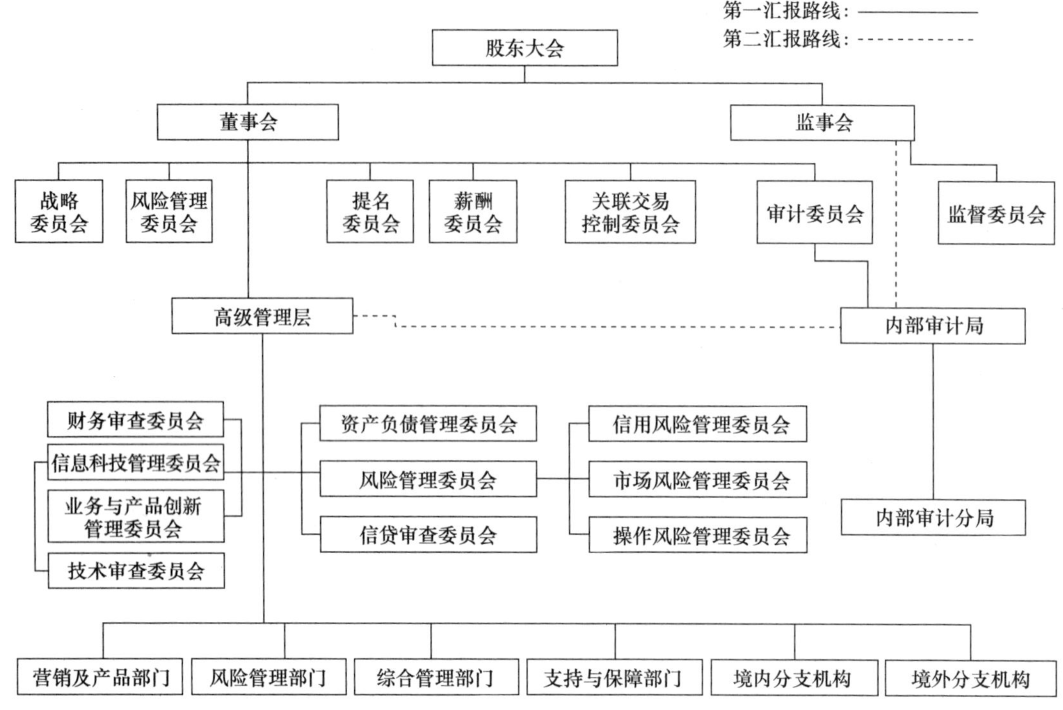

图2　工行治理结构

资料来源：中国工商银行官网。

（3）工商银行给予有关提名人以及被提名人提交前述通知及文件的期间（该期间于股东大会会议通知发出之日的次日计算）应不少于七日。

股东提名董事候选人时，应向工商银行提交下述文件：①有关提名董事候选人意向的书面通知；②董事候选人同意接受提名的书面声明；③载有关于董事候选人简历和基本资料的书面材料。董事候选人应在股东大会召开前书面承诺其公开披露的个人资料是真实及完整的，并保证当选后切实履行董事义务。

如果股东提交材料的内容和时间不能满足工商银行所在地证券监管规定、要求及工商银行章程和股东大会议事规则的规定，董事会有权要求股东补充材料或不提交股东大会审议。

2. 董事会和董事会专门委员会

（1）董事会。“目前工商银行共有董事十六名，其中设董事长一名，独立董事六名”修改为“目前我行董事会共有董事十六名，其中执行董事四名，非执行董事六名，独立非执行董事六名。独立非执行董事人数在董事会成员总数中占比超过1/3，符合有关监管要求”。

工商银行董事会成员多元化，具有知识结构、专业素质及经验等方面的互补性，以及多样化的视角和观点，保障了董事会决策的科学性。董事会提名委员会每年评估董事会架构、人数及组成时，就董事会多元化改善情况做出相应的评估。

（2）董事会专门委员会。工商银行董事会下设战略委员会、审计委员会、风险管理委员会、提名委员会、薪酬委员会和关联交易控制委员会等六个专门委员会。各专门委员会成员构成如下：

1）战略委员会

战略委员会由九名董事组成，包括姜建清先生、M. C. 麦卡锡先生、易会满先生、柯清辉先生、洪永淼先生、衣锡群先生、汪小亚女士、傅仲君先生和郑福清先生，董事长姜建清先生为战略委员会主席，独立董事 M. C. 麦卡锡先生为战略委员会副主席。

2）审计委员会

审计委员会由七名董事组成，包括柯清辉先生、钟嘉年先生、洪永淼先生、衣锡群先生、梁定邦先生、费周林先生和程凤朝先生，独立董事柯清辉先生为审计委员会主席。

3）风险管理委员会

风险管理委员会由九名董事组成，包括梁定邦先生、张红力先生、M. C. 麦卡锡先生、钟嘉年先生、洪永淼先生、葛蓉蓉女士、郑福清先生、费周林先生和程凤朝先生，独立董事梁定邦先生为风险管理委员会主席。

4）提名委员会

提名委员会由八名董事组成，包括洪永淼先生、易会满先生、M. C. 麦卡锡先生、柯清辉先生、衣锡群先生、梁定邦先生、葛蓉蓉女士和费周林先生，独立董事洪永淼先生为提名委员会主席。

5）薪酬委员会

薪酬委员会由八名董事组成，包括衣锡群先生、易会满先生、M. C. 麦卡锡先生、钟嘉年先生、柯清辉先生、梁定邦先生、汪小亚女士和傅仲君先生，独立董事衣锡群先生为薪酬委员会主席。

6）关联交易控制委员会

关联交易控制委员会由五名董事组成，包括钟嘉年先生、王希全先生、柯清辉先生、洪永淼先生和衣锡群先生，独立董事钟嘉年先生为关联交易控制委员会主席。

3. 监事会和监事会专门委员会

中国工商银行股份有限公司监事会是工商银行的监督机构，向股东大会负责，对工商银行财务活动、风险管理和内部控制、董事会和高级管理层及其成员履职尽责情况进行监督。监事会人数为六名，其中股东代表监事两名，外部监事两名，职工监事两名。

工商银行监事会下设监督委员会。2009 年 7 月 2 日，工商银行监事会选举产生了新一届监督委员会主任委员和委员。

监督委员会由四名监事组成，包括：董娟女士、王炽曦女士、孟焰先生、张炜先生。董娟女士担任监督委员会主任委员。

监督委员会主要职责为：拟订对工商银行财务活动进行检查、监督的方案；拟订对董事、行长和其他高级管理人员进行离任审计的方案；拟订对工商银行的经营决策、风险管理、内部控制等进行审计的方案；监事会授权的其他事宜。

4. 高级管理层

行长等高级管理人员负责组织工商银行的经营管理活动。行长主要依据法律、法规、规章和工商银行章程规定以及股东大会、董事会的授权行使职权。

高级经营管理层设行长一名，副行长五名，其他行领导两名。

（三）规范文件

1. 法律法规

《中华人民共和国公司法》

【修订日期】2005.10.27【实施日期】2006.01.01

【颁布单位】全国人民代表大会常务委员会

《中华人民共和国商业银行法》

【发布日期】2003.12.27【实施日期】1995.07.01

【颁布单位】全国人民代表大会常务委员会

《股份制商业银行独立董事和外部监事制度指引》

【颁布日期】2002.06.04【实施日期】2002.06.04

【颁布单位】中国人民银行

《商业银行与内部人和股东关联交易管理办法》

【颁布日期】2004.04.02【实施日期】2004.05.01

【颁布单位】中国银行业监督管理委员会

《到境外上市公司章程必备条款》

【颁布日期】1994.08.27【实施日期】1994.08.27

【颁布单位】国务院证券委员会、国家经济体制改革委员会

2. 治理细则

《中国工商银行股份有限公司章程》

《中国工商银行股份有限公司股东大会议事规则》

《中国工商银行股份有限公司董事会议事规则》

《中国工商银行股份有限公司监事会议事规则》

《中国工商银行股份有限公司董事会战略委员会工作规则》

《中国工商银行股份有限公司董事会审计委员会工作规则》

《中国工商银行股份有限公司董事会风险管理委员会工作规则》

《中国工商银行股份有限公司董事会提名委员会工作规则》

《中国工商银行股份有限公司董事会薪酬委员会工作规则》

《中国工商银行股份有限公司董事会关联交易控制委员会工作规则》

《中国工商银行股份有限公司信息披露制度》

《中国工商银行股份有限公司独立董事年报工作制度》

六、业务组合

(一) 业务综述

经营概况

经济新常态催生金融新常态。2014 年以来，在困难和挑战比预想更大的情况下，工商银行实现了比预期更好的经营效果，总体保持了健康平稳的发展态势。同时全行经营发展也进入一个新常态，盈利增长、质量管控、业务发展、经营转型等方面呈现一些新的特征。2014 年工商银行实现净利润 2763 亿元人民币（445 亿美元），增长 5.1%。虽然盈利增幅近年来首次回落至个位数阶段，但这是在一个更高平台和更大体量基础上实现的增长，每个百分点的价值含量不断增加。工商银行 2014 年全年的净利润已相当于 2000 年之后 8 年的利润总和，或相当于 2005 年股改后 3 年的利润总和。

1. 公司金融业务

工商银行主动适应中国经济结构调整和转型升级的总体要求。通过优化经营结构，夯实客户基础，提高信贷风险控制水平，实现公司金融业务稳健发展。2014 年末，工商银行公司客户 509.4 万户，比上年末增加 35.9 万户，有融资余额的公司客户 14.0 万户。根据人民银行数据显示，工商银行公司类贷款和公司存款余额保持同业第一，市场份额分别为 11.17% 和 11.64%。

（1）公司存贷款业务。工商银行目标是：推动商业银行业务与投资银行业务互动发展，加快债券承销、资产交易、银团贷款、股权融资、委托贷款等业务的发展，满足客户多元化融资需求。借助电商平台、供应链等新渠道和方式拓展客户。推动全产品营销，发挥对公理财、现金管理、电子银行、资产托管、跨境人民币结算等综合金融服务优势，提高公司存款业务市场竞争力。

连续五年获评《环球金融》“最佳公司银行”，位列汤森路透亚太地区银团贷款业务牵头行排行榜榜首。

2014 年末，公司类贷款余额 76125.92 亿元，比上年末增加 5660.77 亿元，增长 8.0%；公司存款余额 80371.33 亿元，比上年末增加 5336.36 亿元，增长 7.1%。

（2）中小企业业务。工商银行要建立独立的小微金融业务管理体系，推进小微金融业务中心试点，做实小微金融专营机构，完善集约化专业化经营模式。同时积极开展产品创新，研发推出“链融通”产品，并加强与政策性融资担保机构的合作，丰富小微企业贷款的增信手段。

（3）机构金融业务。工商银行在该方面的业务包括加强改进民生金融服务，积极推动同业合作创新，有效巩固与客户合作关系。第三方存管客户数、资金量连续五年保持市场第一。代理中央财政、政府公务卡、主承销地方债只数和金额均居同业首位。

成功获得“港股通”和“新三板”结算、上海清算所人民币利率互换综合清算、地方财政国库集中支付电子化、京津冀地区电子保函通关改革试点等业务首批银行资格。

（4）结算与现金管理业务。工商银行在该方面的业务包括在部分地区推出集工商注册、账户开立、网上银行、结算服务等功能于一体的“企业通”服务，为新注册企业提供全流程、一站式综合服务。优化财智账户卡功能，实现了对企业跨行 POS 刷卡、自助小额存取现等服务。

丰富产品体系和服务内容，为企业客户提供涵盖账户管理、流动性管理、收付款管理、信息服务以及风险管理在内的现金管理综合化服务。为企业集团客户提供跨境人民币、外汇资金集中运营管理服务及基于上海自贸区政策的跨境现金管理服务，全球现金管理业务领域拓展至近 70 个国家和地区。获评《财资》、《环球金融》、《亚洲银行家》“最佳现金管理银行”。

2014 年末，对公结算账户数量 612. 6 万户，比上年末增长 7. 3%，实现结算业务量 1897 万亿元，比上年增长 9. 6%，业务规模保持市场领先。现金管理客户 112. 5 万户，增长 16. 6%；全球现金管理客户 4374 万户，增长 14. 7%。

（5）国际结算与贸易融资业务。工商银行在该方面的业务包括发挥本外币资源和境内外联动优势，提升对进出口企业服务水平。优化“工银速汇”产品功能，完善差别化定价政策，提升跨境汇款服务能力。创新进口代收保付、信用证电子交单等业务。投产全球单证管理系统，单证业务系统集中处理效率进一步提升。

2014 年，境内国际贸易融资累计发放 1486 亿美元。国际结算量 2. 7 万亿美元，比上年增长 16. 7%，其中境外机构办理 9567 亿美元，增长 29. 9%。

（6）投资银行业务。工商银行在该方面的业务包括积极拓展并购顾问业务。参与招商证券定向增发、厦门建发配股项目；担任复星国际收购葡萄牙 CSS 保险公司、锦江股份收购卢浮集团等项目并购顾问。参与国企改制、创新重大资本融资方式、拓展资本市场类股权融资业务。为中石化销售公司混合所有制改制、中铁发展基金优先股投资、苏宁云商权益类资产证券化等项目提供股权融资顾问服务。率先以财务顾问方式参与企业资产证券化业务；创新推出投行产品分销顾问服务，加大行外资金渠道营销与整合力度；拓展债券承销业务，全年主承销各类债务融资工具 4700 亿元。

获评《欧洲货币》“中国最佳投资银行”，连续六年获评《证券时报》“最佳银行投行”。2014 年，投资银行业务收入 304. 74 亿元，比上年增长 3. 4%。

2. 个人金融业务

工商银行继续推动大零售战略，完善以客户为中心的经营服务体系，提高零售业务综合服务能力和市场竞争力。个人贷款、银行类理财和信用卡等业务继续领先同业。获评《环球金融》“中国最佳个人银行”，连续七年获评《亚洲银行家》“中国最佳大型零售银行”。2014 年末，工商银行个人客户 4. 65 亿户，比上年末增加 3330 万个，其中个人贷款客户 964 万户，增加 90 万户。

（1）个人存款业务。工商银行以重点客户群体为目标，不断扩大基础客户规模，优化客户结构。以代发工资为基础，推广“工银薪管家”金融服务产品。

适应利率市场化趋势，提升利率精细化管理。加大理财产品与储蓄存款协同发展力度，促进客户资金在工商银行体系内良性循环。个人客户金融资产余额超过10万亿元。2014年末，个人存款余额71886.07亿元，比上年末增加2927.68亿元，增长4.2%；其中，活期个人存款增长5.3%，定期个人存款增长3.4%。

（2）个人贷款业务。工商银行鼓励发挥个人住房贷款在个人贷款产品体系中的主体和支撑作用。个人住房贷款继续保持平稳健康增长态势。同时满足新时期消费者不断变化的消费方式及交易习惯，推广以小额、快捷、便利为特征的个人信用类消费贷款产品“逸贷”，满足客户各类生活消费融资需求。另外，推出个人金融资产自助质押业务，为客户提供质物多样、渠道便捷、流程简单的自助贷款产品。

2014年末，工商银行个人贷款余额30634.65亿元，比上年末增加3358.64亿元，增长12.3%。根据人民银行统计数据，工商银行个人贷款余额继续位列同业首位，市场份额为12.94%。

（3）私人银行业务。工商银行努力在手机银行、网上银行、微信服务以及“融e联”等平台打造全方位私人银行产品服务渠道。

私人银行全球理财基金在卢森堡完成注册，成为中资商业银行在国际主流基金市场注册成立的首只私募基金。私人银行业务形成覆盖全球20个国家和地区的全球服务网络。

2014年末，私人银行客户4.31万户，比上年末增加1.18万户，增长37.5%。管理资产7357亿元，增加1944亿元，增长35.9%。获评《金融亚洲》、《财资》、《上海证券报》“中国最佳私人银行”。

（4）银行卡业务。2014年末，工商银行银行卡发卡量6.6亿张，比上年末增加8508万张；银行卡年消费额74915亿元，比上年增长29.8%；银行卡业务收入351.33亿元，增长23.1%。

1）信用卡业务。工商银行升级牡丹交通卡、ETC联名卡权益，服务汽车类客户群体。推出全新工银爱（I）运动信用卡，为居民参与体育锻炼、运动健身提供优惠和便利。开拓境外消费市场，加大全币种卡、环球旅行卡、航空商旅卡推广力度。依托闪酷卡抢占小额快速支付市场。

工商银行开展互联网金融产品创新。全国首推“线上POS”新产品，整合网银支付、手机验证、3D认证、无卡支付四种认证方式，实现线上商户对银行卡的全面受理。

工商银行加快推广基于大数据技术的小微商户逸贷公司卡，扩大营销范围，破解中小企业融资难问题。

工商银行获工业和信息化部“中国第一信用卡品牌”、《环球金融》“中国最佳公司信用卡”、Visa国际组织“亚太最佳风险控制奖”。

2014年末，工商银行信用卡发卡量突破1亿张，实现年消费额18686亿元，比上年增长15.8%；信用卡透支余额3662.45亿元，增加591.10亿元，增长19.2%。信用卡发卡量、消费额、透支额均保持同业领先。

2）借记卡业务。工商银行进一步提升芯片卡安全性，加大单芯片卡推广力度，优化换卡服务，推出“磁”旧迎“芯”换卡活动，加速存量磁条卡向芯片卡的迁移。推动芯片加载社保、医疗、交通、教育、eID（电子身份认证）行业应用，促进一卡多应用。

2014年，借记卡年消费额56229亿元，比上年增长35.2%。

3. 金融资产服务业务

工商银行抓住跨业竞争与合作并存的市场发展机遇，满足客户多元化配置金融资产的需求，综合集团资产管理、托管、养老金、贵金属等业务优势，以及投行、基金、保险等综合化子公司功能，加快建立辐射境内外、跨领域、一体化的业务运营体系。

（1）理财业务。工商银行重点发展增利系列、稳利系列、无固定期限系列、类基金系列等净值型产品线。推出专门面向同业客户的同利系列法人产品，为支持西部、县域、偏远地区业务发展推出县域理财专项产品；抓住混合所有制改革投资机遇，实现完全市场化股权投资零突破，挖掘同业资产投资潜力，创新推出同业资产结构化投资和同业增信业务，实现同业票据资产投资的常态化和规模化；优化产品发行和营销策略，扩大线上线下销售渠道，实现理财产品在融e购销售。

2014年末，工商银行理财产品余额19824.83亿元，比上年末增长48.0%。

（2）资产托管业务。工商银行稳固资本市场托管业务优势，积极营销，成功托管首只混合所有制改革类基金、首只并购重组概念基金、首只以沪港通方式投资香港市场基金、首只券商系公募基金产品。

工商银行积极拓展新兴托管业务市场，企业年金基金托管规模迅速增长，市场占比同业第一。获评《全球托管人》、《环球金融》和《财资》“中国最佳托管银行”。

2014年末，工商银行托管资产总净值逾5.82万亿元，比上年末增长26.1%。保持中国第一大托管银行领先地位。

（3）养老金业务。工商银行丰富产品体系，完善“如意养老”系列企业年金集合计划产品，优化“如意人生”系列养老金理财产品，推出泰康特需医疗金银行联名卡。

同时，工行完善客户体验，提供营业网点、网上银行、电话银行、手机银行等多样化服务渠道。获中国银行业协会养老金业务“最佳业绩奖”、“最佳发展奖”等多项奖项。

2014年末，工商银行共为44024家企业提供养老金管理服务，比上年末增加4749家。受托管理养老金691亿元，管理养老金个人账户1357万户，托管养老金基金3497亿元。受托管理企业年金规模、管理企业年金个人账户数量和托管企业年金规模稳居银行同业首位。

（4）贵金属业务。工商银行创新推出适合年轻客户群体需求、具有传统文化特色、适合收藏传承的贵金属投资系列新产品。

通过上海黄金交易所在上海自贸区设立的国际板，工商银行实现了向境内外客户提供贵金属交易经纪、代客、清算业务服务，以及为境外客户提供自贸区内实物黄金仓储及代保管业务。

工商银行获评《欧洲货币》“中国最佳贵金属交易银行”、《金融时报》“中国年度卓越贵金属交易银行”、上海黄金交易所“年度优秀金融类会员”等奖项。

2014年，工商银行贵金属业务交易额1.03万亿元。代理上海黄金交易所清算量3437亿元，排名第一。

（5）代客资金交易。工商银行不断提升个人结售汇网点服务能力、丰富交易币种，个人电子银行渠道交易币种增至18个；推广企业网银即远期结售汇业务，对公结售汇业务服务能力进一步提高；可办理26个币种的结售汇业务，领先同业；代客结售汇业务量5236亿美元。

工商银行不断推出外汇买卖与贸易融资、本外币存款等业务的组合营销，满足客户汇率风险管理需求。代客外汇买卖业务量1607亿美元。

工商银行不断为客户提供黄金、白银、铂金、钯金四个品种，支持人民币和美元双币种交易，推出灵活的实时、挂单、转换、定投等交易模式。代客账户贵金属交易量299亿美元。

另外，代客柜台记账式债券业务中，工商银行是同业首家创新推出首只柜台国家开发银行债券和柜台进出口银行债券的公司，并实现常态化发行。柜台债券业务交易量增长190.9%。

（6）资产证券化业务。工商银行于2014年5月14日成功发行总规模为55.72亿元的信贷资产支持证券，该项目基础资产为公司类贷款。工商银行在项目中担任发起机构和贷款服务机构。工商银行子公司工银阿根廷共发起两期传统型资产证券化产品。

（7）代理销售业务。工商银行加大新客户拓展，加强精准营销，代理基金销售10628亿元，比上年增长19.7%。同时发挥国债产品收益特点，挖掘低风险偏好目标客户，工商银行代理国债销售815亿元。此外，还拓展网上银行、自助终端、电商平台等代销渠道，工商银行代理保险销售1027亿元，增长21.5%。

4. 资金业务

2014年，工商银行主动适应经济发展新常态，适时调整投资与交易策略，多措并举提升资金业务盈利水平，积极探索经营模式和重点产品的创新。

（1）货币市场交易。工商银行根据流动性管理需要，灵活开展资金运作，提高资金收益。全年境内分行累计融入融出资金15.27万亿元人民币，其中融出11.25万亿元；外币货币市场交易量1986亿美元。

工商银行积极探索经营模式创新，稳步扩大人民币债券借贷业务规模，有力盘活各类存量债券资产，创新开展非银行金融机构同业拆借业务。

（2）投资业务。2014年人民币债券利率曲线下行，工商银行采取多种措施努力提高债券投资收益率。在利率水平较高的上半年适度加大人民币债券投资力度；在风险可控的前提下适度提升优质信用债占比；稳步实施存量低息债券置换交易。

工商银行积极优化外币债券投资组合结构，适度加大对中资机构境外美元债券的投资力度，有效提升外币债券投资组合的利率风险抵抗能力和盈利能力。

工商银行全年交易账户人民币债券交易量2466亿元，外币债券交易量122亿美元。

（3）融资业务。工商银行创新主动负债发展的模式、方法，增强多元化负债对资产业务发展的支撑能力。2014年，工商银行总行在香港共发行人民币债券25亿元；在境内银行间市场共发行8期同业存单，金额共计106.40亿元人民币。

（二）工商银行互联网金融改变经营模式

当前，互联网金融深刻改变着传统金融的经营模式、制胜要素和竞争格局。相较于互联网企业长于运营开发、敏于客户体验的优势，商业银行多年积累沉淀的风险管理文化和作业经验，以及同时具备的线上和线下服务能力，也是年轻的互联网企业所难以模仿的。银行始终是创新最为活跃的领域，真正的挑战并不是来自跨界竞争者，而是银行自身能否厚植于创新文化，以开放、进取的心态去拥抱科技发展和金融行业变革的新趋势。

正是基于这样的现实考虑和战略考量，我们在专注金融本质的同时，积极运用互联网思维和技术来创新金融服务和经营管理，努力下好互联网金融的“先手棋”，推动新常态下的智慧增长。目前，工商银行超过86%的业务量是通过以网上银行为主体的电子渠道完成的，电子银行客户数达4.6亿户，其中手机银行客户1.5亿户。我们基本构建起集支付、融资、交易、商务、信息五大功能于一体、线上线下互动的互联网金融体系，一批新的互联网金融平台和产品陆续投放市场，呈现全面播种、次第开花的生动景象。如2014年初推出的电子商务平台“融e购”，年交易额跻身国内电商前列；具有小额、快捷特点的新型支付产品“工银e支付”，用户超过4100万户，其每秒钟并发交易处理能力在业内首屈一指；新发展的基于居民线上线下直接消费的小额消费贷款品种“逸贷”发展势头强劲；契合小微企业“短频急”融资需求、企业可通过网上自助实现提款和还款的循环贷款产品“网贷通”余额近3000亿元，是国内单体金额最大的网络融资产品。

互联网金融创新唯快不破。目前，我们正加快推动互联网金融从单项产品创新向整体服务模式创新的升级发展，搭建起产品量多质优、客户交易活跃、线上线下交互、服务运营完备的互联网金融发展架构，努力在互联网金融的棋局中刻下鲜明的“e-ICBC”印记，也让成本更低、效率更高、体验更佳的金融普惠之光照耀更多的客户群体。

（三）工商银行业务发展与经营转型

1. 业务发展更加注重服务实体经济的本源

工商银行统筹信贷增量与存量、信贷融资与非信贷融资管理，以多元化金融服务促进实体经济的转型升级发展。

在信贷融资方面，本着“用好增量、盘活存量、优化结构、改善质量”的总体思路，积极改进信贷经营，不仅信贷结构和边际效益持续优化，也促进了实体经济的转型升级、提质增效。新增贷款和存量移位贷款主要投向经济发展重点领域，以及新的增长点和增长带。境内分行全年新增本外币贷款 9273 亿元，同比多增 349 亿元，增长 10.1%；累放贷款 8.98 万亿元，达到新增贷款的 9.6 倍。全年累放项目贷款 9102 亿元，同比多放 1664 亿元；代表产业调整优化方向的先进制造业、现代服务业、文化产业和战略新兴产业新增贷款 2718.5 亿元，占公司贷款增量的 67%；个人住房贷款、个人消费贷款和信用卡透支增加 3460 亿元，增长 14.6%。

在非信贷融资方面，工商银行主动适应经济转型升级中企业直接投融资、产能整合、兼并重组等需求增多趋势，运用“商行 + 投行”、“表内 + 表外”等方式，大力发展债券承销、银团贷款、并购顾问等业务。债务融资工具主承销规模 4700 亿元，同业排名第一；牵头筹组银团贷款签约总金额达 467 亿美元，位居亚太区银团贷款牵头行榜首；完成投行并购顾问项目 319 个，涉及交易金额 1400 多亿元，增长近 60%，在亚太地区交易数量排名第一。

2. 经营转型更加注重对重点业务领域的突破

工商银行把握居民财富增长和社会金融资产配置多元化的新趋势，着力实施大零售和大资管战略，个人客户金融资产总额突破 10 万亿元，领先同业；银行卡发卡量超过 6.6 亿张，交易额 7.5 万亿元，其中信用卡发卡量突破 1 亿张，跻身全球前三大信用卡发卡行之列；私人银行客户数达到 4 万户，管理资产规模增长 35.9%；理财产品余额突破 1.9 万亿元，巩固了境内最大资产管理银行地位；资产托管业务规模达到 5.8 万亿元，受托管理养老基金近 700 亿元，均保持同业第一；贵金属业务在市场震荡下行的环境中，积极调整业务结构，贵金属融资融货等新业务规模增长 50% 以上。国际化经营向纵深发展，在持续完善境外机构布局的同时，工商银行特别注重同步抓好境外重点产品线建设，全球市场交易业务实现外币债券、外汇买卖、账户贵金属和大宗商品的 24 小时不间断交易，境外外汇即期、外币债券、衍生品集中，交易量分别增长 6 倍、7 倍和 8 倍；全球现金管理产品线延伸至近 70 个国家和地区，与超过 4300 家企业客户建立了业务合作关系；私人银行全球理财基金获得卢森堡金融管理局批准，成为首家在国际主流基金市场注册私募基金的中资银行。

工商银行特别注重加强境内外业务联动，发挥境内产品、客户和资金等优势支持境外机构高起点发展，同时以境外形成的全球服务网络促进境内业务发展，累计支持资源能源引进、高端设备出口、优势产能输出、大型工程承包等“走出去”项目 121 个，在服务经济全球化发展和中国新一轮高水平对外开放中确立了新优势。工商银行特别注重发挥人民币第一大行的优势，在当地监管允许的所有境外机构均开办了人民币业务，基本形成了覆盖境外 75 个国家和地区的全球人民币清算体系，全年跨境人民币业务量达 3.66 万亿元，比上年增长 65.7%。综合化子公司快速发展，对集团的战略协同作用不断增强，工银租赁业已形成“航空、航运、大型设备”三大租赁金融业务板块，经营及管理总资产达到 2356 亿元，巩固了行业领先地位；工银瑞信管理公募基金规模突破 2500 亿元，跃居行业三甲；工银安盛实现保费收入 154 亿元，增幅近 50%，位列银行系统保险公司前列。

（四）信息化银行建设

工商银行持续完善信息化银行发展的“大数据”基础，将金融市场、电商平台、综合化子公司等数据充实至数据仓库，将个人网银日志等非结构化数据纳入集团信息库；加强在电子商务、风险管理、精准营销、产品分类等方面数据分析挖掘的运用；整合业务处理流程，持续完善客户信息统一视图，优化以客户为中心的营销评价体系；持续完善金融资产服务业务系统，实现资产投资运作全流程管理；推进国际化和综合化相关系统建设，境外机构业务综合处理系统（FOVA）覆盖38家境外机构；完成工银安盛、工银瑞投等子公司综合化业务系统建设。

工商银行信息系统保持平稳运行。在国内金融同业中工商银行率先完成统称双园区主机系统分钟级的切换运行，从传统灾备模式转型为中心并行模式，全面保障全球业务7×24小时连续运行；持续建设全集团信息安全日常管理机制，开展信息分级授权保护；运用通过国家安全审查的密码算法，改造金融IC卡、移动支付等应用系统，提升信息安全防护的自主可控能力，强化对客服务系统的安全防护措施。

2014年，工商银行获得国家知识产权局专利授权50项，拥有专利数量达357项。

七、商业模式

（一）目标

把工商银行打造成为最具有盈利能力、最优秀、最受尊敬的国际一流商业银行。

工商银行的举措：

（1）积极推进经营结构和收益结构的持续调整，建立最优秀的零售银行和信贷银行；加快资金业务和中间业务的发展，建设一流的资金交易平台；积极创新，提升新型中间业务的核心竞争力，保持中间业务收入的持续增长；持续推进网点布局与渠道结构的优化。

（2）通过多种形式积极探索综合化经营的新领域。

（3）稳步推进国际化进程，构建跟随跨国公司经营的全球化、全能化服务链，加强为高端客户提供全球化服务的能力，重点拓展高成长性市场。

（4）进一步完善公司治理，加强全面风险管理体系和内控机制建设，推进人力资源提升项目全面推广，建立适应现代商业银行需求的人力资源管理体系。

（二）渠道建设

1. 物理网点

（1）启动网点运营标准化改革，构建运营管理平台，制定网点运营业态、高低柜口配置、岗位设置、柜员配备等运营标准，优化网点资源配置。

（2）优化物理网点布局，在重点区域、潜力地区和新兴市场合理拓展渠道网络；推进低效网点优化调整，通过撤并、迁址、改造等多种手段，完成607家低效网点的优化调整。

（3）加强自助银行与物理网点统筹配置和服务协同，试点推广智能化服务模式，持续提升网点服务效率。

2. 电子银行

围绕e－ICBC战略，紧跟移动化、个性化、智能化发展潮流，加强电子银行产品和服务创新应用，加快构建综合性、开放性的电了银行平台。持续建设境外电子银行渠道，推出海外企业网银贸易融资、企业网银跨境授权等境外产品，境外电子银行业务的全球布局基本完成。电子银行交易额突破400万亿元，电子银行业务笔数占全行业务笔数比上年提高5.8%至86.0%。

3. 网上银行

进一步丰富网上银行产品体系。推出个人网银简约版、电子彩票、对公B2B结算支持电子票据等创新产品，巩固网上银行核心竞争优势。开展“金融@家环保有我”等系列营销活动，有效提升工商银行汇款、基金、理财、贵金属等业务的电子渠道交易笔数。2014年末，个人网银客户数量突破1.8亿。第四次获评《环球金融》的“中国最佳企业网上银行”称号。

4. 电话银行

优化电话银行自助服务菜单，搭建客服中心信息化管理平台，形成功能齐全、服务智能的管理体系；升级电话银行自助语音服务，加强人工服务分流与渠道互动建设，提高电话银行渠道价值创造能力；拓展客户服务渠道，短信银行和微信银行日均业务量同比增长136%，服务更加便捷高效。

5. 手机银行

不断丰富手机银行业务功能，推出信用卡申请、向任意手机号汇款等特色服务；丰富手机银行移动生活应用场景，引入租车、医疗等新兴应用；提升手机银行产品安全性，优化用户交互界面，完善客户体验。2014年末，手机银行客户数量比上年末增长33.6%。

（三）中国工商银行发展互联网金融的实践

作为国内最大的商业银行，工行一直以来都走在顺应技术革命和社会需求、谋求金融创新的前列。2000年6月，工行成立了电子银行办公室，标志着工行互联网金融的起步。2014年初将成立互联网金融工作小组，进一步推进了互联网金融的发展。

第一，在结算平台上，截至2013年，个人网上银行客户突破1.6亿户，个人电话银行、手机银行客户相继突破1亿户，在国内率先建立了“亿”级电子银行客户群体；电子银行交易额突破380万亿元，同比增长14.8%；网上银行交易额突破350万亿元，同比增长16.67%。电子银行交易主渠道作用日益发挥，电子银行业务占比达到80.2%

的新历史高点，为全行节约经营成本430亿元，实现业务收入92亿元。

第二，在海量数据处理方面，工行建立了完善的经营管理数据体系。该体系是以数据仓库为核心，致力于对各项信息的集中管理，实现了对全流程数据信息的管理机制。其数据的规模超过了300个TB，并建立了客户的信息视图和星级评价体系。其所囊括的个人客户信息量超过了4亿，法人客户信息量超过了460万。另外，研发的法人客户评级模型有40余个，零售信用评分模型有70余个，市场风险内部计量模型超过了16项，以及操作风险资本计量模型涉及了17类。客户违约率和违约损失率数据的积累长度都超过了10年，完全符合巴塞尔资本管理协议Ⅲ的标准。

第三，工商银行以融资平台为媒介，建立了自己的模型验证团队。该团队主要的工作就是验证和监控相关数据应用，且设立了内部审计部门对其结果进行跟踪审计。1990年，工行就把客户评级结果应用于信贷行业中，在之后的十年中，风险计量结果则逐步与风险管理全流程融合，自2010年开始，相关的数据更是被应用于贷款分类等方面。同一时期，法人业务和零售业务的RAROC（风险调整后的资本收益率）管理被广泛推行，推进了授信审批和定价的发展。现阶段，为顺应互联网融资发展需求，工行推出了“网贷通”的贷款服务。其受众主要是针对小微企业。截至2014年，该项贷款余额已超过2530亿元，累放额已近12890亿元。并且在2014年工行将“逸贷”产品与网上购物结合起来，订单高于600元的客户，就可以在线申请消费贷款，全线上、自助、瞬时到账。

第四，在理财类产品方面，工商银行开发出行业第一款“平民化”理财产品即灵通快线，年化收益以日计算，但客户群体并不广，宣传力度不够，很快被互联网上各种宝类低门槛理财产品抢占了市场。随后，工行顺应互联网金融发展潮流，推出了工行现金宝，在收益和资产风险控制方面均属于行业领先水平。

第五，在电商平台方面，2013年10月“融e购”商城运营。自2015年1月正式对外营业以来，融e购商城的商品种类和交易金额增长迅猛，用户和商户数量持续增加，远超一些知名电商企业开办时期的发展速度，正在快速形成规模效应和影响力。目前融e购注册用户达562万人，签约商户1675户，上架商品6万件，累计交易额166亿元，日均交易额超过7400万元；带动积分抵扣金额超过4100万元，“逸贷”累计发放6600万余笔，累贷金额近2100万元，平均单笔贷款金额为3150元。

第六，在小额快捷支付方面，工商银行开发了工银e支付，主要是满足客户日益增多的便利支付需求，争夺第三方支付在小额快捷支付上的份额。2015年以来，工银e支付发展势头非常好，截至2014年8月24日，工银e支付新增客户1469万户，总数已达2228万户，支付金额达到239.6亿元，同比增长8倍，而第三方支付上半年交易额同比增幅为73.5%。通过对工商银行互联网金融的发展历程的分析来看，工商银行确实在电子金融建设方面投入了大量的人力和物力，所取得的成果也是显而易见的。然而，同时应当认识到，工商银行的互联网金融模式在很大程度上依然只属于传统金融业务的网络化，工行在第三方金融产品销售模式的创新、自营商城建立以及其他原生互联网金融产品的开发上依然处于较低水平阶段。

此外，其他互联网金融企业的快速发展则对工行产生了极大的冲击：首先，第三方支付交易量增长迅速，挤压工行线上和线下支付市场。据不完全统计，2013 年 1～6 月，我国第三方支付企业的交易量超过了 7 万亿元，占到了 2012 年全年交易量的 2/3 以上，行业增速较为平稳。其次，互联网信贷成为小微信贷市场的主力。例如，阿里巴巴集团退出的金融业务就是一个很好的范例。它在 2012 年，提供的贷款数量超过了 40 亿美元。在 2013 年，累积贷款规模更是超过了以前的 500 亿元，拥有的小微信贷的客户规模超过了 60 万，但是不良率却不足 1%。最后，互联网企业迅速扩展业务，抢占客户资源。随着传统电商规模的拓展，第三方网络支付的方式已经不能满足互联网企业的发展。诸多的互联网企业将目光放在了对信息技术的升级和创新方面，融资成为了他们转战的主要方向。这对商业银行的核心业务造成了严重的威胁，占有了大量的客户源。随着互联网金融的不断壮大，工行的压力陡增。这是由于互联网金融企业有着工行无可比拟的优越性导致的。因此工行必须进一步转变业务内容，拓展服务方式、调整渠道建设，加速工行互联网金融发展进程。

八、营销模式

（一）中国工商银行具体营销案例

1. 中国工商银行营业网点营销传播渠道建设

2. “小市场”谋取“大收益”——中国工商银行河南省安阳分行营销商品批发市场的实践与思考

3. 家电下乡为民服务——中国工商银行河南省许昌分行家电下乡营销理财产品

4. 抓住有利时机加强联动营销——中国工商银行河北唐山分行积极营销曹妃甸项目贷款

5. 联动营销强化市场全力拓展零售市场——中国工商银行福建省南平分行个人信贷业务创佳绩

6. 人代会展工行形象全方位扬特色营销——中国工商银行辽宁省分行营业部独家走进辽宁省第十一届人代会现场

7. 商业银行电话营销研究

8. 贷动小企业成就大事业——中国工商银行浙江省分行积极探索小企业金融工作

9. 绿色崛起生态发展——中国工商银行江西省分行支持鄱阳湖生态经济区建设纪实

10. 品牌宣传在沂蒙——中国工商银行山东省临沂分行开展品牌宣传活动侧记

早在 2010 年 3 月，工商银行总资产就达到了 12.5 万亿元，成为中国资产规模最大的企业。同时，它还是中国信用卡第一发卡银行、中国最大电子银行、中国最大资产托管银行、中国最大现金管理银行，全球最赚钱银行（股票市值居全球银行业之首）、全球客户存款第一商业银行。在世界范围内各种颇具影响力的品牌排行榜评选中，该行一度走上了金融企业品牌榜榜首。

工商银行的飞速发展，是中国经济发展壮大的体现，更是工行人创新、奋斗和奉献的结晶。时刻关注客户需求，从每一位客户做起，从每一笔业务做起，不放过任何一个细节……工行每前进一步，都伴随着工行人事服务模式的创新和细节服务的升华。

（二）为客户创造更大价值

到银行对账，可以说是企业财务人员望而生畏的一件事情。经销商或者分支机构告知货款早已经汇出，可由于开户银行不同，汇款经过跨行处理后，付款账号、付款单位的信息经常丢失，财务人员需要去一笔笔地勾对，遇上难对的账不知道要打多少电话才能最终找到正确的付款人，有的账几个月都对不完。工商银行近期在全国范围内推出的"收款管家"，很好地解决了这个难题。客户只需要将自己的某个结算账户开通收款管家服务，工行即可为客户批量开立若干收款卡号，当付款人需要向客户汇款时，将款项直接存入指定的收款卡号即可，相应资金会马上实时划转到客户开通的收款管家服务的结算账户内。工行为客户提供的收款明细账单，让客户一目了然地区分出账户内的款项来源，该清单还可按照卡号进行汇总，为客户对其经销商或分支机构进行销售统计提供了很大的方便。

银企互联是工商银行将其网上银行系统与企业财务软件系统等有机互联，整合银企双方的系统资源，从而带给企业安全、实时和个性化的网上银行服务的业务模式。企业将财务系统与工商银行银企互联平台对接后，就可通过自身财务系统轻松实现账户管理、资金归集下拨、综合收付款和多项特色服务，能有效降低企业财务管理成本，提升信息化管理水平。据了解，截至2010年底中国内地入选全球财富500强企业中已有近70%与工行合作开展了银企互联业务，并在石化、电力、电信和能源等重点行业基本实现了全部覆盖，这项业务的年交易额已达60万亿元。谈起银企互联业务，刚刚开启该项业务的某大型公司负责人表示："此次与工商银行强强联合、资源共享、优势互补、互惠互赢的战略选择，将在加强我们自身财务公司资金管理、降低融资成本和提升经营效益方面发挥重要作用。"

工商银行还不断加大现金管理产品的创新力度，2010年以来相继推出了本外币资金池、收款管家、综合账户报告、全球现金管理等一系列新产品，为企业有效应对市场不确定性提供了有力的现金管理技术层面的支持。工行已在客户中牢固树立起了现金管理服务专家形象，将现金管理服务从企业内部向企业资金链延伸，从原有的简单收付款、资金集中管理向综合理财业务领域拓展，不断满足客户高度个性化的现金管理服务需求。截至2010年末，工行现金管理客户已超过50万户，成为国内最大的现金管理银行。

工行有关负责人告诉记者，该行将继续本着"为客户创造更大价值"的服务理念，以市场需求为导向，进一步提升现金管理服务的专业性、便捷性和综合性，增强全球现金管理服务能力，为客户提供更加完善的现金管理服务。

（三）百般呵护中小企业

2010 年以来，工商银行通过组建“工银商友俱乐部”服务平台，开办“网贷通”业务，推出“中小企业循环贷款”、“中小企业经营型物业贷款”、“中小企业设备按揭贷款”等数十个标准化信贷产品，通过多种政策倾斜和金融创新，百般呵护中小企业，全方位、多层次地满足这些企业的差别化资金需求，有力促进了中小企业聚集地区的经济发展。到 2010 年底，工行中小企业贷款客户已达 46 万余户，中小企业贷款超过 3 万亿元，2010 年当年增加的中小企业贷款占到全部新增贷款的 60% 以上。

“工银商友俱乐部”为各类商品交易市场经营户、中小型私营企业主和民营企业股东等个人类客户提供支付结算、经营贷款、投资理财等特色服务以及交流联谊等增值服务，很好地延伸了银行对中小企业的全面金融服务。至 2011 年初，工行已在全国 35 个省、市、自治区成立了 552 家“工银商友俱乐部”，吸收会员 60 多万名，向会员发放贷款超过 70 多亿元。

“网贷通”是工行将信贷业务与网上银行渠道结合研发推出的一项新型信贷业务。在该业务模式下，小企业客户只需与工行一次性签订循环贷款借款合同，在合同规定的有效期内企业需要资金时可以自主提款，有闲置资金时可以随时还贷，贷款最高额度可达 3000 万元，最长可在两年内循环使用。该贷款方式方便安全，中小企业足不出户即可完成贷款的申请、审批、放款和归还。据悉，到 2010 年末，通过工行“网贷通”获得融资支持的小企业超过了 1.5 万户，贷款余额近 900 亿元，比年初增长了近 20 倍。

基于大企业、大项目上下游产业链，工行还大力推进中小企业贸易融资业务，及时研发推出了“中小企业循环贷款”、“中小企业经营型物业贷款”、“中小企业设备按揭贷款”等数十个标准化信贷产品。目前，工行已经形成了较为完备的中小企业贷款产品体系。

近日，工商银行董事长姜建清表示，由于宏观调控的要求，2011 年的货币流通量和信贷增加的比例会有所下降。但是，工行对中小企业的信贷支持力度不会减弱，2015 年新增贷款的六成或以上仍会用于中小企业。谈到下一步的发展，他说，“十二五”期间，工行计划保持小企业贷款年均增长 1400 亿元左右，至 2015 年末小企业贷款余额预计达到 11000 亿元左右。

（四）进一步创新信贷融资服务模式①

工行相关负责人表示，根据国家政策导向和自身的发展战略，在新的一年里，工行将努力开辟新渠道、打开新市场，引导信贷资源向效益更高、风险更低、流动性更好、

① 资料来源：2011 年 3 月 3 日《国际商报》16 版。

市场潜力更大和资本消耗更低的领域，促进信贷业务健康和可持续发展。

据悉，工商银行在2011年将进一步创新信贷融资的服务模式，综合运用“信贷+租赁”、“间接融资+直接融资”、“投行+商行”等多种方式更好地满足客户的多元化金融服务要求。

为从根本上解决影响和制约服务水平的深层次问题，2015年工行还将从业务流程综合改造和服务渠道整合优化入手，在已全面完成的远程授权、监督体系改革的基础上，全面推广业务集中处理模式，实现前台业务与后台业务集中处理的分离。提升传统信贷业务的电子化水平也是工行2015年工作的一个重点，如何让前台受理客户业务时有更精准简约的操作模式，如何让客户在办理业务时体验到一种不同凡响的服务，是这项信贷操作方式改革的重点。

（五）应用大数据工行创新市场营销模式

2014年1月，由国务院国资委、工业和信息化部、中国企业联合会共同组织的全国企业管理现代化创新成果审定委员会联合发布了“第二十届全国企业管理现代化创新成果”，工行的“大型商业银行基于数据仓库的精准营销管理”创新成果荣获一等奖，成为此次活动中唯一获此奖项的商业银行，这也标志着我国商业银行在应用大数据创新市场营销模式、提升企业管理现代化水平方面又取得了新的进步。

工行2014年以来积极推进信息化银行建设，促进大数据应用，实现信息技术与经营管理的深度融合，不断完善“以客户为中心”的精准营销、精细管理和精品服务体系，促进了市场营销和客户服务模式的转型。此次获奖的创新成果是工行将数据仓库等信息化建设成果应用于市场营销领域、实现信息技术在经营管理中融合应用的创新实践。

基于数据仓库的精准营销管理，具体而言就是依托工行强大的数据仓库平台，建设精准营销管理系统集群，充分运用数据挖掘以及大数据分析等现代化的信息技术手段，通过客户信息的全面采集、高度集成、深度挖掘与高效运用等措施建立“以客户为中心”的精准营销管理体系。通过这一体系，工行构建起了客户营销统一视图，打破信息孤岛，深度挖掘客户需求，实现目标客户精准定位，推进客户分层分类服务。通过搭建智能营销信息服务平台，实现精准营销信息的智能化、自动化、制度化、流程化管理，推进营销管理模式再造和制度完善，加强与客户之间的沟通和良性互动，提升客户满意度和忠诚度。目前，这一创新成果已经在工行多个专业领域得到广泛推广应用，显著提高了营销效率，降低了营销成本，有力地提升了为客户提供个性化服务的能力。

工行的数据仓库建设起步于2001年，经过多年的持续完善，目前已实现了客户信息、账户信息、产品信息、交易信息、管理信息及重要外部信息的集成管理，建立了集团统一信息视图和综合评价体系，形成了数据标准、数据质量、数据架构、元数据、数据生命周期、数据安全、数据应用等全流程管理机制，在及时反映经营成果、跟踪监测业务动态、支持市场营销、服务精细管理、引导业务创新发展、实现信息创造价值等方面发挥了显著作用。目前，该行的企业级数据仓库存储的数据量已超过 350TB，居国内同业第 1 位、国际银行业第 6 位。

据了解，全国企业管理现代化创新成果奖是目前国内最高层次和最具权威性的企业管理创新奖项之一，具有广泛的社会影响。在此次评选中，全国企业管理现代化创新成果审定委员会对工行在数据仓库建设应用方面取得的成果给予了高度评价，认为“该成果意义重大、导向性强，对于我国企业如何抓住大数据、云计算等新一代信息技术发展和应用机遇，拓展新业务、提升管理水平、增强竞争力具有重要借鉴价值和示范意义”。

九、创新体系

（一）工行加快推进金融科技创新——累计 179 项科技成果获评银行科技发展奖

近日，在由中国人民银行举办的 2012 年度银行科技发展奖评选中，中国工商银行参评的 9 项科技成果凭借出众的研发水平和较强的实际应用性，全部获评银行科技发展奖。其中，“全球市场风险管理系统”、“企业级元数据管理研究项目”两个项目获得一等奖，“全球现金管理系统”、“业务集中处理平台”、“客户端安全全防控体系建设项目”、“境外机构信贷管理系统”、“境外机构审计分析与监测系统”、“主机自动化平台项目”、“信息科技风险评估项目”七个项目获得二等奖。自 2000 年以来，工行共有 179 项科技成果获得人民银行科技发展奖，是国内获奖成果最多、获奖等级最高的银行业金融机构，充分显示出了领先同业的科技创新研发能力。

工行相关负责人告诉记者，该行一直坚持基于客户需求，实施科技引领发展战略，大力推进金融科技创新研发，加速推动自主创新成果在业务及服务领域的转化应用，有力地推动了银行风险管理的加强、产品创新能力的提升和服务优化进程的加速，成功实现了金融科技优势向业务发展动力和客户服务能力的有效转化，也为工行更好地服务经济社会奠定了坚实的基础。

据介绍，工商银行本次获奖的科技成果展示了近年来该行金融科技的部分最新研发成果及其创新应用。在金融业务创新方面，“全球现金管理系统”将企业客户现金管理业务范围从境内单一银行向全球范围多银行延伸，建立起客户全球资金统一管理的综合性现金管理客户服务体系，实现了客户全球资金的统一管理，提高了客户资金的使用效率。在提升银行自身经营管理能力方面，“业务集中处理平台”基于“集约运营、服务共享”理念，实现了业务的集约化、专业化、标准化、规模化运营，在降低管理和营运成本的同时，提高了风险事故控制水平，为工商银行构建新型业务运营体系奠定了基础。在市场风险管理方面，工行在国内金融业中首家自主研发了“全球市场风险管理系统”，按照巴塞尔新资本协议的要求，基于全球化架构设计，实现对市场风险识别计量与监测控制的全流程管理，建立了境内外一体的统一市场风险管理体系。“境外机构审计分析与监测系统”、“信息科技风险评估项目”、“客户端安全防控体系建设项目”和“主机自动化平台项目”覆盖境外审计、科技风险管理、客户端安全管理、主机自动化操作等多个领域，充分发挥了科技对风险防控的支撑作用。

业内人士指出，这些获奖的项目从一个侧面反映了工商银行在科技研发方面的领先优势，而工行的科技创新实践及应用远比获奖项目所展现的更加丰富、全面和深入。工行在国内金融业中率先完成数据大集中，实现了对全行生产运行的自动化监控和一体化管理，建成了具有国际先进水平的灾备体系和业务连续运行体系，并先后完成了四代核心应用系统开发和推广工作，在同业中率先自主研发并全面推广了多币种、多语言、多时区的境外核心业务系统。依托先进的科技平台和系统，工行坚持自主创新，将科技打造成了助推创新能力、管理水平、服务品质提升的利器。在业务运营方面，工商银行信息系统处理的业务量逐年攀升，目前境内日均业务量达到近1.8亿笔，在业务量快速增长的情况下，信息系统可用率始终保持在99.98%以上的较高水平，支撑着全行超过1.6万家营业机构、11.4万台自助设备，超过95万台POS设备的平稳运行，为业务运营和客户服务的连续高效提供了强有力的保障。在产品创新方面，工行每年有近千项应用创新项目投入使用，契合客户需求的产品数量已超过4000种，已成为我国产品最丰富、门类最齐全和服务供给能力最强的银行。在优化服务方面，工行全面推进以客户为中心的业务流程综合改造和优化工程，促进了服务效率和品质的显著提升。①

（二）创新信息系统灾备体系建设提升分行对外持续服务能力——工商银行成功投产一级分行中心机房灾备系统

截至2012年3月，工商银行全行36家省市分行同城热备份机房（以下简称“备份机房”）建设工作全面完成，实现了“重大灾难事件发生后，分行辖内营业网点大部分柜面终端关键业务服务不中断”的设计目标，工商银行各分行信息系统的连续运行能力显著加强。

随着信息科技在银行业的深入应用，信息系统安全稳定运行直接关系到银行对广大客户的服务能力和资金安全。因此，我国监管部门高度关注商业银行的信息系统安全，社会各界和媒体也给予了越来越高的关注。近年来，人民银行、银监会先后多次组织召开专题会议并就商业银行发生的系统故障及信息安全事件及时发布了信息科技风险提示，对商业银行加强信息科技风险管理提出了更加明确和严格的要求。

工商银行作为一家为社会公众和企业提供金融服务的大型企业，始终高度重视信息科技系统安全稳定运行和风险管理，持续加大对全行信息系统基础设施建设的投入，持续加强包括信息系统运行风险在内的各类科技风险管理，保障信息系统稳健运行，着眼于“打造卓越金融服务、建设人民群众满意银行”的目标，创建最佳金融服务银行。

---

① 资料来源：中国工商银行，2013-01-05。

1. 持续打造安全可靠的信息系统基础设施

为了确保工商银行信息系统基础设施的安全可靠，以为客户提供连续不间断的服务为目标，工商银行持续加大投入，保障信息系统安全连续稳定运行：2005 年建立了上海—北京数据中心生产灾备体系；2010 年启动了数据中心“两地三中心”的高可用体系建设，并成功部署了主机核心系统双园区运行模式，实现了系统不停机的双园区业务切换。

在此基础上，为进一步完善工商银行的信息系统整体灾备体系，提高分行的灾备应对能力，工商银行按照国家标准化管理委员会《信息安全技术信息系统安全等级保护基本要求》（GB/T 22239 - 2008）和全国金融标准化技术委员会《银行业信息系统灾难恢复管理规范》（JR/T 0044 - 2008）等标准，于 2011 年启动了一级分行（包括各省区分行及直属分行）中心机房备份机房建设工程，建立各一级分行的中心机房灾备防护体系。

2. 成功完成一级分行备份机房建设

工商银行一级分行备份机房建设工程设计目标是针对可能发生的中心机房场地灾难事件进行灾备恢复，确保灾难发生时辖内柜面及自助服务渠道等关键业务的连续性运行。当一级分行现有生产机房发生灾难事件或机房的动力、通信等内外部基础设施发生重大故障时，能确保分行辖内所有营业网点 80% 以上的柜员业务受理不中断，自助服务渠道等关键业务在短时间内快速恢复。

工商银行一级分行备份机房建设工程涉及分行机房基础设施规划、核心网络架构和灾备应用系统“双活”改造等多项复杂内容，涉及业务多，涉及技术领域广。在分行备份机房基础设施建设上，工商银行从资源共享和整合角度，充分利用各分行的业务处理中心等现有场地环境，极大地节约了资金投入成本。在分行备份机房建设的同时，工商银行围绕各分行生产、备份机房“双活”的运行架构，对分行上联总行数据中心、下联二级分行和营业网点的网络结构进行了优化调整，进一步提高了分行信息系统应对局部通信故障的能力。

3. 加强备份机房运行维护管理

随着工商银行各分行备份机房的全面投入使用，对备份机房的日常运行管理将成为其能否长期持续有效运行的关键。工商银行对备份机房运行管理工作高度重视，确立并进行生产机房、备份机房运行一体化管理，建立了生产机房、备份机房例行演练的长效机制，通过加强管理与技术改造，进一步强化突发事件应急响应和处理能力，保障分行灾备系统在关键时刻能够有效发挥作用，确保分行辖内业务信息系统的连续性运行。

4. 分行对外持续服务能力显著提升

工商银行灾备体系建设延伸到各一级分行后，网点柜面、自助服务渠道的业务连续性运行能力得到了切实增强。2011 年底，工商银行某家一级分行生产机房 UPS 供电系统发生局部故障，造成生产机房内部分柜面业务服务器设备掉电，该分行生产机房的相关应用自动切换到备份机房灾备应用系统，分行网点柜面服务平稳进行。充分验证了分行备份机房在应对分行生产机房发生重大突发事件的应对能力，也在实践中验证了工商银行这一技术改造的可行性。

一级分行灾备系统建设的顺利实施，对于提升工商银行整体信息系统业务连续性保障能力意义重大，是工商银行信息系统灾备体系建设的又一个标志性事件，也是对国内金融业信息系统灾备体系建设的有益创新。工商银行将不断加强对备份机房的日常管理，持续优化完善相关运行管理制度，切实发挥其保障作用。

（三）产品创新

工商银行着力深化产品创新，强化产品管理和新产品推广应用，努力扩大新产品市场效益，不断增强产品创新价值和创造能力，有效推动了全行经营转型，增强了竞争发展能力，研发推出了“融e购”商城、“逸贷”、商户POS融资、双远期结售汇、个人账户原油等一批适应消费金融和移动互联时代特点的创新产品。

工商银行研发推出了“融e购”商城。目前已汇集数码家电、汽车、金融产品、服装鞋帽、食品饮料、珠宝礼品、交通旅游等十几大行业，近万件畅销商品。

“融e购”致力于提升客户体验，同时也重点突出银行业支付灵活、融资便捷的金融服务优势，凸显“购物可贷款，积分能抵现，品质有保障，登录很便捷”的优势特色。

工行在同业中率先投产了“代理地方国库集中支付电子化”业务，积极配合财政部提升国库信息安全管理水平、提高财政性资金运行效率、加强国库业务管理。

（四）工行创新供需两侧服务“三农”

工商银行持续创新对“三农”领域的金融服务，从农产品供给和需求两端发力推动农业提质增效，支持现代农业发展。截至目前，工行投向“三农”领域的贷款余额已达2万亿元。同时，工行还大力发展“互联网+商业+金融”模式，通过自身“融e购”电商平台等渠道，积极为线上农资、农产品交易企业提供网络融资，帮助各地名优农产品登上大众的餐桌。

在农产品的供给一端，工行构建了服务农产品产、供、销全产业链的综合金融服务体系，并通过“互联网+商业+金融”模式，积极支持农业龙头企业以及农户生产出安全优质、适销对路的农产品，加快农业现代化的发展。针对中粮集团、益海嘉里粮油集团、黑龙江北大荒集团等农业龙头企业，工行提供了融资、现金管理、债券承销、财务顾问、银企互联、电子银行、银行卡、国际结算、结售汇等综合化金融服务，积极支持龙头企业做强做优，尤其是借助“融e购”B2B平台，帮助龙头企业与上下游的农资、农产品交易互联网化，同时为核心企业上下游小微企业办理网络融资。针对广大农户的金融需求特点，工行打造了套餐式、远程近程相结合的金融服务体系，积极满足农户个性化的需求。比如，为粮食收储企业搭建了粮食收储与综合服务“一体化”管理平台，并为种粮农户推出专属结算、小额融资、农业保险等“一揽子”增值服务。

现在消费者登录工行“融 e 购”商城，就能买到货真价实的栖霞红富士苹果、莱阳梨、德州扒鸡、黑龙江五常大米等各类名优农产品。2015 年上半年工行通过“融 e 购烟台大樱桃节”，两个多月时间就为山东栖霞销售了价值 350 万元的优质大樱桃，超过了其他电商销售额之和。同时，为方便农产品经销商采购商品，工行利用大数据技术开发了逸农消费公司采购卡，通过分析整合商户真实交易流水和经营数据进行主动授信，“随刷随贷，即时到账”，为商户及时采购优质农产品提供资金支持。

（五）推行绿色金融，健全绿色金融体系

工行进一步完善绿色信贷长效发展机制，全面推进绿色信贷建设，在提高客户环保意识、促进经济社会与资源环境协调发展的过程中，努力实现自身的可持续发展。

工行修（制）订并印发了 2013 年版 61 个行业（绿色）信贷政策，覆盖了全行 85% 的公司贷款和国家产业政策鼓励发展的绿色经济领域。在行业投向上，鼓励和引导全行优先支持生态保护、清洁能源等绿色经济领域；在具体行业政策中，引导全行加大对优秀企业和优质项目信贷支持并退出落后产能企业。

工商银行建立了绿色信贷分类与企业评级的关联并将其植入和贯彻到信贷流程中，要求全行在信贷各个环节及时查询客户绿色信贷分类标识并将其作为对客户总体评估和信贷决策的关键依据。

工商银行对钢铁、水泥、常用有色金属冶炼、煤化工（焦炭）、光伏制造、造船、风电设备、平板玻璃 8 个产能过剩行业实行行业信贷限额管理，严格控制贷款总量。截至报告期末，全行产能过剩行业贷款余额较年初下降了 279.7 亿元。

工商银行对加强环境与社会风险的监测、识别、控制与缓释等方面提出了具体管理要求，并将其植入和贯彻到信贷全流程，要求全行在信贷全流程中全面实施“绿色信贷一票否决”制；健全总分行分工负责的环保风险预警和防控工作机制，对环境与安全生产违法违规企业及时下发风险预警通知书，并建立挂牌督办企业名单，加强跟踪监测与督导，实现对环境与社会风险的全过程监测、管理和控制。

十、国际化

2012 年，中国工商银行迎来了跨国经营 20 周年。20 年来，工商银行与中国改革开放的伟大时代同行，其国际化经营走过了不平凡的历程，取得了令人瞩目的成就，在中国金融业的发展史上书写了“扬帆出海”的华彩篇章。中国工商银行成功地走出了一条适合自身特点的国际化发展道路。

境外机构从无到有，全球服务网络基本建成，从 1992 年设立第一家境外机构新加坡代表处起步，到 2011 年末工行已建成覆盖 33 个国家和地区，由 239 家境外机构组成的牌照完备、运营高效、服务优良的全球网络，并通过持有南非标准银行集团 20% 股权实现了非洲大陆的战略布局。作为海外经营网络的重要补充，代理行网络从 1992 年

覆盖60个国家和地区的208家银行，发展到今天覆盖136个国家和地区的1553家银行。这期间，工行抓住两次“危”中之“机”，实现了海外机构建设的跨越式发展。2000年以前工行把握亚洲金融危机后的有利时机，以自主申设机构为主，快速进入了韩国、日本等周边市场和德国、卢森堡等欧洲市场。2000~2006年，在申设机构基础上逐步开展并购，先后多次对港资银行与欧资银行进行并购整合，打造了在港经营旗舰工银亚洲，开创了中资银行境外资本运作的先河。2006年以来，工行依托股改上市后日益增强的整体实力，积极稳妥地实施自主申设与战略并购并举策略，实现了海外机构布局的大跨越。

境外经营能力由弱到强，可持续发展模式逐步确立。进入21世纪以来，工行境外机构的竞争发展能力有了显著提升。境外机构总资产从2000年的36亿美元增至2011年的1320亿美元，拨备后利润从3400万美元增至13亿美元，除个别当年新设机构外，其他境外机构均实现盈利，境外机构资产和利润年复合增长率达到39%左右；资产质量稳定改善，不良资产率从2001年的4.49%降至2011年的0.19%。2011年，工行境外机构净资产收益率（ROE）平均为12.4%，回报水平超过一些欧美大银行；人均资产1.4亿元人民币，人均净利润87万元人民币，超过全行平均水平，体现出较高的经营效率。2009年11月，在我国首次召开的国际监管联席会议选择工商银行作为评价对象，来自10个国家和地区的监管机构对工行的稳健经营成绩给予了较高评价。

境外机构发展从孤岛状态到纳入全球一体化平台，科技优势充分发挥。2003年，工行明确提出“要建立客户、业务、技术、信息的统一平台，形成有机联系的整体网络结构；加快海外数据中心建设，实现海外与国内数据中心对接”的发展目标。2006年，工行在中资同业中率先启动了自主研发的FOVA系统建设，功能覆盖存款、贷款、汇款、银行卡、网上银行、国际结算、贸易融资、金融市场等多个领域。经过几年的不懈努力，目前FOVA系统已在34家境外机构成功投产，覆盖除工银亚洲外的全部境外机构。工行还从2005年开始积极推动境外机构单证业务集中处理，目前全部境内外机构的国际结算单证业务均已上挂总行单证中心，国际业务集约化经营水平领先国内同业。

重点产品线从境内延伸到境外，全球服务能力不断增强。工行始终围绕“走出去”企业需求特点，依托FOVA平台和境外机构多牌照优势，加快境内重点产品线向境外的延伸，推动全球服务能力提升。截至2011年底，工行支持“走出去”企业贷款余额129亿美元，确立了“走出去”业务大行地位。工银国际先后参与了多个具有全球影响的IPO项目，显著提升了工行的国际声誉和市场地位。在中资同业中率先推出了全球现金管理业务，与2232家客户建立了合作关系，并在香港设立了亚太区现金管理中心，与南非标准银行联合搭建了中非现金管理平台。在33家境外机构投产了网银系统，海外网银个人客户达到16.2万户、企业客户达到1.4万户，网银客户渗透率接近30%。在香港建立了统一的境外信用卡平台，9家境外机构实现信用卡发卡，17家境外机构实现借记卡发卡。依托银行卡与网银套接模式，境外零售业务实现较快发展，个人客户已达55.5万户。工银澳门海外贵金属业务中心已初具雏形，工银伦敦实现贵金属实物销售。工银金融的证券清算和证券融资业务模式趋向成熟，证券清算总额超过20万亿美元。全球托管网络建设加速推进，基于内外联动的资产管理产品创新持续加快，贸易金融业务逐渐成为新的利润增长点。

国际业务从市场追随者到主导者，经营业绩创历史最好水平。工行境内国际结算量从1993年的340亿美元发展到2011年的超过1万亿美元，国际贸易融资发生额稳居四家大型国有银行之首。工行把握国家加快推进人民币跨境使用的政策机遇，早布局、早启动，在较短时间内就基本确立了同业领先地位。截至2011年末，跨境人民币业务量突破万亿元大关，人民币清算网络覆盖55个国家和地区，清算账户数稳居同业第一。跨境人民币业务线已成功拓展到23家境外机构，业务范围覆盖贸易、服务、资本及融资等众多领域。

国际化人才队伍建设与时俱进，为国际化战略实施提供了有力保障。从1992年派出第一批外派员工以来，经过20年的努力，工行已经初步建立起一支数量充足、素质优良、结构合理、国际竞争力较强的国际化人才队伍。截至2011年末，境外机构员工总数达到5700余人。2011年工行启动了国际化人才培训项目，计划用10年时间培养2000名左右高端国际化人才，为下一阶段的国际化发展奠定更加坚实的人才基础。工行还在中资同业中开创性地提出了“全球雇员管理”理念，并组织了首届荣誉全球雇员评选表彰和各类培训活动，促进了“One ICBC”的文化融合。

十一、企业布局

（一）国内布局

2014年，工商银行境外机构实现净利润折合人民币151亿元，同比增长35.6%，拉动集团利润增长1.4%。如果把工商银行境外机构看作是一家独立的银行，其规模效益已进入全球银行百强行列。

2014年末，工行有员工462282人，比上年末增加20380人。其中境内主要控股公司员工4909人，境外机构员工11759人。

2014年末，工行机构总数17460家，比上年末减少114家，其中境内机构17122家，境外机构338家。境内机构包括总行、31个一级分行、5个直属分行、26个一级分行营业部、403个二级分行、3081个一级支行、13467个基层营业网点、30个总行利润中心、直属机构及其分支机构以及78个主要控股公司及其分支。

工商银行将上市后第一年作为“优质服务年”，从业务流程、分销渠道、服务模式和产品种类等方面系统地改进和提升了服务，继续朝着建设国内服务最好的金融企业的目标迈进。

作为中国最大的商业银行，工商银行为公司客户与个人客户提供了多元、专业的各项金融服务，其范围广、业务量大、业务品种丰富。2003年末个人消费贷款余额达4075亿元，个人住房贷款市场份额居国内第一；牡丹卡发卡量9595万张，消费额973亿元左右，2003年累计实现票据交易16771亿元；人民币结算市场份额达45%，在证券、期货市场上的清算份额保持在50%以上；中国工商银行还是国内最大的资产托管银行，托管基金共28只，托管总资产581亿元。[①]

中国工商银行拥有中国最先进的科技水平，在数据大集中工程的基础上，2003年工商银行成功投产了全功能银行（NOVA）系统，加上为个性化服务提供技术基础的数据仓库，共同构成具有国际先进水平的金融信息技术平台，为业务和管理的进步提供了强健的动力。[②] 在科技手段的有力支持下，中国工商银行各项业务不断创新。[③] 由自助银行、电话银行、手机银行和网上银行构成的电子银行立体服务体系日益成熟，网上银行开通城市超过400个，2003年电子银行交易额达22.3万亿元，网上银行交易额19.4万亿元。

中国工商银行实行统一法人授权经营的商业银行经营管理体制。中国工商银行总行是全行的经营管理中心、资金调度中心和领导指挥中心，拥有全行的法人财产权，对全行经营的效益性、安全性和流动性负责，在授权和授信管理的基础上，实行“下管一级、监控两级”的分支机构管理模式，达到稳健经营、防范风险、提高经济效益的目的。

工商银行在中间业务方面实现了多元、创新的发展。2008年，工商银行的净手续费及佣金收入达人民币440亿元，较上年同期增长14.7%，银行卡、投资银行、资产托管、企业年金、现金管理、理财等新兴业务继续快速健康发展，各项指标均居国内同业的首位。银行卡发卡量超过2.38亿张，消费额近8000亿元，其中信用卡发卡量突破3900万张，消费额超过2500亿元，市场领先优势进一步扩大；投资银行收入增长78.2%，全年承销各类债券52只，承销金额达1646亿元，连续两年成为国内债券承销发行的第一大行；托管业务收入增长41%，托管资产规模连续11年居国内第一，在基金、年金、保险等托管领域均保持市场领先；企业年金业务的国内市场占有率接近50%，是国内最大的企业年金服务机构；理财业务继续强劲增长，全年共推出216款理财产品，其中自主开发理财产品销售额约21976亿元，同比增长715%。

2008年工商银行继续推进经营转型，各项业务结构显著优化。资产结构中，非信贷资产比重提高至54.5%；收入结构中，非利息收入占营业净收入的比重上升到15.2%；信贷结构全面改善，贷款收益率由2007年的6.11%提高到2008年的7.07%，提高了0.96%；渠道结构中，离柜业务比重提高到43.1%；客户结构中，个人中高端

① 工行发展．人民网［引用日期2012-11-8］．

② 银行信息化领域的璀璨新星——透视中国工商银行全功能银行（NOVA）系统．中国知网［引用日期2012-11-8］．

③ 中国工商银行关于施行中国人民银行《商业银行授权、授信管理暂行办法》有关问题的通知．人民日报［引用日期2012-11-12］．

客户比 2007 年提高了 18.6%，对全行盈利的贡献进一步提高。

在国际化、综合化发展方面，2005 年，中国工商银行完成了股份制改造，正式更名为“中国工商银行股份有限公司”（以下简称“工商银行”）；2006 年，工商银行成功在上海、香港两地同步发行上市。公开发行上市后，工商银行共有 A 股 250962348064 股，H 股 83056501962 股，总股本 334018850026 股。①

2009 年全年实现税后利润 1111.51 亿元，较上年增长 35.6%，成为全球最盈利的银行。这已经是工商银行连续六年实现高增长，六年中税后利润年复合增长率达 37.5%，是全球成长性最好的国际性大银行之一。2008 年工商银行巩固了全球市值最大银行的地位，并成为全球最盈利的银行。在“2011 年中国企业 500 强”中，以营业收入 3808.21 亿元人民币列第 7 位。②

（二）国际布局

中国工商银行通过国际资本市场的并购在香港成立了工商东亚和工银亚洲。③

2001 年 7 月，中国工商银行向中国工商银行（亚洲）注入香港分行商业银行业务，促使中国工商银行（亚洲）的客户基础扩大、改善存款及贷款组合及使服务产品组合更趋多元化。透过此业务转移，大大提升中国工商银行（亚洲）的竞争力。

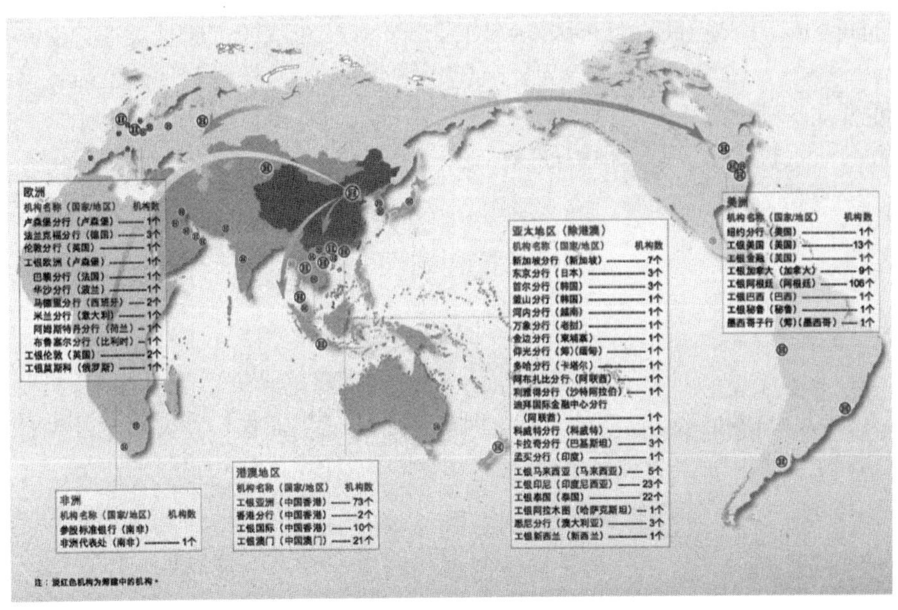

图 3　工行国际布局

---

① 工行上市．搜狐财经［引用日期 2012－11－8］．

② 2009 工行业绩．和讯银行［引用日期 2012－11－8］．

③ 工商银行——工商东亚和工银亚洲．CE［引用日期 2012－11－8］．

2004 年 4 月 30 日，中国工商银行（亚洲）购入华比富通银行之零售及商业银行业务。华比富通银行随后易名为华比银行，成为中国工商银行（亚洲）的全资附属公司。①

工商银行不断推进跨国经营，加快建立本外币、境内外业务均衡协调发展的经营格局。截至 2004 年末，工商银行在全球各主要国际金融中心设有 100 家分支机构和控股银行，外币总资产 495 亿美元，各项外币存款余额 309 亿美元，外币贷款余额 284 亿美元。2004 年全年办理国际结算业务 2122 亿美元，完成代客外汇资金业务 1489 亿美元，结售汇业务 955 亿美元，代客外汇买卖 449 亿美元。②

2005 年 10 月，中国工商银行（亚洲）正式将华比银行并入。当年末工银亚洲总资产为 993 亿港元，实现账面利润 7.6 亿港元，按总资产排序在香港银行业中升至第 6 位。

2005 年 11 月 23 日，中国工商银行（亚洲）获穆迪投资给予 A2/Prim e－1 长期/短期存款评级及 D＋级银行财务实力评级。

2007 年 10 月 25 日，工商银行与南非标准银行联合宣布，双方已就股权交易和战略合作事宜达成协议。根据协议，工商银行将支付约 366.7 亿南非兰特（约 54.6 亿美元）的对价，收购标准银行 20% 的股权，成为该行第一大股东。

2007 年，中国工商银行和印尼哈利姆（Halim）银行股东签署收购协议，将收购后者 90% 的股份。这是工商银行首次以收购方式进入国外市场，也是该行首次跨国银行收购。2007 年 11 月 12 日中国工商银行（印度尼西亚）有限公司（以下简称“工银印尼”）在雅加达举办了成立庆典。③

2008 年 1 月 28 日，工商银行以澳门币 46.83 亿元（相当于人民币 41.47 亿元）收购诚兴银行 119900 股普通股，占诚兴银行发行总股本的 79.93%。2009 年 7 月 11 日起，中国工商银行澳门分行与澳门诚兴银行股份有限公司合并，更名为中国工商银行（澳门）股份有限公司。④

2010 年 4 月 21 日，工商银行宣布，该行已经完成对泰国 ACL 银行大众有限公司的自愿要约收购，并于当日完成股份和资金交割。通过自愿要约收购，工商银行共收集到 ACL 银行约 97.24% 的股份。2010 年 11 月 3 日，中国工商银行在泰国首都曼谷举行庆典，宣布将其在泰国成功并购的 ACL 银行正式更名为中国工商银行（泰国）股份有限公司。⑤

中国工商银行（亚洲）凭借中国工商银行的庞大分行网络优势、领导地位及丰富经验，将继续开拓广泛的银行及财务业务，包括各类存款与贷款、贸易融资、汇款、清

---

① 中国工商银行亚洲．素材 CNN［引用日期 2012－11－8］．

② 2004 年工行外汇利润．新浪［引用日期 2012－11－8］．

③ 中国工行收购印度尼西亚哈利姆银行 90% 股份．和讯［引用日期 2012－11－8］．

④ 工商银行（澳门）股份有限公司成立．凤凰网［引用日期 2012－11－8］．

⑤ 中国工商银行股份有限公司关于工银泰国退市自愿要约收购完成．证券时报［引用日期 2012－11－8］．

算、工商业贷款、银团贷款、出入口押汇、中国业务咨询及融资、证券业务及黄金买卖的经纪服务及保险代理等。

2011年8月5日，工商银行宣布，其已就阿根廷标准银行及其两家关联公司（一家基金管理公司Standard Investments S. A. 和一家商务服务公司Inversora Diagonal S. A.）80%股权买卖交易与南非标准银行等达成协议，并于2011年8月4日（阿根廷时间）在布宜诺斯艾利斯签署了股份买卖协议文件。双方将随后履行监管报批手续。交易完成后，工商银行将负责阿根廷标准银行及其关联公司的营运和管理。[①]

2011年1月23日，工商银行与东亚银行联合宣布，双方已就美国东亚银行股权买卖交易达成协议，并于2011年1月21日（美国中部时间）在芝加哥签署了股份买卖协议。

根据双方签署的协议，工商银行将向东亚银行支付约1.4亿美元的对价，收购美国东亚银行80%的股权，东亚银行持有剩余20%的股权。同时，东亚银行还拥有卖出期权，可在本交易完成后，按双方协议约定的条款和日期，将其剩余股份转让给工商银行。双方将随后履行监管报批手续。交易完成后，工商银行将负责美国东亚银行的营运和管理。这是中资银行对美国商业银行的第一次控股权收购。[②]

2012年5月10日，美联储宣布通过工行收购东亚银行在美业务，这是首例中资银行在美国收购案。意味着中资银行未来可以以收购方式登陆美国，并成为中资银行在美业务扩张的新里程碑。东亚银行（截至2012年）拥有约7.8亿美元资产，在纽约和加利福尼亚州设有13家分行（纽约3家、旧金山5家、洛杉矶5家），基本覆盖了中国在美投资的主要地区，主要从事零售和商业银行业务。

中国工商银行在国内拥有近22000多家营业网点，并已建立起全球业务网络，在中国香港［香港分行、中国工商银行（亚洲）有限公司］、中国澳门［中国工商银行（澳门）股份有限公司］、哈萨克斯坦［中国工商银行（阿拉木图）股份公司］、新加坡（新加坡分行）、日本（东京分行、大阪分行）、韩国（首尔分行、釜山分行）、德国（法兰克福分行、慕尼黑分行）、卢森堡［中国工商银行（欧洲）有限公司、卢森堡分行］、美国［中国工商银行（美国）有限公司、纽约分行］、澳大利亚（悉尼分行、珀斯分行）、卡塔尔（多哈分行）、阿联酋［中国工商银行（中东）有限公司、阿布扎比分行］、英国［中国工商银行（伦敦）有限公司、伦敦中国城分行］、英国开曼群岛（开曼群岛工行英国分行）、俄罗斯［中国工商银行（莫斯科）股份公司］、印度尼西亚［中国工商银行（印度尼西亚）有限公司］、加拿大［中国工商银行（加拿大）有限公司］、泰国［中国工商银行（泰国）股份有限公司，清迈、普济、孔敬、罗勇、合艾等19家分行］、马来西亚［中国工商银行（马来西亚）有限公司］、越南（河内分行）、法国（巴黎分行）、比利时（布鲁塞尔分行）、荷兰（阿姆斯特丹分行）、意大利

① 工商银行收购阿根廷标准银行传言成真支付6亿美元．中国证券网［引用日期2012-11-8］．

② 工行证实收购美国东亚银行80%股权．网易［引用日期2012-11-8］．

（米兰分行）、西班牙（马德里分行、巴塞罗那分行）、巴基斯坦（伊斯兰堡分行、卡拉奇分行）、印度（孟买分行）、老挝（万象分行）、波兰（华沙分行）、秘鲁［中国工商银行（秘鲁）有限公司］、阿根廷［中国工商银行（阿根廷）有限公司］、巴西［中国工商银行（巴西）有限公司］、缅甸（仰光代表处）、南非（开普敦代表处）等多个国家和地区设有分支机构。截至2013年1月，工商银行已在全球34个国家和地区设立了200多家海外机构，并与132个国家和地区的1453家银行建立了代理行关系，形成了跨越亚、非、欧、美、澳五大洲的全球经营网络，跨市场与全球化服务能力显著增强。与4万多户国有大中型企业、中外合资企业、跨国公司等保持着良好的合作关系。

随着全球扩张的步伐，中国工商银行已经在互联网上建立起全球主站和各境外分行站点。为全球客户提供网上办理业务和了解中国工商银行的平台，网站界面简洁、架构清晰、内容充实。

2013年9月26日，中国工商银行巴西有限公司在圣保罗宣布正式对外营业。①

2014年末，工商银行在41个国家和地区建立了338家机构，通过参股标准银行集团间接覆盖非洲20个国家，与147个国家和地区的1809家境外银行建立了代理行关系，服务网络覆盖六大洲和全球重要国际金融中心。稳步推进国际化、综合化经营发展。加强对中资企业“走出去”、“一带一路”建设和人民币国际化的金融支持。进一步完善全球服务网络布局，提高核心市场渗透率和本土化经营程度。工银新西兰、科威特分行、伦敦分行正式开业；仰光分行、墨西哥子行获监管批准。标准银行公众有限公司股权并购项目1获监管批准，成为首家收购从事商品、资本和货币市场交易业务机构的中资银行；签署并购土耳其 Tekstilbank 75.5%的股权协议。综合化子公司对集团盈利贡献和战略协同作用进一步增强。工银瑞信管理基金规模大幅提升，实现规模与效益协调增长；工银租赁坚持服务实体经济，行业领军地位进一步巩固；工银安盛抓住寿险市场发展机遇，盈利能力进一步提升；工银国际积极拓展大型跨国公司和国内企业赴港上市，盈利结构更加稳定。

继新加坡分行后，卢森堡分行、多哈分行、工银加拿大相继获得中国人民银行授权，担任所在国家或地区的人民币业务清算行，工商银行成为首家拥有横跨亚、欧、美三大时区人民币清算行的金融机构。人民币清算账户持续增加，累计开立账户543个，人民币清算网络覆盖全球75个国家和地区。

十二、企业文化

（一）企业价值观

工于至诚，行以致远——诚信、人本、稳健、创新、卓越。②

① 工商银行巴西子行正式对外营业．新华网［引用日期2013-09-29］．

② 工于至诚，行以致远．和讯网［更新日期2015-1-15］．

（二）企业使命

- 服务客户
- 回报股东
- 成就员工
- 奉献社会

（三）愿景

建设最盈利、最优秀、最受尊重的国际一流现代金融企业。

（四）基本理念

发展理念、效益理念、风险理念、服务理念、品牌理念、团队理念、人才理念、学习理念。

（五）企业形象

您身边的银行，可信赖的银行。

（六）文化展现①

工商银行注重集团文化体系构建，出品企业文化史料图册《工行记忆——人·文化·发展》，分为“沧桑与印记：不了的情结”、“开拓与成长：艰辛的创业”等8部分企业文化发展阶段，并以视频的形式在网站呈现宣传。同时，工行不断扩充企业文化故事的宣传，“一张22年前的存单”、“我们等了您三年”、“与留守孩子有个约定”等活动将工行文化精神展示的淋漓尽致。

由中国工商银行上海市分行主办、上海市民政局登记注册的上海市银行博物馆于1998年6月筹备。上海市银行博物馆是上海乃至全国首家金融行业博物馆，它以其简明、翔实的史料实物及生动、鲜明的表现手段，以上海近代银行发展史为主线，浓缩了上海150年的银行沧桑。

银行博物馆还设“清末民初钱庄”、“兑换银圆”、“80年代初人民银行储蓄所”四个场景，采用高分子材料制成的人物雕塑栩栩如生。为生动体现改革开放以来上海银行业蓬勃发展的面貌，2000年底，又增添了上海外滩和浦东陆家嘴金融贸易区建筑模型，采取光、声控现代科技手段，展现上海银行业在改革开放中日新月异的巨大变化。

上海市银行博物馆自开馆以来，参观者络绎不绝。受到社会各界的关注与好评。上海电视大学、上海高等金融专科学校等大专院校要求将银行博物馆作为他们学生的第二课堂，要使每一个学生都到这里来上一课。来自上海财经大学研究生部、复旦大学经济

① 资料来源：中国工商银行官网。

学院、华东师范大学商学院和中欧国际工商学院的学生，参观后都感到大饱眼福。对上海百年金融历史有了更为深刻的了解，纷纷表示要努力学习，今后有志于中国金融事业。银行博物馆在海外及港澳地区也产生了一定的影响。2000 年在上海举行的亚太地区储协年会与会代表、2001 年 APEC 会议代表、2002 年亚洲开发银行年会代表、香港银行公会访问团、全市外资银行百余名行长都慕名前来参观。外国友人热情洋溢留言："这是一个非常有趣、非常美妙的博物馆"、"我们看到了中国金融的过去，更看到了中国金融的美好未来"。

工商银行在官方网站上建立"银行博物馆"的文化窗口，上海市银行博物馆不仅成为工商银行企业形象的一个重要窗口，也成为上海金融文化的一个亮点。

（七）工商银行评选表彰10位"感动工行"员工

2009 年 4 月 27 日，中国工商银行首届"感动工行"员工颁奖典礼在北京隆重举行，来自基层的 10 位员工荣膺"感动工行"荣誉。

据介绍，此次"感动工行"员工评选活动是工商银行为表彰基层员工感人事迹、推进企业文化建设的一项重要举措。全行通过自下而上层层推荐，先从 40 多万员工中推选出 106 名有感人事迹的候选人。之后评选委员会本着公平公正的原则，严格按照推选标准，牢牢把握"感动"这一要素，审议推选出 30 名正式人选。最后经过评委投票和全行员工网上投票，评选出了首届 10 位"感动工行"员工。

在工商银行评选出的首届 10 位"感动工行"员工中，既有忠于职守、爱岗敬业的客户经理，也有为了发展银行科技几乎失明的科技人员和奋斗在抗震救灾一线的模范人物，还有身患绝症"与时间赛跑"的支行行长，他们忘我工作，顾全大局，甘于奉献的心路历程和感人事迹，亲切真实，深深感动、鼓舞和震撼了每一位工行员工。在近 2 个小时的颁奖典礼中，会场不时响起阵阵热烈的掌声，许多员工流下了感动的泪水。

工商银行党委书记、董事长姜建清在致辞中指出，工商银行成立 25 年来，涌现出了许多品德高尚、事迹感人的优秀员工和先进典型，激励了一代代工行人开拓创新，拼搏进取，建功立业。此次受到表彰的 10 位员工，就是 40 多万员工队伍的优秀代表。他们的事迹，集中体现了当代工行人的精神风貌，代表着工行员工情牵客户、心系工行的敬业精神，任劳任怨、不计得失的奉献精神，勤奋好学、善于钻研的进取精神，恪尽职守、不辱使命的负责精神，以及自强不息、永不放弃的拼搏精神。同时，姜建清董事长希望全体员工以高度的时代紧迫感和历史使命感，切实肩负起加快工行发展的重任，向先进学习，向典型看齐，努力争当勤奋好学的表率、爱岗敬业的标兵和倡导新风的模范，把先进人物带来的感动，转化为实实在在的行动，以自己的热情、智慧和力量谱写新的历史篇章，在全面建设国际一流现代金融企业的征途上创造更多的辉煌。①

---

① 资料来源：中国工商银行官网。

十三、社会责任

1. 责任管理

中国工商银行已逐步形成一套成熟的多维度、多层次社会责任管理体系。在董事会和管理层领导下，总行战略管理与投资者关系部牵头协调社会责任整体工作，统一编制、发布社会责任报告，总行各部室及各分支机构分头组织实施，共同推进社会责任的履行和落实。

2. 社会评价

报告期内，工行在履行社会责任方面的良好表现赢得了社会各界的广泛认可，先后荣获“年度最具社会责任金融机构奖”、“新长城教育扶贫突出贡献单位”、“年度最佳公益慈善贡献奖”、“社会责任管理最佳实践奖”、“促进社会责任发展最佳实践奖”、“十一五全国节能先进集体”等近二十项大奖。

十四、财务绩效

（一）整体数据

表 5　工行整体财务数据

	2014 年	2013 年	2012 年
全年经营成果（人民币百万元）			
利息净收入	493522	443335	417828
手续费及佣金净收入	132497	122326	106064
营业收入	658892	589637	536945
业务及管理费	176261	165280	153336
资产减值损失	56729	38321	33745
营业利润	359612	337046	307458
税前利润	361612	338537	308687
净利润	276286	262965	238691
归属于母公司股东的净利润	275811	262649	238532
扣除非正常性损益后归属于母公司股东的净利润	274375	261537	237582
经营活动产生的现金流量净额	201457	（1947）	533508
于报告期末（人民币百万元）			
资产总额	20609953	18917752	17542217
客户贷款及垫款总额	11026331	9922374	8803692
贷款减值准备	257581	240959	220403

续表

	2014 年	2013 年	2012 年
投资	4433237	4322244	4083887
负债总额	19072649	17639289	16413758
客户存款	15556601	14620825	13642910
同业及其他金融机构存放款项	1106776	867094	1232623
拆入资金	432463	402161	254182
归属于母公司股东的权益	1530859	1274134	1124997
股本	353495	351390	349620
核心一级资本净额	1486733	1266841	—
一级资本净额	1521233	1266859	—
总资本净额	1812137	1572265	1299014
风险加权资产	12475939	11982187	9511205
每股计（人民币元）			
每股净资产	4. 33	3. 63	3. 22
基本每股收益	0. 78	0. 75	0. 68
稀释每股收益	0. 78	0. 74	0. 67
扣除非经常性损益后的基本每股收益	0. 78	0. 75	0. 68

表 6　财务指标

	2014 年	2013 年	2012 年
盈利能力指标（%）			
平均总资产回报率	1. 40	1. 44	1. 45
加权平均净资产收益率	19. 96	21. 92	23. 02
扣除非经常性损益后加权平均净资产收益率	19. 86	21. 83	22. 93
净利息差	2. 46	2. 40	2. 49
净利息收益率	2. 66	2. 57	2. 66
风险加权资产收益率	2. 26	2. 45	2. 66
手续费及佣金净收入比营业收入	20. 11	20. 75	19. 75
成本收入比	26. 75	28. 03	28. 56
资产质量指标（%）			
不良贷款率	1. 13	0. 94	0. 85
拨备覆盖率	206. 90	257. 19	295. 55
贷款拨备率	2. 34	2. 43	2. 50
资本充足率指标（%）			
核心一级资本充足率	11. 92	10. 57	—
资本充足率	14. 53	13. 12	13. 66
总权益对总资产比率	7. 46	6. 76	6. 43
风险加权资产占总资产比率	60. 53	63. 34	54. 22

工商银行应该适当地收缩规模，正确地配置资源，努力增加科技投入和职工培训的投入，提高银行的电子化、信息化水平和职工素质。只有这样，才能进而提高工商银行的技术水平和经营管理水平，提高职工素质，提高工商银行的市场竞争力。

（二）盈利能力

表 7　工行盈利能力指标　　单位：%

盈利能力指标报告期	净资产收益率	总资产收益率	净利润率	毛利率
2014 年年度	18.02	1.34	41.86	54.58
2013 年年度	20.61	1.39	44.54	57.16
2012 年年度	21.20	1.36	44.42	57.26
2011 年年度	21.77	1.35	43.83	57.03
2010 年年度	20.13	1.23	43.37	56.32
2009 年年度	19.08	1.09	41.56	53.64
2008 年年度	18.36	1.14	35.76	46.34
2007 年年度	15.08	0.94	31.97	44.53
2006 年年度	10.43	0.65	16.75	100.00
2005 年年度	14.56	0.58	23.04	100.00
2004 年年度	-6.05	0.61	22.08	100.00
2003 年年度	-4.17	0.49	18.21	100.00

2013 年以来，工行积极顺应经济金融运行的新变化和经济转型升级的新趋势，加快推进由新增贷款支持实体经济发展向增量优化和存量调整并重转变，在保持信贷总量适度增长和均衡投放的基础上，通过优化信贷结构和加快存量周转来提高服务经济的能力和效率。截至 2013 年上半年，工行境内分行人民币各项贷款新增 4907 亿元，同比多增 395 万亿元，增幅 6.22%；贷款累计发放 4.34 万亿元，增长 21%。近三年工行当年贷款累放量分别是新增量的 5.65 倍、6.82 倍和 8.02 倍，贷款周转逐年加快。但工商银行在中间业务收入方面所占比率不到 30%，这说明工商银行在中间业务收入方面还有所提升。

（三）成长能力

表 8　工行成长能力指标　　单位：%

成长性指标报告期	主营业务收入增长率	净利润增长率	总资产增长率	净资产增长率	每股收益增长率
2014 年年度	11.75	5.01	8.95	20.15	4.39
2013 年年度	9.81	10.11	7.84	13.26	9.56
2012 年年度	12.99	14.53	13.34	17.59	14.36
2011 年年度	24.79	26.10	15.00	16.61	26.08
2010 年年度	23.06	28.43	14.20	21.74	22.91

续表

成长性指标报告期	主营业务收入增长率	净利润增长率	总资产增长率	净资产增长率	每股收益增长率
2009年年度	-0.10	16.10	20.78	11.72	16.10
2008年年度	21.88	36.32	12.36	11.92	36.32
2007年年度	42.08	66.79	15.65	15.43	66.79
2006年年度	79.12	30.25	16.29	81.71	-3.30
2005年年度	16.53	21.59	27.29	-150.56	-21.23
2004年年度	13.43	37.49	11.24	-5.39	37.50
2003年年度	—	—	—	—	—

工商银行盈利的基础是资产质量总体稳定，风险管控水平持续提升。2010年至今，针对经济增长放缓、银行信贷风险防控出现的一些新情况，工行以大数据思维规划和推进信贷变革，打造业务关联、上下游联动、跨账户交易的信息流风险控制模式，确保信贷资产质量的稳定。截至2013年上半年末，工行不良贷款率为0.87%，较年初微升0.02%，与3月末持平。同时，针对复杂敏感环境下各类风险因素明显增多、相互交织传染的可能性增大的实际，工行进一步强化全面风险管理体系建设，持续加大了对风险多发领域的检查整治力度，确保了各类风险的整体可控，从而为其盈利奠定了一定的基础。

十五、自贸区元素

（一）上海自贸区

伴随着“一带一路”战略实施和人民币国际化进程，中资企业走出去成为“新常态”，海外并购和跨境资金运作的力度和广度持续扩大，催生出诸多新的金融服务需求，境内外、本外币一体化的金融创新频出，为银行创新发展带来广阔的市场空间。上海自贸区的建立是打造我国经济“升级版”的重要举措之一，将不仅为上海经济发展注入新的动力，也为商业银行创新转型提供难得的历史机遇，孕育着巨大的市场发展空间，具有战略和现实上的双重意义。

1. 紧跟改革步伐，实现多项“首次”

为全面满足自贸区实体经济优质金融服务需求，中国工商银行紧跟上海自贸试验区金融改革步伐，2013年9月，中国工商银行上海自贸试验区分行首批成立；2014年2月，中国工商银行上海市分行为首批区内企业办理人民币境外借款、跨境人民币双向资金池以及首个第三方支付机构提供跨境人民币支付结算业务；2014年6月，中国工商银行上海分行首批通过人民银行分账核算单元（FTU）的验收，在自由贸易账户上线的当天，中国工商银行即与区内国有大型骨干航运企业——中海发展股份有限公司做了同业首笔分账核算项下的人民币贸易融资，并完成在自由贸易账户内首笔购汇、平盘和跨

境结算等动作，实现自贸区分账核算业务的扬帆起航，逐步建立起了面向国际市场的自贸区跨境金融服务体系。

工行根据客户需求推出涵盖“结算、投资、融资、交易”首批4大类45项自贸区特色产品。同时，工行还积极参与自贸区金融工程建设，发挥集团海外布局优势，整合全球人民币资源，服务企业走出去，推动人民币跨境扩大使用，将试验区内各项金融改革政策进行成果转化，创下自贸区多笔市场首单业务。

在人民币境外融资方面，工行通过境内外分行的内外联动，为多家中外资企业办理了境外人民币借款，推动欧洲、亚洲地区的海外人民币资金与国内实体经济需求形成良好互动。在人民币跨境资金池方面，工行成功搭建了国内首个跨境人民币双向资金池，满足了企业对现金管理全球化的深层需求。在人民币跨境支付方面，工行携手多家支付机构开展了跨境电子商务人民币支付业务。

在自由贸易账户下融资方面，工行为多家自贸区内企业发放了13.5亿元人民币贷款，融资产品包括流动资金和国际贸易融资，企业规模涵盖大、中、小型企业。同时，工银租赁也在自贸区内设立了SPV公司，成功操作了首单大型飞机融资租赁业务，顺利完成了飞机进口报关、进口款项支付、启租等工作。

在投融资及汇兑便利方面，工行充分运用投融资汇兑政策便利，为客户提供跨境并购顾问服务，帮助其成功实现境外收购，赢得了自贸区首单跨境并购贷款业务。工行为上海现代建筑设计（集团）有限公司收购美国第三大室内设计公司Wilson & Associates（“W&A”）的业务设计了在自贸区注册新企业，充分综合运用自贸区企业跨境投融资便利的并购方案，仅用两个月时间即完成了从并购主体企业设立到并购完成的全过程，并购交易总额近6000万美元。

2. 发挥优势积极创新，拓展业务领域

工商银行上海分行依托强大的工行全球网络优势和先进的科技系统优势，以及庞大的客户规模优势，加快产品创新步伐，为自贸区内企业乃至更广泛的客户带来更全方位、更富内涵、更高品质的产品与服务。

注册于自贸区的各类主体可根据业务需要，在本行办理本外币汇款业务、托收业务、信用证业务等自由贸易账户或传统账户下的结算。工商银行上海分行在本外币自由贸易账户政策开放首日，就分别为益海国贸和振华重工办理了本外币自由贸易账户收付款业务，通过使用自由贸易账户便捷资金收支手续，提升资金周转效率。

在跨境人民币借款的基础上，分账核算境外融资实施细则优化了境外融资管理政策，进一步完善了自由贸易账户功能。将本外币融资纳入统一的政策框架内，中外资企业或金融机构可依据统一规则，自主选择从境外借用人民币资金还是外币资金，便利了企业、非金融机构和金融机构正常的金融活动，可有效降低企业融资成本和运营成本。工商银行上海分行面向自贸区的各类主体推出了本外币各期限流动资金贷款、贸易融资、项目融资及并购融资产品，满足融资主体资金的境外支付需求。工商银行依托集团海外覆盖41个国家和地区的境外机构和遍布六大洲、145个国家和地区的全球代理行网络优势建立高效的金融机构间交易渠道，根据各类主体实际需求，灵活应用自贸区政策，量身定制融资产品，为融资主体降低了财务成本、提高了资金使用效率。

2015年4月工行上海分行已在分账核算单元内研发和完成了首款理财产品的募集和投放，开创自由贸易账户资管类产品的先河；同时，工行上海市分行还基于客户控制风险的需要向广大区内和境外企业提供外汇交易及衍生品交易等代客风险管理产品，以满足境内外主体在自由贸易账户体系下的投资和风险控制需求。

本行作为首批获得人民银行上海总部自贸区分账核算业务资质的商业银行，在坚持产品创新的同时，致力于合作模式的创新。在人民银行上海总部的指导下，已先期携手沪上某知名财务公司共同建立银财合作的非银行金融机构分账核算单元（FTU）建设，通过工行先进的分账核算系统，与财务公司自身系统建立全账户映射，助力注册于自贸区的非银行金融机构开启分账核算单元之旅。非银行金融机构通过与工行上海分行的对接获准取得分账核算单元资格后，将享有分账核算业务下的境外融资额度，提高其自身境外融资额度，丰富资金来源渠道，最终服务于集团内各实体经济主体。

3. 服务实体经济，探索服务经验

中国工商银行一贯秉承"以市场为导向、以客户为中心"的服务理念，不断研发创新自贸区金融产品，第一时间推向客户，服务于区内和境外各类实体经济主体，探索并形成可复制、可推广的自贸区金融服务经验。

工商银行上海分行自贸区金融改革的出发点和落脚点都是服务实体经济。因此，工商银行上海分行自贸区金融服务的主要目标客户群体是上海乃至全国的实体经营企业。两年来，工商银行使上海电气、浦发集团等一批本地的大型实体经营企业通过自贸区金融产品直接感受到自贸区融资渠道的多样性带来的融资成本的降低；使现代设计、复兴集团等一批走出去的客户感受到自贸区投融资汇兑的便利和跨境资金流动的高效；使苏浙汇等一批中小型客户感受到自贸区金融改革带来的贸易、融资、汇兑等全方位的便利金融服务；同时让托克集团、益海集团等一批外资企业通过使用本外币跨境资金池以及自由贸易账户的结算与汇兑感受到跨境资金流动的便捷。

工商银行在外债融资及汇兑、跨境并购融资、汽车金融公司借款、财务公司跨境融资及分账核算搭建等产品领域成功尝鲜，同时全方位满足了各类型公司、机构在资金管理、风险管理、跨境投资和融资、贸易结算等方面的多元化需求。鉴于自贸区金融特有的非居民主体金融服务，工行建立了有效的客户跨境联动服务模式，通过与境外分行在客户准入、客户调查等环节的联动，创新为境外客户办理自由贸易账户下的本外币融资业务。

接下来，工行将继续围绕上海金融中心及科创中心建设主题，打造跨境融资产品系列，积极支持"一带一路"战略和企业"走出去"。建设自贸区特色全球资产管理产品线，在代客利率汇率管理、理财、大额存单、资产证券化等领域为客户提供综合服务。开展全球现金管理产品创新，提供包括全球开户、本外币双向资金池等综合化的全球现金管理解决方案，积极参与推进人民币国际化进程。充分发挥工商银行全球化网络优势，境内外机构在资金、结算、融资、投资等各领域联通合作，以上海自贸区为平台，为客户提供“一揽子”、全方位的优质金融服务。从机构设置、资源配置、制度支持、业务创新和境内外联动等多个维度入手，积极支持自贸区发展，为上海市金融中心建设添砖加瓦。

（二）广东自贸区

工商银行高度重视广东自贸区的发展，在辖内南沙、横琴两个片区拥有良好的业务开展基础。为了更好地服务自贸区内企业，加强自贸区内金融创新服务能力，本行积极推动区内机构升格。横琴分行前身为横琴支行，成立于2011年1月，现已升格为直属省行管理的二级分行，成为广东工行第20家二级分行，也是1993年以后广东工行辖内新增的第一家二级分行。在南沙片区，也已设立广东自贸试验区南沙分行，成立了南沙自贸区金融创新与服务中心，建成“跨境业务平台”、“产品创新平台”、“金融资产交易平台”和“总部企业服务平台”四大平台，打造跨境金融“一站式”服务平台。

1. 南沙自贸区

南沙地处珠三角的几何中心，毗邻港澳，服务内地，区位优势和战略地位非常突出。为发挥这一地域优势助力自贸区企业发展，工商银行携手工银亚洲、工银澳门、工银国际等境外机构，为南沙区建设提供资源支持结构融资、国际银团、跨境并购融资、境内外项目融资、跨境人民币融资、内保外贷以及海外发债等组合性金融解决方案；为南沙区总部经济提供全球现金管理、跨国企业本外币资金池、贸易融资、人民币与外汇衍生品交易等金融市场产品和服务；大力支持南沙区跨境电子商务、融资租赁、保理、股权投资基金，以及个人金融业务，以“商行+投行”的全方位金融服务模式，为企业“引进来”和“走出去”项目实现对接，搭建南沙区与海外投融资的桥梁。工行南沙分行与工银澳门和工银亚洲密切联动，为南沙新区重点项目建设提供低成本的跨境人民币贷款支持。

南沙自贸区的成立，进一步推动了本地融资租赁产业的发展。工商银行非常重视自贸区融资租赁产业的发展，将依托覆盖全球42个国家和地区，近400家的境外机构网络，通过多种形式的跨境贷款，引入境外低成本的资金；同时通过办理应收账款保理、应收租赁款保理、跨境资产转让、资产证券化等产品，为融资租赁公司提供覆盖融资租赁业务全链条的服务，并通过融资租赁行业支持自贸区内实体经济发展。

工行为满足境内外电商平台跨境交易、移动终端、网上银行跨境支付的创新需求，积极打造互联网金融跨境支付清算系统，支持区内跨境电子商务行业发展。该系统依托工行全球清算网络和集团一体化的清算业务通用平台系统，建立跨境资金清算全球多币种自动兑换以及资金头寸晚间流动性管理机制，发挥工行跨境支付24小时连续清算的能力，运用跨境清算技术、跨时区连续运作机制与理念，为互联网金融跨境业务发展提供不间断的资金流动性保障，实现全球清算技术和清算网络向第三方支付组织、全球电商平台延伸。同时，依托互联网、云计算、大数据技术建立工行清算资金开放共享的服务模式，解决跨境电商的跨境支付及结售汇需求，为南沙自贸片区作为广州跨境电商基地的发展提供强有力的金融服务支持。

南沙自贸区的成立将加速航运产业发展。工行积极探索金融创新，研究开发航运交易、航运融资、保理，推动南沙自贸区航运金融创新的发展。目前，工行南沙分行已向区内企业推出运费融资、船舶建造期发票融资、船舶融资租赁等航运金融相关产品，多维度、多渠道助力航运金融发展，支持南沙自贸区建立布局合理、运作规范、多种经济形式并存的现代物流服务体系。

2. 横琴自贸区

2015年4月23日中国工商银行广东自贸试验区横琴分行正式挂牌，至此中国工商银行广东省分行在广东自由贸易试验区南沙、横琴片区的服务基地全部开启，广东省分行将依托工行全球化综合化金融优势，为自贸区企业提供全方位跨境综合金融支持。

目前，工商银行境外网络覆盖全球42个国家和地区，分支机构近400家，是目前全球网络覆盖最广的中资金融机构，形成了横跨亚、非、拉、欧、美、澳的全球服务网络。同时，外资代理行总数突破1800家，遍布对华投资和贸易往来95%以上的国家和地区。依托工行国际化综合化经营优势，研究推出跨境人民币境外放款、跨境人民币贷款、跨境人民币双向资金池、融资租赁贷、商业保理贷等创新产品。

在横琴新区，作为珠海同业首家办理外商投资企业资本金意愿结汇业务的银行，工行为横琴新区注册的客户提供了多元化服务。在跨境汇款上，工商银行系统已实现了即时到账的高效模式；在跨境融资上，横琴分行通过与工银澳门两地联动，成功向“粤澳产业园”中多个项目的澳门股东发放贷款，开拓了横琴新区项目融资的新通道。

伴随广东自贸区金融改革的不断深化，广东工行以服务区内实体经济需求为导向，助力自贸区内各项事业的发展，壮大自贸区规模。本行积极支持横琴新区区内基础设施建设。截至2015年2月，工商银行对横琴新区内基础设施建设累计投放贷款超过120亿元，本行融资支持的“珠海长隆国际海洋度假区”项目已于2014年3月29日开业，是横琴第一个建成投产的大型商业项目。目前在横琴新区注册的基金机构中，工行客户实际到位资金超过100亿元，占全部到位资金总规模的90%以上。

3. 前海自贸区

作为全球最大商业银行，工商银行在前海这个全新的金融宝矿里开疆拓土，全力支持前海建设发展，取得了令人瞩目的成绩。为应对高速发展和竞争激烈的市场，工商银行提出“全行办前海，前海为全行”的口号，前海分行作为创新“先锋队”，抢先抓住了前海蛇口片区跨境双向投融资推动、交易平台与结算方式创新、跨境资金流动业务试点等创新机遇，旨在打造公司业务、个人业务、电子商务跨境产品孵化基地，加快推出政策导向和需求驱动的金融创新产品。打造前海金融创新背景下工商银行的产品批发中心和项目遴选配置中心，为工商银行集团境内外所有进驻前海的企业和拟通过前海实现资本和项目输出或引进的各类优质企业提供前瞻、便利的金融创新服务是前海分行的建设目标。

工商银行前海分行自2013年底成立以来，立足前海自贸区，践行国家"互联网+"和"一带一路"的发展战略，主动参与并融入跨境电子商务生态圈，积极与产业链中的各类参与者进行沟通和互动，以互联网思维开展金融创新，先后为跨境电商企业提供了"跨付通"1.0到4.0四个版本的专属服务产品，解决跨境电商进口、出口、B2B、B2C等资金流转问题，提供了快速、优惠的跨境资金结算服务。通过与海关的系统对接，通关速度有所提升，跨境资金清算的效率也大大提高。以此为基础，已有约50家跨境电商企业落户前海工行，并陆续开展跨境资金结算的业务。深圳排名前10位的跨境电商企业中已有6家在工行前海分行落户。

其他各项业务也始终保持了较好的发展水平。截至2015年6月末，前海分行累计跨境人民币贷款备案金额超过300亿元，累计提款超过70亿元，两项业务市场占比自2014年来始终保持同业第一，领先优势明显；推出工商银行前海企业注册平台，为企业提供从工商注册登记到银行开户和跨境业务咨询的"一揽子"服务，将银行服务外延，实现前海客户批量化拓户，累计为超过5000家入驻前海企业提供金融服务，服务前海企业客户市场占比第一。参与了前海18家要素平台中9家的系统搭建工作，市场占比一半。此外，前海分行充分发挥工商银行集团的内外联动优势，与近30家境外分支机构进行了深度合作，并已为包括中国供销、中冶、五矿、阿里巴巴在内的数十家总行和16家内地省行的核心客户提供了基于跨境人民币双向流动的金融服务，成为工商银行在前海"一点接入、服务全球"的战略桥头堡。

工行前海分行还推进金融资产交易业务发展，探索银行转型升级新路径。积极参与前海蛇口片区黄金、石油、商品和金融交易平台的搭建，针对交易要素流转所需配套的金融结算、融资、渠道服务、客户共享等，创新服务手段，挖掘业务增长点。从全球视野，为客户探索与利率、汇率挂钩的多区域、多要素市场的多元化金融服务方案，提升工行综合服务能力，增加客户渗透率和产品黏性，主动应对来自非银行资管领域和互联网企业的金融创新冲击。

随着广东自贸区各项政策的逐步落地，工商银行将继续立足于深化粤港澳合作，依托于自贸区账户、跨境人民币融资、跨境人民币资金池、区内企业境外发债、个人跨境人民币业务、资本项目外汇管理及外债管理等方面的具体创新政策，进一步探索拓展跨境资金交流平台，高效对接自贸区内外各项金融需求，实现企业全球资金最优配置，为促进境内外资金互通、市场互联搭建优质的中介桥梁和纽带。

（三）天津自贸区

工商银行天津自由贸易试验区分行挂牌成功，标志着工商银行正式在天津自贸区设点布局。工商银行天津自由贸易试验区分行由工商银行塘沽分行更名而来，隶属于工商银行天津市分行管辖。天津自贸区三片区域内除该行外，还分布着工行5家一级支行，分别是：保税分行、东丽支行、空港支行、临港支行、开发分行，涉及网点13家，均向自贸区内客户提供优质的金融服务。自国务院批准发布《中国（天津）自由贸易试验区总体方案》后，工商银行天津分行紧锣密鼓地进行各项自贸区内业务安排，并在天津自贸区挂牌当天为区内企业办理了首笔600多万美元的国际贸易融资业务，实现了自贸区业务零的突破。

工商银行天津自由贸易试验区分行除为区域内客户提供传统金融服务外，还可为区内客户提供人民币境外借款、跨境双向人民币资金池、第三方支付机构跨境人民币业务、自由贸易账户开户和自由贸易账户项下贸易融资等自贸试验区特色业务。

在跨境人民币方面，工商银行在境外拥有新加坡、卢森堡、多哈、加拿大、泰国5家人民银行指定的人民币清算行，成为首家拥有横跨亚、欧、美三大时区境外人民币清算行的金融机构，并具有资金、产品、系统、人才等众多优势。

在专项融资业务领域，2014年，工商银行以435个牵头行、467亿美元签约金额的骄人成绩荣膺“亚太区银团贷款牵头行排行榜”之首，并将继续加强对“走出去”企业的金融支持。天津自由贸易试验区建成后，工商银行天津市分行将凭借卓越的金融创新能力及强大的综合服务优势，为自贸区内客户提供涵盖“结算、投资、融资、交易”等自贸区专属金融业。工商银行天津分行将携手中心商务区继续深入研究自贸区各项政策，根据客户需求不断加强产品创新，充分发挥自身专业优势，协助当地企业抓住自贸区机遇，加快业务发展。

目前，工商银行境外网络已经覆盖全球42个国家和地区，分支机构达到338家，境外代理行达到1900多家，服务网络覆盖亚、非、拉、欧、美、澳六大洲和全球重要国际金融中心，成为全球网络覆盖最广的中资金融机构，可为客户提供包括商业银行、投资银行、直接投资、投资管理、保险、基金、租赁等多领域金融服务。工行天津自由贸易试验区分行将继续凭借总、分行强大后盾做支持，为天津自贸区内企业提供优质金融服务，为京津冀协同发展贡献力量。

（四）福建自贸区

自2014年12月国务院批准设立福建自由贸易试验区以来，中国工商银行福建省分行积极响应中央和福建省推进自贸区发展的号召，本着“创新导向、积极稳妥、分类推进、依法合规”的原则，通过积极开展产品创新、加强市场营销、探索经营管理模式创新与加强系统建设、服务渠道建设等方式，一心一意创一流，凝智聚力优服务，着力发挥大型国有银行支持自贸区建设发展的主力军作用，将自贸区业务发展作为福建工行参与金融改革的桥头堡。

工商银行福建省分行营业部积极融入福州市委、市政府“全力抓好自贸区的建设运作，强力推进福州新区开放开发，全面融入21世纪海上丝绸之路战略”的发展规划，不断加大力度服务于福州经济社会发展。

工行还依托ICBC集团优势，以自贸区客户跨境、跨行业、跨市场的金融服务需求为出发点，以综合化、国际化为导向，加强内外部整合联动，拓宽境内外联动渠道，实现集团资源的优势互补，实现最大范围的信息共享和资源整合，构建一体化协同营销机

制，形成整体服务合力，积极服务于自贸区在内的公司客户和个人客户的全球化金融需求，让客户无论在境内还是在异国他乡都能感受到福建工行熟悉和温馨的服务。

在跨境融资业务方面，工行积极联动海外机构为自贸区内从境外融入资金的客户提供便利，并提供账户支持、结算支持、授信支持、担保支持、资金协助监管等服务，支持区内企业从境外借入一定规模本外币资金，积极探索与中国台湾同业开展跨境人民币借款等业务。

在股权融资业务方面，工行有丰富股权融资业务项目运作经验，已经组建“平潭建设百亿基金”投资福建自贸区平潭片区的企业，正在积极探索组建“福建自贸区（福州新区）产业股权投资基金”投资自贸区其他片区的实体企业，解决了入驻自贸区企业的前期资本金需求。

在机构金融服务方面，福建工行可为自贸区企业提供银关通、加工贸易保证金台账业务，并积极探索在自贸试验区内设立专业金融托管服务机构，支持区内机构双向投资于境内外证券期货市场。

目前，工行加快服务渠道建设，坚持便利高效的原则，以提供客户体验为目标，不断进行流程优化，精简管理审批环节，提高服务效率，满足客户需求，完善机构布局，结合辖内实际，确定了自贸区内下一阶段的机构布局安排，将充实自贸区内的网点机构力量，在信贷规模、人员配备、业务办理效率等各个方面大幅提高。

为加强自贸区金融服务工作的整体推进规划，福建工行还组建了推进自贸区金融服务工作领导小组和工作小组，营业部紧紧抓住福州市加快发展的战略机遇，抓紧对接省、市重点项目，创新资产管理服务，坚持把信贷工作的主要着力点放在服务实体经济上，以政策制度导向为切入点，在兼顾风险、收益与市场竞争力的基础上，把握好信贷投向及融资业务发展节奏，高效推进直营项目，完成了国务院批复的《海峡西岸经济区发展规划》和铁路总公司“十二五”规划的两个重点建设项目——工行15亿元贷款额度的福平铁路、工行40亿元贷款总额的南三龙铁路的“行内+行外”项目流程；积极通过行内外银团贷款、并购贷款、理财等方式，对接项目资金，大力支持优质固定资产支持融资项目、技术改造项目；支持福州地区优势产业升级、技术提升；支持重点产业和新兴产业发展；加大房地产贷款结构调整力度，重点投向符合国家政策导向的普通商品住房及保障性安居工程建设项目。

工行福建省分行坚持抓大不放小的原则，瞄准产业集群区域，继续加快小微企业业务推广，拓展产业集群区域、各大专业市场，已批中亭街、福州大鞋城、广益家居、海峡水产品、特艺城五大专业市场；积极推动“万家小微企业成长计划”，与福州市经济委员会、福州市财政局签订三方协议，建立福州市小微企业成长贷款机制和“成长贷”政府增信资金机制。

2015年12月18日，中国工商银行福建自贸试验区福州片区分行隆重举行揭牌仪式。福建自贸试验区福州片区一直聚焦着社会各界的目光，同样一直受到工商银行的重视和青睐。工商银行将福建自贸试验区福州片区支行升格为福建自贸试验区福州片区分行，表明了工商银行积极支持福建自贸区发展和建设的决心和信心。也意味着工商银行对福建自贸试验区福州片区的服务实现了“升级”，有利于工行在本地区缩短机构的管理链条，提升经营层次，激发创新活力。从自贸区福州片区挂牌以来，工商银行积极参与自贸区建设，已为福州片区几百家内外资新注册客户提供了全方位的金融服务，赢得了广大客户的赞许。

下一步，工商银行福建分行将赋予福建自贸试验区福州片区分行更加灵活的经营机制和管理模式，给予更大的资源投入与政策倾斜，力争打造一个全辖经营转型和发展创新的试验田。升格后的工行福建自贸试验区福州片区分行将借助工商银行卓越的平台和强大的金融综合优势与资源优势，充分利用自贸区金融创新优惠政策，把握金融衍生业务、资本项目开放、利率市场化、跨境融资等先机，不断创新服务和产品，打造特色服务品牌，成为践行工行国际化、综合化改革、全球化战略和创新发展战略的桥头堡，为自贸区福州片区以及境内外广大客户提供更多更好的金融服务，为自贸区建设和发展做出更大的贡献。

在新的一年里，工商银行将继续认真落实中央经济工作会议精神，以新思路服务经济新常态，结合福建自贸区建设以及21世纪海上丝绸之路战略枢纽城市建设，准确把握发展新常态，积极扶持福州地区先进制造业、新兴产业发展，助推福州经济实现转型升级。

参考文献

［1］官方网站网址：http：//www. icbc. com. cn/中文。

［2］和讯网：http：//stockdata. stock. hexun. com/601398. shtml。

［3］中国工商银行股份有限公司2014年年报。

［4］中国工商银行股份有限公司首次公开发行股票（A股）招股意向书（2006）。

中国平安保险（集团）股份有限公司

一、发展历程及排名

（一）集团简介

中国平安，全称为中国平安保险（集团）股份有限公司，是中国第一家股份制保险企业，融保险、银行、投资三大主营业务为一体，核心金融与互联网金融业务并行发展的个人金融生活服务集团之一。公司于 1988 年在深圳蛇口成立，后在香港联合交易所主板及上海证券交易所两地上市，股票代码分别为“2318”和“601318”。

中国平安是中国金融保险业中第一家引入外资的企业，拥有完善的治理架构，国际化、专业化的管理团队。中国平安遵循“集团控股、分业经营、分业监管、整体上市”的管理模式，在一致的战略、统一的品牌和文化基础上，确保集团整体朝着共同的目标前进。中国平安拥有中国金融企业中真正整合的综合金融服务平台，位于上海张江的中国平安全国后援管理中心是亚洲领先的金融后台处理中心，公司据此建立起流程化、工厂化的后台作业系统，并借助电话、网络及专业的业务员队伍，为客户提供专业化、标准化、全方位的金融理财服务。通过业界首创的客户服务节及万里通、一账通等创新的服务模式，为客户提供增值服务。

（二）企业发展历程

平安集团成立于 1988 年，主要经营深圳市范围内的财产保险业务；1992 年经营范围扩展至全国；1994 年进入人身保险市场；1996 年开始经营证券和信托业务，同年开始保险业务的海外经营。2002 年，根据保险业分业管理的要求，平安作为主发起人设立平安寿险和平安产险，分别经营人身保险和财产保险业务。2003 年，经国务院同意、中国保监会批准，平安变更为控股公司，同年，平安收购了福建亚洲银行（后更名为平安银行），正式进入银行业。2004 年至 2005 年，平安设立平安养老险、平安健康险和平安资产管理，实现了养老保险和健康保险的专业化经营以及保险资产的专业化管理。2006 年 12 月，公司收购了深圳商业银行，进一步巩固和扩充平安的商业银行业务资源。2007 年 3 月 1 日，中国平安保险（集团）股份有限公司在上海证券交易所挂牌上市，证券简称为“中国平安”，A 股证券代码为“601318”。2011 年，收购深圳发展银行，扩展信用卡业务。2013 年 8 月，平安银行正式设立行业、产品和平台等 15 个事业部，试行由成本中心向利润中心的转变，启动“不一样的银行”转型战略。

（三）企业排名

2013 年 7 月 9 日，《财富》杂志 2013 年世界 500 强排行榜中，中国平安再次入选，位列第 181 名。中国企业联合会的 2012 年中国企业 500 强排行榜中，中国平安再次入选，位列第 32 名，服务业位列第 14 名。

表 1　2009～2015 年平安集团的排名情况　　单位：亿元、名

排名情况	2009 年	2010 年	2011 年	2012 年	2013 年	2014 年	2015 年
营业收入	1398	1478	1955	2489	5376	6851	8602
中国 500 强排名	38	38	34	32	22	20	20
世界 500 强排名	462	383	328	242	181	128	96
上财竞争力 500 强排名	170	131	66	10	16	19	

资料来源：上海财经大学 500 强企业研究中心，中国 500 强企业发展报告。

二、掌门人信息

（一）基本信息

马明哲，中国平安保险（集团）股份有限公司董事长兼 CEO，经济学博士。2012 年中国上市公司薪酬榜，马明哲以税前 988 万元排名第二。

马明哲生于 1955 年 12 月。作为中国平安保险（集团）股份有限公司的创始人，自公司于 1988 年成立开始，马明哲带领中国平安从无到有，从小到大，用 20 年时间，从仅有 13 名员工的单一财产险公司到中国三大综合金融集团之一，业务范围覆盖产险、寿险、养老金、健康险、银行、证券、信托、资产管理、基金等全金融领域，进入世界 500 强。该集团在中国近千个城市设有营业机构，拥有 5600 多万的个人客户、400 万的企业客户，员工和代理人队伍逾 56 万人。中国平安在香港、上海两地上市，市值居全球金融企业前 20 位、全球保险集团第 3 位，是《财富》杂志 2015 年世界 500 强排行榜中第 96 位。

马明哲是中国金融业在改革创新方面最具代表性的企业家之一。在其领导下，中国

平安在体制、机制、内控、财务管理、产品开发、市场营销、保险投资、信息技术和职业教育等领域进行了积极探索，许多重大创新走在中国金融行业前列，为推动中国金融业的改革与发展作出了突出贡献。马明哲长期致力于金融保险领域的专业理论研究，出版了一系列学术论文和著作，在海内外产生了较大影响，并列入国际著名学院的教学案例。

马明哲积极投身中国慈善事业，与家人共同出资成立了“明园慈善基金”，致力于扶贫帮困和赈灾、关爱妇女儿童以及贫困地区青少年成长、支持文化发展等公益慈善事业。

（二）工作经历

1983 年 7 月至 1985 年 7 月招商局蛇口工业区劳动人事处任干部。

1985 年 7 月至 1988 年 3 月招商局蛇口工业区社会保险公司任副经理。

1988 年 3 月至 1992 年 9 月中国平安保险公司任董事总经理。

1992 年 9 月至 1994 年 4 月中国平安保险公司任副董事长兼总经理。

1994 年 4 月至 2002 年 2 月中国平安保险股份有限公司任董事长兼总经理。

2002 年 2 月至今中国平安保险（集团）股份有限公司任董事长兼 CEO。

三、发展战略

（一）企业愿景

中国平安的企业使命是：对股东负责，资产增值，稳定回报；对客户负责，服务至上，诚信保障；对员工负责，生涯规划，安居乐业；对社会负责，回馈社会，建设国家。中国平安将“诚信”作为企业文化的根基，以“专业创造价值”为核心文化理念，以提升客户体验为目标，可持续地为股东、客户、员工和社会创造最大化价值。

中国平安的企业愿景：成为国际领先的个人金融生活服务提供商，致力于成为国际领先的个人金融生活服务提供商。通过综合金融的一体化架构，依托本土化优势，践行国际化标准的公司治理，以及统一的品牌、多渠道分销网络，本公司为近 9000 万客户提供保险、银行、投资和互联网金融服务。

（二）发展战略

中国平安坚持科技引领金融、金融服务生活的理念，推动核心金融业务和互联网金融业务共同发展，成为国际领先的个人金融生活服务提供商；打造“一个客户、一个账户、多个产品、一站式服务”的综合金融服务平台，推动交叉销售；用核心金融业务推进“金融超市”和“客户迁徙”的发展，同时积极推动“保险客户向银行、投资客户”、“线下金融客户向线上服务用户”的迁徙和转化；互联网金融业务方面，在“流量为王、生活切入、价值驱动”的指导思想下，持续围绕“医、食、住、行、玩”

等需求，搭建互联网金融平台；积累活跃客户和高质量资产，树立独特竞争优势；获得持续的利润增长，向股东提供长期稳定的价值回报。

1. 保险业内的综合经营

平安成立初期，仅仅是一家专营财险的地方性保险公司，但在随后的经营中，不断积累经营经验，并在六年后实现了其在保险行业的扩张，直接新设了平安人寿保险公司，并从海外引进大量高级管理人才，聘任美国林肯国民集团原副总裁斯蒂芬·迈尔正式加盟平安，出任总精算师及董事长高级顾问，迅速占领了市场的空白。中国平安又采取相同的新设手段，分别于1996年、2004年12月和2005年6月相继设立了中国平安保险（海外）控股公司、平安养老保险公司和平安健康保险公司，实现了其在保险行业内的全方位综合经营。2014年保险业务的业务线战略为：保持产险、寿险业务的健康稳定发展，积极提升产险、寿险业务的市场竞争力，实现市场份额的稳步提升；大力发展企业年金、健康险等新业务领域。

2. 跨保险行业的综合经营

（1）银保协作。目前，国际金融业发展的一大趋势就是保险业与银行业之间相互融合，并且这种跨行业的合作也成为综合经营的重要推动因子。由于银行与保险业务都需要众多分支机构来推展，因此行业间的合作可以在一定程度上实现资源共享。基于此，平安非常重视银保合作，并且选择了以银行代理销售金融产品为主的经营模式，不但实现了银行与保险业务的互补，而且节约了研发成本，此外还获得了量大、质优的销售渠道。

（2）股权收购。由于其他金融业与保险业的经营管理方式差异较大，而直接组建新公司的成本又很高，并且很难获得审批，因此平安多选择并购的方式。平安集团首先在20世纪90年代初期收购了工商银行珠江三角洲联合信托投资公司，改组为全资平安信托投资公司。1991年平安集团在深圳成立了平安证券业务部，开始初步介入证券与信托业务。2003年平安与其最大的股东汇丰合作，联手收购了福建亚洲银行的全部股权，在此基础上成立了平安银行。平安在2006年又成功收购了深圳商业银行，并于2010年完成了目前国内最大规模的并购案，成功收购了深圳发展银行。至此，平安的银行业务已在业内具有相当的竞争力，并且基本完成了金融控股公司的改造。

3. 平安国际化战略，并购深圳发展银行，实现跨越式发展

平安在引进多位具有国际背景的高管之后，明确了通过投资与并购打造平安成为中国第一个综合性金融集团的战略目标。在成功收购福建亚洲商业银行、深圳商业银行、深圳发展银行以及在香港、上海上市成功后，平安已经不仅仅满足于一个中国金融集团的定位，它的目光已经投向了更远的国际市场。在我国政府鼓励金融机构走出去的政策指导下，面对受美国次贷危机影响而处于估值低谷的国际市场，通过收购与平安集团结构相似的国际性的金融集团，可以使平安获得无法估量的收益。一方面，低迷的海外市场可以分散风险企业的投资风险。另一方面，可以提升平安的竞争力，学习国际先进金融集团在销售、风险管理以及产品设计创新等方面的经验，以获得极具价值的协同效

应。此外，还可以为搭建平安全球资产管理的业务平台打下基础，以便为平安未来的国际化道路做好铺垫。因此，平安选择了收购富通集团来实现其海外事业的首次扩张，但结果至今还未令人满意。

2012 年 8 月，平安集团反向并购深圳发展银行交易完成，整个交易历时三年，是平安生根于银行业的重要战略举措，也是中国金融史上最大的一起并购案。

4. 银行业务战略

2014 年银行业业务战略为：充分利用集团在客户、产品、渠道、平台等方面的综合资源优势，加快发展，逐步实现“最佳银行”战略目标；将平安银行打造成为集团综合金融服务的核心平台，为客户提供“一站式”的综合金融服务。

5. 投资业务战略

2014 年投资业业务战略为：打造卓越的投资能力和领先的投资平台；强化保险资产负债的匹配，建立严密、完善的风险管控机制；大力发展第三方资产管理业务，为客户提供最丰富、优质的投资产品，成为中国金融理财市场的领军者。

6. 金融业务战略

面对瞬息万变的市场环境和迅猛的科技发展趋势，平安保持着强烈的危机意识和自我革新意识，推动核心金融业务和互联网创新并重发展。截至 2014 年底，平安总资产达到 4 万亿元，较 2013 年底增长了 19.2%，2014 年基本每股收益为 4.93 元。寿险代理人队伍超 63.5 万，创历史新高；保费收入约占中国寿险公司保费收入总额的 13.7%，市场份额稳居第二。产险业务增速和业务品质保持行业领先水平，车险保费突破千亿元，获评国内车险第一品牌；养老保险年金规模行业第一。银行业务结构调整成效显著，存款规模和盈利能力快速提升。新保业务规模和效益大幅提升，信托业务结构持续优化，证券指定全新的战略规划，基金专户业务规模进入市场前三，资产管理托管规模跃至市场第二，不动产公司投资规模获得突破性增长。通过互联网业务不断创新发展，平安集团电销保费增速与规模持续领先行业，网销、移动端保费占比进一步加大，围绕“衣、食、住、行、玩”等需求，从生活切入，搭建互联网平台，初步形成了“四个市场，两个聚焦，一扇门”的完整战略体系。

（1）普惠金融。平安长期以来都注重金融服务惠及各个层面，特别是贫困人群、低收入人口以及小微企业，为他们提供持续的有切实帮助的金融服务，为弱势群体及公众利益研发产品，扶持小微企业的快速发展。2014 年，平安银行小企业贷款规模达 1091 亿元，服务小微企业超过 130 万户。近年来，互联网科技的发展给金融业和其他行业带来的革命，也是平安在 2014 年特别关注的议题。平安运用互联网平台，通过科技创新，推动普惠金融进一步发展。

（2）可持续金融。可持续金融是金融体制和金融机制随着经济发展不断调整，从而合理有效地动员和配置金融资源，提高金融效率，以实现经济和金融长期有效运行和稳健发展的重要形式；与此同时，金融机构在引导社会资金流向、配置资源方面，促进了经济发展模式的改变，实现了低碳经济和绿色经济。2014 年，平安利用互联网皮昂泰和新科技服务手段，全面推进微信自助理赔、远程定损等服务，不断完善MIT综合金融平台和E化服务流程，通过微信、电子保单、电子账单等手段，减少二氧化碳排放6817.18吨。

（3）互联网金融。2014年平安按照既定的互联网金融发展战略，积极推动互联网金融创新业务的发展，围绕社会大众的各个消费需求场景，注重用户体验，从“管理财富、管理健康、管理生活”三个维度切入，搭建互联网金融平台。资产交易市场的“陆金所”、积分交易市场的“万里通”、房地产交易市场的“平安好房”、汽车交易市场的“平安好车”等互联网O2O生态平台快速起步，并在各垂直领域深度延伸发展，为超过1亿的互联网用户提供了丰富而有品质的个人金融生活服务。具体如图1所示。

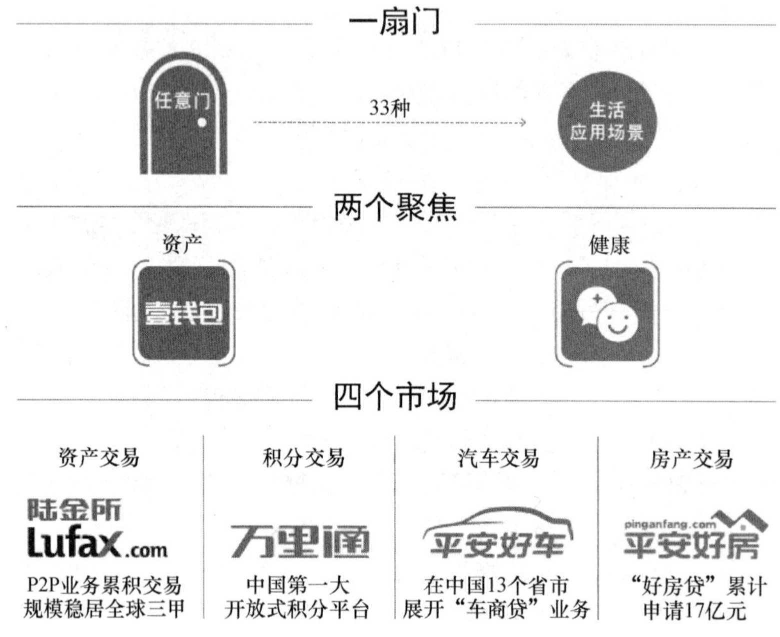

图1 平安互联网业务

四、经营模式

平安能够在短时间内获得巨大的成功，其综合经营的总体战略为主要推动因素，即能够在恰当的时机推动相应的综合经营步骤，并且平安在综合经营中的各项具体经营措施也为平安今天的成功打下了坚实的基础。

（一）综合经营模式的选择

平安在20多年的综合经营过程中结合了中国的实际情况，并不是简单地模仿美国或是英国的金融企业综合经营的模式，而是采取了渐进式与“大爆炸式”相结合的模式，即在明确与完善自身以保险经营为公司主要竞争优势的战略思想指导下，适时地采取收购或是战略合作的方式逐步建立起以保险、银行和投资三足鼎立的未来发展模式。平安作为一个以保险起家的金融集团，保险领域是其经营的核心，产险、寿险与养老险、健康险等均在国内处于领先地位，并且在平安真正完善了现代企业制度后，才开始深入涉足银行、投资领域，特别是在国际上多个保险集团，如德国新兴的保险集团 Aachenerand Munchener 进入银行领域后其经营陷入困境的教训下，平安采取收购的形式，先后控股福建亚洲银行、深圳商业银行与深圳发展银行，使平安集团控股旗下拥有独立的保险和银行两大业务，并在此基础上实现了银行与保险的协作。

（二）完善的后援集中机制

在保险市场竞争越发激烈的后 WTO 时代，保险公司若仅仅依靠传统优势，则很难在竞争中保持优势。因此，平安深入贯彻以客户为核心的理念，提升自身服务质量，通过流程改造、经营策略调整、资源投入等方法提高公司整个服务流程的专业化水平、标准化水平和差异化能力，大大提高了平安客户的满意度和忠诚度。同时完善了自身的后援管理机制，实现了集团后援、服务资源的集中，通过集团统一化的管理，实现了资源最大化的利用。不仅降低了公司的经营成本，还提高了保险公司经营的效能，并且整合了人力资源优势，达到了组织、技术与人力资源的有效结合。

（三）人力资源优势

由于平安的综合经营战略的目标之一便是实现销售终端的交叉销售，形成全方位的金融服务，因此平安对人才的需求更高。为此，一方面平安注重引进海外的优秀人才，以获得成熟的经营经验和先进的经营理念。另一方面平安更加注重对本土员工的培养，特别设立了平安金融学院，为平安输送了大量的高级理财人员。这种专业的培训模式作为公司的一种激励方式，促进公司的各层员工提高自身的专业素养，培养自己全方位、多层次的理财知识。此外，平安还在咨询公司麦肯锡的协助下打造了全新的人力资源制度，包括人员的聘用、升迁、考核的标准，激励以及管理发展培训的薪酬框架，从根本上解决了人才流失的问题，为平安的综合经营打下了坚实的人才基础。

（四）经营模式中的不足

正所谓“成也萧何，败也萧何”，平安的综合经营既为其带来了快速的发展，也使其产生过巨大的亏损，如曾经的“富通事件”，使平安在 2008 年的利润近乎为零。因此，基于平安在综合经营中的实践与国外金融集团的经验，总结出了平安在综合经营中的一些问题。

1. 资源整合待完善，经营效率仍需提高

平安在保险、银行、投资三大领域的迅速完善，必然会导致一定程度上的资源整合问题。而综合竞争的目标不外乎是更好地利用集团资源提高经营效率，以及发挥协同效应，最终促进收入增长。一旦资源整合跟不上企业扩张的速度，则所有综合经营的优点都有可能无法发挥，更谈不上经营效率的提高，甚至导致各公司风险的传递和经营亏损。考虑上述种种因素，若平安想在综合经营中有所突破，则必须尽早实现集团资源的整合，发挥协同效应。如平安银行和深圳发展银行的整合问题。就目前来说，平安依然是将保险作为其核心业务，而保险业务与银行业务又有较大的差别，因此，两行的整合将会是个缓慢的过程。但又由于银监会要求平安与深圳发展银行在一年内整合完毕，因此如何在短期内解决保险与银行业务的冲突将是此次合并最大的挑战。银行经营也面临诸多挑战和压力：一是风险控制的压力，源于产能过剩行业的清理和退出、同业业务整顿等，以及人民币汇率和市场流动性波动增大；二是资产负债经营的压力，利率市场化、存款保险制度及金融市场竞争主体的多元化，给银行经营及商业模式创新带来新挑战；三是服务提升的压力，互联网改变着人们的生活和产业的生态，客户对金融服务的需求不断变化，对服务体验的要求也在不断提升；四是资本的压力，巨大的市场机遇对银行及时补充资本、节约资本和提高资本的效率提出了更高要求。

2. 风险管理能力不足

综合经营的优点很多，如可以在一定程度上分散企业的投资领域，抵御投资风险等，但与此同时，金融机构的壮大、投资领域的扩展，也会带来很多其他特殊的风险。

客户资源风险：金融企业综合经营的优点之一便是集团旗下各个子公司可以发挥集团品牌优势，发掘现有客户资源，迅速打开市场，为其提供全方位的金融服务。平安作为一家以保险为核心经营项目的企业，在保险圈内有着良好的口碑，但在目前我国保险业整体口碑不佳的情况下，一旦在诸如证券、银行等领域发生对集团品牌有冲击的事故如2003年平安证券武汉崇仁路营业部员工盗用客户资金260多万元存款的事件时，将会对集团声誉产生更大的影响，并且平安对此类事件也未投入更多的关注，处置并不妥当。

集中式风险管理的缺点：平安通过高度集权的方式达到了公司进行统一管理、统一经营的目的，降低了各分公司的风险，但与此同时，总公司的风险便集中了，一旦发生风险，则会产生巨大的影响。2007年11月，平安集团高调收购欧洲富通集团9501万股股份，一跃成为富通集团第一大单一股东。这一收购标志着平安进军海外市场的决心与行动，但其结果却是惨痛的。作为金融危机首轮波及的企业，富通集团的股价从每股35欧元直接跌到每股1欧元，导致平安200多亿元的亏损和2008年近乎零的利润。这次平安海外的投资失败为平安敲响了警钟，一旦总公司的风险战略投资遭遇挫折，对集团的打击可谓是致命的。

3. 平安综合经营改进意见

（1）明确内部分工，整合集团资源，提高经营效率。金融控股公司若想降低经营成本，提高经营效率，必须明确集团内部分工、整合集团资源。各子公司应明确任务分工，充分发挥自身的经营特点。然后在集团的整体战略指导下，充分利用集团的资源优势和品牌优势，使集团资源达到最优配置，实现集团全方位、多层次的协作，以获取集团综合经营的优势。如平安可以充分发挥自身银行网点的销售优势，培养具有一定保险知

识的银行系统人才，进行简单的银保产品销售，同时更加专业的保险人才可以节省精力，去销售更加专业的保险产品。此外，利用平安的品牌优势，对平安的客户提供全方位的理财服务，包括银行、保险、证券等，实现全方位的交叉销售，迅速扩大市场占有量。

（2）提高风险管理水平。由于平安作为我国金融业综合经营的试点，对于经营中的众多情况很难找到经验借鉴，并且难以从整体上对自身的经营情况和风险进行总体监控和系统性评估，缺乏超前性和预警性，因此，平安应尽快建立健全金融控股公司的风险管理机制，包括风险预警机制和危机快速处理机制等，以充分应对综合经营的特殊风险。

一方面，平安可以与国际领先的风险管理机构合作，继续发挥平安善于吸取国际先进管理经验的优势，建立并完善自身的风险管理机制。另一方面，平安应更加注重对财务风险的管理，如资本充足率、偿付能力、资产质量、资产盈利性和流动性等风险管理指标，可设计出一套符合本集团各子公司的指标系统，进行集团内部的风险评级，权衡各个子公司的风险与集团的风险，充分发挥风险管理在最大程度上减轻损失的作用。

（3）以市场为导向，实施“走出去”战略。保险业的海外投资应是为我国海外企业服务的投资。这是由多方面的原因决定的。一方面，我国目前的保险业并不十分发达，综合经营也处于试点阶段，直接进行大规模海外投资的条件还不成熟，特别是在金融服务业没有足够的海外投资经验、海外市场又风起云涌的情况下，应结合自身的特点，稳健投资。另一方面，保险业作为服务业，一旦本国的海外企业有保险的需求，便可在自身条件的允许下，实现自身的海外扩张，既赢得了市场，又实现了自身的发展，可谓是“双赢”。毕竟，保险业的核心竞争力在其保障性的产品中，而不是风险投资。因此，保险业要想“走出去”，进行海外投资，核心业务保险的投资应作为其探路者，并在适应国外市场环境、积累足够经验的情况下，再实施全面“走出去”的战略。

（五）平安综合经营成功经验启示

我国金融市场的不断开放吸引了大量的国际金融集团进入，这些金融集团所拥有的雄厚的资源优势与技术优势是我国的保险企业难以比拟的，特别是在我国“强银行、弱保险”的格局在长期内不会存在根本性质的转变的情况下，我国的保险企业为提高自身的竞争力，可以效仿平安集团，以保险为核心，对银行和投资进行全面布局的经营战略。在完善其保险产业链后，再开始深入涉足投资和银行等其他金融领域。当然，这并不意味着一定要在实现了保险圈内的综合经营后再去收购其他的金融公司，若有恰当的时机，也可提早着手布局，但务必要注意公司的经营重心。我国的保险企业若想真正提高自身综合实力，在综合经营过程中，一定要明确其核心竞争产品，涉足其他金融领域不妨作为对其核心业务的支持，而不是盲目地扩大资本与经营领域。

此外，目前国际上的金融集团的后援集中是一种发展趋势，我国其他金融机构可参考平安后援中心的经验，将以客户为中心的经营理念放在首位，实施服务流程改造和管理创新同步进行的方法，加强对员工的培训，制订详细的工作计划、标准以及管理规范等，合理设置分支机构的相关配置，为公司的服务与经营效率的双重提高做出改进。

五、组织结构

平安集团的组织结构图如图2所示。

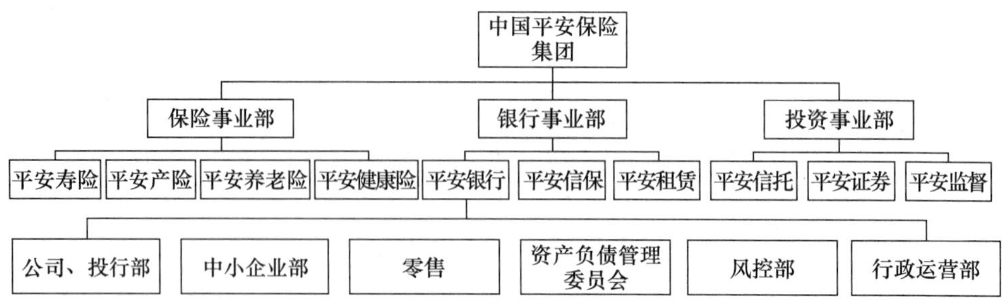

图2 平安集团组织结构

六、股权结构和集团管控

（一）股权结构

1988年3月，平安保险创办时股东为工商银行（49%）和招商局集团（51%）。1992年，股东增为五家，分别是招商局、深圳工行、中国远洋运输总公司、深圳市财政局和平安员工合股基金（平安员工合股基金成立于1989年，1992年改制为职工合股基金公司，1996年更名为新豪时投资发展有限公司）。1993年1月1日，平安在全国范围内定向募集法人股，以6元的招股价扩股49%。股东数目由原有的5家增加到114家。1993年12月，摩根和高盛各自出资3500万美元溢价入股平安，各持有5.56%的股份。1997年，平安实行股份制改造，中远集团、深圳市财政局、工行、招商局和新豪时为五大发起人。其中，工行与招商局分别持有15%左右的股权，深圳市财政局则持有约5.2%。高盛和摩根的持股比例也相应地同时增长到7.63%。1997～2002年，平安虽未再进行主动增资扩股，但股东之间股权的交易客观上却造成了股权的进一步分散。工行、中远集团、招商局先后减持平安股权，平安的十大股东中，除深圳市政府旗下深圳市投资管理公司外，其余几大股东持股比例都不超过10%。2002年10月，汇丰斥资6亿美元参股平安10%，成为位列深圳市投资管理公司之后的第二大股东。第三大股东为江南实业（江南实业和新豪时都是平安员工持股机构）。

2004年6月平安H股（代码：2318）上市后股权摊薄，汇丰斥资12亿港元增持平安股权至9.9%，成为中国平安第一大股东。2005年5月9日，汇丰从高盛和摩根手中购买9.91%的平安股权，从而使持股量跃升至19.9%。2007年3月1日，平安A股上市，股票代码：601318。2012年5月，平安工会持有的新豪实业、景傲实业、江南实

业股份转让给战略投资者，理顺股权关系。截至 2014 年 12 月 31 日，卜蜂集团有限公司间接持有本公司 H 股 872316318 股，占本公司 2014 年 12 月 31 日已发行股本 88.92 亿股的 9.81%，并通过工布江达江南实业发展有限公司持有本公司 A 股 98112886 股，占本公司 2014 年 12 月 31 日已发行股本的 1.10%。卜蜂集团有限公司合计持有本公司 10.91% 的股份。

本公司股权结构较为分散，不存在控股股东，也不存在实际控制人。

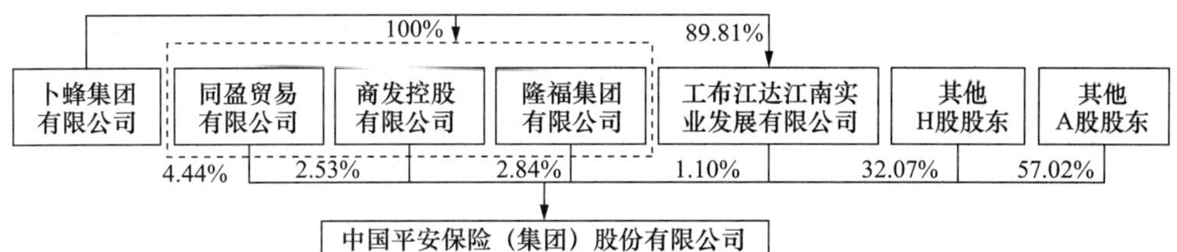

图 3　持有 10% 以上股权的股东的最终控制人与公司之间关系

资料来源：公司 2014 年年报。

（二）以集团控股、分业经营为主

1998 年，中国平安面临从传统保险业务转型国际化发展，原有的组织模式已明显不能适应战略发展需要。中国平安与麦肯锡、日本生命、日本第一生命、德意志健康险公司、台湾国华人寿、美国林肯国民、唯高达证券等著名公司全面合作，并成立了集团发展改革中心，以推动国际化进程和提升整体经营管理水平。麦肯锡为中国平安设计了一整套未来发展的组织模式，形成了现有的平安组织架构。1998 年 6 月 22 日，“总公司组织和岗位设计方案公布会”召开，打响了全系统“消肿减肥”的揭幕战。总公司部门数从 12 个减为 8 个，室建制数从 51 个减为 26 个，人员数量从 327 名减为 238 名。

当时国内外金融市场的竞争愈演愈烈，因而对成功者在综合金融服务方面有更高的要求。再者各国法规要求以分业为主，中国也将在很长时间保持分业经营，但同时放宽控股公司的营业范围，鼓励相互竞争。各类金融风险的存在给各类金融机构在风险管理方面提出很高的要求，而集团控股模式在该方面可发挥一定优势。平安未来应发展以集团控股、分业经营为主的组织模式，并充分发挥集团经营的综合优势，即总部同时监察多个业务，但各业务单位有能力自行运作；总部审核各业务单位的重要决策，或保留否决权；尽量创造各业务之间的共同优势（单一品牌、共同客户、交叉销售等）；业务区分可能是产品导向，也可能是客户导向。

集团控股时，集团总部可起到协助监管机构进行监管的作用，如可以加强资金管理、风险监控等；产、寿子公司分别进行会计核算，并分别准备财务报表，定期上报给总部和保险监管机构；产、寿子公司必须分别达到对各自的资本金、偿付能力等要求；产、寿子公司之间的关联交易如超出一定金额，必须报监管机构批准。

在分工监督上，由集团董事会授权董事长监督集团所有业务范围，集团总经理室向董事长负责，在授权范围内行使集团最高决策权。董事长对所有决策保留否决权，集团总公司对各专业公司分配股本，并订立流动资金限额，所有超额资金必须上划，由集团总公司集中管理并进行投资。集团总公司对专业公司进行监督，监督手段以业务（计划、KPI 等）为主，职能（财务、人事、稽核等）为辅。集团总公司统筹各专业公司间业务合作及资源共享，并考核所有 A 类干部。专业公司总经理及总经理室成员由集团总公司委任，并向集团总经理室负责。专业公司对分支机构进行监管及分配资源，监管手段以业务（计划、KPI 等）为主，职能（财务、人事、审计等）为辅。二级机构领导班子由专业公司建议，由集团总公司通过。二级机构总经理负责组织三四级机构领导班子，班子成员需由专业公司通过。二级机构对三四级机构进行直接、严密的监管。

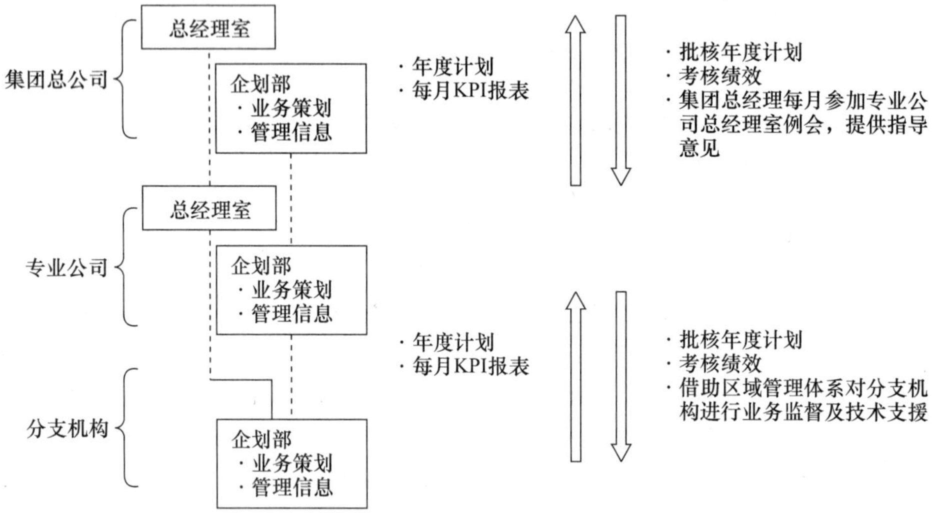

集团总公司
总经理室
企划部
· 业务策划
· 管理信息
· 年度计划
· 每月KPI报表
· 批核年度计划
· 考核绩效
· 集团总经理每月参加专业公司总经理室例会，提供指导意见

专业公司
总经理室
企划部
· 业务策划
· 管理信息
· 年度计划
· 每月KPI报表
· 批核年度计划
· 考核绩效
· 借助区域管理体系对分支机构进行业务监督及技术支援

分支机构
企划部
· 业务策划
· 管理信息

图 4　职能监督模式（1）

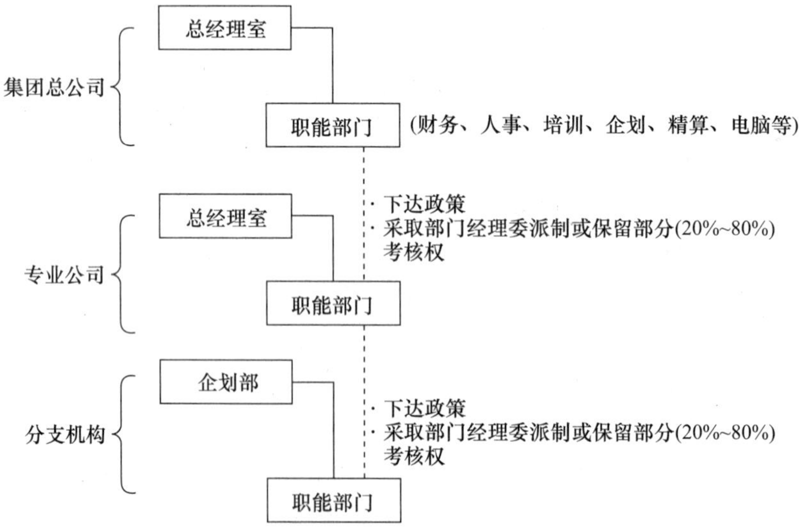

集团总公司
总经理室
职能部门（财务、人事、培训、企划、精算、电脑等）
· 下达政策
· 采取部门经理委派制或保留部分(20%~80%)考核权

专业公司
总经理室
职能部门
· 下达政策
· 采取部门经理委派制或保留部分(20%~80%)考核权

分支机构
企划部
职能部门

图 5　职能监督模式（2）

七、业务组合

（一）业务介绍

平安经营范围为投资保险企业；监督管理控股投资企业的各种国内、国际业务；开展保险资金运用业务；经批准开展国内、国际保险业务；经中国保险监督管理委员会及国家有关部门批准的其他业务。通过旗下子公司，即平安寿险、平安产险、平安信托、平安证券、平安银行、平安资产管理、平安健康险、平安养老险等，以统一的品牌向客户提供保险、信托、证券、银行等多元化的金融产品和服务。从图 6 收入利润占比可以看出，平安现在最大的核心业务为寿险业务，收入（以原保费计算）占比达 51%，但贡献利润只占 25%。产险收入占比 31%，利润贡献 17%。银行业务是盈利能力最高的资产，收入占比 15%，贡献 50% 的总体利润。证券和信托是新兴业务，收入占比只有 2% 左右，贡献利润 10%，但未来发展潜力大。

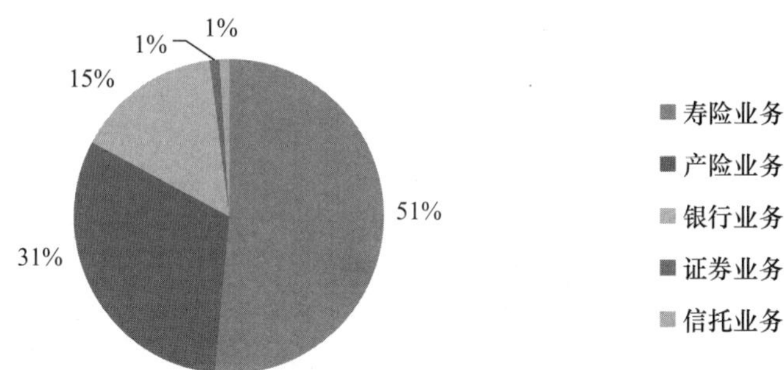

图 6　2014 年各大板块业务收入

资料来源：公司 2014 年年报。

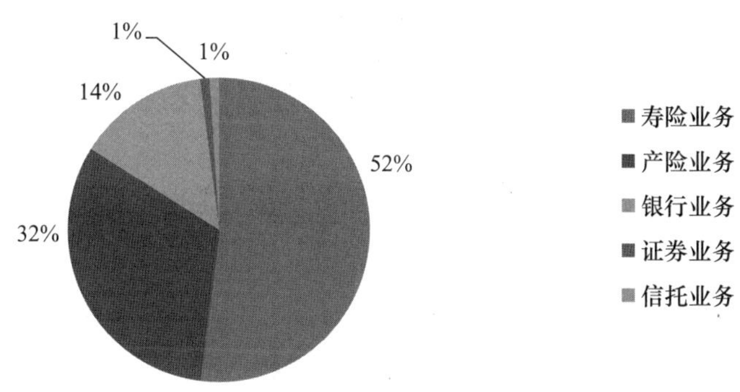

图 7　2013 年各大板块业务收入

资料来源：公司 2013 年年报。

其中平安寿险是中国第二大寿险公司，平安产险是中国第二大产险公司。中国平安近年保费收入情况如图8所示。

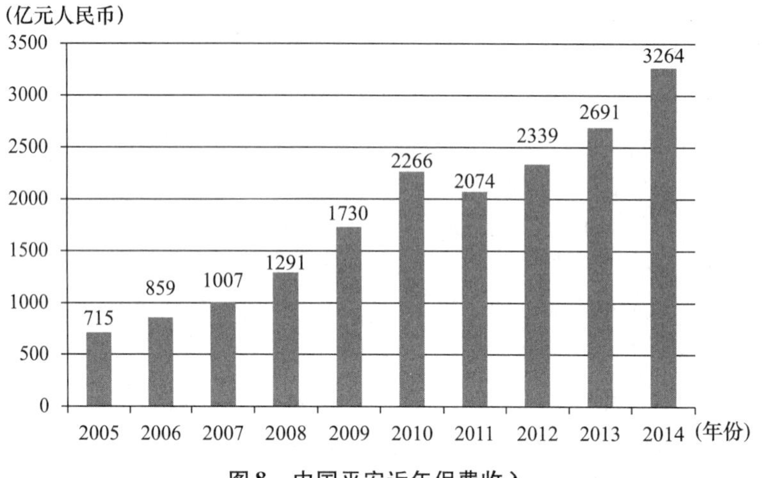

图8　中国平安近年保费收入

资料来源：历年年报。

（二）业务结构

平安集团主要分保险、银行、投资三大业务，保险板块有中国平安人寿保险股份有限公司（平安寿险）、中国平安财产保险股份有限公司（平安产险）、平安养老保险股份有限公司（平安养老险）、平安健康保险股份有限公司（平安健康险）；银行板块有平安银行股份有限公司（平安银行）、平安产险信用保证保险事业部（平安小额消费信贷）；投资板块拥有平安信托有限责任公司（平安信托）、平安证券有限责任公司（平安证券）及中国平安证券（香港）有限公司［平安证券（香港）］、平安资产管理有限责任公司（平安资产管理）及中国平安资产管理（香港）有限公司［平安资产管理（香港）］、平安期货有限公司（平安期货）、平安大华基金管理有限公司（平安大华）、上海陆家嘴国际金融资产交易市场股份有限公司（陆金所）等。各业务通过多渠道分销网络，以统一的品牌向超过7400万客户提供保险、银行、投资等全方位、个性化的金融产品和服务。

表2　平安集团旗下业务

保险业务	银行业务	投资业务	
平安人寿保险	个人业务	平安证券	平安信托
平安财产保险	橙子银行	平安基金	平安罗素
平安养老保险	公司业务	平安期货	平安交易所
平安健康保险	信用卡	平安不动产	平安证券（香港）
平安易贷险		平安信托直销	资产管理（香港）

资料来源：公司官网。

保险业：2014 年中国保险业实现总保费 20234.81 亿元，同比增长 17.5%。其中寿险保费收入 10901.69 亿元，财产险保费 7203.38 亿元，健康险保费 1587.18 亿元，意外险保费 542.57 亿元。保险公司总资产 10.16 万亿元，比 2013 年底增长 22.6%。从保费情况来看，平安寿险和平安产险在中国分别是第二大人寿保险公司、第二大财产保险公司。保险行业是中国国民经济中发展最快的行业之一，随着中国经济的持续增长，居民财富的不断增加，公司保险业务未来仍有望保持快速的发展。

银行业：2015 年，面对利率市场化、金融脱媒、监管趋严、民营银行与互联网金融的冲击，在“控总量、调结构”的指导下，预计银行业整体流动性仍将松紧适度，在托底经济增长的驱动下“定向宽松”的力度也将加大。国家战略调整、金融改革深化为新常态下银行业的发展带来了新的机遇。一是战略转型的机遇，银行业可以紧跟国家政策加快业务转型；二是零售业务大发展的机遇，抓住消费升级和互联网技术发展的机遇；三是重点行业和重点领域的发展机遇，特别是在现代农业和现代物流等新的发展空间；四是产品和业务创新机遇，提升银行的资产管理能力，实现“高收益、高中收、轻资本”的增长方式。

（三）业务模式

2014 年中国平安核心金融业务：保险业务中寿险业务健康发展，个险新业务规模和价值均实现了快速增长。银行业务的业务规模稳健增长，转型创新步伐加快，并且经营效率持续提升，资产质量整体可控。投资业务中信托业务积极推动业务模式转型，证券业务业绩创历史新高，保险资金总投资收益创近年新高，第三方资管业务快速发展。客户迁徙，以客户为中心，深化综合金融服务，交叉销售水平不断提升，稳步推进客户迁徙，上半年客户迁徙成绩显著。互联网金融业务：互联网金融模式创新进展显著，互联网用户规模达 1.67 亿，与核心金融业务协同效应日益显现，用户迁徙成果显著，陆金所、万里通交易规模高速增长，保持行业领先地位。

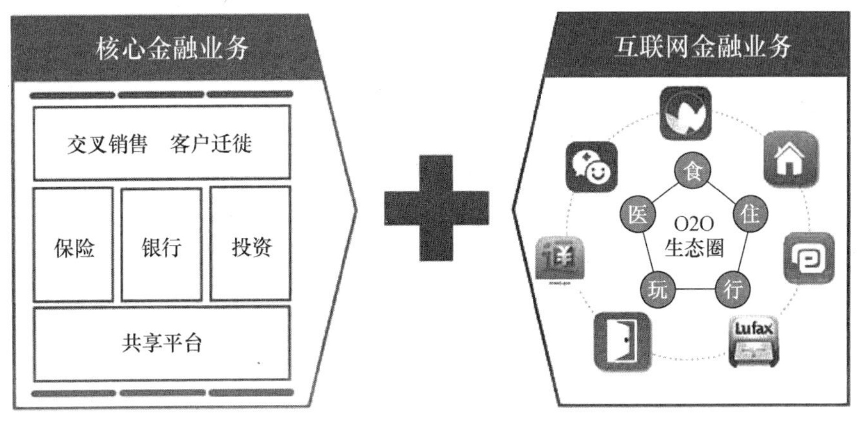

图 9　平安实施传统业务和非传统业务协同并进的策略图

八、企业文化

企业文化是指企业在发展中逐步形成的一种为全体员工所认同并遵守的、带有本组织特点的使命、愿景、宗旨、精神、价值观和经营理念，以及这些理念在生产经营实践、管理制度、员工行为方式与企业对外形象体现的总和。中国平安在发展历程中，吸收了中华民族优秀传统文化和西方现代管理思想的精华，逐步形成了独具特色的企业文化，体现为中西合璧、古今贯通、知行合一的特点，定位于造就“以优秀的传统文化为基础，以追求卓越为过程，以价值最大化为导向，有价值的高尚的人”。

2006年集团年度工作会议上，集团董事长马明哲先生重新细化了平安企业文化十八年来的演进轨迹，将其分为五个阶段：第一阶段，创业精神（1988年）；第二阶段，儒家思想（1992年，思想观）；第三阶段，国际战略（1994年，发展观）；第四阶段，价值文化（1999年，价值观）；第五阶段，执行/制度（2002年，行为观）。2006年，根据集团综合金融的战略目标，平安文化的发展观进一步描述为追求“领先”的文化，要求每个机构搭建“领先”的平台，要求在制订战略和计划时，要以“领先”为最核心的目标，在选拔人才、配置资源时，要以是否有利于实现领先为基本原则，在问责考核时，要以是否达到或靠拢“领先”为核心评判标准。

直至2014年，经过感性感悟、理性思索等阶段，平安文化不断完善升华，始终与时俱进，在战略和策略上永葆先知、先觉、先行。每个时期，平安都能根据当时的形势和需要，找到新的方法，共同探讨、完善文化内涵，平安的企业文化就是这样一点一滴不断积累、丰富起来的。

平安的企业文化体现在平安的方方面面，《客户服务》就是面向所有平安客户展现平安企业文化的窗口。它旨在向客户传达平安最新的资讯、最新的产品以及最新的服务。同时针对客户日常生活需求，提供相关生活常识以及健康、理财等与生活紧密相关的信息，体现了平安领先的服务理念。《客户服务》目前年发行总量约为2800万份。

九、营销模式

（一）交叉销售，实现经营协同

交叉销售渠道对于平安产险、银行业务和投资业务的发展其作用已举足轻重。平安财产保险保费收入中来源于人身保险交叉销售的比例已经从2003年的5%上升至2012年的15%，而银行新增信用卡的41.5%、养老险团体险业务的41.6%、信托计划的18%均来自交叉销售。

平安寿险经过二十年的发展，已经积累了五千余万个人客户，并且每年均保持较为平稳的增长，过去8年间平均增速为7%左右。在中国平安金融控股平台上，这些客户有潜力发展成为公司产险、银行、基金客户，在为客户带来便利的同时实现集团业务整体协同。

（二）平稳增员，向三四线城市下沉

寿险行业 2010 年以来营销员增员都面临较大压力，而中国平安仍维持营销员数量的稳步扩张。平安寿险在一、二线城市均有绝对优势，进一步提升空间有限，因此，公司销售渠道逐渐向人均收入较高的三、四线城市下沉。这些区域营销员增员也相对容易。中国平安人均产能下降也与渠道下沉有关，件均保费下降导致月人均新单保费降低，但产品利润率有所提升。目前，平安在全国拥有 4400 个分支机构，51 万寿险业务代理人，19 万员工，8000 万客户，规模居全国第二，仅次于中国人寿。寿险代理人除销售平安寿险产品，也可以了解客户其他金融需求，将其发展为集团各子公司共同客户。

（三）网络营销

未来八年间，中国的互联网保险市场将会经历一个迅速的扩张期，平安很早就开始布局。2000 年 6 月，平安保险公司建立了国内首家集证券、保险、银行及个人理财于一体的个人综合理财服务网站，极大地推动了平安保险整体电子化，形成了特有的集团优势。2010 年平安保险又加大了网销渠道的投入，一方面通过与百度、淘宝等网站合作，通过网络营销加大产品推广力度；另一方面通过搭建网络保险在线直销平台，方便潜在客户“一站式”解决各种保险需求。当年网销车险保费总规模达到 14 亿元，占车险总保费的 3%。

平安集团个人客户已近 8000 万户，集团公司客户接近 400 万户，平安集团试图借助互联网这一虚拟平台聚拢客户和资源，实现信息流、资金流、物流和商流“四流合一”的闭环发展。平安集团频繁地利用互联网进行扩张，在未来互联网金融的竞争中将会占到先机。

2013 年 2 月 28 日，中国保监会正式对外公告，批复筹建众安在线财产保险股份有限公司。牌照在审批周期上用了不到一年时间，反映出监管层对互联网保险创新的支持态度。

众安在线是一家纯正网销保险公司，不设分支机构，全程网销：渠道上完全摒弃传统的银保、人海和电话战术，从产品需求到服务流程都依托于互联网，从而探索出一条全新的、精耕细作的业务模式。众安在线不是简单地将传统保险产品移植到互联网，而是根据上网保险人群的需求以及在线的特点设计产品，是独立的财产保险公司，而非中国平安的保险销售网络平台。公开报道称，目前能够发展的两个保险品种是“运费保险”和“阿里巴巴小额贷款保证保险”，第一年保费收入预期为 10 亿 ~ 15 亿元。股东架构中，阿里巴巴是第一大股东，持股 19%，平安和腾讯则为并列第二大股东，各持股 15%。在产品研发上，将专攻责任险、保证险这两大专业险种。

2014 年，银行将 O2O 社区服务作为重点创新项目，在业内首家推出集社区购物、

银行服务、社区便民服务于一体的智能O2O平台。口袋社区是商家与社区居民之间零距离互动的电商平台，通过免费在线开网店，线上向居民推送商品和服务，吸引居民到店消费体验，帮助社区商户突破地域人流的限制，以更低的成本拓展社区客群，进而达到区域化精准营销的目的，更好地维护并拓展区域性的消费客户，同时还可获得社区银行对于小微商户的金融优惠和融资服务。2014年，中国平安不断深化与产业链合作伙伴的协同配合，秉承专业精神，主动自我变革，运用互联网工具整合资源，探索互利共赢的合作模式，形成了汽车产业链、医疗产业链、房产产业链。

（四）银行同业合作

2014年，平安银行对同业信息互动平台"行E通"进行了互联网化升级，从单店模式拓展到金融商城的多店模式，产品从原有的十几种扩充至综合金融服务全领域，营销模式也从原有的B2B丰富到B2B2C，已形成丰富、高效、安全的管理系统和交易体系，实现了同业间金融产品、第三方存管代理、实物金代销、贵金属代理等多种产品的共享。2014年，"行E通"平台积极拓展与维护同业机构业务合作，合作机构数量和业务交易量稳步增长；截至12月底，"行E通"平台累计合作同业机构达329家。

十、创新体系

渠道和产品创新：移动互联网时代，平安不断优化提供服务的方式，打造全新平台，扩展客户群，消除信息不对称，以更透明的方式提供服务；借助数据分析等手段，更精准地洞察客户需求；凭借互联网思维，开发新形态产品。不断努力更好地为客户创造价值，更好地实现"专业让生活更简单"的承诺。

（一）优化线下服务网点

平安寿险2014年对柜台服务进行全面升级，业内首创门店预约服务，预约客户临柜办理业务可享受"面等待"。255万人次的客户享受了平安人寿网点人性化服务设施和个性定制服务，客户满意度调查结果高达93%。平安银行在深圳、上海两地开设智能旗舰店，紧贴客户需求综合运用激光电子大屏、生命周期墙、智能理财规划桌等尖端科技手段，给客户以简单到家的体验，让客户轻松地找到自己需要的金融产品解决方案。

（二）升级现有的在线金融平台

平安银行推出平安口袋银行2.0版，致力于为客户提供安全、快捷、便利的综合金融服务，打造平安移动金融服务创新平台和渠道。2014年，平安银行手机银行用户数达540万户（含口袋银行、平安生活APP及直通银行用户），转账交易量6107万笔，转账交易总额18593亿元。

平安首创依托超级网银通道整合不同银行账户的"一账通"APP于2014年上线，

“一账通”成为国内首个“一站式”综合资产账户管理平台，截至2014年12月31日，累计用户达4000万，成为国内最大的金融机构推出的开放式资产账户管理平台。平安2014年全新升级的平安金融旗舰店（chaoshi. pingan. com），致力于为用户打造综合性的互联网“一站式”财富管理平台，以全面的平安金融产品体系、灵活高效的平台模式、完善的风险管控体系，满足用户各类金融理财投资的需要。

（三）推出创新互联网金融产品

平安直通通过KYC（“充分了解你的客户”）项目，搭建数据平台和分析实验室，整合24个生产型数据库信息，提升数据准备处理效率，深入讨论并挖掘客户需求近150个，提出产品创新176个，实际生产20个产品开发方案，截至2014年11月，已有10个新产品上线。

平安产险通过客户需求挖掘和细分目标市场，从消费者生活场景出发，开发多款业内首创的个性保险产品：短租房保险为广大房主和租客提供专属保障，促进市场健康有序发展；针对奶粉安全这一关乎切身利益的议题，推出“乳制品召回损失险”；为关爱少年儿童，保障其人身安全，推出了“平安丢不了儿童保险”。

平安银行携手国内知名电商——1号店，发行1号店首张联名信用卡，产品面向热衷网购的白领族群，从申请渠道到产品都充分体现了互联网特色，还运用大数据分析，为客户量身定制网购特权，提升网购消费体验。

十一、社会责任

（一）员工生活

中国平安2014年为帮助员工从身心两方面更好地应对行业变革和适应公司的快速发展，平安APP计划以“活力”为主题，倡导员工不仅要有健康的身体，更要树立积极向上的年轻心态，培养创新、活跃的思维方式，形成充满活力的工作生活态度。相应地，2014年公司开展了广泛的员工主观需求调研，根据需求开展更有针对性的EAP活动，如主管拥抱日、高管有约、前沿交流、新人加油站等。2014年，平安还为员工提供了第三方身心咨询服务，为广大员工和管理者提供了更专业、更便捷的身心健康管理工具，通过开通心理咨询服务“心晴热线”（2014年全年有效解决员工电话咨询3015例，邮件咨询820例）、驻场咨询、新员工教练、情绪工作坊、工作生活主题讲座等多个项目，对特定人群开展专项指导，获得员工一致好评。

2014年，平安在全国近47个城市、249家驻地机构开展了形式多样、丰富多彩的文体活动。“平安一家亲”运动会，“平安工会杯”篮球、羽毛球等球类赛事，得到各级机构员工的热烈响应，吸引了员工广泛参与。摄影、球类、竞技类、健康类等多达80多家员工俱乐部开展了主体多样的员工活动，丰富了员工的业余生活，加深了员工间的情感沟通。

平安对怀孕员工、重疾员工等特殊群体持续开展关爱帮扶活动，积极保障孕期女员工合法权益。据不完全统计，全年慰问困难、重疾员工及家属近1900人次，发放慰问金、慰问品合计300多万元。

（二）人才培养

为满足综合金融战略下员工快速更新知识的学习诉求，适应移动互联时代知识碎片化、主动学习场景增多的特点，2014年，平安在学习领域进行探索，通过建设“知鸟”移动学习平台，帮助员工随时随地进行高效主动学习。截至2014年12月31日，100%的员工安装“知鸟”平台，月度活跃率平均达63%，最高达100%。“知鸟”上线了317门课程，课件总播放量达1381万余次，员工学习响应度高。2014年，平安持续优化培训运营，面授与网络培训并重发展：全集团面授课程总量达到316门，在全国各地开展面授培训2039期，培养员工60606人次，高级经理及以上人员的培训覆盖率为63.12%；新开发网络课程184门，总量达到1582门，通过继续倡导和推动全员学习，人均完成网络课程4门次。

2014年平安银行创新了培训模式，打造培训品牌，通过“线上”与“线下”联合，着力推动学习转型。线上打造“知鸟”品牌，线下打造以典范案例学习为主的“榜样”品牌，建立销售人员胜任素质模式，开发对公/零售销售典范案例70多个，举办的“英雄荟”培训3期，近400人参训，并将优秀案例转化为“知鸟”微课71门，近万人学习，为销售与管理经验的快速推广奠定基础。同时，在培训师队伍建设上打造“好讲师”品牌，成立平安银行培训师协会，举办全行“好讲师”大赛，700多名讲师参赛，万人参加网络投票，扩大讲师队伍影响力和号召力。

（三）公益事业

面对互联网公益的新浪潮，平安深入挖掘品牌公益项目的核心价值，与时俱进，以新思维升级为活动内容，以新工具革新为活动形式，让传统品牌公益活动展现新貌。以“专注为明天”为公益理念，致力于承担社会责任，在环境公益、教育公益、红十字公益、社群公益方面持续投入，总投入已累计超过3亿元。在环境公益方面，平安关注绿色明天，持续深入地将100条低碳举措贯穿到日常运营、业务开发及社会公益三大方面中，创建绿公司、推动绿金融、参与绿公益，稳健发展绿色综合金融。在教育公益方面，平安通过对基础教育、高等教育方面的专注投入，扶持人才培养，为未来发展奠定基础，为国家进步和社会的可持续推动提供原动力。

1. 教育公益

2014年是平安希望小学援建项目开展的第20年，也是希望小学支教行动开展的第7年，截至目前，平安已完成全国111所平安希望小学的布点援建。7年来，累计3471名志愿者参与到平安希望小学支教行动中。2014年平安借助互联网平台招募志愿者，共770名志愿者参与到40所希望小学的支教工作中，志愿服务时间共计26950小时，均创下历史之最。平安也把与壹基金共同发起的“儿童平安”减灾小课堂带进校园，让孩子们学习到专业实用的防灾自救技能。此外，寿险、产险、银行、信托、直通、证券等专业子公司也在2014年相继开展了各种形式的希望小学回访和支教活动。

2. 环境公益

环境问题一直是社会关注的焦点，为了探索节能减排方案、寻求低碳运营实践、投入环境建设，平安连续四年开展了“低碳100活动”环境主题行动。2014年，平安结合日益凸显的雾霾天气等热点话题，借助互联网平台进行互动和环保知识传播，提升公众对环境问题的认知，并向大众推广平安产险的环境保险和养老保险的医疗保险。还把对一线环卫工人的关爱纳入到行动计划中，为500名环卫工人赠送医疗健康保险。平安在企业经营和服务实践中，更多地借助互联网平台的新科技手段，为客户提供简单便捷的服务，简化了服务流程，缩短了服务时效，又减少了运营能耗和通勤消耗，2014年，平安通过18项科技化服务手段，减少碳排放6817.18吨。另外，平安信托成功募集首期节能环保基金，募集金额达1.99亿元。

平安携手中国青少年发展基金会发起的“万亩平安林”项目已开展两年，截至2014年12月31日，平安共完成全国21个地区共计16500亩平安林的建设，带动各地近万名员工和客户参与环境建设。2014年，平安首次通过互联网平台实时跟进活动进展，并通过在线游戏等方式与网友们进行互动，进一步提升了项目的知名度。

红十字公益方面，平安连续八年为造血干细胞捐献者无偿提供一年期重大疾病、意外伤害及住院安心保险保障计划，2014年，共为763名捐献者捐赠保险，保额高达4.4亿元，保费124.5万元。

绿色金融是“低碳100”的重要实践。2014年，平安信托聚焦当前社会亟须处理的四大关键环保领域——固废、中水回用、污泥处置以及土壤修复，成立了投资环保产业的深圳市海富恒源股权投资合伙企业（有限合伙），成功募集首期节能环保基金，募集金额达1.99亿元。目前该基金已经加入国家环保部领导的中国环境保护协会，在行业平台上与政府部门、环保企业进行良性互动。

3. 互联网公益

平安以更开放的心态，主动寻求与外部平台合作，让平安品牌具有更大的号召力，平安快速创新，主动迎接新公益的时代，开创互联网新公益品牌。

公益一小时：2014年平安与百度携手，联合爱佑慈善基金会与百度基金会开展“公益一小时，为爱送平安”大型线上公益活动，网友进入活动页面，每点一个赞，平安与百度就会为先天性心脏病儿童捐出1元。明星、媒体、公益组织及各行业领袖在微博、微信等社交平台的主动呼吁，迅速扩大了“公益一小时”的知名度，引发连锁反应。仅一小时，平安便汇集了1882291位网友的爱心之赞，为94位先天性心脏病儿童提供手术援助费用。

让爱回家：2014年12月，平安宣布启动“一路平安·让爱回家”大型公益众筹行动，是依托各专业公司业务端网络入口，整合外部多平台资源进行的首次公益众筹尝试。活动旨在通过多种方式寻找网友参与，关注、帮助留守家庭、贫困大学生等弱势群体春节团圆。此次公益众筹行动充分利用了互联网工具的交互性，以多种线上参与方式引导网友参与，并以趣味性、零门槛为特色。平安设计了“公益挑战”、“互动捐赠”、“线上义卖”、“在线调查”等多种参与模式，激励所有参与者扩展活动参与面。目前，平安和深圳国际马拉松合作，号召“深马”数万名参赛者和观众通过社交网络或线下活动“点赞募款”，体操王子李宁则代表“深马”所有参赛者把募集的款项注入活动资金池。

（四）灾难救助

2014 年 7 月 18 日，台风“威马逊”登陆海南，全省 19 个市县不同程度受灾，造成了严重的人员伤亡和财产损失。平安产险、寿险、养老险等专业子公司开启理赔绿色通道，开展救灾。与此同时，集团旗下银行、产险、寿险等捐款捐物 400 余万元，积极支持灾区救灾、恢复生产。8 月 3 日云南鲁甸县遭遇 6.5 级地震，百万余人受灾，平安推出应急理赔救援措施，派遣专业勘查救援人员奔赴震区投身救灾。平安还为本次地震救援的 500 名志愿者提供保额 1.75 亿元的意外伤害及医疗保险。2014 年 8 月 6 日，平安宣布通过中国青少年发展基金会“中国平安公益基金”向地震灾区捐款 500 万元，用于支援灾后学校建设。与此同时，根据震区食品、饮用水缺乏的情况，立即采购价值数十万元的饮用水、食品和雨伞等物资，帮助受灾民众渡过难关。随着救灾工作的深入，平安银行决定再向灾区捐款 300 万元，全面支持灾区救灾、重建家园。

十二、财务绩效

（一）基本财务数据

中国平安从 2009 年到 2014 年，营业收入、利润、资产和所有者权益都在逐年增加，其在职员工人数也在增加，中国平安 2014 年的从业人数已经超过了 2009 年从业人数的两倍。

表 3　2009～2014 年中国平安基本财务状况　　单位：亿元、人

年份＼指标	营业收入	利润	资产	所有者权益	从业人数
2009	147.84	19.58	935.71	91.74	100267
2010	189.44	22.32	1171.63	116.88	128808
2011	248.92	29.91	2285.42	171.34	175136
2012	299.37	32.38	2884.27	209.65	190284
2013	362.63	46.34	3360.31	239.71	203366
2014	462.88	62.34	4005.91	353.82	235999

资料来源：中国企业联合会网站。

（二）经营业绩

中国平安的主营业务收入、营业利润、净利润五年来一直保持增长，收入增长率、营业利润率在 2012 年有所下降，与公司结构调整有关，但从 2012 年到 2014 年收入增长率和营业利润率开始回升。

表 4 2009～2014 年中国平安经营业绩数据 单位：亿元

	2009 年	2010 年	2011 年	2012 年	2013 年	2014 年
主营业务收入	147.84	189.44	248.92	299.37	362.63	462.88
收入增长率	0.06	0.28	0.31	0.20	0.21	0.28
营业利润	19.58	22.32	29.91	32.38	46.34	62.34
营业利润率	0.13	0.12	0.12	0.11	0.13	0.13
净利润	14.48	17.94	22.59	26.75	36.01	47.93
净利润率	0.09	0.09	0.08	0.07	0.08	0.08
权益负债比	0.10	0.11	0.06	0.06	0.06	0.08
现金/总资产比	0.11	0.08	0.11	0.13	0.10	0.11

资料来源：WIND 数据库。

（三）盈利能力

中国平安从 2009 年到 2014 年总资产收益率一直保持不变。净资产收益率近三年也保持平稳态势。2012 年之后主营业务利润率较之前年份有所提升，与公司战略调整结构重组有关。

表 5 2009～2014 年中国平安盈利能力数据

	2009 年	2010 年	2011 年	2012 年	2013 年	2014 年
净资产收益率	0.16	0.15	0.15	0.13	0.15	0.14
总资产收益率	0.01	0.01	0.01	0.01	0.01	0.01
主营业务利润率	0.13	0.12	0.12	0.11	0.13	0.13
成本费用利润率	—	—	—	—	—	—
每股收益（元）	1.89	2.26	2.46	2.53	3.56	4.42

资料来源：WIND 数据库。

（四）偿债能力

中国平安近五年资产负债率一直保持在 0.92 左右，股东权益比在 2011 年有所下降，之后一直保持在 0.06 左右，偿债能力较为稳定。

表6　2009～2014年中国平安偿债能力数据

	2009年	2010年	2011年	2012年	2013年	2014年
流动比率	—	—	—	—	—	—
速动比率	—	—	—	—	—	—
现金负债比	0.11	0.13	0.04	0.11	0.07	0.05
股东权益比	0.09	0.10	0.06	0.06	0.05	0.07
资产负债率	0.90	0.90	0.92	0.93	0.93	0.91

资料来源：WIND数据库。

（五）成长能力

中国平安总资产扩张率在2011年以前一直维持在较高水平，2012年以来由于结构调整，一直在小幅下降。

表7　2009～2014年中国平安成长能力数据

	2009年	2010年	2011年	2012年	2013年	2014年
总资产扩张率	0.32	0.25	0.95	0.24	0.18	0.19
主营业务增长率	0.06	0.28	0.31	0.20	0.21	1.28
固定资产投资扩张率	0.28	-0.27	1.03	0.09	0.07	0.57
每股收益增长率	19.97	0.20	0.09	0.03	0.40	0.24
净利润增长率	19.97	0.25	0.12	0.03	0.40	0.40

资料来源：WIND数据库。

（六）运营能力

中国平安近五年总资产周转率有所下降，但都保持在0.12以上，表明企业资产周转速度很快，利用很好。

表8　2009～2014年中国平安运营能力数据

	2009年	2010年	2011年	2012年	2013年	2014年
总资产周转率	0.18	0.18	0.14	0.12	0.12	0.13
流动资产周转率	—	—	—	—	—	—

资料来源：WIND数据库。

（七）整体绩效

2014年绩效相比2013年整体保持强势增长趋势。

表 9　平安集团整体财务绩效

	2014 年	2013 年	增减幅度
总资产（百万元人民币）	4005911	3360312	19.2%
总负债（百万元人民币）	3652095	3120607	17.0%
权益总额（百万元人民币）	353816	239705	47.6%
内含价值（百万元人民币）	458812	329653	39.2%
集团偿付能力充足率（%）	205.1	174.4	30.7%
总收入（百万元人民币）	462882	362631	27.65%
归属母公司股东净利润（百万元人民币）	39279	28154	39.5%
每股收益（元）	4.93	3.56	38.5%
净投资收益率（%）	5.3	5.1	3.9%
总投资收益率（%）	5.0	5.0	0.0%

数据来源：2014 年年报。

（八）各业务板块数据

表 10　中国平安分板块业务数据

	2014 年	2013 年	增减幅度
寿险业务			
规模保费（百万元人民币）	252730	219358	6.5%
净利润（百万元人民币）	15689	12219	-35.3%
内含价值（百万元人民币）	264233	203038	22.9%
偿付能力充足率（%）	219.9	171.9	34.5%
产险业务（百万元人民币）			
保费收入（百万元人民币）	143150	115674	23.8%
净利润（百万元人民币）	8807	5856	50.4%
综合成本率（%）	95.3	97.3	-2.0%
偿付能力充足率（%）	164.5	167.1	-2.6%
银行业务			
净利息收入（百万元人民币）	53046	40688	30.4%
净利润（百万元人民币）	19802	15231	30.0%
净利差（%）	2.40	2.14	0.36%
资本充足率（%）	10.86	9.90	-0.14%
不良贷款比率（%）	1.02	0.89	0.96%
证券业务			
营业收入（百万元人民币）	3826	2639	45.0%
净利润（百万元人民币）	924	510	81.2%
信托业务（百万元人民币）			
营业收入（百万元人民币）	5186	4141	25.2%
净利润（百万元人民币）	2199	1962	12.1%

资料来源：2014 年年报。

十三、自贸区元素

（一）广东自贸区

2015年中国（广东）自由贸易试验区（以下简称“广东自贸区”）在南沙正式挂牌。作为南沙新区片区首批启动的10个重点项目之一，平安银行综合金融服务中心当天启动，意味着该行离岸、保理、跨境结算三大业务中心正式进驻广东自贸区。广东自贸区将立足于打造新型国际投资贸易规则试验区，在国际投资、贸易、知识产权等领域探索对接国际高标准规则体系。同时，有效对接国家“一带一路”战略，推动广东与21世纪海上丝绸之路沿线国家和地区的贸易往来和投资合作，着力打造21世纪海上丝绸之路的重要枢纽，为21世纪海上丝绸之路建设服务。

（二）上海自贸区

中国（上海）自由贸易试验区（以下简称“上海自贸区”）建设是国家战略，是先行先试、深化改革、扩大开放的重大举措，意义深远。习近平总书记明确要求上海自贸区应当大胆闯、大胆试、自主改，以国际化、市场化、法治化为目标，建设全球开放度最大、开放层次最高的自贸区。习近平主席在对美国的国事访问中，多次提到三个“不会变”，即中国利用外资的政策不会变、对外商投资企业合法权益的保障不会变、为各国企业在华投资企业提供更好服务的方向不会变。自贸试验区将是中国参与世界竞争合作的一个重要平台，这就要求自贸区制度环境必须与国际标准接轨，符合国际惯例与准则，成为与现有国际金融中心站在同等起跑线的“金融开阔平地”。这就是上海自贸区未来的努力方向。

上海自贸区成立一年有余，自贸区的金融创新向外扩围、复制之路已渐次展开，2014年12月19日，平安银行上海自贸试验区分行正式挂牌营业，成为平安银行的第41家分行，也是上海自贸区内为数不多的一级分行之一。平安银行此次将三大支持企业“走出去”的业务利器落户上海自贸区，正是看中了自贸区未来的金融创新和发展。“三大中心”将充分利用牌照和已有业务优势，紧跟国家自贸区金融扶持政策，围绕自贸区众多“窗口”企业，着力将自贸区分支行打造成为全行离岸金融创新的平台、自贸区商业保理及融资租赁的平台以及跨境结算、资金归集的平台。

平安银行上海自贸试验区分行作为平安银行乃至平安集团面向全球的平台机构，将成为各分行、各事业部以及集团下各子公司对外连接的桥梁。未来，自贸区分行将整合银行、保险、期货、信托、证券、资产管理等资源，贴合企业需求，使平安银行的综合金融服务进一步向国际化延伸，成为一家“不一样”的自贸区分行。

虽然成立较晚，但平安银行上海自贸试验区分行凭借独特的综合金融优势，在成立之初就表现出了强劲的后发优势。开业当日，分行一般性存款和跨境人民币存款分别达到 75 亿元和 100 亿元。开业仪式上，平安银行上海自贸试验区分行与多家具有代表性的知名企业签订了战略合作协议，如在大宗贸易方面存在大量需求的杭州热联集团、在境内外并购业务方面有专长的涌金实业、在美国上市的互联网企业唯品会、在中国香港上市的高科技企业中国智能交通，以及银行同业德国商业银行等，明确了在传统业务和跨境联动业务等方面建立更全面、更紧密的合作关系。

交通银行

一、发展历程及排名

（一）企业（集团）介绍

交通银行（全称交通银行股份有限公司）始建于1908年，是中国历史最悠久的银行之一，也是近代中国的发钞行之一。1987年重新组建后的交通银行正式对外营业，成为中国第一家全国性的国有股份制商业银行，总部设在上海。2005年6月交通银行在香港联合交易所挂牌上市，2007年5月在上海证券交易所挂牌上市。

交通银行现有境内机构224家，其中省分行30家，直属分行7家，省辖分行187家，在全国230个地级和地级以上城市、165个县或县级市共设有2785个营业网点；境外机构13家，包括中国香港、纽约、旧金山、东京、新加坡、首尔、法兰克福、悉尼、中国澳门、胡志明市和中国台北分行，交通银行（英国）有限公司及多伦多代表处，共设有54个境外营业网点。

交通银行是中国主要金融服务供应商之一，业务范围涵盖了商业银行、证券、信托、金融租赁、基金管理、保险、离岸金融服务等，旗下全资子公司包括交银国际控股有限公司、中国交银保险有限公司和交银金融租赁有限责任公司，控股子公司包括施罗德基金管理有限公司、交银国际信托有限公司、交银康联人寿保险有限公司、大邑交银兴民村镇银行、浙江安吉交银村镇银行、新疆石河子交银村镇银行、青岛崂山交银村镇银行，此外还是江苏常熟农村商业银行股份有限公司的第一大股东、西藏银行股份有限公司的并列第一大股东。

（二）企业发展历程

1. 建立期

1908年（清光绪三十四年），交通银行始建。1958年除香港分行仍继续营业外，交通银行国内业务分别并入当地中国人民银行和在交通银行基础上组建起来的中国人民建设银行。1986年7月24日为适应中国经济体制改革和发展，作为金融改革的试点，国务院批准重新组建交通银行。1987年4月1日，重新组建后的交通银行正式对外营业，成为中国第一家全国性的国有股份制商业银行。

2. 改革期

2004 年 6 月，在中国金融改革深化的过程中，国务院批准了交通银行深化股份制改革的整体方案，其目标是要把交通银行办成一家公司治理结构完善、资本充足、内控严密、运营安全、服务和效益良好、具有较强国际竞争力和百年民族品牌的现代金融企业。2004 年，香港上海汇丰银行投资了近 17 亿美元，收购了交通银行 19.9% 的股权。2005 年 6 月 23 日，在香港联合交易所上市，股票代码 3328，成为首家在境外上市的中国内地商业银行。

3. 发展期

2005 年 8 月交通银行与全球顶尖资产管理公司施罗德集团合资设立交银施罗德基金管理公司。2007 年 5 月 15 日，交通银行在上海证券交易所挂牌上市，股票代码 601328。2007 年，交通银行入股江苏省常熟农村商业银行 10%，成为第一大股东；并购重组了湖北国际信托投资有限公司，经监管机构批准发起设立交银金融租赁有限公司，并在香港成立了交银国际控股有限公司及其子公司交银国际亚洲有限公司、交银国际证券有限公司、交银国际资产管理有限公司。2008 ~ 2011 年，交通银行成功入股常熟农商行；发起设立了大邑交银兴民村镇银行；成立了保险公司——交银康联；发起设立了安吉交银村镇银行；在台湾设立台北代表处；发起设立了石河子交银村镇银行；入股正在筹建中的西藏银行 20% 的股份。2015 年之后，交通银行开始国际化进程，在欧元区成立子行；加入伦敦金银市场协会（LBMA），并被该协会正式授予普通会员资格，成为第四家成功加入该协会的中资银行。

（三）企业排名

交通银行历年在世界 500 强企业（排名来源：《财富》杂志）和中国 500 强企业（排名来源：中国企业联合会）的排名情况如表 1 所示。

表 1　2009 ~ 2015 年交通银行在世界 500 强企业和中国 500 强企业的排名情况

年份	世界 500 强排名（名）	中国 500 强排名（名）
2009	494	41
2010	440	45
2011	398	46
2012	326	40
2013	243	32
2014	217	36
2015	190	31

二、掌门人信息

（一）基本信息

牛锡明，1979年考入中央财政金融学院（现中央财经大学）金融系，1983年毕业后分配到青海省工作。1986年进入工商银行，历任工商信贷部总经理、北京市分行行长、总行行长助理兼北京市分行行长等职；2002年任工商银行副行长。2005年至2009年任中国工商银行股份有限公司执行董事兼副行长。1999年享受国务院颁发的政府特殊津贴，成为享受国务院政府津贴的金融专家。参加金融工作17年来，共发表学术论文35篇，计20多万字，专著有《商业银行系统化绩效考核》。2009年12月29日工商银行原副行长牛锡明正式调任交通银行担任行长，2013年5月20日交行董事会选举牛锡明为董事长。

（二）工作经历

1974年12月参加中国人民解放军。

1983年9月参加银行工作。

1984年12月任中国人民银行青海分行工商信贷处副处长。

1986年8月任中国工商银行西宁市分行副行长。

1988年11月任中国工商银行西宁市分行行长。

1991年9月任中国工商银行工行信贷部处长。

1993年2月任中国工商银行工行信贷部副主任。

1995年8月任中国工商银行工行信贷部主任。

1998年6月任中国工商银行工商信贷部总经理。

2000年11月任中国工商银行北京市分行行长。

2005年10月任中国工商银行执行董事、副行长。

2009年12月任交通银行行长。

2011年8月任中国银行间市场交易商协会监事长。

2013年5月20日交行董事会选举牛锡明为董事长。

（三）关于掌门人的相关报道

牛锡明：金融深化改革将给两岸三地的金融合作赋予新的契机和发展红利。（中国证券报·中证网，2015年8月31日）

交通银行董事长牛锡明：银行业风险“三五七”效应渐显。（新华网，2015年8月

30 日）

牛锡明：交行上半年压降产能严重过剩行业贷款 51 亿元。（财经网，2014 年 10 月 14 日）

牛锡明：“混改”不仅是股权结构的调整。（第一财经日报，2014 年 9 月 2 日）

牛锡明：利率市场化之后应给银行降税。（人民日报，2013 年 11 月 8 日）

交行董事长牛锡明：金融去杠杆化进程开启。（中国证券报 · 中证网，2013 年 6 月 26 日）

（四）掌门人精彩语录

做银行短期比的是速度，但最终拼的是耐力和定力。一个银行管理得好不好，要看历史积淀、看风险文化。

经济兴则银行起，经济衰则银行落。

不要以为今天赚的钱就永远是利润，也可能会是明天的亏损。

控制风险，要双线控制。办事情一手清，从头到尾一个人办，不出事是侥幸，出事情是必然。

鸡蛋不能放在一个篮子里。我比喻为“好苹果要吃一半”。你看着是好苹果，但实际可能是烂心的，这说明信息不对称。美国经济学家托宾在投资风险防范中提出了一个基本原理，叫“鸡蛋不放在一个篮子里”，我说的苹果理论与此原理相通。在银行经营中，要坚持好苹果吃一半，坚持风险分散、风险分担。

看得见、摸得着、押得住。商业银行贷款必须坚持与实体经济紧密结合，坚持真实贸易背景，贷款用途要真实、资金流向要清晰、抵押品要押得住。

资产质量十年磨一剑。不能期望资产质量管理短期就见成效。真正要把资产质量管好，没有十年功夫是做不到的。

（五）其他需要描述的掌门人信息情况

学术论文：

《工商银行信贷改革的几个问题》（《中国城市金融》1993 年第 3 期）

《论贷款风险、风险收益、风险损失三者的关系》（《金融研究》1994 年第 2 期）

《企业集团与银行信贷管理》（《中国城市金融》1992 年第 5 期）

《我国商业银行贷款风险度管理的理论研究》（《经济研究》1998 年第 3 期）

《关于构建新型贷款管理体制的设想》（《金融研究》1997 年第 8 期）

《我国商业银行实行贷款定价之研究》（《金融研究》1997 年第 10 期）

《关于加强和改进贷后管理工作的建议》（《中国城市金融》1997 年第 10 期）

《防范金融风险必须大力提高贷款质量》（《中国城市金融》1998 年第 2 期）

《关于防范和化解信贷风险的几个问题》（《城市金融论坛》1998 年第 7 期）

《实行贷款客户分账分类管理的设想》（《中国城市金融》1999 年第 8 期）

《现代商业银行管理的三大特点》（《中国城市金融》2000年第11期）

《银行信贷结构调整中需要研究的几个问题》（《城市金融论坛》2000年第11期）

牛锡明参加金融工作17年来，共发表学术论文35篇，计20多万字。

三、发展战略

（一）企业愿景

建设价值卓越的一流国际金融集团是交通银行的企业愿景。

交行人共同建设的“价值卓越的一流国际金融集团”，以高品质、高效率、负责任而著称。它具有与世界先进银行同台竞技的气概，不断朝着经营国际化、业务综合化的方向迈进；它具有国际先进水准的管理模式、体制和机制，堪为业界典范；它具有卓越的经营业绩，资产收益率、净资产收益率、资本充足率、资产质量等各项经营指标均居国际一流水平；它具有卓越的品牌，品牌的社会认知度、美誉度领先于同业；它具有良好的企业公民形象，勇于承担社会责任，深得社会各界的尊重和好评；它拥有为业界所钦佩的一支全面发展、高素质的员工队伍，每一位员工也以在交通银行工作而备感自豪。

（二）发展战略

交通银行的发展战略：走国际化、综合化道路，建设以财富管理为特色的一流公众持股银行（“两行一化”战略）。

“走国际化道路”，就是要加快国际业务发展，加强海外机构、海外网络的建设，实现机构网络、业务结构和经营管理水平的国际化；“走综合化道路”，就是要以银行业务为主体，打造全功能的金融服务平台；“以财富管理为特色”，就是要在为客户财富保值增值和为客户创造价值这一细分市场做到最佳；“一流公众持股银行”，就是要在公司治理、内部管理、财务状况、服务水平和履行社会责任等方面全面达到国际一流水准。

（三）战略转型

中国银行业“放贷款—冲存款—增利润”的传统增长模式已经终结，转型发展是大势所趋。2015年，交通银行将加快“两化一行”发展战略落地，强化境内外联动，充分发挥集团跨境、跨业、跨市场优势。加快推进经营模式转型，强化成本管控，狠抓境外银行机构、子公司、省辖分行、基层营业机构四大转型提升工程；加快财富管理银行建设，夯实客户基础和负债基础，持续提升金融市场、资产管理、同业等转型业务的利润贡献度，持续推进收入结构转型。同时，着力开拓互联网金融新领域，开辟业务转型发展新蓝海。

“走国际化、综合化道路，建设以财富管理为特色的一流公众持股银行集团”的“两化一行”战略将引领交行的转型发展。今后交行将拓展全球布局、完善经营牌照，深化战略协同、突出行业特色，提升市场地位、做大盈利贡献，提高跨境跨业跨市场的经营能力和服务能力。

“人工网点＋电子银行＋客户经理”的“三位一体”建设将是实现转型发展的重要基础。物理网点功能提升和专业化、电子渠道创新和智能化、客户经理数量和能力提升，将为本集团转型发展增添活力和动力。此外，我们将利用互联网金融平台优势，创新金融直销模式，开展“一键式”全方位财富管理服务，实现资产收益与利润贡献“双提升”，打造互联网金融银行。

（四）其他需要描述的发展战略情况

2015 年 6 月，交通银行深化改革方案已获国务院批准，改革重点包括三个方面：一是探索中国特色的大型商业银行治理机制，主要是探索党的领导核心与现代公司治理有效结合的新途径和新方式。二是推进经营模式转型与创新，大力实施事业部制改革、子公司改革和国际化战略。三是深化商业银行内部经营机制改革，重点是用人薪酬考核机制改革，建立职业经理人制度，推进全员全产品计价考核。

探索中国特色大型商业银行公司治理机制。交通银行自 1987 年重新组建以来，一直致力于探索具有中国特色的现代商业银行改革发展之路。特别是 2004 年股份制改革及两地上市以来，交通银行在完善公司治理方面进行了一系列富有成效的探索实践，构建起了规范有序、相互制衡、行之有效的现代公司治理机制。这次深化改革，交通银行将在现有公司治理框架的基础上，着力进行五方面的创新实践：一是明确党委与“三会一层”的职能定位；二是构建形成党委与董事会协调一致、相辅相成的沟通决策机制；三是构建形成党委与高管层共同决策、统一执行的经营管理机制；四是构建形成内部管理人员分层管理体系；五是构建形成集团统一的授权经营体系。

实施经营模式创新与转型。为应对中国经济“增速放缓、动力转换、方式转变”的“新常态”，交通银行坚持“两化一行”发展战略，以事业部制改革、子公司改革、国际化发展为突破口，全面推动新兴特色业务发展，提升跨境跨业跨市场经营能力，实现集团经营模式的创新与转型。

推进用人薪酬考核机制改革。用人薪酬考核机制改革是交通银行深化改革的重点内容之一，目标是破除现有机制的弊端，坚持市场化改革方向，探索建立职业经理人制度，创新推行全员全产品计价考核，健全完善目标考核与职位挂钩、薪酬分配与业绩挂钩、延期支付与风险挂钩的“三挂钩”机制，真正实现“职位能上能下、收入能增能减、员工能进能出”，充分调动员工的积极性，激发经营活力。

四、组织结构

（一）组织结构图[①]

交通银行组织结构为股东大会、董事会、监事会及高级管理层，各层的权利和责任明晰，各方独立运作、有效制衡（见图1）。

交通银行董事会现（截至2014年12月31日）由18名[②]董事组成，其中：执行董事4名，非执行董事8名，独立非执行董事6名，牛锡明担任董事长；监事会现由13名监事组成，宋曙光担任监事长；高级管理层现由10人组成，彭纯担任行长。

（二）组织变革

交行将把事业部制、准事业部制改革作为转变发展模式的主攻方向。新的一年，交行将继续探索重点客户、产品和行业的事业部制运作模式，同步推动分行层面的事业部制改革，激发分行经营活力和竞争能力。

目前交行金融市场、贵金属、离岸金融、票据中心四个事业部已经正式挂牌，准事业部制的资产托管业务中心、资产管理业务中心和消费金融中心也已挂牌运作。这意味着，在五个中心中，仅剩下信用卡中心这一事业部尚未落地，而在理财、投行、托管、期货、私人银行业务五个准事业部的落点中，只有投行和期货两大领域尚未成型。

交行内部还选择了客户、行业、产品三个维度，进行事业部可行性探索。其中，客户维度方面，已经初定“总行集团客户”和“省分行大客户”进行方案论证；行业维度方面，则选择了“汽车金融”；在产品维度方面，将集中突破消费金融和互联网金融业务。这些探索中的事业部选点将视成熟度和可行性分期分批推进。

五、股权结构和集团管控

（一）股权结构图

截至2014年12月31日，财政部持有交通银行股份19702693828股，约占交通银行总股本的26.53%；香港中央结算（代理人）有限公司[③]持有交通银行股份14917284241

---

① 根据交通银行2014年年报绘制。

② 钱文挥先生因工作调动原因于2015年2月10日辞去本行执行董事等职务；冯婉眉女士因个人工作原因于2015年1月30日辞去本行非执行董事等职务。

③ 香港中央结算（代理人）有限公司是以代理人身份代表截至2014年12月31日，在该公司开户登记的所有机构和个人投资者的H股股份合计数。

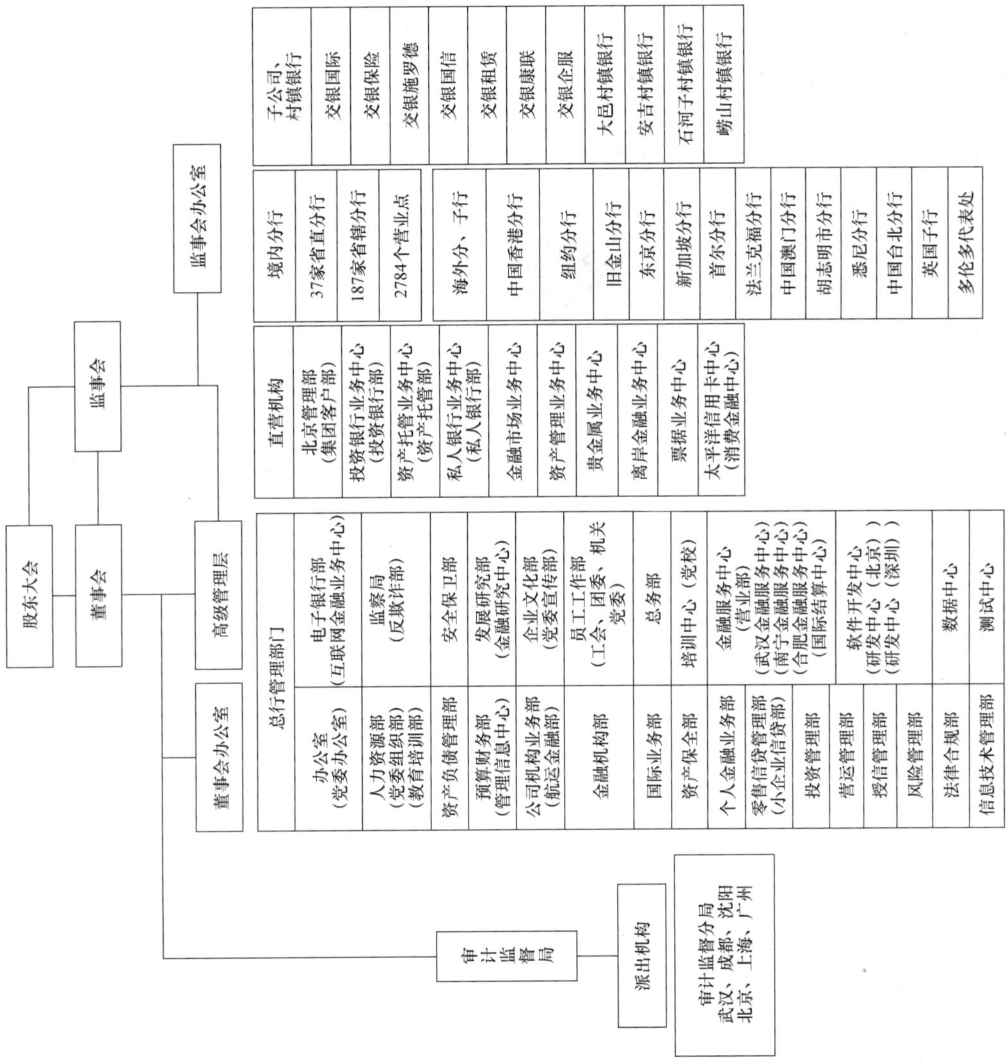

股东大会
董事会
监事会
董事会办公室
高级管理层
监事会办公室
审计监督局
派出机构
审计监督分局
武汉、成都、沈阳
北京、上海、广州

总行管理部门
办公室（党委办公室）
电子银行部（互联网金融业务中心）
人力资源部（党委组织部）（教育培训部）
监察局（反欺诈部）
资产负债管理部
安全保卫部
预算财务部（管理信息中心）
发展研究部（金融研究中心）
公司机构业务部（航运金融部）
企业文化部（党委宣传部）
金融机构部
员工工作部（工会、团委、机关党委）
国际业务部
总务部
资产保全部
培训中心（党校）
个人金融业务部
零售信贷管理部（小企业信贷部）
金融服务中心（营业部）（武汉金融服务中心）（南宁金融服务中心）（合肥金融服务中心）（国际结算中心）
投资管理部
营运管理部
授信管理部
风险管理部
软件开发中心（研发中心（北京））（研发中心（深圳））
法律合规部
数据中心
信息技术管理部
测试中心

直营机构
北京管理部（集团客户部）
投资银行业务中心（投资银行部）
资产托管业务中心（资产托管部）
私人银行业务中心（私人银行部）
金融市场业务中心
资产管理业务中心
贵金属业务中心
离岸金融业务中心
票据业务中心
太平洋信用卡中心（消费金融中心）

境内分行
37家省直分行
187家省辖分行
2784个营业点

海外分、子行
中国香港分行
纽约分行
旧金山分行
东京分行
新加坡分行
首尔分行
法兰克福分行
中国澳门分行
胡志明市分行
悉尼分行
中国台北分行
英国子行
多伦多代表处

子公司、村镇银行
交银国际
交银保险
交银施罗德
交银国信
交银租赁
交银康联
交银企服
大邑村镇银行
安吉村镇银行
石河子村镇银行
崂山村镇银行

图1　交通银行组织结构

股，约占交通银行总股本的20.09%；汇丰银行[①]持有交通银行股份13886417698股，占交通银行总股本的18.70%；社保基金理事会[②]持有交通银行股份3283069006股，约占交通银行总股本的4.42%。

各股东所占股份比例如图2所示。

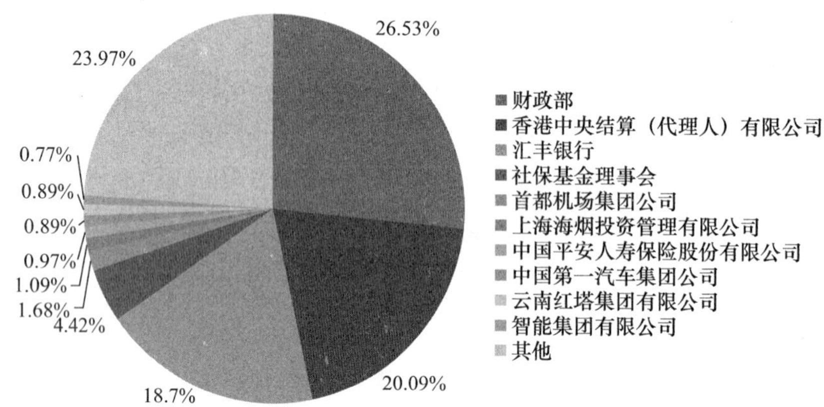

图2　交通银行股权结构

（二）集团管控

交行目前已建立股东大会、董事会、监事会和高级管理层权责明确、有效制衡、协调运转、独立运作的集团管控架构。如图3所示。

1. 股东大会

股东大会是交行的最高权力机构。单独或者合计持有交行有表决权的股份10%以上的股东有权以书面形式要求召开临时股东大会，单独或者合计持有交行有表决权的股份3%以上的股东有权以书面形式向股东大会提出提案。交行采用现场投票、网络投票等多种投票方式，方便股东参会，确保股东行使权利。交行每项实际独立的事宜在股东大会上均以独立决议案提出，以投票方式表决。

2. 董事会

董事会是交行的战略决策机构，向股东大会负责，并在法律法规、《公司章程》和股东大会赋予的职权范围内行使职权，维护交行及股东的合法权益。其职责主要包括召集股东大会并向大会报告工作、执行股东大会决议、决定交行的经营计划和投资方案、

① 根据本行股东名册所载，截至2014年12月31日，汇丰银行持有H股股份13886417698股。根据汇丰控股（HSBCHoldingsplc）向香港联交所报备的披露权益表格，截至2014年12月31日，汇丰银行实际持有本行H股14135636613股，占本行总股本的19.03%。

② 根据社保基金理事会向本行提供的资料，截至2014年12月31日，除载于本行股东名册的持股情况，社保基金理事会还持有本行H股7027777777股，占本行总股本的9.46%，该部分股份登记在香港中央结算（代理人）有限公司名下。截至2014年12月31日，社保基金理事会共持有本行A+H股股份10310846783股，占本行总股本的13.88%。

听取行长工作报告并监督高管层工作等。

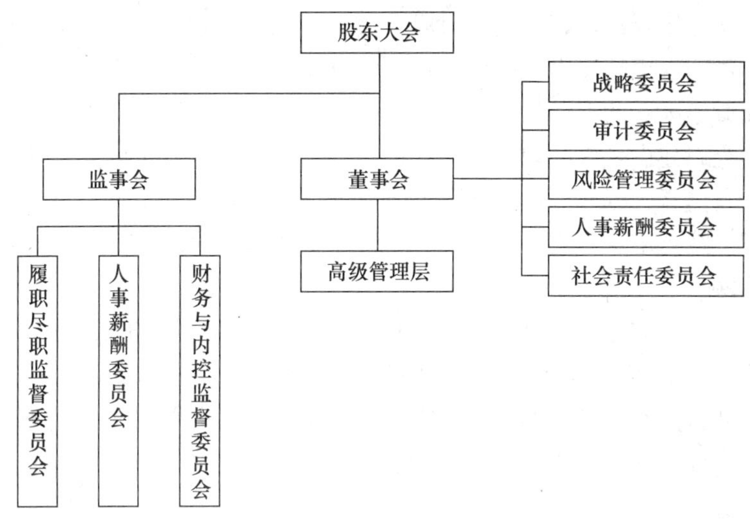

图3　集团管控

交通银行董事会下设战略委员会、审计委员会、风险管理委员会、人事薪酬委员会和社会责任委员会五个专门委员会。各专门委员会的职责如下：

（1）战略委员会。主要职责是制定公司经营管理目标和长期发展战略，监督、检查年度经营计划、投资方案的执行情况，检查和评估公司治理制度执行情况，向董事会提出制定和完善公司治理政策和制度的建议等。

（2）审计委员会。主要职责是提议聘用、更换或解聘为交通银行审计的会计师事务所，监督交通银行的内部审计制度及其实施、内部审计与外部审计之间的沟通，审核交通银行的财务信息及其披露，检查会计政策、财务状况和财务报告程序，检查交通银行内部控制制度执行状况等。

（3）风险管理委员会。主要职责是监督和评价交通银行信用、市场、操作、合规等方面风险控制、管理情况，定期评估交通银行风险、管理状况、风险承受能力及水平，审核重大固定资产投资、资产处置、资产抵押或对外担保，审查重大关联交易，向董事会提出完善交通银行风险管理和内部控制的建议等。

（4）人事薪酬委员会。主要职责是根据董事会确定的战略规划和经营目标，拟定交通银行董事和高级管理人员的具体薪酬和激励方案，向董事会提出薪酬方案的提议，并监督方案的实施，拟定董事和高级管理人员的选任标准和程序并进行初步审核，批准和修改董事会成员多元化政策，并评估政策执行情况等。为优化公司治理结构，提升工作效率，交通银行人事薪酬委员会兼具提名委员会和薪酬委员会的职能。

（5）社会责任委员会。主要职责是研究拟定交通银行社会责任战略和政策，对交通银行履行社会责任的情况进行监督、检查和评估，并根据董事会的授权审批对外捐赠事项，审核银行业消费者权益保护工作的战略、政策和目标等。

3. 监事会

监事会是交通银行的监督机构，对股东大会负责，主要职责包括但不限于：检查交通银行财务；对交通银行董事、高级管理人员执行交通银行职务的行为进行监督；核对董事会拟提交股东大会的财务报告、利润分配方案等财务资料。

监事会确立以建设良好公司治理为目的，以财务监督为中心，以履职监督为重点，以依法合规经营监督为基础，以全面风险、内控管理监督为导向的全面工作职责，全体监事勤勉尽职，按照依法合规、客观公正、科学有效的原则，有效履行监督责任。

4. 内部控制

交通银行根据银监会《商业银行内部控制指引》、财政部等五部委颁布的《企业内部控制基本规范》及其配套指引的规定和其他内部控制监管要求，建立健全和有效实施内部控制，评价其有效性，并如实披露内部控制评价报告是交通银行董事会的责任，监事会对董事会建立和实施内部控制进行监督，高级管理层负责组织领导企业内部控制的日常运行。交通银行董事会下设审计委员会、风险管理委员会，履行内部控制相应职责，高级管理层下设内部控制管理委员会，负责内部控制体系的统筹规划、基本政策制定、组织落实和检查评价等工作。

交通银行内部控制的目标是确保交通银行各项经营管理活动遵从国家法律规定和交通银行内部规章制度、财务报告信息真实完整、风险管理体系有效、资产安全，提高经营效率和效果，促进经营目标和发展战略最终实现。报告期内，交通银行董事会已检讨交通银行及子公司的内部监控系统平稳有效。

交通银行聘请的普华永道中天会计师事务所（特殊普通合伙）已对交通银行财务报告相关内部控制的有效性进行了审计，认为交通银行按照《企业内部控制基本规范》和相关规定在所有重大方面保持了有效的财务报告内部控制。

六、业务组合

（一）业务介绍[①]

根据银监会颁发给交通银行的《金融许可证》（机构编码：B10512900 H0001），以及国家工商局向交通银行核发的《企业法人营业执照》（注册号:1000001000595），交通银行的经营范围是：吸收公众存款；发放短期、中期和长期贷款；办理国内外结算；办理票据承兑与贴现；发行金融债券；代理发行、代理兑付、承销政府债券；买卖政府债券、金融债券；从事同业拆借；买卖、代理买卖外汇；从事银行卡业务；提供信用证服务及担保；代理收付款项业务；提供保管箱服务；经营结汇、售汇业务；经国务院银行

① 根据交通银行2014年年报整理。

业监督管理机构批准的其他业务。主要分为以下几类：

1. 公司金融业务

包括企业与机构业务、中小微企业业务、产业链金融业务、现金管理业务、国际结算与贸易融资业务、投资银行业务、资产托管业务。

交通银行持续推动公司金融业务转型发展和结构优化，构建重点区域集团协同发展新模式和重点客户一体化管理机制；在国有控股银行中率先实施大客户准事业部制改革；推进对公财富管理体系建设，有效延展“蕴通财富”品牌影响力；加强业务准入和全融资存续期管理，主动防范和化解大额风险；积极融入人民币国际化进程，多项自贸区金融和托管金融开创中资银行业务先河；顺应互联网金融和“大数据”发展趋势，实现系统数据快速整合与流程业务集中管理。

2. 个人金融业务

包括个人存贷款、个人财富管理业务、银行卡业务（信用卡业务和借记卡业务）。

交通银行不断加强产品创新，积极创新营销模式，持续提升服务质量，致力于打造以财富管理为主体，普惠金融、消费金融、互联网金融为特色的“大零售”业务发展格局，全面推进个人金融业务转型发展。

3. 金融市场业务

包括机构金融业务、货币市场交易、交易账户业务、银行账户投资、贵金属业务、资产管理业务。

交通银行灵活应对宏观市场中的一系列挑战，不断加强对国内外宏观环境研判，深入挖掘金融市场、财富与资产管理等业态的价值，加强产品创新，深化同业合作，推进同业与市场业务稳步发展。

交通银行业务项目见表2。

表2　交通银行业务项目

<table>
<tr><th>公司金融业务</th><th>个人金融业务</th><th>金融市场业务</th><th>渠道建设</th><th>国际化经营</th></tr>
<tr><td>企业与机构业务</td><td rowspan="2">个人存贷款</td><td>机构金融业务</td><td rowspan="2">人工网点</td><td rowspan="2">境内外联动业务</td></tr>
<tr><td>中小微企业业务</td><td>货币市场交易</td></tr>
<tr><td>产业链金融业务</td><td rowspan="2">个人财富管理业务</td><td>交易账户业务</td><td rowspan="3">电子银行：
1. 自助银行
2. 网上银行
3. 手机银行
4. 电子商务</td><td rowspan="3">跨境人民币业务</td></tr>
<tr><td>现金管理业务</td><td>银行账户投资</td></tr>
<tr><td>国际结算与贸易融资业务</td><td rowspan="3">银行卡业务：
1. 信用卡业务
2. 借记卡业务</td><td>贵金属业务</td></tr>
<tr><td>投资银行业务</td><td>资产管理业务</td><td rowspan="2">客户经理</td><td rowspan="2">离岸业务</td></tr>
<tr><td>资产托管业务</td><td></td></tr>
</table>

4. 渠道建设

包括人工网点、电子银行（自助银行、网上银行、手机银行、电子商务）、客户经理。

围绕“两化一行”战略，以分行分类管理和网点差异化建设为抓手，同步推进省辖分行转型提升、综合型网点建设、存量网点提升和特色网点试点，引导人工网点“做大做综合，做小做特色”；以电子银行创新为抓手，加快推进手机银行、微信银行、网上银行、自助银行等电子渠道和产品创新；以客户经理队伍建设为抓手，持续提升客户经理数量占比和履职能力，实现人工网点、电子银行和客户经理“三位一体”融合发展。

5. 国际化经营

2014 年，交通银行持续深入推进国际化战略，境内外一体化服务能力进一步提高，境外服务网络逐步完善，境内外联动业务、跨境人民币业务、离岸业务等核心业务快速发展，跨境金融服务能力得到全面提升。

（二）业务结构①

2014 年，交通银行集团公司金融业务板块实现利润总额 562.14 亿元，同比增长 4.14%；集团个人金融业务板块实现利润总额 66.11 亿元人民币，同比增长 4.18%；集团资金业务板块实现利润总额 206.61 亿元人民币，同比增长 13.55%；集团人均利润达 70.31 万元人民币，同比增长 12.77%；集团境外银行机构实现净利润 36.22 亿元人民币，同比增长 29.36%。

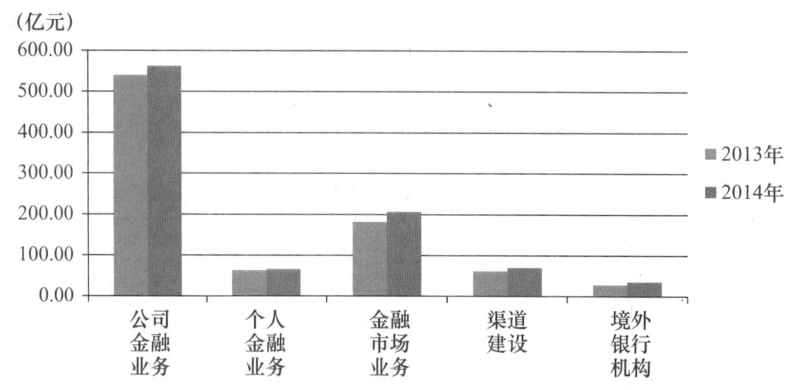

图 4　2013～2014 年交通银行五大业务板块盈利情况

（三）新业务选择

1. 综合化经营

董事会批准了参与重组海南银行、增资交银康联人寿保险有限公司，加快集团综合

① 根据交通银行 2014 年年报整理。

经营布局和提升子公司资本实力。各子公司主动融入集团客户发展规划，与银行主业实现优势互补和战略协同，综合化板块实现了由集团扶持向反哺集团的转变。截至2014年末，控股子公司资产总额达1594.51亿元人民币，较年初增长30.16%，占集团资产总额比重较年初提高0.48个百分点至2.54%。实现归属母公司净利润19.75亿元人民币；全年向母公司提供中间业务收入分成合计20.45亿元；实现协同业务收入34.51亿元，同比增长44.33%；子公司全年提供的社会融资规模总量为4337.25亿元。

2. 财富管理

交行持续做大做强理财业务、交易型业务、创新型业务，财富管理经营特色进一步彰显，非利息收入贡献度显著提升。截至2014年末，资产托管规模突破4万亿元，位列行业第四，最大养老金托管银行地位进一步巩固；人民币表内外理财规模突破万亿元大关，创造中间业务收入超过35亿元，同比增长67.33%；理财产品发行能力、收益能力排名市场领先，公司中高端客户增长9.98%，私人银行客户数、达标沃德财富客户数及达标交银理财客户数分别同比增长16.63%、18.85%和9.53%；信用卡业务实现中间业务净收入66.62亿元，同比增长33%，营业收入市场排名第三位。

3. 全力服务实体经济发展

积极跟进“一带一路”等国家重点项目和各地基础设施建设，做大社会融资规模，提升服务实体经济能力。客户贷款余额达37271.30亿元人民币，较年初增长8.61%。其中，交通运输、仓储和邮政行业贷款余额达4427.66亿元人民币，较年初增长13.83%；个人住房按揭贷款余额达5850.31亿元人民币，较年初增长10.41%；信用卡贷款余额达2599.28亿元人民币，较年初增长16.25%；运用中票、短融等债务工具，为企业筹集资金逾3800亿元人民币。

七、商业模式

（一）价值模式

交通银行的价值活动由两部分组成：基本活动和辅助活动。

其中，基本活动包括资金筹措、产品处理、风险管理、金融营销和客户服务等商业银行形成其价值的直接活动，这些是银行最终利润的直接源泉。

辅助活动由基础设施结构、技术开发、人力资源管理、金融产品开发和各种商业银行范围的职能等相互支持的价值活动构成。辅助活动支持和影响银行的整个价值创造。

资金筹措、产品处理、风险管理、市场营销、客户服务和辅助作用的各种活动的集合构成了交通银行的价值模式（见图5）。

（二）目标客户

交通银行最早提出打造财富管理银行概念，最先实现了客户分层服务。与四大行相比，其客户群主要集中在长三角、珠三角和环渤海地区，中高端客户集中度较高，有利于交行发展财富管理特色。与中小银行相比，交行中高端客户群体更大。目前，交行有近6500万个人客户和近120万公司客户。其中，个人50万元以上资产客户数量超过70万户。

图5　交通银行价值模式分析

（三）核心竞争力

银行业形成自身独特核心竞争力是发展关键，交通银行将最佳财富管理银行作为公司打造差异化竞争优势的重要目标。

对上市银行而言，在同质化竞争严重的今天，在良好的基本面之外，是否具备鲜明的业务特色和比较优势、形成自身独特的核心竞争力，成为吸引投资者和同业竞争胜出的关键因素。交通银行发展战略清晰，公司治理完善，机构网络健全，经营管理规范，金融服务优质，财务状况良好，已经成为一家以银行业务为主体、多牌照执业、跨市场经营的金融企业集团。

近年来，建设最佳财富管理银行是交通银行打造差异化竞争优势的重要目标，努力塑造"交通银行，您的财富管理银行"的崭新形象。个人业务方面："沃德财富"、"交银理财"等金融服务品牌影响力不断扩大；推出沃德网点小企业服务，"一站式"提供个人与公司综合金融服务；私人银行"跨境综合财富管理"持续推进，推广境内见证开立境外账户、投资移民"一站式"服务等特色业务。公司业务方面："蕴通财富"得到市场广泛认可；深入推进现金管理创新，提高客户业务处理效率；不断创新跨境人民币业务，形成全流程跨境人民币投融资服务方案；加快供应链金融网络布局，业务服务范围不断扩大；加强客户基础建设，推动中型客户发展，培育梯度有序、持续发展的客户结构。

（四）运营模式

目前交通银行主要采用总行、省级分行、市级分行层层管理、主要由支行网点负责市场经营的经营模式。

交行进行经营模式转型，推行事业部制经营，补充建立分行和总行事业部“两条腿”走路的经营模式，有利于专业化经营和集中式风险控制。

（五）盈利模式

交通银行主要收入结构中包括利息收入、资金交易、中间业务。成本结构中主要包括存款利息支出，人员银行运营费用。其中存贷款利差是主要收入来源，约占银行总收入的 70%；其他净收入占比较小；中间业务净收入占比较小，但呈现逐步上升的趋势。

交通银行盈利模式如图 6 所示。

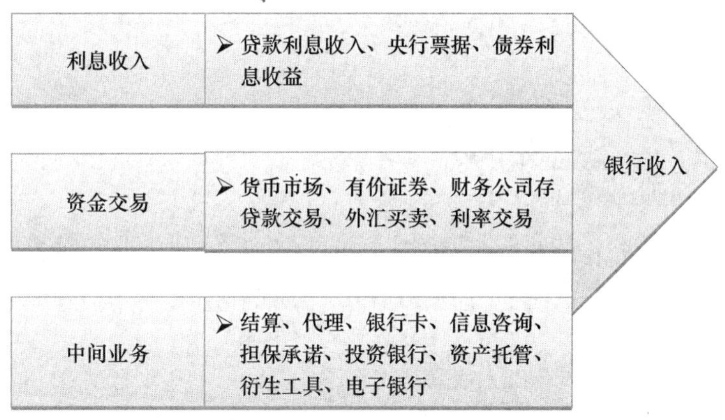

图 6　交通银行盈利模式分析

八、营销模式

（一）客户价值

提供更优金融方案，持续创造共同价值，是交通银行作为企业公民的崇高使命，也是交行人的终极责任。它意味着股东是交通银行的投资者和委托人，是交通银行生存和发展的坚实后盾，只有股东满意并持续地支持，才能保证交通银行健康快速稳健地发展。因此，建立完善的投资者关系管理机制，准确充分地披露信息，维护股东持续长远的利益，实现股东价值最大化，是交通银行应尽的职责。

客户是交通银行价值创造的源泉。交通银行的一切经营管理活动，只有为客户提供更优的金融解决方案，为客户提供省时、省力、省心、增值的金融服务，才能赢得客户的信任，培育客户的忠诚。员工是金融服务的承载者和服务价值的创造者。优秀的员工赢得优质客户，优秀的员工支撑着我们共同的事业。交通银行坚持以人为本，为员工创建良好的个人发展环境，使员工伴随着交行的成长而成长。社会是交通银行赖以生存和发展的土壤，我们必须树立“企业公民”意识，坚持依法合规经营，积极承担社会责任，实现企业与社会的共同繁荣。持续创造共同价值，充分反映了交通银行对责任、利益、诚信的态度，是建设和谐银行的清晰表达。

（二）销售模式

分行直接开展营销，重点进行两项探索：一是探索大客户“集中营销、统一授信、一站式审批”，提升大客户的营销层次，由分行甚至总行直接发起业务流程；二是建立更多的利润中心直接盈利，分行的公司客户、个人客户部门要直接走向市场营销客户。

今后，交行将建立“客户分层服务营销体系”：大客户由总行、省级分行直接服务，中型客户由城市分行直接服务，小微企业和个人客户由支行网点及远程银行提供服务。

（三）关系营销

交通银行在“提供更优金融服务，持续创造共同价值”的企业使命指导下，坚持“客户为先”的服务理念，提供卓越的金融产品及服务。

交通银行客户服务中心采用人工座席代表、自动语音应答、Web服务和短信客服等方式，365天×24小时全天候双语受理客户咨询、信息查询、投诉和建议并提供多种交易服务。

集中式客户服务中心系统有效支撑客户来电的求助、建议、表扬、投诉及客户满意度调查等信息，能一次性解决客户问题达97%左右。对于座席员当场无法解决的特殊问题，启用了专用的“客户意见工单处理系统”，依托全行的OA系统，“客户意见工单”可以流转到任何能够解决问题的单位或负责人处进行解决。

交通银行引入“神秘访客”暗访的第三方评估和监督机制，推广“柜员服务评价系统”，推行客户投诉处理原则与技巧，使柜面服务水平逐级提升，客户满意度明显提高。

（四）品牌建设

品牌核心主张：交流融通，诚信永恒

品牌主张诠释：交流融通：服务的理念，沟通交流+达成融合

诚信永恒：做事的承诺，历史感+诚信承诺

交通银行很重视其品牌历史，百年的历史是它一直向外宣传的元素之一，以此塑造一个老品牌、可信赖的形象。同时，它也一直强调另一元素——交流交融，作为对客户真诚服务的体现。交行所传播的品牌核心是历史、诚信、交流。

（五）网络营销

移动互联网技术普及，极大地改变了客户金融消费习惯。交行一直是走在互联网金融潮流的浪头，为客户搭建起跨时空、全方位的渠道体系。在银行业较早推出手机银行、微信银行，整合交博会网购平台，实现网上购物。同时，小企业贷款申请、提款和还款可以网上自助。随借随还，降低融资成本，大大提升了小微企业融资效率。

九、创新体系

（一）创新体系总览

1. 加深机制创新

交通银行进一步深化机制改革和制度创新，在国有大型银行中首推事业部制改革，加强专业化管理、强化利润导向，同时积极申请混合所有制改革试点，加快推进用人、薪酬等机制改革，提升管理层和职工的积极性。交通银行将积极开展准事业部试点，加强对业务条线、管理部门和经营单位的利润考核，不断提高快速反应能力和运营效率，并深化全产品计价管理，充分激发经营活力和增长潜能，打造新的竞争优势和利润增长点。

2. 加快渠道创新

按照“三位一体”建设和网点转型的部署，进一步加快渠道创新，加大自助银行、普惠型特色网点（即社区银行）的建设力度，全面增强电子渠道服务功能，降低网点建设和运营成本，提高服务高效化、智能化，并有力推动网点服务方式转型，由被动服务向主动营销转变，由单一服务向综合服务转变，由贵宾服务向客户体验转变，有效释放存量网点经营活力，全面提升网点市场竞争力，同时促进物理网点和电子渠道交互联动、互补发展，形成立体化、高效率的营销服务渠道，为客户提供全功能、全天候、全方位的金融服务。

3. 加大产品创新

一方面，根据利率市场化进展情况，交行积极开展存款类产品创新，提高负债管理的主动性；另一方面，在相关政策放开和备案制改革的背景下，交行加快创新信贷资产证券化产品，增强资产流动性，降低经济资本消耗，提高中间业务收入，减少资产负债期限错配。

4. 加强技术创新

围绕信息技术变革，创新金融服务方式。交行紧密跟踪电子商务、移动互联等信息经济或技术以及微博、微信等社交网络的发展，充分利用新技术手段更好、更快地服务客户；打造功能强大的业务处理系统。交行进一步加强管理信息系统开发，建设完善一个能够覆盖各类业务和客户、功能强大的业务系统，支持业务发展和营销服务；提高数量分析技术水平。在学习和借鉴国际银行先进经验的基础上，交行研究数据挖掘、回归分析等建模工具和量化方法，开发适合自身经营发展需要的数量分析模型和方法，用于市场分析、价格确定、营销管理和风险评估等多个方面，提高精细化管理程度和水平，主动迎接来自大数据时代的挑战。

（二）创新人才培养

探索建立职业经理人制度是国有商业银行贯彻落实中央改革精神，进一步完善现代企业制度，提升经营活力与竞争力的关键之举，有助于解决国有商业银行普遍存在的管理人员“来源渠道单一、选聘方式行政化、职位能上不能下”等问题，让市场机制在选人用人中发挥更大作用，让专家在银行治理中发挥重要作用。

交通银行的职业经理人制度，具有以下四个特点：一是公开化遴选，充分运用市场渠道，拓宽职业经理人来源，加大外部引进力度，从全球范围、行业领军人才中选聘职业素养高、专业能力强、管理经验丰富的职业经理人。二是市场化聘任，建立一套科学的选聘标准，借助先进的评估工具，通过规范的程序进行职业经理人的选聘。明确职业经理人续聘、改聘、解聘及退出的条件、标准和程序，建立市场化退出机制，打通不称职、不作为的职业经理人“下”和“出”的通道。三是契约化管理，以协议为载体，明确约定职业经理人的聘任职位、聘期目标、薪酬福利、续聘解聘等事项，清晰界定职业经理人的权责利，将自由、平等、守信的契约精神贯穿于职业经理人管理的全过程。四是目标化考核，突出业绩导向，实施职业经理人“年度绩效考核＋聘期履职考评”双考核模式。年度绩效考核聚焦业绩达成，严格按绩效表现确定考核结果，兑现绩效奖励；聘期履职考评关注聘期综合表现，按照考评结果决定职业经理人的聘任退出。

（三）技术创新结果

“531”工程（新一代信息系统）堪称交通银行的“登月工程”，系统创新体现了交通银行的经营理念从账户到客户、从本地到全球、从银行到集团的令人振奋的彻底变革，使交通银行有信心为客户提供前所未有的金融体验。交通银行举全行之力、集五年之功推进工程建设，2015年新系统全面上线运营。交通银行将努力实现新旧系统平稳过渡，在此基础上强化信息整合与大数据分析应用，实现客户信息多渠道采集、统一存储、实时更新、多元化应用，全面提升客户服务、维护及拓展工作质效，以科技创新优势助力转型发展。

平台创新方面，传统商业银行融资业务受到资本、负债和风险的制约，在经济新常态下发展面临瓶颈，同时信息传导的不断扁平化也让客户在消除信息不对称和提升金融效率方面提出更高要求。而平台则以轻资本、高拓展性、流量驱动、精简中间环节等特性，贴近当前市场和客户的需求变化。交行的互联网金融建设就是从网络投融资平台起步，目标是成为开放的、承载覆盖客户全生命周期的一揽子金融服务的大资产管理平台。这也是交行为整体向轻平台模式转型试水探路。

支付创新方面，由于支付业务是汇聚流量、提升客户黏性、积累数据的重要手段，流量和数据也是其他金融业务开展的基础，因此，交行将把支付体系作为整个互联网金融平台的骨架，贯穿所有业务单元的基本账户体系，用以连接场景与其他金融产品服务，促使平台形成“闭环式”生态圈。

风控创新方面，受制于现有体制和风险偏好，传统商业银行在服务小微企业时，风控是破局的最大掣肘。“互联网+”时代，数据来源多元化，大数据技术持续发展，使风控手段增多，成本降低，交行互联网金融平台将突破传统风控思维，通过数据不断验真和优化的模型创新与算法不断精益的技术创新，将服务“三不”客户落到实处。

十、信息化建设

打造“第二交行”①。

“线上线下”齐头并进、“分行和事业部”两条腿走路、“三位一体”（人工网点+电子银行+客户经理）网络转型，将成为三个推进层次。

交行成立了互联网金融业务中心，借此把业务、产品、技术方面的架构搭好。另外，交行还将探索引入民营资本合作设立互联网金融子公司的可行性，探索对互联网金融业务实行市场化经营。

以互联网思维打造互联网金融。“开门搞互联网金融”，把商业银行创新融入互联网，而不是把互联网搬进银行，以客户为中心，结合银行优势做顶层设计。

搭建互联网金融的共享、跨界和交易平台，整合“线上线下”渠道，力争构建以生活化场景为切入、以客户需求为核心、以数据智能运营为驱动的综合互联网金融平台。

争取提供更有市场的金融服务。2014 年交通银行与中国联通携手推出针对联通下游代理商在线金融服务新模式，是以通信行业供应链为核心，衍生出产业互联网金融新模式，构建了通信运营商、商业银行和中小微企业三方局面；近期交行基于“互联网+云端”技术，整合软硬件平台，再推小微金融 O2O 产品。依托银行的独特优势，把产品模式设计成“支付+理财+借贷”。

从提升到全行的经营模式来看，打造线上“第二交行”只是一种体现形式，交通银行要做的是整体“互联网转型”，包括三个方面：第一是探索以公司化的方式为全行互联网转型进行探索；第二是运用互联网思维和工具，对存量客户价值再挖掘，推动全行数字化；第三是探索用组织机制的破局固化前两者的成果。

交通银行的互联网金融平台将先期成立网络投融资公司及收购成立第三方支付公司，从整合内部资源起步，与外部合作伙伴开展多种形式的跨界共建、众包协作和社会化营销，进而撬动社会资源，形成内外部循环的生态环境。通过跨界创新和生态建设，金融和产业相互融合渗透，彻底转变银行的传统服务模式。

---

① 根据牛锡明第一财经日报采访整理。

从具体实施来看，交行将持续推进“三大创新，一大整合”，即平台创新、支付创新、风控创新及资源整合，服务传统银行“服务不好、服务不了、服务不到”的客户。传统商业银行内部部门间壁垒分明，在对外开放上顾虑重重，资源开放和共享方面稍显不足。互联网金融平台的体外探索，需要在资源整合中寻求突破，通过对内构建服务链平台，优化内部流程、盘活内部资源、连接服务断点；对外跨界创新、合作共赢，形成广泛的内外部资源整合，指数级放大资源价值。

交行将致力于构建“互联网 +”的期货服务体系，将传统业务与新兴产业有机结合，为期货投资者提供更便捷的网上服务，以及投融资管理和财富管理等一体化服务。

2015 年 12 月 3 日至 5 日，中国期货业协会和深圳市政府共同主办的“第十一届中国（深圳）国际期货大会”在深圳举行，交通银行和海通期货公司共同承办本届大会的“互联网 + 金融创新”分论坛，与各类金融机构共同探讨“互联网 +”给金融行业带来的深刻变化。

互联网在最近十几年中，迅速改变了普通民众的生活方式，也推动金融行业不断变革。交行自 20 世纪 90 年代初开始参与期货市场服务，打造了“银期智道”服务品牌，向期货市场提供涵盖结算清算、资管业务、仓单融资等产品的综合化银期合作金融服务方案。交行在利用“互联网 +”服务期货市场方面不断进行有益尝试，努力成为服务创新引领者。2015 年 7 月，交通银行作为唯一一家试点银行，成功对接中国期货市场监控中心牵头打造的期货互联网开户云平台，为广大期货投资者提供了更为便捷的银期转账一步式网上签约服务。

十一、国际化

（一）国际化的程度

按照交通银行“以亚太为主体，欧美为两翼，拓展全球布局”的国际化机构建设要求，年内董事会相继批准设立卢森堡子行、伦敦分行及布里斯班分行，多伦多代表处顺利开业，海外机构横跨亚欧美澳四大洲，“一体两翼”的海外布局基本成型，全球金融服务能力不断增强。把握人民币国际化历史机遇，首尔分行成为本公司首家海外人民币清算行。积极推进在境外发行人民币债券，助力人民币离岸中心建设。以境内外业务联动为依托，打响交行汇丰“1 + 1”全球金融服务品牌，全力服务“走出去”企业。截至 2014 年末，境外银行机构资产规模达 6175.52 亿元人民币，较年初增长 18.79%，占集团资产总额比重较年初提高 1.13 个百分点至 9.85%；实现净利润 36.22 亿元，同比增长 29.36%，占集团净利润比重同比上升 1.01 个百分点至 5.50%；办理境内外联动业务达 507.4 亿美元，联动业务收入同比增长超过 30%。

（二）国际化的路径

在海外机构布局，通过“申设 + 并购”的方式填补在主要大洲、主要金融中心及与我国往来密切国家的机构网络空白；积极探索“海外分行+事业部分中心”的双轮推动模式，打造覆盖全球市场、横跨不同业态的业务经营网络，推动海外机构做大做强。

（三）国际化效果评价

交通银行国际化战略，就是要加快国际业务发展，加强海外机构网络建设，提升经营管理国际化水平，增强国际影响力，成为国际业务优势明显、经营管理水平领先、提供全球金融服务的国际一流银行。交通银行国际化战略确立多年，目前已在13个国家和地区设立15家境外银行机构，境外营业网点达56个，横跨亚欧美澳四大洲，覆盖纽约、伦敦、新加坡等全球主要金融中心。

未来三年，交通银行将按照“以亚太为主体、欧美为两翼、拓展全球布局”的总体要求，通过自设机构和收购兼并，使海外银行机构达到20家至25家，提高海外资产利润的占比。在布局重点上，紧密围绕“一带一路”国家战略，紧随中国企业“走出去”步伐，填补在主要大洲、主要国际金融中心、与中国往来密切国家的网络空白。在已设机构的国家和地区，将有序推进二级机构的设立，深耕当地市场，加大业务辐射力。

十二、企业布局

（一）国内布局

截至2014年12月31日，交通银行境内机构共有224家，其中省直分行37家，省辖分行187家，在全国202个地级以上市、144个县或县级市共设有2784个营业网点。

（二）国际布局

2014年11月，多伦多代表处正式开业。截至2014年12月31日，交通银行在中国香港、纽约、东京、新加坡、首尔、法兰克福、中国澳门、胡志明市、伦敦、悉尼、旧金山、中国台北共设立境外分（子）行12家，设立代表处1家，境外经营网点达54个（不含代表处）；此外，卢森堡子银行与布里斯班二级分行正在积极筹建中。与全球142个国家和地区的1658家同业建立代理行关系，与27个国家和地区的119家同业及联行签署代理人民币结算协议，开立216个跨境人民币账户，在24个国家和地区的56家境外银行开立17个币种共72个外币清算账户。

十三、企业文化

（一）企业价值观

交通银行企业价值观：责任立业，创新超越。

责任立业：责任是一个组织、一个团队、一个人对一种信仰、一项事业忠诚度的具体体现。忠诚交行的事业，是每位员工实现自我价值的重要途径。因此，每位交行人都要以自觉履行职责为己任。要常存“责任在我”之心，以用心负责的精神做好每一件事情。作为企业，交通银行则把回报股东、服务客户、培养员工作为义不容辞的责任，与各个利益相关者和谐相处，共享改革发展的成果。

创新超越：创新是交行事业发展的灵魂，是核心竞争力的基本要素。交通银行把创新作为不可推卸的历史责任，坚持以科技创新为发展动力，以观念创新创造机遇，以机制创新激发活力，以管理创新提高效率，以产品创新增加效益，并通过不断创新实现超越历史、超越传统、超越对手、超越自我，使交通银行事业强盛，基业常青。

（二）企业使命

交通银行企业使命：提供更优金融方案，持续创造共同价值。

（三）企业愿景

交通银行企业愿景：建设价值卓越的一流国际金融集团。

（四）经营理念

交通银行经营理念：诚信永恒，稳健致远。

诚信永恒：诚信不仅是一种品行，更是一种责任；不仅是一种道义，更是一种准则；不仅是一种声誉，更是一种资本和无形资产。我们秉持诚信经营的原则，坦诚相待，竭诚服务，对客户负责、对股东负责、对社会负责，以诚实守信赢得市场，赢得客户。

稳健致远：稳健经营是交行长期以来秉承的经营原则，是各级经营者对交行长远发展的责任。我们秉持稳健经营的原则，坚持科学发展观，不以当期利益牺牲长远发展；要根据股东风险偏好和风险容忍度，不断优化客户结构、资产结构，不冒风险承受度以外的风险，在经营风险中实现利润最大化；要坚持用发展解决前进中的困难，通过科学把握速度、质量、效益的动态平衡，实现企业的可持续健康发展。

十四、社会责任

（一）责任管理

交通银行是国内首家在董事会专设“社会责任委员会”的上市公司。报告期内，交通银行调整了委员会成员组成，委任刘长顺先生、雷俊先生为委员，5 名委员中既有担任行内经营管理职务的执行董事，又有外部的非执行董事，具有很好的代表性。报告期内，交通银行董事会社会责任委员会主要从六方面开展工作：强化社会责任管理、贯彻落实绿色信贷政策、维护利益相关方合法权益、促进社会责任内部推广和外部交流、规范完善对外捐赠管理、提升委员会自身建设等。

交通银行根据《企业社会责任政策》确立的工作方法和职能分工，全方位实践企业社会责任，围绕“2014 年企业社会责任工作重点举措”确立的“完善公司治理、服务实体经济、推行绿色金融、共建和谐共赢、加强责任管理”五大重点责任领域，开展了扎实的工作。

交通银行高度重视与各利益相关方的责任沟通，报告期内继续根据已识别出的八大利益相关方的期望与诉求，选择履行企业社会责任的关键议题并设定相应目标。企业社会责任工作受到利益相关方、媒体、专业机构等的好评。

（二）节能减排

1. 绿色信贷

报告期内，交通银行“绿色信贷”实践进入第七年，管理体制进一步完善，绿色类客户数及授信余额占比稳中有升，低碳经济、节能环保等绿色经济领域客户及项目数持续增长，“两高一剩”行业贷款有效下降。

表 3　2012～2014 年交通银行绿色信贷发展状况　　单位：亿元人民币

	2012 年	2013 年	2014 年
绿色类客户数占比（%）	99.46	99.56	99.58
绿色类授信余额占比（%）	99.80	99.80	99.78
“两高一剩”行业贷款占比（%）	2.95	2.52	2.15
支持节能减排授信余额	1440.28	1658.36	1524.31

注：“支持节能减排授信余额”为交通银行以低碳经济、环境保护、资源综合利用等为显著特征的绿色一类客户授信余额。“两高一剩”行业贷款占比数据说明：2014 年是在往年按《关于抑制部分行业产能过剩和重复建设引导产业健康发展若干意见的通知》（国发〔2009〕38 号）列示的钢铁、水泥、平板玻璃、煤化工、多晶硅和风电设备六个行业贷款余额的基础上，外加依据交通银行限额管理业务口径需要统计的电解铝和船舶两个行业的贷款余额总和占境内行全部贷款的比重。

2. 绿色服务

交通银行以电子银行为载体，充分发挥环保效能，旨在为客户提供更高效率、更低成本、更显便捷的金融产品及服务，为用户打造“绿色金融”生活。报告期内，交通银行电子银行客户继续保持迅速扩大态势，加上电子银行业务分流率的显著增高产生的环保效应相当于减排二氧化碳近 6500 吨，同比增长 30.2%。

3. 绿色运营

交通银行以成为环境友好型企业为目标，常态化推进绿色运营。报告期内，交通银行全面上线使用新一代集团统一办公平台、移动办公平台、新内网，完善覆盖全行的视频会议系统等，继续提升日常办公的电子化水平，减少大量的能源消耗和费用支出；通过使用节能产品、技术改造和管理提升等方式，继续控制物业运营的能源及资源消耗。交通银行大力推广视频及电话会议，不仅为各分支机构提供更便捷的沟通方式，也显著减少差旅活动，降低环境影响。此外，交通银行也倡导供应商共同关爱环境，坚持绿色采购标准，共建环保节能建筑。

（三）和谐社会

1. 支持实体经济

交通银行积极落实稳增长、促改革、调结构、惠民生的要求，紧紧围绕服务实体经济这一核心，将支持小微企业、涉农、科教文卫、保障房建设等有利于民生事业的金融领域作为履行企业社会责任的重要体现。报告期内，本行中西部地区、涉农贷款余额的增幅继续高于全部贷款平均增速。

2. 促进民生发展

交通银行为居民个人合理融资需求提供信贷支持，重点在促进消费、支持健康产业、便利各类支付、改善居民住房等方面开展工作。截至2014年12月31日，交通银行个人贷款、科教文卫行业贷款、保障性住房贷款的余额增幅均高于全行贷款平均增幅。

（四）服务客户

交通银行积极践行“打造中国最佳服务银行”理念，完善服务管理举措，持续改善客户体验，实现客户满意度不断提升、客户投诉大幅度下降、服务水平业界影响力不断增强。在J. D. Power公司开展的“中国零售银行客户满意度调查”中得分位列被调研银行第一名；在中国银行业协会组织的2014年“千佳”示范单位评选中，获评网点数量行业排名第二。

（五）公益事业

交通银行热心公益事业。报告期内，救灾、助残和扶贫等各类捐赠项目顺利进行，“通向明天——交通银行残疾青少年助学计划”继续执行，天祝定点帮扶项目、“零钱募捐箱”项目等持续开展；交通银行广泛投入到赈灾重建工作中，开辟救灾绿色金融服务通道、积极组织捐款捐物；开展形式多样的定点帮扶工作，通过支持基础设施建设，增加发展能力、帮扶困难群众等推动当地经济发展。交通银行员工积极参与各类志愿者活动，广泛投入敬老爱幼、扶贫帮困、金融知识普及、公益环保等公益活动中。

表 4　2014 年交通银行公益事业捐赠数据　　单位：万元人民币

2014 年捐赠金额：3169.53				
	救灾	助残	扶贫	其他
	738.63	800	1016.33	614.57
其中：单位捐赠	661.62	800	724.08	122

十五、财务绩效

（一）整体数据

表 5　2009～2014 年交通银行基本财务数据

	营业收入（亿元）	利润（亿元）	资产（亿元）	所有者权益（亿元）	从业人数（人）
2009 年	809.37	382.19	33091.37	1644.25	79122
2010 年	1042.34	497	39515.93	2236.57	85290
2011 年	1269.56	648.96	46111.77	2727.88	90149
2012 年	1473.37	743.75	52733.79	3814.47	96259
2013 年	1644.35	795.16	59609.37	4214.84	99919
2014 年	1774.01	838.42	62682.99	4736.05	93658

（二）经营业绩

表 6　2009～2014 年交通银行经营业绩数据

	2009 年	2010 年	2011 年	2012 年	2013 年	2014 年
营业收入（亿元）	809.37	1042.34	1269.56	1473.37	1644.35	1774.01
收入增长率（%）	5.58	28.78	21.80	16.05	11.60	7.89
营业利润（亿元）	382.19	497.00	648.96	743.75	795.16	838.42
净利润（亿元）	302.11	391.72	508.17	584.72	624.61	660.35
营业利润率（%）	47.22	47.68	51.12	50.48	48.36	47.26
净利率（%）	37.33	37.58	40.03	39.69	37.99	37.22
现金/总资产比	0.13	0.15	0.16	0.15	0.15	0.15

（三）盈利能力

表7　2009～2014年交通银行盈利能力数据

	2009年	2010年	2011年	2012年	2013年	2014年
加权净资产收益率（%）	19.26	20.08	20.49	18.43	15.49	14.87
摊薄净资产收益率（%）	18.36	17.53	18.67	15.36	14.85	13.98
摊薄总资产收益率（%）	1.01	1.08	1.19	1.18	1.11	1.08
净利率（%）	37.33	37.58	40.03	39.69	37.99	37.22
实际税率（%）	21	21.58	22.36	22.26	21.83	22.24

（四）成长能力

表8　2009～2014年交通银行成长能力数据

	2009年	2010年	2011年	2012年	2013年	2014年
营业收入（亿元）	809	1042	1270	1473	1644	1774
毛利润（亿元）	—	—	—	—	676	710
归属净利润（亿元）	301	390	507	584	623	659
扣非净利润（亿元）	299	388	502	579	620	652
营业收入同比增长（%）	5.58	28.78	21.8	16.05	11.6	7.89
归属净利润同比增长（%）	5.81	29.82	29.95	15.05	6.73	5.71
扣非净利润同比增长（%）	5.24	29.99	29.34	15.25	7.16	5.14
营业收入滚动环比增长（%）	5.54	4.79	3.67	3.45	1.57	1.15
归属净利润滚动环比增长（%）	5.14	6.55	5.87	2.71	-0.43	1.13
扣非净利润滚动环比增长（%）	4.43	6.96	5.66	2.77	-0.31	0.81

（五）偿债能力

表9　2009～2014年交通银行偿债能力数据

	2009年	2010年	2011年	2012年	2013年	2014年
流动比率（%）	—	—	—	—	—	—
速动比率（%）	—	—	—	—	—	—
资产负债率（%）	95.03	94.34	94.08	92.77	92.93	92.44
股东权益比率（%）	4.97	5.66	5.92	7.23	7.07	7.56
股东权益与固定资产比率（%）	692.96	865.71	904.59	1008.53	959.71	842.31
负债与所有者权益比率（%）	1912.55	1666.81	1590.39	1282.47	1314.27	1223.53
固定资产净值率（%）	61.59	60.51	61.28	63.7	64.18	66.18
资本固定化比率（%）	2012.55	1766.81	1690.39	1382.47	1414.27	1323.53
固定资产比重（%）	0.72	0.65	0.65	0.72	0.74	0.9

（六）运营能力

表 10　2009～2014 年交通银行运营能力数据

	2009 年	2010 年	2011 年	2012 年	2013 年	2014 年
总资产周转率（次）	0.03	0.03	0.03	0.03	0.03	0.03
应收账款周转天数（天）	—	—	—	—	—	—
存货周转天数（天）	—	—	—	—	—	—
资产的经营现金流量回报率（%）	0	0	0.01	0.01	0.05	0.04
经营现金净流量与净利润的比率（%）	-0.28	-0.14	0.75	4.04	9.49	5.8
经营现金净流量对负债比率（%）	0	0	0.01	0.01	0.05	0.05

十六、自贸区元素

（一）概述

交通银行积极融入上海自贸区建设，依托总部优势实现领跑。自国务院原则通过上海自贸区总体方案以来，交通银行专门成立了“上海自贸区工作领导小组”，组建专业化的团队，为自贸区建设提供综合化金融服务。作为唯一一家总部设在上海的大型商业银行，交通银行依托集团战略，利用总部优势，积极融入上海自贸区建设，取得了显著的成果。

（二）成果展示

（1）交通银行在自贸区成立“中国（上海）自由贸易试验区分行”。此次设立的交行上海自贸区分行将创新运营和管理机制，成为系统内“独一无二”的一家分行，由总行直接参与管理、考核及资源配置，日常管理由上海市分行负责。上海自贸区分行将在系统建设、资源配置、业务授权等方面加大创新力度，全面对接区内业务发展，实现各项业务先行先试。

子公司交银租赁成立航空航运专业子公司。至此，交行成为自贸区内唯一拥有两家经营单位的金融机构。

（2）签约跨境人民币境外借款业务，完成首单飞机融资和首单船舶经营租赁业务。

（3）建立了符合人民银行关于“标志分设、分账核算、独立出表、专项报告、自求平衡”的自贸区分账核算体系。

（4）交银租赁成功签约上海自贸区。2014 年 2 月 21 日，交银金融租赁有限责任公司通过自贸区子公司与交通银行新加坡分行签署了《跨境人民币融资合作协议》，由交行新加坡分行提供总计7亿元的跨境人民币境外借款。这使交银租赁继首家获批在上海自贸区筹建专业子公司后，又成为首家代表上海地区非银行金融机构在“自贸区扩大人民币跨境使用业务推进会”上，成功签约跨境人民币境外借款的非银行金融机构。同时，交通银行新加坡分行也成为首家为自贸区非银行金融机构提供跨境人民币贷款的境外银行。

（三）未来规划

1. 抓住市场机遇，推动金融创新

加快建设自贸区机构，积极推动集团各类机构向自贸区聚集，并适度扩大机构权限，支持特色业务发展。厘清自贸区内外金融市场特征、关系和相互影响，全面对接区内业务发展。探索和推动金融试点，把自贸区机构打造成金融创新的试验田。积极配合上海市要素市场建设，构建利率市场化下市场基准利率体系，创新信贷资产证券化模式，拓展金融市场业务，积极转型“交易型银行”。

2. 借力开放契机，提升跨境跨业财富管理能力

发挥在跨境人民币业务领域的先发优势，大力拓展跨境贸易、跨境投融资、同业账户及清算等业务，努力把跨境人民币业务打造成交通银行特色品牌。加强对跨国集团的业务对接，利用国际化经营网络，通过全球现金管理、全球供应链金融等产品，提供跨境跨业金融服务。加强与证券、保险、基金、信托、期货及第三方财富管理机构的合作，构建开放、协作、高效的财富管理服务架构。

3. 发挥特色业务优势，进一步巩固领先地位

一方面，发挥离岸金融业务银行牌照优势，在自贸区探索人民币资本项目可兑换背景下的离岸金融试点业务；积极开展离岸贸易融资，为跨国公司地区总部集中管理和调度资金提供服务。另一方面，发挥租赁业务优势，先试先行，探索创新。交银租赁将依托自贸区在金融创新和管理体制上的优势，探索创新业务模式，扩大业务范围，打造业务特色，增强参与国际市场竞争的能力。

交通银行将通过“做大、做强、做专业、做特色”，努力实现“五个领跑”：领跑跨境人民币业务、领跑离岸业务、领跑投资银行业务、领跑财富管理业务、领跑金融市场业务，打造与上海国际金融中心地位相适应的“金融旗舰”。

（四）展望

目前，自贸区业务在制度建设上已经初具规模，以负面清单为核心的投资管理模式已经建立，以贸易便利化为重点的监管制度平稳运行，以资本项目可兑换和金融服务业开放为目标的金融创新制度基本确立。在这样的制度准备下，交行将紧紧围绕自贸区建设，结合自贸区特殊监管区域的业务特点，紧扣口岸经济特色，以国际业务、产业链金融等为抓手，探索多元化发展路径，积极开展各项业务和服务的创新。如近期交行加大对FT账户的研究与运用，从连接境内外资金流动大宗商品交易、黄金交易国际板以及

各类区域内现有的营运中心交易平台入手，搭建FT账户资金结算的重要平台，带动自贸区业务全面发展。

未来，交行要将自贸区业务的发展融入整体的经营管理活动，积极主动地对接创新、对接需求，在产品、服务、管理等方面进行大胆探索，及时满足自贸区扩区后的市场新需求，跟上市场发展的新步伐，争取尽早实现自贸业务发展和业务创新齐头并进的良好局面。

除上海自贸区外，交行也致力于打造在其他新设自贸区的金融服务品牌。如广东自贸区，该自贸区范围就涵盖了广州南沙新区片区、深圳前海蛇口片区和珠海横琴新区片区三个区域，有望成为广东经济转型发展的重要引擎，也为交行的发展带来了新的机遇。南沙自贸区在近年内有巨大的基础设施建设投入，融资需求大、机会多，针对这一特点，交行紧密结合南沙区政府的产业规划，重点参与南沙区的基础设施建设、产业园区建设并与进驻园区的重点企业、重点项目展开合作，为其提供全方位的金融服务。横琴新区自成立之初交行便积极介入新区建设。2013年，交行与横琴新区管委会签订300亿元全面战略合作协议，积极参与横琴核心工程、市政基础设施和旅游项目建设，为相关政府部门和企业提供金融支持。

中国民生银行案例分析

一、发展历程及排名

（一）企业（集团）简介

中国民生银行股份有限公司（以下简称中国民生银行）于1996年1月12日在北京正式成立，是中国首家主要由非公有制企业入股的全国性股份制商业银行，同时又是严格按照《公司法》和《商业银行法》建立的规范的股份制金融企业。多种经济成分在中国金融业的涉足和实现规范的现代企业制度，使中国民生银行有别于国有银行和其他商业银行，而为国内外经济界、金融界所关注。作为中国银行业改革的试验田，中国民生银行锐意改革、积极进取，业务不断地拓展，规模不断地扩大，效益逐年递增，保持了快速健康的发展势头，为推动中国银行业的改革创新做出了积极贡献。

站在新的历史起点，中国民生银行确定了“做民营企业的银行、小微企业的银行、高端客户的银行”的市场定位，积极推动管理架构和组织体系的调整、业务结构的调整和科技平台的建设，努力实现二次腾飞，打造成特色银行和效益银行，为客户和投资者创造更大的价值和回报。

中国民生银行自上市以来，按照“团结奋进，开拓创新，培育人才；严格管理，规范行为，敬业守法；讲究质量，提高效益，健康发展”的经营发展方针，在改革发展与管理等方面进行了有益的探索，先后推出了“大集中”科技平台、“两率”考核机制、“三卡”工程、独立评审制度、八大基础管理系统、集中处理商业模式及事业部改革等制度创新，实现了低风险、快增长、高效益的战略目标，树立了充满生机与活力的崭新的商业银行形象。

截至2013年，中国民生银行实现净利润422.78亿元，加权平均净资产收益率达到23.23%；到2013年末，中国民生银行总资产超过3.2万亿元。

截至2013年12月31日，中国民生银行在北京、上海、广州、深圳、武汉、大连、南京、杭州、太原、石家庄、重庆、西安、福州、济南、宁波、成都、天津、昆明、苏州、青岛、温州、厦门、泉州、郑州、长沙、长春、合肥、南昌、汕头、南宁、呼和浩特、沈阳、香港、贵阳、三亚、拉萨设立了36家分行，机构总数量达到852家。

（二）企业发展历程[①]

中国民生银行于1996年1月12日在北京成立，系依据国务院国函〔1995〕32号文及人民银行银复〔1995〕182号文、银复〔1996〕14号文批准，经中华全国工商联合会牵头组建，由中国乡镇企业投资开发有限公司、中国煤炭工业进出口总公司、中国船东互保协会、山东泛海集团公司等共计59家单位作为发起人，共同发起设立的股份制商业银行。中国民生银行成立时的注册资本为1380248376元，是我国首家主要由非公有制企业入股的全国性股份制商业银行。

2000年12月19日，中国民生银行A股股票（600016）在上海证券交易所挂牌上市。2003年3月18日，中国民生银行40亿可转换公司债券在上交所正式挂牌交易。2004年11月8日，中国民生银行通过银行间债券市场成功发行了58亿元人民币次级债券，成为中国第一家在全国银行间债券市场成功私募发行次级债券的商业银行。2005年10月26日，中国民生银行成功完成股权分置改革，成为国内首家完成股权分置改革的商业银行，为中国资本市场股权分置改革提供了成功范例。2009年11月26日，中国民生银行在香港交易所挂牌上市。

中国民生银行发展的第一个阶段，是从1996年1月12日正式成立到2000年12月在上海证交所上市的四年，这一阶段是创业阶段。

中国民生银行发展的第二个阶段，是从2000年12月在上海证交所上市到2009年11月26日在香港联交所上市的10年，这10年是高速成长阶段。2000年中国民生银行的净利润只有2.39亿元，到2009年净利润达到121亿元，十年增长了50多倍；2000年末，民生银行的总资产只有680亿元，2009年末是14293亿元，十年增长了20多倍。

2007年，董事会《五年发展纲要》明确指出，将发展的重点指向中小企业金融服务。同年，开始在长三角地区实施中小企业金融服务试点。

2008年，成立工商企业金融事业部，首批于上海、杭州、南京、宁波、苏州、温州专业化经营中小企业业务，同时，在监管机构指导下，积极推进六项机制建设。

2009年，优化中小企业金融服务经营管理模式，将工商企业金融事业部更名为中小企业金融事业部。

2009年12月，获得银监会及上海银监局许可，成立了上海市首家离行式中小企业金融服务持牌专营机构——中国民生银行中小企业金融事业部。

此后，民生银行逐步将中小企业金融服务专业化模式优化复制到全行，包括长三角、环渤海湾、中西部、海西及珠三角等30余家分行。

截至2011年11月，中小企业金融事业部贷款余额超过1000亿元，表外业务余额超过600亿元，服务的资产客户数超过1万户。

在第二个阶段，民生银行创造了中国银行业高速健康发展的奇迹。

---

① 《民生银行的成长记录》。

民生银行发展的第三个阶段，是从2010年到2015年，计划用五到七年的时间，通过调整提升和制度创新，把民生银行办成“特色银行+效益银行=好银行”，实现二次腾飞。

为了实现二次腾飞，从2005年开始，民生银行就在很多方面进行了大胆的改革和创新，包括：持续进行公司治理革新试验、推进公司业务集中经营和事业部制改革、开辟小微企业金融服务蓝海、建设新一代核心银行系统、启动中后台流程化改革、实施全面风险管理体系建设和《巴塞尔新资本协议》（Basel Ⅱ），等等。这些改革和创新的举措，为民生银行实现二次腾飞、办成“特色银行+效益银行”奠定了坚实基础。

在贷款、客户数已初具规模的基础上，民生银行中小企业金融事业部进入了一个崭新的发展阶段，在三年规划的指导下，制定明晰的发展战略，通过“特色化、批量化、专业化”，牵头制定完善的销售策略和销售计划，真正实现董文标董事长提出的“突出区域特色，实施名单制销售”，让销售变得简单，让中小企业融资变得更容易。

公司是由中华全国工商联负责组建，广州益通集团公司、中国乡镇企业投资开发有限公司、中国煤炭工业进出口总公司、中国船东互保协会、山东泛海集团公司等59家单位作为发起人，按照商业银行法和公司法设立的股份制商业银行。民生银行于1996年2月7日登记成立，注册资本金为13.80248亿元。经2000年11月27日向社会公开发行人民币普通股35000万股后，公司总股本已达173024.8万股。

（三）企业排名

表1　民生银行历年在企业排名一览

年份	世界500强企业排名	中国500强企业排名	营业收入（万元）
2005	—	145	1795878
2006	—	127	2380038
2007	—	136	2884220
2008	—	—	—
2009	—	178	3501700
2010	—	146	4206000
2011	—	149	5476800
2012	—	77	13599800
2013	411	70	17931300
2014	330	61	21811200
2015	281	55	24643900

资料来源：财富中文网、中国企业联合会。

二、掌门人信息

（一）基本信息

洪崎，男，汉族，1957 年生，安徽绩溪人，中共党员，经济学博士，高级经济师。曾任中国人民银行总行职员，中国人民大学证券研究所副所长，交通银行北海分行党组书记兼行长，中国民生银行总行营业部主任、北京管理部党支部书记兼总经理、总行工会主席、常务副行长兼执行董事等职。2009 年 3 月起担任中国民生银行行长，2014 年 8 月代为履行董事长职责，2015 年 1 月 31 日代为履行行长职责。

洪先生是中国国际商会副会长、孙冶方经济科学基金会名誉副董事长、全国工商联中华红丝带基金副理事长、全国工商联扶贫基金会副理事长、全国工商联扶贫工作委员会副主任、中国国际金融学会常务理事及中国金融理财标准委员会委员。

（二）工作经历

1985 年至 1991 年任中国人民银行总行主任科员。

1993 年至 1994 年任中国人民大学证券研究所副所长。

1994 年至 1995 年曾任交通银行北海分行行长兼党组书记。

1996 年 1 月至 1996 年 9 月，担任中国民生银行中国民生总行营业部主任。

1996 年 9 月至 1998 年 4 月，担任中国民生银行北京管理部副总经理。

1998 年至 2000 年，升任中国民生银行北京管理部总经理。

2000 年至 2009 年 3 月，担任中国民生银行副行长。

2009 年 3 月，担任中国民生银行行长。

（三）相关报道

- 洪崎：选择挑战。演绎精彩，《人大新闻网》，2009 年 11 月 11 日。
- 洪崎：对未来，不能光凭“勇”字，《大连晚报》，2013 年 9 月 13 日。
- 洪崎：银行需精细化经营。服务小微要控制风险和成本，《中国经济网》，2014 年 12 月 4 日。

- 洪崎：选择这一行就要沉下心做到极致，《央广网财经》，2014年12月8日。
- 民生银行董事长洪崎对话分析师：大股东当前不会卖出民生银行股票，《每日经济新闻》，2015年2月1日。
- 洪崎：如何权衡企业盈利与社会责任，《中国广播网》，2015年1月13日。
- 洪崎：经济主要矛盾正在发生深刻变化，《新浪财经》，2015年12月5日。
- 民生银行洪崎：供给侧改革中的银行机遇，《中国金融》，2016年1月3日。

（四）精彩语录

"企业利润那么低，银行利润那么高，所以我们有时候利润太高了，自己都不好意思公布。"

"我们能不能统一思想，关键是每个人能不能都下定决心。"

"在经济下行、经济转轨和金融改革的大背景下，你的核心竞争力在哪，怎么能够在这个环境下打造出来，这是我们考虑最多的东西。要甩掉很多传统的打法、模式、理念，在新环境新背景下，建立新的核心竞争力体系"。

"我们作为服务小微的'领头羊'，带动行业形成了服务小微的这样一个态势，说实在的，算是做了一件利国利民的好事。我们原本就觉得，做小微是我们的责任，起到这个效果，我们觉得很高兴。"

三、发展战略

（一）企业愿景

中国民生银行致力于成为"中小企业专业的金融服务商"。

（二）发展战略

坚持民营企业的银行、小微企业的银行和高端客户的银行三个基本定位，以小微金融为突破口，实现战略定位的进一步聚焦。

坚持特色银行和效益银行的战略目标，通过加快分行转型和深化事业部改革，打造具有核心竞争力和自身经营特色的中国最佳商业银行。

民生银行以客户为中心，重点推进六大发展战略。

1. 客户定位战略

稳步发展基础客户群：与国计民生紧密相关、与经济发展同步、具有稳定增长特性的传统制造业与商贸业。

重点开拓增值客户群：与国家经济转型发展要求相适应的"三高六新"企业。

2. 产品领先战略

广度领先：涵盖"融资结算"、"投资银行"、"财富管理"、"价值提升"四大方

面，覆盖中小企业“发展期”、“成长期”、“成熟期”、“衰退期”四大生命周期的金融需求。

深度领先：围绕中小企业经营特征，由传统的抵质押融资产品转向非抵质押类、信用类产品的深度开发。

创新流程：建立“自下而上”畅通的客户需求回馈通道，通过中后台快速响应、跨部门联合开发、外部机构合作创新，建立高效的产品研发机制。

3. 营销推动战略

存量衍生：在已介入的、较熟悉的细分市场上，寻找新的中小企业客户，在“细分市场、批量开发”的基础上，做大、做强存量细分市场上的中小企业金融服务。

自上而下：建立总行层面的“批量方案设计工作室”，直接面向细分市场的中小企业客户需求，高速、精准地形成批量服务方案。

关系递进：将使用中国民生银行单一产品的“交易型客户”，通过交叉销售，发展为持有多个产品的“伙伴型客户”，再通过深度销售为其打造全面解决方案，形成“战略型客户”。

4. 风险管理战略

适应中小企业专营机构对风险管理的要求，服务于全行中小企业金融服务的整体战略目标，借鉴国内外银行在中小企业风险管理方面的先进经验，按照中小企业风险管理“流程化、专业化、批量化”的发展方向，以“探索、突破、发展”为指导思想，逐步培育“全面、专业、高效”的信贷理念，建立适合中小企业特点的信贷评级系统，实现风险控制的流程化和专业化，加快全面、专业、高效的风险管理体系建设，构建中小企业授信风险管理的长效机制，在有效控制风险的前提下，指导、服务和支持业务健康、快速发展。

5. 人才成长战略

将传统的“经验型、资源型、关系型”客户经理转变为“专业化、技能化、知识化”客户经理，培养一批具有高素质专业技能、年轻富有激情的、以中小企业金融服务发展为己任的前、中、后台人才。

6. 品牌提升战略

延续“财富罗盘”品牌，赋予其“金融管家”的全新核心内涵，打造具有民生特色的“中小企业专业金融服务商”形象，建立具有强大影响力、竞争力、吸引力的品牌优势。

（三）战略转型

1. 转型背景

当前中国银行业主要面临三大挑战：

第一，利率市场化时代即将到来的挑战。

“十二五”期间，加快推进利率市场化是金融改革的重要内容。当前国内银行的收入结构中，80%以上还是来自利差收入，非利息收入的比重很低；主要的对公客户都是大型企业，特别是大型国有企业，虽然贷款利率会下浮，但是风险也较小，利差收益有保障。

利率市场化的直接后果就是金融脱媒加剧，银行服务大客户的传统模式将难以为继：大型优质客户或者离开银行，通过资本市场直接融资，或者进一步压低贷款利率，使得银行贷款无利可图。

在利率市场化时代，银行必须学会与中小型企业打交道，了解它们的信贷需求和风险特性，这给银行的风险管理模式带来了新的挑战；贷款利率将主要取决于市场资金的供求状况和对客户风险的识别，这对银行的贷款定价能力和风险识别能力提出新的要求；面对市场利率的灵活多变，银行迫切需要与利率风险管理相关的金融创新，而近年来中国银行业的金融创新严重不足。

第二，银行监管标准提高的挑战。

此次席卷全球的金融危机之后，全球银行业酝酿深层次的监管变革。2010年12月16日，巴塞尔银行监管委员会发布了《增强银行业抗风险能力的全球监管框架》和《流动性风险计量、标准与监测的国际框架》，即《巴塞尔新资本协议Ⅲ》。《巴塞尔新资本协议Ⅲ》以资本和流动性监管改革为核心，旨在构建更加完善的银行业监管体系。

本着与国际银行业监管体系接轨和防范国内银行业风险的考虑，中国的银行监管机构也提高了对银行的监管标准。一方面，加快推进《巴塞尔新资本协议Ⅱ》和《巴塞尔新资本协议Ⅲ》的同步实施；另一方面，发布了《中国银行业实施新监管标准指导意见》，明确了资本充足率、杠杆率、流动性、贷款损失准备监管标准，确立了中国银行业实施新监管标准的政策框架。

随着监管标准的提高，银行吸收存款日益困难、发放贷款越发受限、补充资本更加麻烦，继续依靠传统的“吸收存款—发放贷款—补充资本”的粗放式增长方式实现快速发展将不再现实。

第三，移动互联网对传统银行业的挑战。

当前，中国银行业对信息技术的利用还处于网上银行和电话银行阶段，而全球信息技术业已经进入移动互联网时代，这给包括银行业在内的众多行业带来新的挑战。

移动互联网时代的到来，社交网络和微博等沟通工具的兴起，对银行传统的客户营销和客户服务提出了全新挑战；手机支付、移动互联支付等支付工具和支付手段的出现，对银行传统的支付结算方式产生了严峻挑战。

把握新一轮信息技术革命带来的创新机遇、用信息技术革命的最新成果改造传统银行业，将是中国银行业的一个巨大挑战，也是新一轮银行业竞争的焦点。

2. 民生银行的战略转型实践

对于改革创新，民生银行的理念是“提前十年想、提前五年做”，这样才能未雨绸缪，比同业先走一步，取得先发优势。事实证明，这一理念对于民生银行持续的改革创新和成功的战略转型意义重大。

民生银行的战略转型在2006年初全面启动。2001年到2005年，民生银行实现了高速健康发展，总资产的年均增长率达到77%，净利润的年均增长率达到160%。

到2005年，面对利率市场化改革的步伐加快和国有银行改革之后竞争力的显著提升，民生银行认识到必须进行转型，从外延式、粗放型的增长方式向内涵式、集约型的增长方式转变，以应对利率市场化时代全面到来的挑战。当时董文标在一次内部讲话中指出："民生银行成立以来主要是以公司业务，尤其是大公司业务为发展重点，几乎所有资源都向大公司业务倾斜，从业务营销到风险管理、组织结构、考核激励等内部支持体系都建立在适应大客户服务的基础上，形成相对简单、粗放和规模扩张的发展模式。这种集中、单一的业务结构和业务发展模式显然落后于正在变化中的国内金融市场。因此，我们的公司业务要进行转型和调整。"

转型从民生银行最具竞争力的公司业务改革开始，核心是进行管理模式和组织架构的变革，以提高服务客户的专业化能力和水平，以控制风险，满足客户深度的、多样化的金融需求。

2006年初，民生银行在中国银行业率先启动公司业务集中经营改革，把支行的公司业务全部上收到分行，分行成立专门的行业公司金融部，初步建立了公司业务专业化经营的基础。2007年9月，民生银行在中国银行业首家全面启动公司业务事业部制改革，把地产、能源、交通和冶金等高风险的公司业务由支行—分行—总行"三级经营、三级管理"的体制变为事业部"一级经营、一级管理"的体制，通过专业化运营来提升风险管理能力、专业化服务能力和综合金融服务能力，这些能力转化为民生银行不良贷款的持续"双降"、贷款定价能力的不断提高和中间业务收入创造能力的逐步提升。

公司业务事业部制改革把几百家支行的广阔平台腾了出来，为零售业务的大发展创造了条件。2008年下半年，民生银行把零售业务的突破点确定为小微企业，提出"商户进支行、商户上柜台"。2009年2月，民生银行开始全面进军小微金融服务领域，推出了小微企业贷款"商贷通"，在全国性商业银行中率先进军小微企业金融服务蓝海。2009年下半年，民生银行提出新的战略定位："做民营企业的银行、小微企业的银行、高端客户的银行。"通过明确战略定位，集中有限的资源服务目标客户，为客户创造价值。

在民生银行全面进军小微企业金融之前，小微企业贷款基本上等同于"高成本、高风险"，除了一些城商行开展这项业务，全国性银行普遍认为这项业务风险太高、成本太高、无利可图。经过半年多的广泛调研和慎重研究，2009年2月20日，民生银行推出了小微企业贷款"商贷通"，为小微企业提供单笔不超过500万元、平均100万元左右的贷款。到了2010年8月25日，"商贷通"余额突破1000亿元，贷款户数超过8万户；到了2015年6月末，"商贷通"余额突破2000亿元，占民生银行贷款余额的19%左右，贷款户数超过12万户，不良贷款率只有0.13%。民生银行用了两年多时间就发展成为全球最大的小微金融服务机构之一。

民生银行的小微金融服务能够快速获得成功，源于通过商业模式的创新，解决了制约小微金融发展的“三高”：成本高、风险高、门槛高。具体而言：坚持“规划先行、批量营销、标准作业”的原则，实现零售业务批发，降低了小微贷款的人工成本；按照“大数定律”的原则来确定违约风险，依据“收益覆盖风险”的原则确定贷款利率，实现了小微企业贷款的低风险和高收益；弱化对抵押品的要求，开发了联保、互保等多种担保方式，降低了小微企业获得贷款的门槛。

转型取得了显著成效，目前民生银行已成为一家在业务结构、收入结构和客户结构方面不同于其他同业的特色银行：业务结构方面，传统商业银行业务与新兴投资银行业务并重；收入结构方面，利息收入与非利息收入并举；客户结构方面，民营企业、小微企业、零售高端客户为主要客户。这些特色使民生银行的效益显著提升，今年上半年，民生银行的净利润达到139.18亿元，同比增长56.98%；年化平均总资产收益率达到1.41%；平均净资产收益率达到12.54%；净息差高达3%；手续费及佣金净收入占比达到20.38%，这些指标都名列同业前茅。

3. 民生银行实施“凤凰计划”加快推进战略转型

随着利率市场化步伐加快，资本市场蓬勃发展，互联网加快渗透金融业，民营银行建设等制度创新取得突破性进展，银行业竞争进入新格局。民生银行深刻地认识到，必须深入推进变革创新。为此，2014年，民生银行深入落实“深化事业部改革落地，聚焦两小两链实现分行转型，落实中后台梳理优化”三大任务，加快推进战略转型。

2014年以来，民生银行持续推进2.0版事业部改革落地，各事业部按照“准法人、专业化、金融资源整合、金融管家团队”四大原则，优化调整组织架构体系和内部运行流程，搭建完成准法人运行机制，加强专业团队建设和管家作业模式转型，大力发展投资银行和交易银行业务，大大提升了“商行+投行”综合金融服务和专业化、差异化经营能力。

2014年以来，民生银行对零售业务组织架构进行调整，单设小微金融部，强化专业化的个人客群分层经营和交叉销售，提升消费信贷。一方面，不断优化升级小微商业模式，从传统的“衣食住行”向大消费和现代服务行业升级，重点开发八大新兴行业，从偏重商圈经济逐步向“O2O”平台经济、产业链整合发力。另一方面，建立小区周边特惠商户资源体系，搭建了小区多边营销平台。截至2014年末，小区金融项目下金融资产余额超过700亿元，有效客户超过30万户，居住地战略初见成效。

2014年以来，民生银行加大网络金融投入和建设，大力开展产品和服务创新，持续提升客户体验，市场份额稳居商业银行第一梯队行列。截至2014年末，手机银行客户规模达1302.12万户，较上年末新增747.60万户；全年交易笔数1.82亿笔，较上年同期增长203.51%；交易额3.22万亿元，较上年同期增长185.81%，客户交易活跃度远超同业平均水平。民生银行直销银行于2014年2月28日正式上线，秉承“简单的银行”服务理念，构建了集“存贷汇”于一体的互联网金融服务体系。截至2014年末，直销银行客户规模达146.81万户，如意宝申购额2366.87亿元。

2015年，民生银行将以“凤凰”计划实施为主线，全面深入推进转型，锐意创新

深化战略，确保经营业绩稳健发展，努力打造具有核心竞争力和自身特色的中国最佳商业银行，为投资者、社会和员工创造更大的价值和更高的回报。

四、组织结构

（一）公司治理架构

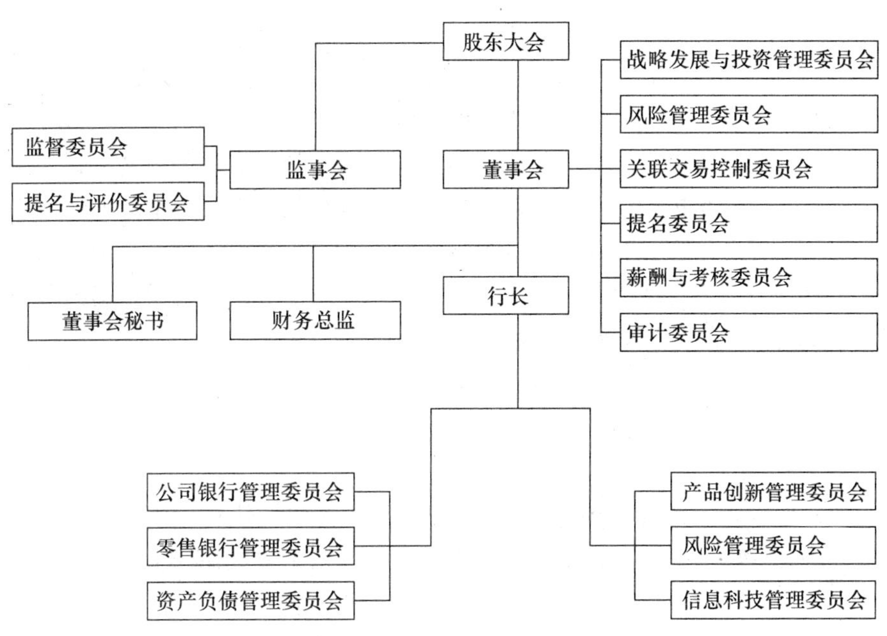

图1　民生银行公司治理架构

（二）公司治理综述

根据境内外的监管要求，民生银行修订了《公司章程》、《股东大会议事规则》、《董事会议事规则》、《资本管理办法》、《流动性风险管理办法》、《流动性应急计划》和《呆账核销管理办法》等制度。通过制定、修订上述制度，进一步完善了公司治理制度体系。同时，董事会和监事会不断强化制度的落实和实施，持续提升公司治理水平。

根据《高级管理人员尽职考评试行办法》的规定，民生银行董事会对其聘任的高级管理人员进行了考评，并将尽职考评结果应用于考评对象的薪资分配、职务聘任等方面，以促进民生银行高级管理人员不断提高履职能力，完善董事会对高级管理人员制度化、规范化、常态化的考核评价机制。

根据《董事履职评价试行办法》的规定，在董事会薪酬与考核委员会的指导下，民生银行完成了对董事年度履职的评价工作，促进董事履职尽责、自律约束。

报告期内，民生银行董事已检讨民生银行及其附属公司的内部监控系统为有效的。有关检讨已涵盖所有重要的监控方面，包括财务监控、运作监控及合规监控以及风险管理功能。

报告期内，公司监事会继续按照《公司章程》的规定及监管部门的要求，结合公司稳健发展的需要，进一步明确职能边界，完善制度体系，规范监督行为、创新工作方法，积极履行各项职责。通过组织召开监事会各类会议、审议相关议案；列席董事会各次会议及高级管理层重要经营会议；通过开展各项检查、调研等监督活动，将“监督服务于董事会战略落实、监督服务于公司发展”的工作理念落到实处，在进一步提高履职规范性的同时，提高监事会监督工作的实效性。

报告期内，公司监事会按照监督职责和监管要求，密切关注公司经营管理情况，依法组织开展对公司分支机构应对利率市场化和二级分行业务发展等情况的调研检查，组织开展对公司董事、监事、高级管理人员的履职评价工作，以及结合公司重点工作开展专项调查研究。根据上述调研和检查工作情况，向董事会及高级管理层提出多项管理建议，促进了公司的合规经营和稳健发展。

（三）董事会

1. 董事会组成

截至报告期末，民生银行董事会成员共18名，其中非执行董事9名，执行董事3名，独立非执行董事6名。非执行董事均来自大型知名企业并担任重要职务，具有丰富的管理、金融和财务领域的经验；3名执行董事长期从事银行经营管理工作，均具有丰富的专业经验；6名独立非执行董事为经济、金融、财务、法律、人力资源等方面的知名专家，其中一名来自香港，熟悉国际财务报告准则和香港资本市场规则，具有丰富的银行管理经验。

民生银行的董事结构兼顾了专业性、独立性和多元化等方面，以确保董事会决策的科学。

2. 董事会职权

民生银行董事会可行使以下职能及权力：

①召集股东大会，并向股东大会报告工作。

②执行股东大会的决议。

③决定民生银行的经营计划和投资方案。

④制订民生银行的年度财务预算方案、决算方案。

⑤制订民生银行的利润分配方案和弥补亏损方案。

⑥制订民生银行增加或者减少注册资本、发行债券或其他证券及上市方案。

⑦拟订民生银行重大收购、收购民生银行股份、合并、分立、解散及变更民生银行

形式的方案。

⑧在股东大会授权范围内，决定民生银行对外投资、收购及出售资产、资产抵押、重大担保事项及关联交易事项。

⑨决定民生银行内部管理机构的设置。

⑩根据提名委员会的提名，聘任或者解聘民生银行行长、财务总监；根据董事长的提名，聘任或解聘董事会秘书；根据行长的提名，聘任或者解聘民生银行的副行长、财务负责人等高级管理人员，并决定其报酬事项和奖惩事项。

⑪批准聘任或解聘分行行长、副行长及经中国银监会资格审核认定的高级管理人员。

⑫制定民生银行的基本管理制度。

⑬制订民生银行《公司章程》的修改方案。

⑭管理民生银行信息披露事项。

⑮向股东大会提请聘请或更换为民生银行审计的会计师事务所。

⑯听取民生银行行长的工作汇报并检查行长的工作。

⑰董事会建立督促机制，确保管理层制定各层级的管理人员和业务人员的行为规范及工作准则，并在上述规范性文件中明确要求各层级员工及时报告可能存在的利益冲突，规定具体的条款，建立相应的处理机制。

⑱董事会建立信息报告制度，要求高级管理层定期向董事会、董事报告民生银行经营事项，在该等制度中，对下列事项作出规定：向董事会、董事报告信息的范围及其最低报告标准；信息报告的频率；信息报告的方式；信息报告的责任主体及报告不及时、不完整应当承担的责任；信息保密要求。

⑲行使适用法律、行政法规、部门规章规定或民生银行《公司章程》授予的其他职权。

3. 独立非执行董事履行职责情况

民生银行董事会现有独立非执行董事6名，独立非执行董事资格、人数和比例完全符合中国银监会、中国证监会、上交所和香港《上市规则》的规定。报告期内，独立非执行董事通过实地考察、专项调研与座谈等多种方式保持与民生银行的沟通，认真参加董事会及各专门委员会会议，积极发表意见，并注重中小股东的利益要求，充分发挥了独立非执行董事的作用。

4. 董事长及行长

民生银行董事长、行长的角色及工作由不同人士担任，各自职责界定清晰，符合香港《上市规则》的建议。

报告期内，自2014年1月1日至8月18日，董文标先生为民生银行董事长，负责领导董事会，担任会议主席，确保董事会会议上所有董事均知悉当前所议事项，管理董事会的运作及确定董事会能适时及有建设性地讨论所有重大及有关的事项。为协助董事会能适时地讨论所有重要及有关的事项，董事长会与相关高层管理人员合作以确保董事及时收到适当、完备及可靠的信息供他们考虑及审议。自2014年1月1日至8月28日，洪崎先生担任行长，负责民生银行业务运作，推行民生银行的策略及业务计划。

2014年8月18日，董文标先生申请辞去民生银行第六届董事会董事长、执行董事职务。

自2014年8月18日至8月28日，洪崎先生代行董事长职责。

自2014年8月28日起，洪崎先生被选举为民生银行董事长，负责领导董事会，担任会议主席，确保董事会会议上所有董事均知悉当前所议事项，管理董事会的运作及确定董事会能适时及有建设性地讨论所有重大及有关的事项。为协助董事会能适时地讨论所有重要及有关的事项，董事长会与相关高层管理人员合作以确保董事及时收到适当、完备及可靠的信息供他们考虑及审议。自2014年8月28日起，毛晓峰先生被聘任为行长，负责民生银行业务运作，推行民生银行的策略及业务计划。

2015年1月31日，毛晓峰先生因个人原因，向民生银行董事会申请辞去董事、行长及董事会相关专门委员会职务。经公司第六届董事会第七次临时会议决议，在行长职务空缺期间由洪崎董事长代行行长职责。

（四）董事会的企业管治职能及专门委员会

民生银行的企业管治职能赋予董事会，具体职能如下：①制定及检讨民生银行的公司治理政策及常规工作；②检讨及监察董事及高级管理人员的培训及持续专业发展；③检讨及监察民生银行在遵守法律及监管规定方面的政策及常规工作；④制定、检讨及监察雇员及董事的操守准则；⑤检讨民生银行遵守《企业管治守则》的规定及在年报内《企业管治报告》的披露。

民生银行董事会2014年履行企业管治职责的主要工作包括：开展对董事和高管的尽职考评；根据境内外的监管要求，制定和修订若干公司管理制度，包括《公司章程》、《股东大会议事规则》、《董事会议事规则》；经回顾确认除本年年报披露外，民生银行2014年度已遵守香港《上市规则》附录十四之守则条文。

民生银行董事会由六个专门委员会组成，分别是：战略发展与投资管理委员会、提名委员会、薪酬与考核委员会、风险管理委员会、审计委员会、关联交易控制委员会。

（五）监事会

监事会为民生银行监督机构，依据《中华人民共和国公司法》等法律法规、监管规定和《公司章程》行使相应职权，促进公司合规经营、稳健发展，维护公司和投资者利益，对股东大会负责。

1. 监事会组成

截至报告期末，民生银行监事会成员共7名，其中股东监事3名、外部监事2名、职工监事2名。2名外部监事均为财经、管理专家；3名股东监事为国内知名公司主要负责人员，具有丰富的管理经验和金融、财务专业知识；2名职工监事长期从事银行经

营管理工作，具有丰富的专业经验。原监事李怀珍于2014年6月11日辞去监事会副主席及监事职务。

民生银行监事会结构合理，具有足够的专业性和独立性，可以确保监事会有效发挥监督职能。

2. 监事会职权

依据《公司章程》，民生银行监事会行使下列职权：

①对董事会编制的公司定期报告进行审核并提出书面审核意见。

②检查公司财务，可在必要时以公司的名义另行委托会计师事务所独立审查公司的财务。

③对公司董事、行长、副行长、财务总监和董事会秘书履行公司职务合法合规性进行监督。

④当公司董事、行长、副行长、财务总监和董事会秘书的行为损害公司的利益时，要求前述人员予以纠正，必要时向股东大会或国家有关监管机关报告；对违反法律、行政法规、《公司章程》或者股东大会决议的董事、高级管理人员提出罢免建议。

⑤根据需要对公司的经营决策、风险管理和内部控制等进行审计。

⑥根据需要对董事和高级管理人员进行离任审计。

⑦可对公司聘用会计师事务所发表建议。

⑧提议召开临时股东大会，在董事会不履行《中华人民共和国公司法》规定的召集和主持股东大会职责时召集和主持股东大会。

⑨提议召开临时董事会，向股东大会提出提案。

⑩依照《中华人民共和国公司法》第一百五十二条的规定，对董事、高级管理人员提起诉讼。

⑪发现公司经营情况异常，可以进行调查；必要时，可以聘请会计师事务所、律师事务所等专业机构协助其工作，费用由公司承担。

⑫《公司章程》规定或股东大会授予的其他职权。

民生银行监事可以列席董事会会议，列席会议的监事有权发表意见。

3. 监事会专门委员会

民生银行监事会设有提名与评价委员会和监督委员会。

监事会提名与评价委员会的主要职责范围包括：负责对监事会的规模和构成向监事会提出建议；负责研究监事的选任标准和程序，并向监事会提出建议；负责广泛搜寻合格的监事的人选，或受理《公司章程》规定的其他有权人提出的监事候选人建议；负责对由股东提名的监事候选人的任职资格和条件进行初步审核，并提出建议；对董事的选聘程序进行监督；组织实施对董事、监事及高级管理人员年度履职情况的监督与评价工作；负责研究和拟定监事的薪酬政策、办法与方案，经监事会审议后报股东大会批准；对民生银行薪酬管理制度和政策及高级管理人员薪酬方案的科学性、合理性进行监督；根据需要，负责组织对高级管理人员进行离任审计；制订监事培训计划，组织监事培训活动；负责处理监事会授权的其他事宜。

监事会监督委员会的主要职责范围包括：负责拟订对公司的财务活动进行检查、监督的方案；负责拟订对公司的经营决策、风险管理和内部控制等进行检查监督的方案；负责组织对公司重大决策的合规性及实施情况进行评估；负责组织对行内经营机构的考察、调研，并监督对相关问题的整改落实情况；负责根据监管部门的要求，对特定项目组织实施专项检查，按时报送检查报告；负责处理监事会授权的其他事宜。

（六）公司经营决策体系

民生银行最高权力机构是股东大会，通过董事会、监事会对民生银行进行管理和监督。行长受聘于董事会，对民生银行日常经营管理全面负责。民生银行实行一级法人体制，各分支机构均为非独立核算单位，其经营管理活动根据总行授权进行，并对总行负责。

民生银行无控股股东。民生银行与大股东在业务、人员、资产、机构、财务五方面完全独立。

民生银行具有独立完整的业务及自主经营能力，董事会、监事会和内部机构能够独立运作。

五、股权结构和集团管控

（一）股权结构

从股权结构上看，民生银行成立之时就是以民营经济持股为主，但其股权又相对分散。目前，民生银行是一个产权清晰的股份公司，在其上市以后股权更加多元化（目前股东数超过100万），是一个比较典型的公众公司。

民生银行于1996年在北京成立，成立伊始，公司创立者对公司治理的基础便十分关注——在股东结构设计上，民生银行股权多元化，其股权集散度相对合理，既分散又相对集中（相对集中于前十大股东），不存在控股股东，“大股东控制”这一问题在民生银行从开始便没有存在的基础。多元化、清晰的股权结构和运行规范，确保了所有股东享有平等的地位并能够充分行使自己的权利；一直把风险管理作为董事会建设和公司治理的重点工作，很早就聘请普华永道国际会计公司和普华永道中天会计师事务所做外部审核，增强公司的透明度，在信息披露方面与国际接轨；成立之时就设立了外部董事制度，注重发挥专家作用。

董事会下设包括战略发展、风险管理、审计、提名、薪酬与考核、关联交易控制六个专门委员会，除了战略发展委员会，其他五个专门委员会都是由独立董事担任主席。新一届董事会围绕建立高效透明的董事会这一目标，采取许多有效措施进一步改进公司治理机制，如强化制度建设、创新专门委员会运作模式、充分发挥独立董事作用、建立

多渠道信息交流平台、加强董事内部培训、强化战略管理职能、建立董事自律约束机制等。

民生银行还首创独立董事上班制度，比如民生银行规定独立董事每月上班1～2天，并为独立董事安排专门的办公室和办公设备。独立董事上班工作主要是研究所属委员会的工作事项，研究确定委员会提出的议案，制定相关制度等，并可约见管理层，听取管理层的工作汇报。董事会下属几个委员会都设了秘书处，具体负责独立董事上班及专门委员会工作的相关事宜。

表2　民生银行十大股东结构表

报告期末股东总数（个）			713958	
年度报告披露日前第五个交易日末股东总数（个）			755649	
前十名股东持股情况				
股东名称	股东性质	持股比例（%）	持股总数（万股）	持有有限制条件股份数量
香港中央结算（代理人）有限公司	—	20.19	6894167177	0
安邦人寿保险股份有限公司——稳健型投资组合	境内法人	4.97	1698579144	0
安邦财产保险股份有限公司——传统产品	境内法人	4.88	1665225632	0
新希望投资有限公司	境内法人	4.69	1600304190	0
中国人寿保险股份有限公司——传统—普通保险产品—005L—CT001沪	境内法人	4.05	1381568777	0
上海健特生命科技有限公司	境内法人	3.37	1149732989	0
中国船东互保协会	境内法人	3.18	1086917406	0
东方集团股份有限公司	境内法人	3.12	1066764269	0
安邦保险集团股份有限公司——传统保险产品	境内法人	2.75	939292013	0
中国泛海控股集团有限公司	境内法人	2.46	838726939	0

（二）内部控制

1. 内部控制组织体系

民生银行建立了一套独立的内部控制组织架构。股东大会、董事会、监事会以及在董事会领导下的经营管理层各司其职。在健全的公司法人治理结构下，公司内部控制管理体系有效运作。股东大会是公司最高权力机构。董事会是公司的决策机构，负责内控体系的建立健全及有效实施，董事会下设审计委员会通过定期审查公司内部控制工作报告、组织内部控制调研和自我评估，监督、指导内部控制体系建设。监事会是公司的监督机构，公司监事会根据《中华人民共和国公司法》、《公司章程》及有关监管要求的规定，对民生银行董事会和高级管理层及其成员履职的合法合规性进行监督，对股东大会负责，促进公司合规经营、稳健发展。行长及经营管理层按照董事会的决策，指挥、协调、管理、监督全公司的日常经营活动。民生银行已形成了各部门业务分工明确、相互配合、相互制约、相互监督，构建起教育、预警、防范、奖惩相结合的有效规范的内部控制机制和管理体系。

2. 内部控制制度体系

民生银行根据《中华人民共和国商业银行法》、《商业银行内部控制指引》等法律法规和监管规章的要求，以防范风险和审慎经营为宗旨，不断梳理与完善内控制度，已逐步建立起一套较为科学、严密的内部控制制度体系，制定了一系列内部管理规章制度，形成了对风险进行事前防范、事中控制、事后监督和纠正的内控机制，保证了管理的严格性和风险的可控性。

民生银行内部控制制度内容包括：以《公司章程》、股东大会、董事会及其专门委员会、监事会议事规则为核心的公司治理相关制度；以对公授信、公司存款、个人授信、个人存款、其他个人业务、资金、理财、贸易融资、电子银行、信用卡、投资银行、资产托管等业务规章组成的经营制度；以运营管理、会计核算、财务管理、信息技术、计算机系统风险控制、企业文化建设、机构岗位设置及职能界定、岗位任职和上岗资格及强制休假、权限管理、印章管理、安全保卫、机构及人员奖惩、监督和检查等规定组成的管理制度；以《信息披露管理制度》、《经营信息内部报告制度》、《年报信息披露重大责任追究制度》为核心的信息控制制度。《年报信息披露重大责任追究制度》经民生银行第五届董事会第九次会议审议通过，该制度严格规定了年报信息披露工作中有关人员不履行或者不正确履行职责导致年报信息存在虚假陈述和重大错报的问责程序和问责措施。报告期内，民生银行未发生年报信息披露重大差错情况。现行制度基本渗透覆盖到现有的管理部门、营业机构和各项业务过程、操作环节，健全的制度体系为有效防范金融风险提供了坚实保障。

3. 主要内部控制措施

报告期内，民生银行对内部控制进行了持续优化和完善：一是配合全行事业部改革转型及小微金融战略实施，建立事业部“准法人”模式下的全面风险管理体系、小微2.0版流程优化风险管理体系，实现风险管理与战略推进的有效配合。二是新资本协议按照确定的目标和实施路线图积极推进，全面风险管理能力得到提升。以第一支柱信用风险、市场风险和操作风险管理体系建设为核心的新资本协议实施项目工作取得实质进展：信用风险内部评级体系建设及应用取得突破进展，经济资本计量体系全面建立，项目成果应用深入推进；市场风险管理体系建设项目稳步推进，管理咨询项目建设全面启动，市场风险管理信息系统完成一期上线；操作风险管理体系建设项目圆满完成，项目成果全面推广落地。三是深入推进案防工作长效机制建设，案防工作成效显著。经济下行期，民生银行在案防制度体系、组织架构、工作方式、管理措施等多个方面，积极探索、不断完善，按照“实效化、常态化”的工作思路，建立了三级案防工作体系，形成了纵向条线督导和横向经营机构具体实施的，职责清晰、通力合作的矩阵式案防网络，保证了全行各项业务安全稳健运行。四是全面升级科技信息系统建设，实现了新一代银行核心系统成功上线，保持信息系统安全稳定运行，逐步推进容灾体系建设，快速响应全行业务需求，应用系统开发取得实效，科技体制改革迈出了重要一步，为全行转型和持续变革提供了强有力的科技支撑。五是开展重点风险领域内控机制提升，针对重点业务完成 67 项内控提升措施，建立、优化流程 45 项，开发、升级业务和风险管理系统 16 项，实现了重点业务管理与流程缺陷的系统改进，促进全行内控管理基础持续完善。六是开展合规高压态势建设，持续塑造合规的内控管理文化。通过推进合规议决行机制落地，形成经营班子定期研究、决策、部署本机构重大合规内控事项的工作机制；通过推动全行开展新聘任管理人员合规履职谈话、新建机构和新员工合规辅导、违规员工合规辅导 1983 次，强化针对“新”主体合规意识的初始培育；通过形成风险退出、风险问责等违规问责的基本方式，打通合规问责的直接渠道，营造违规必究的内控氛围。七是加强了内部控制和风险管理有效性的执行情况检查。民生银行建立了风险的快速反应机制，针对经济下行期风险暴露情况，通过开展全行性的信贷、财会、零售等业务专项检查和调研，持续强化对高风险区域、重点业务、关键岗位和新设机构的监督检查力度，进一步加强了风险管理和内部控制的监督和纠正机制，促进了民生银行内部控制水平的提高。

4. 内部控制的监督和评价工作

民生银行内部审计部门负责对内部控制制度的建设和执行情况进行监督和定期评价，并督促分支机构和业务部门根据国家法律规定、银行组织结构、经营状况和市场环境的变化等进行修订和完善。报告期内，民生银行审计部根据全行业务经营转型特点，结合最新《商业银行内部控制指引》，完成了民生银行上海、太原、郑州、长沙、昆明、泉州、呼和浩特、济南 8 家一级分行，贸易金融部 1 家分部，沧州、烟台、赣州、延边、鄂尔多斯、无锡、南阳、洛阳 8 家二级分行的全面内部控制评价，针对民生银行附属机构完成了对民生嘉银基金管理公司以及蓬莱、梅河口、松江、长垣、太仓、綦江、潼南、资阳、江夏、嘉定、翔安、林芝 12 家民生村镇银行的全面内部控制评价，督促新设机构建立健全各项内部控制和规范管理，促进其合规经营和内部控制体系的完善。通过持续的内部控制评价，实现了对经营机构内控的量化管理，提升了经营机构稳健经营的内生动力，促进了内控评价结果的有效利用和内部审计评价与其他风险管理要素的有机结合，有力促进了全行内控水平的提升。

5. 内部控制文化

民生银行高度重视培育和形成既符合现代商业银行要求又具有自身特色的优秀企业文化。

经过对民生银行现有企业文化因子进行全面梳理、总结、规范和提升，使内控、营销、风险、激励、考核等经营管理各领域统一于企业文化和品牌建设确定的使命、愿景和核心理念，形成独具特色的经营哲学、行为准则和良好形象。民生银行还高度重视以业务发展和风险管理为重点的企业亚文化建设，逐步形成与核心价值一致的企业文化发展体系，并大力建设“诚信、责任、规则、共赢”的内控合规文化，从文化管理上引导全体员工树立正确的业绩观和审慎的风险及合规意识。

民生银行的内部控制体系覆盖到所有机构、部门和岗位，渗透到各项业务过程和操作环节，切实做到了业务发展内控先行，并在改善内部控制环境、增强风险识别、监测和评估能力、提高风险控制措施、完善信息交流与反馈机制、强化监督评价与纠正机制等方面体现出了较好的完整性、合理性和有效性，能够对国家法律法规和银行监管规章的贯彻执行提供合理的保证，能够对公司发展战略和经营目标的实现以及各项业务的持续稳健发展提供合理的保证，能够对业务记录、财务信息和其他管理信息的及时、真实和完整提供合理的保证。民生银行将随着国家法律法规和监管要求的变化、自身管理和发展的日益深化，持续提高内部控制的完整性、合理性与有效性。

（三）内部风险管理

民生银行一直注重提高风险管理能力，整合运营和管理，提高资产质量，提升核心竞争力。为此，民生银行不断优化风险管理组织，完善风险政策体系，开发风险计量工具，努力提升包括信用风险、市场风险、操作风险、流动性风险、竞争风险和信息系统风险在内的风险管理水平。

1. 民生银行风险管理的指导思想

民生银行风险管理的指导思想是秉承“风险管理创造价值”的风险理念，坚持质量、效益、规模协调发展，通过积极推进新资本协议的实施及全面风险管理体系的建设，有效提升风险管理的能力，支持业务发展与战略转型，增强民生银行的核心竞争力，保障股东、员工、客户的长远利益，从而实现股东价值最大化。

2. 民生银行的风险管理体系

目前，民生银行已建立了以风险管理委员会为决策和统筹协调机制的风险管理体系。总行风险管理专业部门与各业务管理部门职能清晰，充分协作，统一组织实施对分行、事业部等经营机构的风险管理和业务管理活动，实现全行风险控制和管理目标。

民生银行的全面风险管理组织架构由业务部门、风险管理职能部门及内部审计部门三道防线组成：作为风险管理第一道防线的各业务经营单位直接控制本经营单元每笔业务和每项操作环节的风险，作为风险管理第二道防线的各级风险管理部门负责制定风险管理基本制度和政策，作为风险管理第三道防线的内部审计部门负责以风险和合规为导向，通过审计监督，对风险管理进行事后评估和反馈调整。

民生银行于2009年正式被银监会列为国内首批实施新资本协议银行之一。实施新资本协议对提升民生银行风险管理水平，精细化业务管理，优化资源配置，提高资本充足率与资本收益率都具有重要意义。民生银行在参考国内外银行实施新资本协议先进经验的基础上，结合民生银行实际，制订了新资本协议实施工作方案，并于2010年进入全面实施阶段。2011 年，民生银行进一步推进全面风险管理体系建设，认真落实“三法一指引”等监管规定，加强各条线、各业务风险统一性管理，全面风险管理能力不断提升。

（四）主要的风险管理状况

1. 信用风险

信用风险是指借款人或交易对手因各种原因未能及时、足额履行偿还债务义务而违约的风险。在董事会风险管理委员会的统筹下，由风险管理部、授信评审部、资产监控部、法律合规部、资产保全部等专业部门充分协作，形成了以风险政策、组合管理、风险量化工具支持为平台，覆盖贷前调查、贷中审查、贷后管理、资产清收与资产保全的风险全流程管理，以及表内、表外、非授信业务全口径的信用风险管控机制。

为积极支持战略转型和结构调整，民生银行制定发布了《2014 年风险政策总体导向》，明确年度行业、区域、客户、产品政策导向性意见和风险政策总体目标，优化完善了覆盖公司业务、小微授信业务、信用卡等各类业务，事业部、分行等各分支机构，表内外各项产品的风险政策管理体系，突出了结构调整目标量化、高风险行业限额刚性控制的管理。同时，民生银行涵盖公司法人业务、金融机构法人业务和零售业务的信用风险内部评级体系得到全面验证与优化，风险计量结果的应用进一步深入，其中，非零售内部评级结果已在风险政策制定、限额管理、风险差异化授权、授信评审、贷款定价、贷后监控、经济资本管理、RAROC 考核等全流程风险管理落地应用；涵盖小微业务、信用卡业务、传统零售业务的零售评分模型与分析工具已开始在零售业务信贷准入、额度确定、贷后预警中应用，以上风险计量工具的优化与应用显著提升了民生银行的信用风险管理水平。

2. 流动性风险

流动性风险是指商业银行虽然有清偿能力，但无法及时获得充足资金或无法以合理成本及时获得充足资金以应对资产增长或支付到期债务的风险。报告期内民生银行流动性风险管理目标是根据民生银行发展战略，不断提高管理和计量流动性风险水平，加强流动性风险识别、定价、精细化管控的能力，力求做到流动性风险和收益的最佳平衡。报告期内，无论是监管要求，还是日益复杂的市场环境，金融脱媒和利率市场化进程加速，都使民生银行流动性风险管理面临较大压力。报告期初，民生银行确定将流动性风险承受能力保持在相对稳健水平，保证各项业务发展的流动性，满足监管需求，确保压力情形下有足够可变现的高流动性资产储备，在可承受的风险范围内，提高资金运用效益。报告期内，民生银行流动性风险管理政策包括：提高流动性风险计量和监测水平，优化管理模式，在调控资产负债结构、进行资产配置时，充分考虑资金业务未来现金流缺口的变化情况，并与存贷款业务进行差异化的监测和管理，特别是一些敏感时期，对资金业务波动和存贷款业务波动可能带来的风险对冲或风险叠加提前做出安排。优化流动性风险指标，准确衡量流动性风险水平。调整了报告期流动性风险控制指标，扩大了流动性风险监控的覆盖范围。保持流动性管理政策的前瞻性和灵活性。流动性风险成因复杂，且极易受其他风险的影响和转化，在执行既定风险管理政策的同时，密切关注政策和市场的变化，关注民生银行重大经营政策，包括资产负债管理政策变化对流动性的影响，对流动性风险水平进行阶段性评估，根据需要做出调整。

3. 市场风险

市场风险是指市场价格（利率、汇率、股票价格和商品价格）的不利变动而使商业银行表内和表外业务发生损失的风险。民生银行根据监管要求，参照《巴塞尔新资本协议》的有关规定对利率风险、汇率风险、股票风险和商品风险进行管理，通过对风险限额的编制、计量、监控与报告等措施建立了市场风险的管理体系并进行持续优化。

报告期内，民生银行市场风险管理工作继续稳步推进，精耕细作，不断优化管理流程，从董事会风险偏好传导、管理平台建设优化、业务管理服务支持和统筹协调等方面持续提升市场风险管理能力。在风险偏好传导方面，市场风险政策紧扣资本、利润对风险的承受能力，较全面地覆盖了银行账户与交易账户、利率风险与汇率风险、表内业务与表外业务，并特别关注了流动性风险等关联性风险；市场风险限额设立更加注重从关键风险因子出发，强化全行统一风险计量与监控。在市场风险计量和验证方面，采用风险价值、敏感度分析、敞口分析等多种方法对交易账户产品进行计量管理，积极开展内部模型法验证工作，不断深化内部模型在限额管理、风险报告、压力测试、资本计量等领域的核心应用。在市场风险管理平台方面，市场风险计量内部模型法全面上线，实现了对 VaR、压力测试和返回检验等主要功能，实现了分机构、分产品、分风险因子等各个维度的 VaR、SVaR 的展示和分析。

在市场风险报告方面，结合系统建设，深化市场风险数据收集功能的应用，优化损益归因、价格偏离度检查等产品控制功能，实现市场风险监控日报的自动化生成，提高了中台监控效率。

4. 操作风险

操作风险是指由不完善或有问题的内部程序、员工和信息科技系统，以及外部事件所造成损失的风险。民生银行面临的主要操作风险包括内部欺诈、外部欺诈、就业制度和工作场所安全、客户、产品和业务活动、实物资产损坏、业务中断和信息技术系统故障以及执行、交割和流程管理。

报告期内，民生银行推进操作风险常态化管理机制，不断提升外包、业务连续性等专项操作风险管理水平，及时关注新兴业务领域操作风险状况，开展操作风险管理检查、考核和评价，强化操作风险成果应用。加大了全行业务连续性管理实施力度，完善管理制度，制定业务连续性应急预案，逐步推进应急演练活动；强化外包风险管理工作，修订管理办法，编制管理手册，统一管理标准，形成管理抓手，开展管理检查，持续开展全行外包业务日常审核和监督；强化操作风险管理工具应用，持续优化操作风险关键风险指标，严格风险自评估流程，拓展操作风险损失数据收集，推动互联网金融、汽车消费金融等创新领域的操作风险管理，提高全行操作风险管理评价工作质量，增强操作风险预警预控能力。

信息科技风险管理方面，民生银行持续完善生产系统运营管理，生产系统运行效率高效、稳定，无重大生产事件和安全事件发生。民生银行扎实推进“两地三中心”容灾体系建设。在成都建立起核心系统数据及异地灾备；北京新的同城灾备中心也已投产，并在年内成功完成4次同城灾备演练，具备核心业务同城灾难恢复能力。同时，分行同城灾备机房也陆续投产使用。民生银行积极推动IT服务和信息安全管理标准体系建设，IT服务管理（ISO20000）和信息安全管理（ISO27001）体系以“零不符合项”的优异成绩获得体系国际认证，IT服务和信息安全的标准化管理得到显著提升。随着安全技术发展，民生银行不断增强信息安全自主可控能力，保障包括互联网金融业务在内的各项业务的安全开展。

5. 国别风险

国别风险是指由于某一国家或地区经济、政治、社会变化及事件，导致该国家或地区贷款人或债务人没有能力或者拒绝偿付银行业金融机构债务，或使银行业金融机构在该国家或地区的商业遭受损失，或使银行业金融机构遭受其他损失的风险。

报告期内，民生银行继续按照《中国民生银行国别风险管理办法》的要求管理国别风险，并对境外机构设定准入和集中度指标。民生银行将国别风险管理与金融机构评级与限额管理有机结合，不但将国别风险管理嵌入境外客户的风险评级和限额核定过程，也将国别风险管理维度植入涉外业务的分类管理。

报告期内，民生银行境外债权和债务相比年初均有所增长，其中大部分来源于亚洲其他地区及美洲地区。报告期内，民生银行境外债权的增长高于境外债务的增长。

6. 声誉风险

声誉风险主要指商业银行及其员工，由于经营、管理不善，或有违反国家法律法规、社会道德准则、内部相关规定的行为，或由其他外部客户、事件，引起利益相关方、新闻媒体、社会舆论对商业银行乃至银行业整体负面评价。民生银行声誉风险管理是指通过建立和制定声誉风险管理机制与制度，通过日常声誉风险管理和对具体事件妥善处置，做到主动有效防范，最大限度减少对社会公众造成的损失和负面影响，从而实现声誉风险管理总体目标。

六、业务组合

民生银行的业务主要包括六大部分：公司业务、零售业务、私人银行业务、资金业务、海外业务、网络金融与服务创新。

（一）公司业务

报告期内，面对复杂严峻的外部形势和市场环境，民生银行以做大金融资产，做强公司业务，以及努力提高资本回报水平为主线，扎实推进2.0版事业部改革落地和分行公司业务转型，强化事业部与分行合作销售，大力推进产品整合升级，持续推动公司业务转型发展。

1. 公司业务客户基础

报告期内，民生银行以民企战略、“两链”金融为出发点和着力点，制定切实可行的发展策略，持续推进客户基础建设。一是聚焦物流平台、要素平台狠抓结算服务，提升纯负债客户获客能力；二是通过聚焦战略客户产业链、供应链，开发上下游客户；三是聚焦区域特色市场，开发产业链及产业集群客户；四是加强客户分层管理与深度挖掘，完善战略客户、重点客户营销管理体系，深入客户经济活动，全面对接金融产品和服务，推动“金融管家”服务模式转型升级。

截至报告期末，民生银行在对公纯存款客户增长的带动下，有余额对公存款客户比上年末增长15.66万户，达54.70万户；有余额一般贷款客户14228户。

截至报告期末，民生银行有余额民企一般贷款客户11876户，民企一般贷款余额6535.05亿元；对公业务板块中，有余额民企一般贷款客户数、民企一般贷款余额占比分别达到83.47%和57.96%。

2. 公司贷款

报告期内，遵循民生银行整体战略规划部署，按照“盘活存量、用好增量、助推战略、严控风险”的指导思想，有效地推进公司资产业务转型升级。信贷业务方面，民生银行的主要经营策略和措施包括：

一是坚持规划先行、批量开发、差别化授权；按照规划与政策相结合、政策与授权相结合的原则，通过风险政策和风险授权的系统实施，确保规划能够得到有效执行。

二是持续优化信贷行业投向结构，在传统行业中深耕细作，构筑坚实的业务基础；在新兴产业中寻找一批商业模式基本成熟领域，以专业和效率迅速抢占市场先机；在产能过剩市场领域退出低效、高风险客户。

三是立足行业集聚客户、核心企业关联客户、资源类客户、弱周期客户四大类客户群体，重点支持主营业务突出、管理优良、财务稳健、经营效益与发展前景良好的客户，持续优化信贷客户结构。

四是加强信贷产品整合与创新力度，运用综合化金融服务手段满足客户资金需求，持续优化信贷业务结构，提高资源投入产出效益。

票据业务方面，民生银行以服务实体经济为中心，主动适应市场和经济环境变化，积极开展纸质及电子商业汇票的承兑和贴现业务，支持企业融资需求和实体经济发展，有效降低客户融资成本。秉承“专业、创新、价值”的经营理念，创新票据金融产品与服务，根据市场需要设计推出“保证通”等相关票据产品，便利于优质企业结算需求，优化企业财务管理目标，增强票据金融服务功能。同时，在加强合规经营、审慎防控风险的基础上，强化票据业务市场化机制和专业平台建设，打造专业票据业务团队，提升票据综合解决方案整合设计能力，研究客户需求并提供金融服务方案及产品技术支持等，推动实现票据专业化经营和多元化服务，更好地满足实体经济客户对金融产品的多样化需求。

截至报告期末，民生银行的对公贷款余额（含贴现）11536.29 亿元，比上年末增加 1923.47 亿元，增幅 20.01%。其中，对公一般贷款余额 11274.86 亿元，比上年末增加 1991.23 亿元，增幅 21.45%；对公贷款不良贷款率为 1.20%。

3. 公司存款

报告期内，为有效应对利率市场化、互联网金融对商业银行对公存款业务的冲击和挑战，民生银行加强结算业务平台建设，交易融资线上平台建设，为客户提供链条式、综合、整合、智能化服务，拓宽可持续、较低成本的存款来源，培育对公存款客户基础。截至报告期末，民生银行的对公存款余额 18641.53 亿元，比上年末增加 2496.99 亿元，增幅 15.47%。报告期内，民生银行持续推动现金管理产品应用及功能升级，完成结算通 3.0 版升级开发。

截至报告期末，结算通产品客户已达 42.17 万户，较年初增加 16.86 万户；结算通客户年日均存款 7465.41 亿元，同比增加 1486.18 亿元。

报告期内，民生银行交易融资业务面对复杂多变的市场环境，以“优化业务结构，完善服务方式”为主线，深度推进产业链核心客户拓展，实现对产业链大、中、小客户群的统一销售。同时，通过拓展弱周期行业金融服务模式、加强机构及团队差异化管理、提升第三方机构合作力度等手段，持续优化业务及客户结构；服务方式上顺应电子化、网络化的业务发展趋势，加快推进系统平台建设，实现在线融资平台交易所模式（一期仓单质押融资模式及二期卖方融资模式）上线，打造出先进的交易金融服务模式。截至报告期末，民生银行交易融资业务发生额 9841.46 亿元，稳定产业链客户 10084 户，派生存款余额 2057.74 亿元。

4. 公司非利息收入业务

报告期内，民生银行以做大金融资产为指导思想，加大对资本节约型中间业务产品的政策支持力度，推进“两链”金融战略，带动大、中、小微型客户的一揽子深度开发，通过产品创新与批量开发商业模式推广，实现交易银行业务收入快速增长；推进“金融管家”综合金融服务模式，充分发挥商业银行投资银行业务对智力型中间业务收入的主导贡献作用，加速推进投行业务模式开发和创新，全面提升中间业务服务的专业化水平和价值创造能力。报告期内，民生银行公司业务板块手续费及佣金净收入实现快速增长，实现手续费及佣金净收入 192.40 亿元，同比增长 34.59%。

商业银行投资银行业务方面，为应对利率市场化挑战，提升投行业务专业化经营管理能力，培育核心竞争优势，推动投行业务更快、更好发展，上半年，民生银行调整了投资银行业务的经营管理模式，设立了投资银行部，承担投行业务的直营和推动经营职能。截至报告期末，新部门的机构设立和业务调整工作已完成，各项工作有序开展。在新的体制机制下，年初确立的“双轮驱动、双线并举、梯级推进”的投行业务发展思路得以切实贯彻。以“资产业务”和“资金业务”双轮驱动，通过“财富管理”平台实现资金与资产的循环转化，形成投行业务良性循环和可持续发展的盈利模式，保持良好的盈利增长势头。通过对事业部和分行区域特色行业的调研和开发，推动投行业务发展，投行业务盈利能力大幅提升。同时以自营业务为突破口，开展了具有清晰盈利模式的高端投行创新业务，关注于产业整合、资本市场、国资改革、新型城镇化、区域资源整合、跨境并购资源整合、固定收益与财富管理、问题资产处置等领域的投行业务机会，重点开发围绕资源整合开展的并购重组类业务，建立了较为丰富的结构融资、私募基金、可转债、股债混合融资等与之相配合的核心产品体系，带动整体投行业务的升级换代。通过顾问、融资、准投资、投资四类业务梯级推进，为客户量身定制更加精准到位的投行服务，做客户的综合金融服务集成商，实现银企双赢。开展的信贷资产证券化业务立足于促进国家产业结构调整升级，支持中小企业金融及新兴产业发展，将证券化发行所获价款优先用于支持中小微金融发展和新兴产业。同时，通过开展证券化业务，进一步提升信贷资产风险调节能力、强化资产负债管理和优化融资结构。

债务融资工具承销发行业务方面，民生银行积极把握市场机遇，在巩固短期融资券、中期票据产品发行规模的同时，抓住中国银行间市场交易商协会超短期融资券扩容机会，大力发展超短期融资券、定向工具等产品，业务规模增长较快。同时积极开展业务创新，报告期内实现永续债券的突破；累计发行各类直接债务融资工具215只，发行规模共计1461.11亿元，有效提升了民生银行与大中型优质客户的黏合度，促进全行对公客户结构、业务结构转型。

5. 事业部经营情况

报告期内，为进一步发挥事业部的发展动力、创新能力，提高事业部运行效率，民生银行持续推进2.0版事业部改革落地。各事业部按照“准法人、专业化、金融资源整合、金融管家团队”四大原则，进一步优化调整组织架构体系和内部运行流程，搭建完成准法人运行机制，加强专业团队建设和管家作业模式转型，加快向专业投行转型。报告期内，事业部克服经济下行、行业调整等诸多不利因素影响，实现各项业务稳健发展。

（1）地产金融事业部。报告期内，在房地产销售和投资增速下降、地产企业加速分化、地产金融竞争进一步加剧的严峻形势下，地产金融事业部按照总行统一部署，探索事业部改革之路，实施“五个转变”战略，即从项目经营向围绕客户经济活动的综合经营转变、从住宅为主向包含各类产业地产的新概念地产转变、从房地产开发建设为主向全产业链金融服务转变、从债权融资为主向主动管理风险的股债结合的资产管理转变、从国内市场为主向国内外市场协同发展转变。在经营管理中，地产部注重轻资产业务发展，大力发展投资银行和交易银行业务，持续推进业务模式转型，强化风险文化和制度建设，在“商行+投行”经营道路上取得了良好的经营成绩。

截至报告期末，地产金融事业部存款余额619.95亿元，一般贷款余额1155.92亿元；不良贷款率0.38%；实现非利息净收入15.09亿元。

（2）能源金融事业部。报告期内，面对宏观经济增速趋于放缓、利率市场化与金融脱媒加速推进、煤炭行业系统性风险凸显、产能过剩等外部挑战，能源金融事业部积极应对，认真贯彻总行部署，重视结构调整和质量提升，大力推进改革深化和投行业务转型；加快行业与客户战略调整，加强数据挖掘与客户分级管理，提升金融管家服务；切实加强风险管控，开启贷后精细化管理模式，实现信贷资产全覆盖管理与监控，确保资产质量稳定运转；优化组织架构与流程设计，提升运营管理效率，扎实推进各项工作有效开展。

截至报告期末，能源金融事业部存款余额 589.92 亿元，一般贷款余额 1150.30 亿元；不良贷款率 2.09%；实现非利息净收入 19.11 亿元。

（3）交通金融事业部。报告期内，交通金融事业部积极应对实体经济下行、造船行业产能过剩、企业盈利空间萎缩和资产质量下迁等不利影响，坚持以客户为中心，抢抓资本、资金市场业务机会，创新投行商业模式和金融产品，整合行内外资源，提升战略客户“商行+投行”综合金融服务和专业化、差异化经营能力；深耕汽车全产业链开发，大力支持铁路行业混合所有制改革，促进港口产业转型升级，推进传统业务向投行业务转型提升。在提升客户价值与社会价值的同时，实现结构优化和效益稳定增长。

截至报告期末，交通金融事业部存款余额 459.65 亿元，一般贷款余额 536.34 亿元；不良贷款率 0.87%；实现非利息净收入 9.10 亿元。

（4）冶金金融事业部。报告期内，虽然冶金行业持续低迷，处于“三期叠加”周期性低谷，但是冶金金融事业部主动作为、迎难而上，坚持走“转方式、调结构、控风险”发展道路，一手抓业务发展，一手抓风险管理，实现了业务的平稳发展和结构的持续优化。在业务发展上，立足“一圈一链一平台”，调整优化钢铁冶炼业金融业务，大力拓展非钢产业金融业务，向有色金属、贵金属、稀有金属发展，向上游金属矿业、下游深加工、节能环保业发展。在风险管控上，建立健全风险管理体制、机制，实现对客户的风险排序，强化了过程管理。专业化建设方面，深化研究、借力外脑，提升了对行业规律性的把握。

截至报告期末，冶金金融事业部存款余额 307.83 亿元，一般贷款余额 387.14 亿元；不良贷款率 6.40%；实现非利息净收入 11.67 亿元。

（5）贸易金融事业部。报告期内，贸易金融事业部继续贯彻“走专业化道路、做特色贸易金融”的经营思路，运用“商行+投行”的理念，将融资与融智、融资源相结合，通过特色经营和产品创新拓宽业务发展空间，巩固了以世界 500 强企业和国内龙头民营企业为战略客户、以中型民营企业为基础的稳定的客户群。致力于打造特色贸易金融服务品牌。一是形成覆盖国际结算、国际贸易融资和国内贸易融资较为完整的产品体系，拥有遍布全球的代理行网络和通畅的清算渠道，已与全球 115 个国家和地区的 1510 家银行建立了代理行关系。全心全意做金融方案的提供者、做金融和资源的整合者，努力为客户提供保理、结构性贸易融资、跨境人民币、境内外联动等一系列创新产品解决方案，满足客户内外贸一体化的多环节、全过程的贸易融资需求。二是在大资管时代背景下，贸易金融部协调各类投资机构，通过各类资产管理产品投资于企业持有的应收账款，支持实体经济发展，该类产品安全性高、周期短、收益适中，受到投资者的青睐，在逐步成熟的投资市场中渐显优势，形成了民生银行贸易金融独特的品牌。保理、结构性贸易融资等重点特色业务继续领跑国内同业。2014年保理业务量为1328.95亿元人民币，业务笔数19.23万笔。其中，国际双保理业务量为18.67亿美元，业务笔数为1.58万笔。

持续推进贸易金融“精益六西格玛”全流程质量管理体系建设，在国内保理业务、预警资产处置、贷后管理和授信客户准入及授信评审等风险管理流程中引入“精益六西格玛”管理工具，在提高风险控制水平的同时提升运营效率，体现流程银行的真正价值。截至报告期末，贸易金融事业部在全国设立34家分部和26家异地业务中心（二级机构）。实现非利息净收入64.41亿元，本外币表内外资产3634.01亿元人民币。贸易金融业务的快速、健康发展引起国内外金融媒体广泛关注，本报告期先后荣获英国《金融时报》和《博鳌观察》“亚洲贸易金融创新服务”称号、《亚洲银行家》“中国最佳中小企业贸易金融银行奖”。

（6）现代农业金融事业部。报告期内，民生银行现代农业金融事业部根据2.0版事业部改革要求，作为利润单元全面开展自营业务，牢牢把握我国农业现代化的重大战略机遇，坚持市场规划先行和名单制销售，聚焦海洋渔业畜牧业、农产品加工业等行业，瞄准目标区域市场中的投行价值客户，打造创新型商业模式，建设规划、风险、渠道、产品、营销前中后台“五位一体”的业务开发协作平台，逐步形成一整套针对现代农业目标客户定位、开发、保留、提升的作业流程机制，在深入挖掘客户需求的基础上，推进投行业务转型和产业整合，为企业提供涵盖“商行+投行”金融产品的综合服务方案。

截至报告期末，现代农业金融事业部实现营业收入1.36亿元，其中非利息净收入0.87亿元，非利息净收入占比达到63.97%。

（7）文化产业金融事业部。报告期内，民生银行文化产业金融事业部在文化产业“大繁荣大发展”的大背景下，以影视、文化旅游、新媒体等行业为重点，秉承准投行的经营理念，推进基础客户群的开发和商业模式探索。目前，在影视行业，已累计支持《心花路放》、《后会无期》、《归来》、《智取威虎山》及《北平无战事》等60余部影视剧，得到了业界的肯定和认可。电影投资基金、文化旅游产业基金等业务模式入选“文化金融合作典型案例”，并率先尝试“众筹”和项目直投等业务模式，在为客户提供融资服务的基础上，尝试提供客户黏合度更高的综合性服务方式。荣获国家文化部颁发的“优秀文化金融合作创新成果奖”，在影视、文化旅游等领域已形成一定的品牌知名度和市场影响力。

截至报告期末，文化产业金融事业部各项金融资产余额83.61亿元，比上年末增长129.63%；日均存款33.11亿元，比上年增长93.29%。

（8）石材产业金融事业部。报告期内，民生银行石材产业金融事业部秉承“做中国最大的石材产业金融服务提供商”的战略目标，围绕石材全产业链开展“商行+投行”业务，持续推进在石材矿山、商务撮合、石材专业市场、进出口贸易等产业链各环节的“金融+非金融”的全方位服务，投行特色日益明显；持续商业模式创新，开发建设国内领先的银行信用嵌入的石材电商平台，商务撮合从线下到线上向深层次发展；以推动中国石材行业转型升级为重要任务，已成为中国石材协会副会长单位和全国工商联石材商会副会长单位，与行业协会共同协商制定相关行业规范，提升行业竞争力；专业品牌影响力不断增强，受广东、广西、湖北、江苏、吉林、新疆等省区的多个地市政府邀请进行产业集中区规划考察，成为位列全球规模前两名的2014年第十四届厦门国际石材展唯一参展金融单位；针对石材相关行业青年企业家建立“新石代”俱乐部，打造多资源交流平台，促进石材行业抱团发展。

截至报告期末，石材产业金融事业部存款余额42.91亿元，各项金融资产余额90.52亿元，贷款余额55.63亿元，实现非利息净收入1.34亿元。

（二）零售业务

1. 个人金融

报告期内，民生银行实施小微金融和零售银行的部门分拆，不断强化专业化的个人客群分层经营，狠抓基础客群建设，强化交叉销售，提升消费信贷。截至报告期末，民生银行管理个人客户金融资产10730.23亿元，其中，储蓄存款5316.28亿元。金融资产日均新增2133.46亿元，增幅26.99%；储蓄日均新增691.57亿元，增幅15.14%。市场占比稳居同类股份制银行第二，基础客群快速增长，业务结构更加优化。拓宽新客户来源渠道。零售非零客户较年初新增588.78万户，基础客户增长取得新突破，关键是客户增长方式发生根本改变，移动运营、社区网点、信用卡交叉销售、电子渠道均成为重要的新客户来源渠道。

积极推进消费信贷。借助新常态居民部门加杠杆，作为财富客户的重要产品组合，加大消费信贷制度创新力度，报告期内，全行累计发放消费贷款459.49亿元，余额达到930.02亿元，比年初新增130.42亿元，个人金融资产负债结构进一步优化。加大交叉销售力度。着力强化零售与信用卡、零售与对公的交叉销售，在加大制度激励的同时，整合业务流程，推进“一表双卡”，上线2+N新流程，实现远程激活，新增信用卡与零售交叉客户突破100万户，新增代发工资单位客户超过10000户。

注重产品创新。一是小区生活圈项目，微社区营销平台、特惠商户平台、银联钱包、网上商城、消费回馈等系统成功上线并在部分分行试点；二是整合个人客户零售、信用卡、电子银行三大积分体系，完成积分迁移、积分转换，为全行搭建统一的积分商城营销平台。

2. 小区金融

报告期内，持续推进小区金融战略。截至报告期末，社区网点（含全功能自助银行）4902家，其中经监管机构批准挂牌的社区支行达到743家。组织小区千“店”PK大赛，以小区为阵地组织关怀类主题活动，推出小区专属理财产品，开展信用卡进社区的专项营销，在移动运营的支持下，小区居住地成为重要的获客来源。截至报告期末，小区金融项目下金融资产余额超过700亿元，有效客户超过30万户，居住地战略初见成效。

强化与物流、品牌店及社区生活电子商务网站等第三方的合作，初步建立小区周边特惠商户资源体系；积极推进云商户平台试点，推动优势物业物流等重点平台合作项目，小区多边营销平台已具雏形。

3. 小微金融

报告期内，民生银行坚持推进小微金融战略，以“批量化、流程化、标准化”为指导，不断完善小微商业模式、优化小微业务流程。加快推进小微2.0流程再造，针对小微2.0开发并上线运行了16个子系统，通过系统化操作达到固化流程的目的。在行业选择方面，从传统的“衣食住行”向大消费和现代服务行业升级，重点开发八大新兴行业；在客户业态方面，从偏重商圈经济逐步向“O2O”平台经济、产业链整合不断发力。客户结构得到持续优化，客户层级逐步下移，截至报告期末，民生银行小微客户数达291.19万户，比上年末增长100.70万户，增幅达52.86%。截至报告期末，民生银行小微贷客户户均贷款水平为155万元，较上年末下降13.09%。

继续坚持主动对小微业务资产结构进行调整。持续开展存量业务结构调整，对高风险行业进行压降和退出。同时，加快贷款产品业务升级，推出互助基金贷款升级版，推进旅游、物流、大农业等新兴行业贷款。截至报告期末，民生银行小微贷款余额达4027.36亿元，比上年末下降19.86亿元。

持续深化小微客户综合开发，小微金融对传统零售和单位存款的带动作用进一步增强。

报告期内，“乐收银”装机量超过53万台，结算量超过4万亿元，存款沉淀进一步提升。截至报告期末，民生银行小微业务为传统零售贡献贵宾客户达到28.97万户，较上年末增长5.43万户。

积极应对经济下行和区域风险加剧的局面，小微金融风险管理体系建立了政策合规校验、征信评分和授信定价等七个专项化模型；整合行内外信息，开发出服务一线的垂直搜索引擎；推动微贷产品在信贷工厂审批处理，提高系统处理的标准化率。报告期末，民生银行小微贷款不良率控制在1.17%，较上年末上升0.69个百分点。

报告期内，民生银行确立了以支付结算、融资、财富管理以及互联网金融为核心的四大小微产品线，针对小微客户推出了新的结算类产品和现金管理类产品：“结算大富翁”结算产品、商隆卡、移动乐收银以及乐生金产品。互联网金融产品方面，推出了“网乐贷”互联网经营性贷款业务，实现了小微客户自助申请、系统自动审批、客户自助签约放款等功能，获得了良好的客户体验与市场反响。

4. 信用卡业务

截至报告期末，民生银行信用卡累计发卡量达到2054.77万张，报告期新增发卡量314.61万张；实现交易额8763.22亿元，同比增长50.41%；应收账款余额1476.78亿元，比上年末增长30.34%；非利息净收入111.25亿元，同比增长44.71%。

报告期内，民生银行信用卡中心积极贯彻落实“两小金融”战略，坚持“以客户为中心、以市场为导向、以创新为灵魂”的经营理念，不断调整客户结构，大力推广高收益的消贷卡产品，创新开展互联网渠道的信用卡申请及快速审批业务，强化全流程风险管控保持资产质量基本稳定。在产品方面，推出银联品牌民生车信用卡，业内首创“一站式车务管家”服务，提供包括加油返还、爱车清洗、车险回馈、酒后代驾等在内的八大服务惊喜；发行信用卡中心首张国际组织单标信用卡——美国运通品牌全币种白金信用卡，首创推出涵盖留学前、中、后服务的礼遇服务体系。在服务方面，全面升级原有增值服务平台，根据不同卡片级别，客户可获得不同数量的增值服务积点，并可通过登录民生信用卡手机银行或致电贵宾专线轻松兑换快捷预约服务。在信用卡推广方面，不断扩大特惠商户规模、提高商户质量，转变商户结构，全国特约商户 5.2 万户，为客户提供了涵盖衣、食、住、行的全方位增值服务。此外，还成功建设了外交部 12308 全球领事保护与服务应急呼叫中心利民惠民公益工程，充分诠释了民生银行“服务大众、情系民生”的理念，对提升民生银行品牌形象具有重大意义。

报告期内，民生银行信用卡中心荣获 VISA 颁发的“2013 年度中国卓越市场营销奖”；信用卡“后台发卡流程优化项目”获得“2013 年度中国质量协会质量技术奖优秀六西格玛项目”奖；荣获中国银行业协会第三届优秀客服中心评选活动“综合示范奖”；荣获“知识管理联合会”与“中国企业家论坛”联合评选的 2014 年度“卓越运营奖”；获得中国金融工会全国委员会授予的全国金融系统“女职工文明示范岗”荣誉称号。

（三）私人银行业务

截至报告期末，民生银行管理私人银行金融资产规模达到 2303.96 亿元，比上年末增长 384.55 亿元，增幅 20.03%；私人银行客户数量达 14252 户，比上年末增加 1352 户，增幅 10.48%。报告期内，民生银行私人银行业务手续费及佣金净收入 21.55 亿元，同比增加 4.56 亿元，增幅 26.84%。报告期内，民生银行主动应对经济下行、政策调整等外部环境变化，继续深入挖掘客户需求，在资产管理、特色基金等方面形成突破口，积极推出新产品不断丰富产品货架，以持续满足私人银行客户长短期投资需求；通过建立个人高端授信通道及海外信托业务，同时结合独特的高端非金融服务及对家族办公室业务模式的深入探索，紧密锁定高净值及超高净值客群并为其提供全方位管家式服务。

报告期内，民生银行私人银行业务发展及品质服务再次得到权威媒体的高度认可，荣获各项大奖：获得《第一财经日报》2014 年“年度私人银行”大奖；荣获《金融时报》2014 年“最佳私人银行”大奖；斩获《经济观察报》“卓越私人银行”大奖；荣膺国家科学技术奖励工作办公室“第 11 届精瑞科学技术奖”；获得《21 世纪经济报道》“最佳资产管理私人银行”奖等。

（四）资金业务

1. 投资及交易情况

截至报告期末，民生银行银行账户投资余额5641.15亿元人民币，交易账户投资余额271.56亿元人民币。本年度，在债券市场整体呈现单边牛市行情，同业投资监管日趋严格的市场环境下，民生银行主要增加了中长期利率债配置和非标类投资。投资业务规模大幅提升，投资在总资产中的占比提升5个百分点。在投资业务中，信用类投资的占比提升较快。报告期内，民生银行境内人民币债券现券交割量合计26515.85亿元，在本年度债券交割量（现货）排行榜中名列前茅。

报告期内，民生银行境内远期结售汇、人民币外汇掉期交易量2808.82亿美元，同比增长20.30%；即期结售汇交易量1439.78亿美元，同比下降23.77%。民生银行积极参与期权及其组合的创新产品业务，人民币外汇期权交易量20.88亿美元，同比上升194.50%。

2. 同业业务情况

根据中国银监会对同业业务治理的要求，民生银行设立金融同业部作为同业业务专营部门，对与金融机构之间开展的以投融资为核心的各项同业业务进行集中管理，实现集中授权和集中授信管理，建立健全同业业务交易对手准入机制，实行集中统一的名单制管理，定期评估交易对手信用风险，动态调整交易对手名单。

3. 托管业务情况

资产托管业务方面，民生银行抓住经济结构调整升级、资本市场快速发展、大资管时代创新以及互联网金融大发展的多重机遇，充分发挥资产托管业务的平台作用，大力整合行内资源，搭建外部合作平台，积极推进交叉营销，实现资产托管业务跨越发展。截至报告期末，民生银行资产托管（含保管）规模折合人民币为29840.41亿元，比上年末增长52.50%；实现托管业务收入33.47亿元，同比增长10.68%，实现托管业务规模与效益的较快增长。

养老金业务方面，民生银行立足企业年金账户管理和托管服务，成功推出员工福利计划、养老理财等创新金融服务，探索机关事业单位职业年金等新领域，积极打造养老金融综合服务平台，促进养老金业务稳步向前发展。截至报告期末，民生银行管理企业年金账户143533户，比上年末增长3.53%，企业年金基金托管规模177.72亿元，比上年末增长93.74%。

4. 理财业务情况

报告期内，民生银行理财业务严格遵守监管政策要求，全力打造“非凡资产管理”品牌，强化资产管理理念，优化理财业务管理模式，加大理财产品创新，拓展销售渠道，促进理财业务稳健发展。截至报告期末，理财产品存续规模4771.81亿元，较上年末增长43.90%。

5. 黄金及其他贵金属交易情况

报告期内，民生银行贵金属业务场内（上海黄金交易所、上海期货交易所）黄金交易量（含代理法人及个人）457.65 吨，白银交易量（含代理法人及个人）6718.23 吨，交易金额合计人民币 1398.35 亿元。以场内交易金额计算，民生银行为上海黄金交易所第九大交易商，是上海期货交易所最为活跃的自营交易商之一，也是国内重要的大额黄金进口商之一。报告期内，民生银行对公客户黄金租借 101.28 吨，市场排名第四位；对私客户自有品牌实物黄金销售 767.98 公斤，产品多样，有效满足了客户需求，市场发展前景广阔。

（五）海外业务

民生银行稳步推进海外机构布局，首家境外分行——香港分行按照国际化战略部署，在推动跨境联动贸易融资业务方面发挥了重要作用。报告期内，跨境联动贸易融资业务为香港分行带来手续费及佣金净收入 6.56 亿港元，同比增长 162.40%，联动存款余额 440.82 亿港元，比 2013 年底增长 92.25%。直接带动境内存款 132.63 亿元人民币，手续费及佣金净收入 2.61 亿元人民币，跨境联动的双赢效果十分显著。香港分行积极拓展渠道，推进业务创新。报告期内与香港交易及结算所有限公司签订大宗商品合作备忘录、启动民生船东联盟、推出金融商品经理人服务、为民营企业筹组银团、首次在海外为企业发行国际债券，在首笔前海跨境人民币贷款、首笔福费廷方式资产买入和出口双保理等方面取得了突破，并积极把握中国企业“走出去”的市场机遇，在收购兼并和私有化业务方面，完成了巨人网络私有化和光汇石油收购等多个具有国际影响力的大型项目，其中已经完成的巨人网络私有化项目是市场上第一个网络游戏上市公司私有化银团贷款。通过多笔具有市场影响力的项目，进一步深化民生银行的国际化战略，提升在国际市场上的影响力和品牌形象，市场竞争力持续提高。

截至 2014 年 12 月 31 日，民生银行香港分行存款余额 746.95 亿港元，比上年末增长 59.88%；贷款（不含贴现）余额 504.51 亿港元，比上年末增长 49.03%；实现非利息净收入 8.82 亿港元，利息净收入 10.02 亿港元。

七、商业模式

目前民生银行商业模式主要包括三个方面：

（1）对公业务，进行事业部制改革，专业化推动定价及运营效率持续提升；

（2）零售业务，分支机构客户下沉，从“商贷通”到小微业务 2.0 升级版，小微业务领先同业；

（3）资金业务，同业业务持续扩张支撑盈利增长，理财增长满足客户投融资需求。

公司事业部制改革和零售小微业务转型效果直接体现为贷款定价和中间业务收入的提升，而最终将体现为公司总资产回报率（ROAA）和净资产回报率（ROAE）的提升。2012 年民生银行剔除信贷成本后贷款收益率 6.80%，较上市银行平均高 75bp（2009～2011 年三年民生剔除信贷成本后贷款收益率较上市银行平均高 40bp），贷款定价处于较高水平。

（一）事业部改革循序渐进，支撑贷款定价及非息收入提升

民生银行是国内最早将事业部改革提上议事日程的上市银行之一，并于 2007 年将对公业务上收总行，2008 年事业部正式运营。截至目前，公司已经形成包括地产金融、能源金融等行业事业部、中小企业事业部等在内较为全面的事业部体系。运用事业部机制管理对公业有利于公司业务的专业化和条线化运营，有利于促进贷款定价和中间业务收入提升。

事业部贷款保持较快增长，贷款定价处于较高水平。截至 2012 年末，公司中小企业、地产金融、能源金融等六大主要事业部人民币贷款余额达到 4456 亿元，占总贷款的比重为 32%，占对公贷款的比重为 51%。其中增速较快的是贸易金融事业部（人民币贷款）和中小企业事业部贷款，近三年年均复合增速分别达 59% 和 55%。

事业部非息收入增长高于全行整体水平。上述除中小企业事业部外五大事业部 12 年贡献非息收入 68 亿元，占公司非息收入比率达到 26%，近三年年均复合增速高于公司整体非息收入 6 个百分点达 47%。

现阶段民生银行事业部分条线经营业务模式的优势对对公业务收入及中间业务收入的促进作用正逐步体现。同时，近年来宏观经济下行阶段公司中小企业事业部不良率显著回升（12 年上升 86bp 至 1.55%）；完整经济周期波动或将有助于检验公司相关事业部改革。

（二）从“商贷通”到小微 2.0 升级版，小微业务具有先发优势

民生银行在对公业务事业部改革之后，分支机构专注于零售业务，并着力发展小微业务。民生银行小微企业业务从“商贷通”到小微业务上线，再到小微金融 2.0 版本，业务模式日趋成熟。

小微贷款占比持续提升，定价处于较高水平。小微贷款余额从 2008 年年底的 76 亿元发展到 2012 年底的 3175 亿元，占零售贷款的比重提升至 68%，占全行贷款的比重提升至 23%；2012 年末小微企业贷款不良率 0.4%，仍处于较低水平。目前小微贷款利率较基准上浮超过 30%，定价处于较高水平。

2012 年公司提出全面推进小微金融 2.0 升级版，主要内容包括：

（1）小微专业支行建设。公司拥有 50 家专业支行，将以小微专业支行为核心，覆盖重点商圈和特色行业。

（2）城市商业合作社建设。公司连接全国 2000 多家小微企业城市商业合作社，将以此为平台为小微企业提供贷款、结算、财富管理等全面服务。

民生银行小微业务由于具有规模经济和产业链运营的特点，在成本控制和风险管理

等方面已领先同业，民生银行在小微业务领域具有先发优势。公司 2012 年小微业务增长曾有所放缓，2013 年第一季度管理层再次强调聚焦小微业务。预计公司 2013 年小微业务仍将保持较快增速，占新增信贷投放的比例或仍大于 50%。如果公司持续专注小微业务或为中期基本面向上提供催化因素，但现阶段需解决好风险管理、成本控制、存款衍生和竞争加剧等问题。

（三）同业业务持续扩张

2011 年以来公司加大了包括同业、理财在内的资金业务发展力度，其中同业资产占生息资产的比重自 2009 年的 10% 持续提升至 2012 年的 34%。民生银行 2012 年盈利增长驱动因素进行分解可知，规模扩张是净利润增长的最主要支撑因素。

对民生银行同业业务进行分解，发现买入返售资产的大幅增长是同业业务扩张的主要驱动因素。其中，主要贡献是票据买入返售资产（2012 年占比 84%）和信托受益权等其他买入返售资产（2012 年底占比 13%）。

从整个行业来看，现阶段银行大力发展同业业务的主要原因包括：

开展同业业务可以一定程度节约资本。根据 2013 年实施的新资本管理办法，对于 3 个月以上银行业机构债权的风险资产权重为 25%，虽相比此前有所提升但仍显著低于一般贷款 100% 风险权重。这意味着在 8.5% 核心资本充足率水平下，同样规模同业资产对应的资本杠杆率为 47 倍，而一般贷款则为 12 倍。

同业业务成本收入比相对较低。同业业务具有成本消耗较低的特点，估算其成本收入比一般在 10% 左右，相比一般贷款业务的 45% 有一定优势。

同业资产不受信贷额度及存贷比限制。现阶段通过同业业务实现为客户提供融资是商业银行开展这一业务的重要动机，反映在近几年票据买入返售、同业代付以及信托受益权的相继大幅增长上。

（四）分行集中改革，实行公司化运作、专业化销售、专业化管理

2007 年，民生银行开始了分行的集中改革，民生银行的营销平台从全国 200 多家支行上收到分行，并在分行成立煤炭、焦炭、冶金、电力、化工、交通、机械等金融部，是分行成为公司业务的基本单元。民生的八大事业部实施了公司化运作，专业化销售、专业化管理。

2006 年的年报上，民生银行首次提出了“事业部”的改革议程，将改革化为了三个阶段，一直持续到 2013 年，民生银行成立金融批发银行事业部总部与上市公司“鹏博士”开发全国数据中心，在信息管理系统上加强营运，并坚持“特色化、批量化、专业化”战略。逐渐从中国现行的银行公司“总—分—支”治理结构开始，逐步发展专门为中小企业服务的银行，成为以产品为主线的“企业”打造中小企业的供应链金融。供应链金融的服务对象是中小企业为核心，以信息流、资金流、物流为背景，银行扮演平台、撮合的角色的新型金融服务生态系统。

民生银行供应链金融改制有着得天独厚的优势，这种优势在于公司治理的横向延展性非常好，可以在支部和事业部下面再分级和设立独立的事业部，这种方式参考的是荷兰银行公司治理模式。另外，民生的中间收入在2006年开始便呈现爆发式增长，其中财务顾问服务费用、托管及其他佣金呈现可喜增长，这是得益于改制之后的新一代红利分发。随着民生银行的发展，中间收入占有主导作用，而民生银行在逐年下降的贷款比重表明，以顾问服务费用为核心的增长成为下一个主导之一。这种优势非常明显，有利于降低自身贷款的风险，并且同时增加银行的收入，具有一箭双雕的作用。除了中间费用收入提升，贷款的渠道、质量、议价能力在小微企业都会有显著的提升，因为这个是以群体或者产业链为服务中心，所以贷款的议价能力相对于基准利率，民生一直有得天独厚的优势。

随着金融供应链的发展，大数据和银行必定会紧密联合，相辅相成。民生银行与鹏博士开发的数据营运中心、信息系统有利于增强银行间的内部控制、存贷款流程控制、和分析用户消费行为，进而使银行的信息流公开化透明化，降低信贷的风险控制，有利于银行的全面发展。

八、营销模式

（一）分销渠道

民生银行通过多种分销渠道提供民生银行的产品及服务，包括分行、支行、事业部、自助银行中心、自动柜员机、客户服务中心及电话银行、网上银行及手机银行。

1. 分行网络

民生银行共在全国32个城市设立32家一级分行，在香港设立1家代表处（2012年1月5日获得香港金融管理局颁发的银行牌照，香港代表处升格为香港分行），并在重点城市设立一批二级分行，机构总数量达590个。其中在北京、上海、广州、深圳四大中心城市集中了民生银行的173家分支机构。

民生银行的网络机构大部分以枢纽及轮辐结构组织进行，分行负责一个地区（如一个省份或一个主要城市地区）内的业务，支行在分行覆盖地区内的数个分区内作为向客户提供全面服务的银行分支机构。截至2011年12月31日，民生银行在110个国家和地区共有代理行1344家，其中美洲167家、非洲37家、大洋洲28家、亚洲666家、欧洲446家。

未来，民生银行将继续巩固在长三角、珠三角、环渤海等经济发达的东部地区的分支机构网络资源；在中部地区顺应中部崛起和产业转移的趋势，将网点覆盖全部一线中心城市和重点二线城市；在崛起潜力大、资源优势明显的西部地区提前布局。海外方面，已经建成香港分行，并计划在其他国际金融中心城市设立代表处。

2. 自助银行中心及自动柜员机

自助银行中心及自动柜员机为分行及支行提供其他低成本的选择。民生银行的自助银行中心一般设有多台自动柜员机及查询机，并提供提款、账户查询、缴付账单、存款、更改密码、兑换外币及/或资金转账服务。民生银行的自动柜员机及自助银行中心位于不同地点，包括购物商场、超级市场、机场、住宅区、医院、学校或城市的主要街道，以方便民生银行的客户，以及支持民生银行的分行及支行的业务。民生银行持有中国银联已发行及缴足资本的2.77%。中国银联在中国经营银行卡及电子银行同业信息交换及交易网络。民生银行加入中国银联可大幅扩展民生银行的分销网络，让民生银行客户可使用中国境内外网络内任何一台自动柜员机。

3. 客户服务中心及电话银行服务

民生银行自1999年起开始以分行为单位提供电话银行服务。2002年，民生银行整合电话银行服务，推出全国统一客户服务热线95568。

民生银行的电话银行服务目前已覆盖全国，提供自动语音及人工服务。这些服务包括业务咨询、账户查询、账户间转账、汇款、缴费、理财及预约服务等。民生银行实施标准化服务，如金融及其他业务咨询一律按每周7天、每天24小时的标准进行。2008年4月，民生银行推出“e线通”在线客户服务系统，客户可以通过网络语音呼叫、即时信息或网络发送信息的方式联系民生银行客户服务代表。2009年5月，民生银行推出企业客户服务专线“4006895568”，进一步提升民生银行的公司客户服务。2010年6月，推出小微金融服务专线“4008695568”，成为服务小微客户的重要渠道。

4. 网上银行服务

民生银行2001年开始推出网上银行服务，几年间业务发展迅速。民生银行个人网上银行服务包括大众版和贵宾版，提供36项服务类别260多种功能，包括账户查询、储蓄、电子汇款、缴费、基金、国债、理财、外汇买卖、贵金属延期、零售贷款及信用卡服务等。民生银行企业网上银行已推出了查询版、标准版以及中小企业E管家3个版本，具有账户查询、转账结算、投资理财、集团服务、虚拟账户、零余额服务、B2B电子商务、票据业务、网上委托贷款、现金管理、跨行账户管理、银企直联12大类200余项功能。民生银行商户版网上银行主要面向小微客户提供账户查询、收付款、短信付款、E-mail汇款、账户管理等50余项功能。目前，民生银行网上银行的客户覆盖率和交易替代率在全国性股份制商业银行中名列前茅。

民生银行致力于持续提高民生银行网上银行系统的安全。民生银行积极管理网上银行开户，确保网上操作严格遵守民生银行的安全标准。民生银行坚持采用第三方安全数字证书，实施钓鱼网站主动搜索项目，并且已推出网银交易风险监控平台。此外，民生银行亦不断进行网银安全宣传教育，并在网站及网银界面添加网上交易风险提示。

5. 手机银行服务

民生银行于2002年推出即时通信息服务，通过短信服务实时向民生银行客户发送有关其账户资金变动情况。2004年，民生银行推出全面的手机银行服务，提供五大服务功能：账户查询、缴费、支付、外汇买卖及账户管理，使民生银行客户能通过手机随时随地享受个性化金融服务。民生银行是中国首批通过多种通讯途径提供服务的银行之一，这些渠道包括电话、传真、短信服务、手机和互联网。通过众多途径的运用，持续提升了民生银行服务能力和水平，进一步巩固了民生银行一流的客户服务声誉。

（二）细分市场、批量开发

民生银行通过细分市场并选择区域优势、特色产业集群或行业集群、产业链金融客户群进行批量开发，有助于通过“大数法则”从整体上控制风险而不是控制单体风险，从而实现“收益覆盖成本”，解决风险成本高的难题。

细分市场的行业客户群与产业链客户群的批量开发有助于相互印证信息，实施专业化和统一的贷后管理，解决信息不对称的难题；有助于不良资产的处置，解决风险成本高的难题；批量开发与名单制销售有助于提高中小企业营销与作业的规模经济，解决交易成本高的难题。

细分市场要在对区域中小企业业务市场全面了解的基础上进行，并能形成批量开发方案或实施名单制销售，是“承前启后”的重要环节。

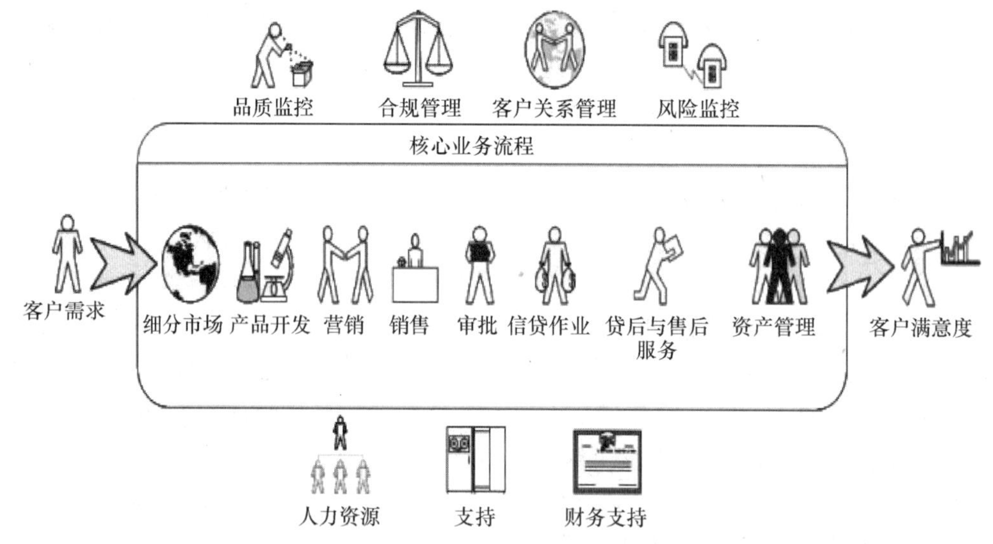

图2　细分市场是中小企业业务流程的“源头”

1. 区域市场规划

区域市场总体规划是指在对分行经营机构所在地中小企业业务市场容量、行业及产业集群、开发渠道、标杆银行中小企业业务发展状况等进行充分调研基础上，基于分行经营资源与经营目标，明确年度拟重点开发细分市场的一个总体规划。区域市场规划按年度上报，分行可半年调整。

市场规划要严格限定分行经营机构所在地，不得以省级行政区域（直辖市除外）笼统分析。分行经营机构所在地指分行本部所在地市、二级分行所在地市、异地/县域支行所在市、县。

2. 细分市场规划

细分市场规划是指根据区域市场规划确定的若干细分市场，由易到难，逐一调研，详细了解细分市场客户群盈利模式与风险特征，确定目标细分市场，形成客户名单，制定细分市场产品配置方案和授信政策，具备指导客户经理销售和评审经理的细分市场开发方案。

为保证细分市场规划工作的持续性，细分市场规划按季度上报，每季度不少于2个。细分市场可以是一个子行业、一个产业集群、一个产业链、一个县域或乡镇产业集群、一个商品或要素交易市场、一个开发园区等。

批量开发是指对于细分市场中具备共同风险控制措施的客户群进行集中式的批量授信与作业。

批量授信方案要求具有明确的授信集群对象、总体授信额度、额度分配原则、定价政策、产品配置策略、风险控制措施及贷后管理方案等。

批量授信报告采用中小企业业务调查报告格式，按照批量授信流程即时上报。

（三）区域市场规划、细分市场规划、批量开发的关系

表3 区域市场规划、细分市场规划、批量开发的关系

	作用	主要内容	作业成果
区域市场规划	了解区域市场经济特点、中小企业市场容量与区域行业/产业集群特征；为确定细分市场进行全面的调研，明确信贷资产组合与风险偏好	1. 中小企业市场容量； 2. 优势行业、特色行业、集聚行业、核心厂商、渠道； 3. 标杆银行中小企业经营状况	明确目标细分市场
细分市场规划	根据区域市场规划明确的目标细分市场，详细了解细分市场盈利模式与风险特征，明确目标客户群，制定产品配置方案和授信政策	1. 客户群盈利模式和风险特征； 2. 客户分类与准入； 3. 产品方案与风险控制措施	1. 细分市场授信政策； 2. 目标客户名单； 3. 开发渠道与策划
批量开发	对于细分市场规划中具有共同风险控制的客户群实施批量开发与批量授信政策	1. 授信方案； 2. 贷后管理方案	1. 批量授信方案； 2. 目标客户名单

（四）盯住大数据，试水O2O模式，打通零售和小微

一端是银行的个人客户对便民生活服务的需求，另一端是190万小微商户开拓市场的需求，民生银行深圳分行借助时下最火的社交工具即微信服务平台轻松打通了两端需

求。与当前以金融服务功能为主的主流微信银行不同，民生银行的微信平台定位于便民服务。借助微信的实时交互和位置功能，线上销售与线下实体店联动的离线商务模式（O2O）初具规模。按照民生银行未来的发展规划，其金融便利店将遍布于生活小区，将与微信平台合作的小微商户一起构成一张线下辅助提供金融和生活服务的巨大网络。

民生银行这种定位大数据的谋略，通过搭建一个以非金融服务为主的平台，让个人客户取得日常生活所需的产品和服务，可以帮助小微企业客户打开网上销售的渠道，但与银行相关的内容却很少，甚至连交易过程中唯一与银行相关的支付服务也不限定由民生银行提供，而是与第三方支付公司合作。平台搭建后，交易双方在交易过程中、日常生活或经营过程中对配套金融服务的需求将逐渐显现。重要的是，随着平台越做越大、交易越来越活跃，平台积累的大数据将成为平台最核心的价值，也是目前银行涉足电商领域最大的动力所在。

大数据的分析将有助于民生银行更好地了解客户需求，进行更精细的客户关系管理，将合适的产品和服务推送给合适的客户群体，实现精准营销并增加客户黏性。

除更精准的生活服务推送外，微信平台积累的大数据还将成为民生银行向个人端和小微企业端客户发放信贷的重要参考数据，借此突破小微企业融资难题，而这些大数据资源正是目前大部分银行的短板所在。

九、创新体系

民生银行的改革创新是基于中国国情和银行业实情的，不是不顾现实地照搬“国际最佳模式”，具体体现在以下几个方面：

（一）管理体制创新

民生银行最早通过管理体制创新来强化风险管理，杜绝了巨额不良贷款的产生。

2005年，民生银行进一步优化了授信评审流程，加大了对区域评审中心的授权。减少审批环节，进一步提高了评审效率，通过实行区别区域、行业和产品的专家审批工作制度，发挥了专业评审技术优势并积累了专业评审经验。

除了独立授信评审，对于不良贷款的处置，民生银行也采用了集权化的处置方式，由总行资产管理部对各分行出现的不良贷款进行集中的专业化处置，从而实现了回收的最大化。在防范操作风险方面，民生银行的会计处理集权和稽核体制的垂直化管理也有效地防范了操作风险。

（二）事业部改革创新

改革从2006年初开始，短短半年时间，完成了22家分行和直属支行的公司业务集中经营。除北京管理部和上海分行之外，民生银行所有的分支机构在进行市场细分、定位和规划的基础上，重组销售架构，完成公司业务集中经营，最终把246个支行的公司业务上收到分行的176个行业金融部，支行不再从事公司金融业务，初步形成了行业规划、市场定位、专业化团队、专业化营销和专业化评审。

在继续确保良好资产质量的同时，各事业部专业化服务能力大大提升，使贷款定价能力显著提高，各事业部为客户提供综合服务的能力大大提升，在存贷款增速同比大幅下降的同时，中间业务发展迅速。民生银行各事业部成为民营企业战略和金融管家服务的主要推动力量。

民生银行公司业务事业部改革的另一个收获是，支行不再从事公司业务，专门办理零售业务，从而为民生银行大力发展零售业务腾出了渠道阵地。300多家支行网点成为零售业务的平台，这就为零售业务的大发展创造了条件。

（三）小微金融创新

民生银行率先看到小微金融服务的巨大前景，提出了民生银行全面进军小微金融服务蓝海的战略。如何找到正确的商业模式，使小微企业贷款的人工成本大大降低、不良贷款率得到控制。

民生银行提出的策略是：实现零售业务批发做，大大降低人工成本；通过内外部资源整合，实现规模化、规范化、流程化和标准化的运作；依据“大数定律”和“收益覆盖风险”的原则确定风险和价格。2009年下半年，根据2006年以来战略调整和经营转型所取得的成效，民生银行董事会修订了五年发展纲要，提出了新的战略定位：做民营企业的银行、小微企业的银行、高端客户的银行。

基于这样的战略思考与定位，民生银行确定了二次腾飞的目标：用三到五年的时间建设成为最具特色的银行和效益最好的银行。具体而言，最具特色的银行是指具有鲜明的业务特色、收入特色和客户特色，即传统商业银行业务与新兴投资银行业务并重，利息收入与非利息收入并举，民营企业、小微企业、零售高端客户为主要客户的银行。效益最好的银行，是指资产回报率和资本回报率等关键业绩指标居国内商业银行前列。

按照民生银行的规划，到2013年末，在民生银行的贷款结构中，25%以上是小微企业、15%是中小企业、20%是消费金融，只有35%～40%是大企业客户。而大企业客户中，90%是民营企业客户。民生银行将会成为一家与国内其他全国性银行截然不同的、最具特色和效益最好的银行。

民生银行也成为中国银行业第一家打破同质化、走出特色银行和效益银行之路的银行，为中国银行业改变同质化、优化金融资源配置、应对利率市场化、走特色银行和效益银行之路提供了最佳示范。

（四）实施科技金融战略，推动网络金融服务创新

民生银行抓住互联网金融需求大释放、大爆发的良好机遇，加大网络金融投入和建设，重点围绕手机银行、直销银行、微信银行、线上支付开展产品和服务创新，持续提升客户体验，赢得了客户的支持和信赖，市场份额快速攀升，稳居商业银行第一梯队行列。

同时，民生银行推进以“启明星”计划为核心的科技金融发展战略，进一步寻找新增长点，推进业务转型。

民生银行的科技金融战略，以投贷结合为主，结合科技型企业发展阶段，提供风险收益基本匹配的金融产品；在综合服务方面，将建立科技金融战略合作平台，集合券商、基金等机构，围绕科技创新企业提供一站式、保姆式服务。

在企业价值评价方面，考虑到科技创新企业的特点和对金融服务的多元化需求，民生银行还创新企业评价体系，从过往看重企业资产规模、盈利、抵押资产，转向注重企业发展预期、成长速度、客户群体等综合因素判断企业价值。

十、信息化建设

（一）手机银行

民生银行以快速响应客户需求、打造极致客户体验为宗旨进一步创新手机银行。报告期内，推出自助注册客户小额支付、小微客户在线贷款和续授信、信用卡在线申请和实时购汇等众多特色功能；广泛挖掘区域客户需求，新推广州公益捐款、南京青年志愿者卡、西安公积金查询等，手机银行区域特色服务水平领先同业；着力提升移动生活和社交服务能力，提供在线打车、交通罚款缴纳、微信微博分享、主题换肤等增值服务，手机银行便民服务和交互功能持续增强。截至报告期末，手机银行客户总数达1302.12万户，较上年末新增747.60万户；报告期交易笔数1.82亿笔，较上年同期增长203.51%；交易金额3.22万亿元，较上年同期增长185.81%，客户交易活跃度远超同业平均水平。在中国金融认证中心组织的本年度中国手机银行综合测评中，民生银行手机银行凭借用户转化率高、版本类型齐全、开通方式便捷、特色功能丰富、安全性和客户体验优良等优势，以最高综合得分名列18家全国性商业银行榜首。

（二）直销银行

民生银行大力布局互联网金融，2014年2月28日正式推出直销银行，秉承“简单的银行”服务理念，围绕互联网用户需求和习惯，开展平台建设和产品服务创新，打造专属网站、手机APP、微信银行及10100123客服热线，为客户提供纯线上互联网金融服务；大力拓展服务渠道，在个人版和小微版手机银行、个人网上银行、微信银行植入直销银行，实现直销银行与传统电子渠道和微信银行新平台的互联互通，方便用户一站式了解和使用民生银行直销银行产品与服务。报告期内，民生银行创新推出随心存、如意宝、定活宝及其质押贷款、民生金等产品，构建了集“存贷汇”于一体的互联网金融服务体系。在此基础上，民生银行与第三方公司合作推出理财服务，批量挖掘拓展新客户，客户数增长迅速，客户交易活跃。截至报告期末，客户规模达146.81万户，如意宝申购总额为2366.87亿元。

（三）网上银行

报告期内，民生银行在个人网上银行和小微网上银行中新增贷款在线申请和续授信，实现了从传统授信面签模式向客户在线自助签约模式的转变，大大提升了贷款申请的便捷性和续授信效率；推出交通罚款、彩票投注、非税缴费等便民服务，网上银行增值服务更加丰富。截至报告期末，个人网银客户1161.03万户，较上年末新增417.80万户；交易笔数4.27亿笔，较上年同期增长71.49%；交易金额10.95万亿元，较上年同期增长42.58%。企业网银客户49.13万户，较上年末新增15.45万户；交易笔数0.79亿笔，较上年同期增长125.71%；交易金额43.49万亿元，较上年同期增长104.66%；网上银行交易替代率96.49%。民生银行电子渠道理财销售额快速增长，报告期电子渠道理财销售金额2.08万亿元，其中个人理财销售1.89万亿元，比上年同期增长70.27%，在民生银行全部个人理财销售量中占比达94.15%。

（四）微信银行

报告期内，民生银行大力创新微信银行，提供账户查询、定活互转、零存整取、通知存款、钱生钱、理财、信用卡、网点预约、特惠商户等丰富的移动金融和移动生活服务；构建在线智能客服团队，专注微信7×24小时用户互动服务，在线实时解答客户咨询，协助指导客户办理和使用各种业务，使客户如同坐在银行VIP室享受智能、个性化的一对一服务。积极整合资源，开展微信跨界营销和传播，民生银行微信银行知名度和用户数快速扩大。截至报告期末，民生银行微信银行用户数达到218.11万户，跃居同业前列，成为微信中有影响力的大号，有力地支撑了产品宣传和业务营销。

（五）线上支付

为满足客户不断增长的在线支付需求，报告期内民生银行强化线上支付平台和产品体系构建，进一步丰富支付应用场景，致力于为客户打造方便快捷的资金流转通道，降低客户支付结算成本。目前民生银行创新推出了手机银行二维码收付款、网购扫码付款、缴费充值、火车票飞机票景点门票购买等移动支付服务以及网上支付、网上银行批量代收付、基金支付等线上支付系统和功能；全面升级跨行通产品，新增他行卡交易密码验证安全措施，优化手机银行签约跨行通流程，拓展第三方资金归集通道，为客户提供更安全便捷的资金归集服务。民生银行线上支付业务发展态势良好，截至报告期末，跨行通活跃客户114.20万户，较上年年末新增72.82万户，累计归集资金4933.37亿元；个人网上支付年累计交易规模1166.25亿元；基金销售监督业务年累计交易量为3039.98亿元，基金快付年累计交易量达385.04亿元。

（六）移动运营

报告期内，民生银行针对新时期银行运营特点，提出轻量化运营理念，创新地开展移动运营模式。这种基于移动互联科技，不依赖于网点和柜台的运营模式一经推出，立即取得良好的市场反响。截至本报告期末，全行共布设机具5000多台套，累计开卡400余万张，占全行开卡量的40%以上。同期，针对网点转型的客户化运营模式研发和平台建设完成一期任务，完成厅堂服务营销一体化准备工作和实验性运行，计划于2015年开始分阶段在全行推广应用。客户化运营利用新技术和流程，将彻底改变现有网点服务模式，将作业人员从柜台释放出来参与服务与营销，减少客户排队，大大提升客户体验，降低运营成本，增强服务能力和客户黏性。

（七）自助服务

民生银行着眼于满足客户自助服务需求，研发推广现金封包机、票据自助机、自助回单机等5类新型机具，分流柜面业务，有效减轻了柜面压力。单位电子账户、C-POS平台等新产品陆续试点上线，应用效果将逐步显现。

十一、国际化

（一）国际化失败经历

2007年10月，民生银行以每股17.76美元的价格首次入股BH，持股比例为4.9%。

2008年12月，民生银行再次斥资2.04亿元增持BH 5%的股份，持有BH 9.9%的股份。

2009年11月6日，美联银行被美国加州金融管理局关闭。

这意味着民生银行8.87亿元的投资失败。彼时，民生银行H股上市在即。破产消息传来，市场哗然。中资银行业的“走出去”也因此蒙上阴影。

民生银行当初决定收购美联银行的考量是，国内同业在美国开设分行总是异常艰难，收购之策会相对容易，并且那时美联银行在美国拥有70家分行，是当地华人银行中的第二大银行，民生银行认为双方在客户上会有互补作用。

在面临美国监管方对收购提出的“霸道”条款时，民生银行也全盘接受，并抱着“学习”的态度和理由收购了美联银行的4.9%股份，进而扩展到9.9%。回望这段收购历史，民生银行认为，值得吸取的教训至少有以下几点：

其一是民生银行没有取得话语权。美联储给出的条件是，即使持股比例达到19.9%，民生银行派出的董事依然没有反对的投票权，这也导致民生银行最终并未完成三步走的第三步。

其二是美联银行法人治理结构不完善，董事长一人独大的现象很严重。“所有决策都是他一个人办”，对美国法律的不清晰，使民生银行在面临美国方面的强势时很被动。

此外，美联银行业绩并没想象中得好，收购过程中政治性太强等都是造成失败的原因。不过，这期间最关键的一条教训是：“自己不强，缺乏国际化的经验和国际化人才。”只有自己做强了，才能适应全球化。

（二）国际化的第二步

民生银行于2012年1月5日正式获得香港金融管理局颁发的银行牌照，成为香港持牌银行，2月8日开始试营业，3月30日将正式营业。

这是民生银行目前在境外的唯一一家分支机构。民生银行2009年6月即开始筹建香港分行，经过近三年的努力，该行也再度迈出国际化的第一步。

目前中资行在港分行90%以上客户主要为内地在港企业或分支机构，盈利不突出，因为香港利率市场化，行业利差仅有0.3～1个百分点，全行业资产收益率也只有0.4%，而在内地，资产收益率水平则为1.4%左右。

香港分行IT系统以及风险控制等理念都与国际接轨，运营模式一旦成功便可在海外直接复制，因此短期内分行盈利虽然占整个民生银行的比例微不足道，但战略意义重大。

“分行的快速盈利将会使民生银行国际化的第二步走得更快，比如在新加坡、美国等地再设分支机构。”民生银行相关人士称。

（三）国际化持续推进

1. 国际化战略

积极推进“民营企业国际化的主办行”策略。以“一多一少一链”，即支持中国民营企业对外转移成熟技术和过剩产能、获取中国经济可持续发展的资源、能源、技术、市场等核心要素为指导思想，以产业链跨境延伸拓展为纽带，以跨境商行业务和跨境投行业务并举为主要措施，以进出口信贷、船舶融资、境外投资贷款、境外项目融资、国际银团贷款等产品为基础，为民企提供个性化的结构化金融服务方案，“走出去”业务继续保持快速发展势头。其中，在跨境商行业务方面，支持战略资源、能源和重大技术装备进口、服务国内产业升级换代的进口信贷规模持续增长；覆盖电站、路桥、水务、油气服务、工民建等行业的技术和服务“走出去”对外工程承包融资业务稳中求进；支持船舶、海洋工程设备等高端装备“走出去”的中长期国际信贷业务保持健康发展；服务民企资本“走出去”的境外投资贷款继续保持快速增长。在跨境投行业务方面，大力发展跨境并购融资、项目融资、国际银团等业务，积极探索撮合交易、投贷结合等新模式，业务领域由矿业、石油、天然气、上市公司私有化等拓展至农业、通讯、IT等行业。全面推广大宗商品业务品牌CFM（金融商品经理人），打通境内和境外两个渠道要素市场，取得突出成效。

2. 国际化成果

民生银行稳步推进海外机构布局，2012年3月30日，中国民生银行在境外设立的第一家分行香港分行开业，标志着民生银行迈出国际化战略的历史性一步。其作为民生银行首家境外分行，按照国际化战略部署，三大业务板块即批发业务（公司银行业务）板块、资金交易板块以及私人银行板块，在2014年度得到进一步增强和提升，已经成为民生银行重要的海外平台，在推动跨境联动贸易融资业务方面发挥了重要作用。报告期内，跨境联动贸易融资业务为香港分行带来手续费及佣金净收入6.56亿港元，同比增长162.40%，联动存款余额440.82亿港元，比2013年底增长92.25%。直接带动境内存款132.63亿元人民币，手续费及佣金净收入2.61亿元人民币，跨境联动的双赢效果十分显著。

香港分行积极拓展渠道，推进业务创新。报告期内与香港交易及结算所有限公司签订大宗商品合作备忘录、启动民生船东联盟、推出金融商品经理人服务、为民营企业筹组银团、首次在海外为企业发行国际债券，在首笔前海跨境人民币贷款、首笔福费廷方式资产买入和出口双保理等方面取得了突破，并积极把握中国企业"走出去"的市场机遇，在收购兼并和私有化业务方面，完成了巨人网络私有化和光汇石油收购等多个具有国际影响力的大型项目，其中已经完成的巨人网络私有化项目是市场上第一个网络游戏上市公司私有化银团贷款。透过多笔具有市场影响力的项目，进一步深化民生银行的国际化战略，提升在国际市场上的影响力和品牌形象，市场竞争力持续提高。

截至2014年12月31日，民生银行香港分行存款余额746.95亿港元，比上年末增长59.88%；贷款（不含贴现）余额504.51亿港元，比上年末增长49.03%；实现非利息净收入8.82亿港元，利息净收入10.02亿港元。

十二、企业布局

（一）国内布局

截至2013年9月，中国民生银行在北京、上海、广州、深圳、武汉、大连、南京、杭州、太原、石家庄、重庆、西安、福州、济南、宁波、成都、天津、昆明、南昌、青岛、厦门、郑州、长沙、长春、合肥、呼和浩特、沈阳、贵阳、拉萨等地设有29家一级分行，在宝鸡、汕头、苏州、温州、泉州、邯郸、唐山、沧州、洛阳、南阳、襄阳、吕梁、大同、潍坊、南通、衡阳、中山、宜昌、许昌、盐城、济宁、龙岩、上饶、马鞍山、赣州、金华、常德、延边州、泰州、三亚、淮安等地设立了30家二级分行，在咸宁、无锡、常州、镇江、烟台、绍兴、莆田、东莞、佛山、株洲、黄石、孝感等地设立了12家直属支行，在香港设有分行，目前正在筹备新加坡代表处、东京代表处和伦敦代表处。另在全国控股村镇银行27家；控股民生加银基金管理有限公司，民生金融租赁有限公司。

截至2014年底，民生银行已在全国38个城市设立了39家分行，机构总数量为1021个。报告期内，民生银行上海自贸试验区分行、哈尔滨分行、兰州分行顺利开业。

截至2014年末，本集团在职员工59659人，其中民生银行员工57406人，附属机构员工2253人。民生银行员工按专业划分，管理人员5378人，市场人员28157人，专业技术人员23871人。员工中具有大专以上学历的为54880人，占96%。民生银行另有退休人员142人。

（二）国际布局

在利率、汇率市场化步伐不断加快的大背景下，民生银行加紧实施国际化战略，通过已初具规模的三大海外平台，打造"商行+投行"投贷一体化模式。2014年，该行继香港分行后第二家海外分行已获得监管部门批复。

经过几年的准备，民生银行国际化的三大平台已初具规模：一是民生银行贸易金融事业部的平台。作为该行中间业务收入乃至业务结构调整的重要支撑，贸易金融业务条线2013年实现中间业务收入52.6亿元，在全行占比约17%；净收入65.4亿元，实现利润45.8亿元。今年第一季度，在国内外宏观经济形势比较复杂的大环境下，贸易金融业务条线又实现中间业务收入24.6亿元，在全行占比约26%，实现利润21.8亿元。贸易金融部成立8年累计实现中间业务收入190亿元左右，年复合增长率超过60%。二是民生银行香港分行的平台。成立两年来，得益于差异化、特色化的市场定位以及民生银行境内外资源的高效整合，香港分行发展迅速，不仅成立首年即获得盈利，而且取得了其他金融同业当地分行通常3~5年才能取得的经营业绩，在国内外市场上引起广泛关注和好评。截至去年底，香港分行拥有客户近1600家，总资产达600多亿港元，存款400多亿港元，全年税后利润超过5亿港元。三是中国民生国际控股有限公司的平台。2012年，民生银行正式收购了国际知名投行团队派杰，成立中国民生国际控股有限公司筹备组，中民国际即将正式成立。

贸易金融、香港分行和中民国际共同构成了民生银行三大海外平台。民生银行将通过这三大平台的全面对接打造"商行+投行"投贷一体化的业务模式，以更开放的视野为客户的境内外融资、赴港上市、海外发债提供更加完善的金融解决方案。

民生银行接下来还将加快海外机构的建设步伐，除正在筹备中的新加坡分行外，将陆续筹备温哥华、伦敦等代表处。

十三、企业文化

"民生"一词最早出现在《左传·宣公十二年》，所谓"民生在勤，勤则不匮"。这里的"民"，就是百姓的意思。而《辞海》中对于"民生"的解释是"人民的生计"，是一个带有人本思想和人文关怀的词语，话语语境中显然渗透着一种大众情怀。"在现代社会中，民生和民主、民权相互倚重，而民生之本，也由原来的生产、生活资料，上升为生活形态、文化模式、市民精神等既有物质需求也有精神特征的整体样态。"所谓民生，从人权角度看，就是人的全部生存权和普遍发展权。

从需求角度看，民生是指与实现人的生存权利有关的全部需求和与实现人的发展权利有关的普遍需求。从责任角度看，就是党和政府施政的最高准则。

民生银行始终坚持“规规矩矩办银行，扎扎实实办银行和开动脑筋办银行”。

（一）物质文化（表层）

物质文化是组织文化的外在表现，它从一个角度对民生银行的企业精神、企业目标、企业经营哲学、企业风气、企业道德做了具体的展示，使人对这个企业一目了然、印象深刻。

自民生银行成立以来，就按照“团结奋进，开拓创新，培育人才；严格管理，规范行为，敬业守法；讲究质量，提高效益，健康发展”的经营发展方针，在改革发展与管理等方面进行了有益探索，先后推出了“大集中”科技平台、“两率”考核机制、“三卡”工程、独立评审制度、八大基础管理系统、集中处理商业模式及事业部改革等制度创新，实现了低风险、快增长、高效益的战略目标，树立了充满生机与活力的崭新的商业银行形象。

（二）制度文化（中间层）——良好的公司治理结构

公司治理结构是企业组织管理制度建设的核心，完善的公司治理结构将有利于促进企业的发展，尤其是有利于促进企业长期、稳定、持续和健康的发展。民生银行在成立之初，就借鉴国际上的先进经验，建立了良好的公司治理结构，凭借完善的制度对董事会、监事会和经营层之间的责、权、利进行了明确界定，并按照现代企业制度的要求，规范化运作。

民生银行从成立之初产权就是清晰的，公司上市以后，为进一步完善公司治理结构，民生银行董事会于2001年1月通过了《中国民生银行法人治理结构基本框架》，进一步保证了权力机构、决策机构、监督机构和执行机构各司其职，各负其责，为建立科学的激励约束机制和实行科学化管理奠定了基础。至此，民生银行基本形成了比较完备的组织管理体系、核算体系、考核体系和监督体系。

民生银行董事会下设四个专门委员会，分别是战略发展及风险管理委员会、审计及关联交易委员会、提名委员会、薪酬与考核委员会，这四个专门委员会的成立，增强了公司决策的科学性、风险控制的有效性；增强了对重大关联交易的监督和控制；优化决策层和管理人员的组成，同时将不断完善考核与评价体系，保证公司健康发展。

专门委员会由董事、股东及相关工作人员构成，每个委员会都实行召集人制度，由专职工作人员定期按规定的工作流程和现代化信息交流渠道，科学决策，尽职尽责，不走过场。

（三）精神文化（核心层）

企业目标：100年之后，达到像花旗、汇丰那样的规模，办成一家百年老店。

企业精神：开拓、团结、敬业、优质。

企业核心价值观：创新。

董文标认为：唯有创新才能走向中兴，唯有不断创新才能办成百年老店。创新应该是一项系统工程，是包含从产品到管理到制度的多层次创新体系。这种创新不仅是业务的短暂优势，而且是长远的核心竞争力的综合表现，实施大创新战略是我们提升核心竞争力、推动合作发展的必然选择。民生的核心价值观是创新，只有创新，才能使企业拥有生生不息的活力，不断地适应环境。

十四、社会责任

民生银行在积极应对外部变化挑战、推动主营业务持续健康发展的同时，始终坚持“服务大众，情系民生”的理念，在建设责任管理体系、服务实体经济、聚焦小微金融、关爱客户员工、发展绿色信贷、投身慈善公益等方面取得了新的进展。报告期内，民生银行秉承“服务大众，情系民生”的责任理念，牢固树立“民生服务社会大众、实践情系民生事业、大众情系民生银行”的责任意识，勇于创新，实现了企业发展、社会进步和生态改善的融合共生，社会责任工作再创佳绩。

（一）完善责任治理，加强责任沟通

民生银行持续深入开展社会责任管理提升活动，提升社会责任工作的科学化、专业化与精细化水平。建设“日常、定期、年度”三位一体的沟通体系，社会责任报告质量逐年提升，获评《中国企业社会责任报告白皮书（2012）》“中国银行业社会责任报告第一名”。成功举办中国银行业首个社会责任展览——《感恩于心，回报于行——社会责任中的“民生现象”》主题展览，系统梳理与展示公司的价值理念与实践探索。与中国社科院合作建设中国首个企业社会责任 MBA 和社会责任研究基地，致力于社会责任领域前沿理论研究。

（二）严守风险底线，服务实体经济

民生银行坚持全面风险管理理念，践行法律合规工作“专业化、实效化、常态化、市场化”的新要求，扎实开展合规与操作风险日常检查，严格落实违规问责制度。继续推行流程银行改革，着力服务实体经济。积极开设村镇银行，推动农村发展、农业升级和农民致富。同时，民生银行已逐步构建了由风险决策、管理、执行、操作、监督等不同层次职能组成的风险管理体系，高效支持各项业务健康、快速发展。

（三）聚焦小微金融，创新服务模式

民生银行坚持与小微企业共成长的经营理念，不断强化小微金融战略的贯彻执行，积极推进小微金融 2.0 提升版，大力推动小微专业支行、城市商业合作社建设，持续创

新产品和优化流程，为小微企业提供全方位综合性金融服务，着力化解小微企业融资难问题。民生银行已逐步形成具有自身特色的小微金融可持续发展商业模式及配套的差别化信贷政策、风险管理机制、售后服务体系。同时，民生银行与全国工商联共同发起成立中国小微企业研究中心，多层次、开放式、社会化地加强对小微企业金融服务的研究。

（四）创新责任管理，打造责任品牌

民生银行继续做好以社会责任报告为重点的责任沟通工作。《2013 年度社会责任报告》以全面创新的框架结构和贴近受众的叙事方式披露经济、社会、环境责任的履行情况，成为国内第一份案例故事型报告，得到了社会公众的广泛认同。

同时，民生银行强化对公益项目执行情况的监督，完成《中国民生银行公益捐赠基金项目执行报告（2008～2013）》，该报告是民生银行近年来在履行企业社会责任方面一次全面的经验总结与成果展现。报告期内，民生银行正式加入“联合国全球契约”，成为首家加入该组织的全国性股份制商业银行，进一步拓展了社会责任沟通平台，提升了民生银行社会责任工作的国际认同度和影响力。

（五）坚持合规经营，严守风险底线

民生银行积极推进全面风险管理的组织和程序建设，持续开展合规内控基础建设，不断丰富完善内控工具与方法，扎实实施合规议决行、合规档案、违规积分等专项工作，塑造合规经营高压态势。在全公司范围内开展为期一年的风险文化教育实践活动，重点解决当前风险管理中的突出问题，建设风险文化，提升风险管理与合规内控的能力和水平。下大力气强化对资产质量的风险监测和管理，确保资产质量总体稳定，力促资产质量达标。同时，为确保事业部准法人管理模式有效实施，民生银行建立了事业部定期信息披露与评价机制，通过“披露、点评、改进”的持续循环，对事业部实施全面监督和持续提升，推动事业部提升专业化经营管理水平，促进总行专业部门持续改进管理方式。聚焦普惠金融，服务实体经济。

民生银行围绕民营企业所处的不同发展阶段以及不同的金融需求，为客户提供综合化、定制式金融服务方案，支持民营企业战略发展，助力民营企业做大做强。同时，扶持创新型小微企业发展，不断变革服务模式，主动下沉目标客户层级，深化对产业链小微企业的支持，加大产品研发和信息技术工具的使用，为小微企业提供可持续的经营支持，确保小微金融的可持续发展动力。同时，构建小区多边网络营销平台，建设小区生活圈平台，打造涵盖“吃、住、行、购、娱”等满足小区居民生活需求的移动生活服务平台，完善商业模式，实现“便利”、“品质”的家庭生活价值主张。通过创新小微金融、重构小区金融、服务“三农”建设和支持区域发展等举措，以实际行动坚定不移地发展普惠金融。

（六）提升优质服务，共建家园文化

民生银行凭借灵活的体制机制与先进的管理理念，以线上、线下多渠道、多手段的商业模式提供更多有效、便捷的金融产品。同时不断创新提供更优质、更贴近客户需求的用户体验，率先推出直销银行，以实际行动主动拥抱互联网时代，为更广泛的人群提供更加实惠丰富便捷的金融服务。民生银行始终以保护金融消费者权益为己任，加强服务管理，推动服务创新，维护客户权益，普及公众教育、提升科技保障，为提升整个社会的金融素质、为金融事业创造良好社会氛围做出了应有贡献。民生银行从“以人为本”的家园文化核心理念出发，关注员工满意度、健全员工沟通管理机制和申诉渠道、开展多元化员工关怀活动，促进员工职业发展，营造和谐氛围，增进人文关怀，全面提升全公司员工满意度和幸福感。

（七）构建生态文明，共担绿色责任

民生银行坚持以行动共担环境责任。严格执行“绿色信贷”审批制度，限制介入产能过剩较为严重、不符合绿色信贷政策导向的行业，重点支持国家产业政策鼓励的节能环保、新能源、低碳行业等领域，全力推进环保产业高效、优质、低碳发展，助推美丽中国。同时，民生银行强化绿色运营，构建生态家园，真正做到将节能环保理念和技术融入办公楼、营业网点等建设过程中。高度重视日常办公中的环境管理，致力于减少公司运营对环境的影响，制定了一系列环境管理的制度要求，并采取切实措施加以落实，如设置节能减排岗、加强能源消耗控制等，提高全员的节约意识和责任心，倡导“从我做起，从小事做起，节约和用好每一度电、每一滴水、每一张纸”，努力实现节约用水、用纸、用电的绿色办公目标。

（八）助力公益慈善，共创和谐社会

民生银行坚持造血型公益的有效方法，持续推进“信息扶贫模式”，全年共帮助全国 10 个省 13 个县市播出了农产品信息扶贫免费广告，共帮助推销 19 多亿公斤滞销农产品。继续推进“美丽乡村——古村落保护”公益项目，以贵州反排村为古村落保护示范点，开展全面保护性资助，使其走上城镇化建设与生态文化产业深度融合之路。扎实完成河南、甘肃四个县的年度定点扶贫工作，全行员工捐款超过 1000 万元，组织四县 68 名中学教师到北京培训，资助贫困学生 1700 名，完成新建校舍项目 11 个。组织实施“新疆光彩民生工程”、“光彩事业信阳行、南疆行”等公益项目，加大对中西部贫困地区的救助力度，改善当地民生。积极落实“西藏儿童先心病救治”项目，捐助中华红丝带基金公益项目，持续推进美姑民生学校项目及艾滋病救助活动“红丝带母婴平安项目”等。民生银行坚持特色公益之路，积极推进民生美术机构的建设。上海 21 世纪民生美术馆完成了历时 15 个月的场馆改建工程，正式对外开放，推出开馆大展《多重宇宙》，受到了公众的欢迎，获得了巨大的社会反响。上海民生现代美术馆全年

共举办展览7场，公共教育活动140余场。举办的《儿时朋友都胖了——刘小东1984～2014影像展》、《中国当代摄影2009～2014》等展览都获得观众高度评价。积极筹建北京民生现代美术馆、中国书法馆，举办第九届快哉雅集、“叶嘉莹为小学生讲诗词”系列公益讲座，持续完善文化公益载体，打造独具影响力的国际文化交流平台。

民生银行社会责任工作获得政府部门、公益组织及主流媒体等第三方机构的良好评价，获评中国银行业协会“最佳民生金融奖”、“年度公益慈善优秀项目奖”、中国扶贫基金会年度“突出贡献大奖”、联合国全球契约“最佳实践”等奖项。在中国社科院发布的《企业社会责任蓝皮书（2014）》中获评“中国银行业社会责任指数第一名”、“中国民营企业社会责任指数第二名”。

十五、财务绩效

（一）基本财务数据

公司积极应对宏观经济形势和监管政策的调整和变化，在董事会正确领导下，深入贯彻落实“民营企业银行、小微企业银行、高端客户银行”三大战略定位，紧密围绕“特色银行”和“效益银行”的经营目标，按照年初制定的“稳增长、调结构、抓机遇、控风险、搭平台、提效益”的工作思路，强化风险控制，稳步推进各项业务，盈利能力持续提升。

近十年民生银行营业收入增长25倍左右，其利润与资产规模增长迅速。

表4　2002～2014年民生银行基本财务数据

年份	营业收入（百万元人民币）	利润（百万元人民币）	资产（百万元人民币）	所有者权益（百万元人民币）
2014	135469.00	59793.00	4015136.00	247756.00
2013	115886.00	57151.00	3226210.00	204287.00
2012	103111.00	38308.00	3212001.00	168544.00
2011	82368.00	28443.00	2229064.00	134110.00
2010	54768.00	17688.00	1823737.00	105257.00
2009	42060.00	12108.00	1426392.00	88894.00
2008	35017.00	7893.00	1054350.00	54672.00
2007	25301.37	6335.18	919796.41	50186.18
2006	17454.09	3831.83	700449.32	19305.06
2005	12826.23	2673.42	557505.28	15385.79

续表

年份	营业收入（百万元人民币）	利润（百万元人民币）	资产（百万元人民币）	所有者权益（百万元人民币）
2004	9493.25	2038.40	445398.68	12907.16
2003	6480.37	1391.25	361064.41	9650.20
2002	4123.15	891.54	246280.85	6003.81

资料来源：Wind。

表 5　2013～2014 年民生银行主要损益项目变动

项目	2014 年	2013 年	增幅（%）
营业收入（百万元人民币）	135469	115886	16.90
其中：利息净收入（百万元人民币）	92136	83033	10.96
非利息净收入（百万元人民币）	43333	32853	31.90
营业支出（百万元人民币）	75990	59083	28.62
其中：业务及管理费（百万元人民币）	45077	37958	18.75
营业税金及附加（百万元人民币）	9005	8004	12.51
资产减值损失（百万元人民币）	21132	12989	62.69
其他业务成本（百万元人民币）	776	132	487.88
营业利润（百万元人民币）	59479	56803	4.71
加：营业外收支净额（百万元人民币）	314	348	-9.77
利润总额（百万元人民币）	59793	57151	4.62
减：所得税费用（百万元人民币）	14226	13869	2.57
净利润（百万元人民币）	45567	43282	5.28
其中：归属于母公司股东的净利润（百万元人民币）	44546	42278	5.36
归属于少数股东损益（百万元人民币）	1021	1004	1.69

（二）经营业绩

近六年来，民生银行主营业务收入稳定增长，最近四年营业利润率平均在 40% 左右，净利率呈上升趋势。

表 6　2009～2014 年民生银行经营业绩数据

	2014 年	2013 年	2012 年	2011 年	2010 年	2009 年
主营业务收入（百万元人民币）	135469.00	115886.00	103111.00	82368.00	54768.00	42060.00
营业利润增长率（%）	4.71	11.97	36.07	62.03	47.46	49.88

续表

营业利润（百万元人民币）	59479.00	56803.00	50732.00	37285.00	23011.00	15605.00
营业利润率（%）	43.91	49.02	49.20	45.27	42.02	37.10
	2014年	2013年	2012年	2011年	2010年	2009年
净利润（百万元人民币）	45567.00	43282.00	38308.00	28443.00	17688.00	12108.00
净利率（%）	33.64	37.35	37.15	34.53	32.30	28.79
权益负债比率（%）	0.06	0.07	0.05	0.06	0.06	0.07
资产负债率（%）	98.83	93.67	94.75	93.98	94.23	93.77

资料来源：Wind。

1. 盈利能力持续提升，股东回报保持稳定

本集团实现归属于母公司股东的净利润445.46亿元，同比增加22.68亿元，增幅5.36%；实现营业收入1354.69亿元，同比增加195.83亿元，增幅16.90%；净息差和净利差分别为2.59%、2.41%，同比分别提升0.10个和0.11个百分点；基本每股收益1.31元，同比增加0.07元，增幅5.65%；归属于母公司股东每股净资产7.03元，比上年末增加1.22元，增幅21.00%。

2. 资产负债业务协调发展，战略业务进一步深化

截至2014年末，本集团资产总额40151.36亿元，比上年末增加7889.26亿元，增幅24.45%；发放贷款和垫款总额18126.66亿元，比上年末增加2384.03亿元，增幅15.14%；吸收存款总额24338.10亿元，比上年末增加2871.21亿元，增幅13.38%。

在规模稳步增长的同时，民生银行战略业务持续推进。在“两小”战略方面：一是加快推进小微金融2.0版流程再造，实施客户、产品和行业三大结构调整，主动对小微业务资产结构进行调整；2014年全年小微贷款发放额达到4536.82亿元，较上年增长3.22%。截至报告期末，小微企业贷款余额4027.36亿元，小微客户数291.19万户。二是推进小区金融战略。截至报告期末，投入运营的社区网点（含全功能自助银行）达4902家。在民企战略方面，有余额民企一般贷款客户11876户，民企一般贷款余额6535.05亿元，在对公业务板块中的占比分别达到83.47%和57.96%。在高端客户战略方面，私人银行客户数量达到14252户，比上年末增长10.48%，管理金融资产规模达到2303.96亿元，比上年末增长20.03%。

3. 经营结构持续调整，成本管控模式不断优化

本集团不断调整、优化业务结构、收入结构和客户结构。业务结构方面，本集团不断调整资产业务投向，加大投资业务占比，截至报告期末，债券及其他投资业务占比达14.98%，比上年末提升5.47个百分点。收入结构方面，本报告期本集团实现非利息净收入433.33亿元，同比增加104.80亿元，增幅31.90%，占营业收入比率为31.99%，同比提高3.64个百分点。客户结构方面，截至报告期末，民生银行有余额对公存款客户54.70万户，比上年年末增加15.66万户；零售非零客户较上年末新增588.78万户，

基础客户增长取得新突破；手机银行客户总数达 1302.12 万户，较上年年末新增 747.60 万户。在经营结构持续调整的同时，本集团不断强化成本管理，优化成本管控模式，本报告期成本收入比为 33.27%，比上年略有上升，上升 0.52 个百分点。

4. 风险管控力度不断加大，资产质量总体可控

本集团持续推进风险管理体系建设，强化风险责任意识，创新清收处置手段，不良资产虽然有所上升，但资产质量总体可控。截至报告期末，本集团不良贷款率为 1.17%，比上年末略有上升，上升 0.32 个百分点；拨备覆盖率和贷款拨备率分别为 182.20% 和 2.12%。

（三）盈利能力

表 7 2009～2014 年民生银行盈利能力数据

	2014 年	2013 年	2012 年	2011 年	2010 年	2009 年
净资产收益率（%）	18.55	21.38	25.24	23.95	18.29	20.19
总资产收益率（%）	1.11	1.31	1.41	1.40	1.09	0.98
主营利润率（%）	0.44	0.49	0.49	0.45	0.42	0.37
销售净利率（%）	0.33	0.36	0.37	0.34	0.32	0.28
每股收益（元）	1.3100	1.4900	1.3400	1.0500	0.6600	0.6300

资料来源：Wind。

从表 7 可以看出，从 2009 年到 2014 年民生银行对资产的利用效果较好。每年的总资产利润率都呈升高的趋势，且升高的趋势每年都在增长，因此，这说明民生银行近几年的发展趋势较好。

（四）成长能力

表 8 2009～2014 年民生银行成长能力数据

	2014 年	2013 年	2012 年	2011 年	2010 年	2009 年
总资产扩张率（%）	24.45	0.44	44.10	22.23	27.86	35.29
主营业务增长率（%）	16.90	12.39	25.18	50.39	30.21	20.11
经营活动产生的现金流量净额（百万元人民币）	229163	-35238	-119.71	169.70	-34.25	2.00
每股收益增长率（%）	-12.49	12.56	26.71	58.81	21.04	29.79
净利润增长率（%）	5.36	12.55	34.54	58.81	45.25	53.51

资料来源：Wind。

（五）偿债能力

表9　2009～2014年民生银行偿债能力数据

	2014年	2013年	2012年	2011年	2010年	2009年
资产负债率（%）	93.83	93.67	94.75	93.98	94.23	93.77
流动比率	—	—	—	—	—	—
速动比率	—	—	—	—	—	—
长期资产适合率	—	—	—	—	—	—
利息保障倍数	—	—	—	—	—	—

（六）运营能力

表10　2009～2014年民生银行运营能力数据

	2014年	2013年	2012年	2011年	2010年	2009年
总资产周转率（%）	0.0374	0.036	0.0379	0.0406	0.0337	0.0339
固定资产周转率（%）	9.88	9.85	9.83	9.72	7.04	6.04

资料来源：Wind。

企业为了生存和竞争需要不断的发展，通过对企业的成长性分析我们可以预测企业未来的经营状况趋势。公司本期各项指标的增长率虽较上年放缓，但是仍旧处于一个较快的发展期，本期公司在扩大市场需求、提高经济效益以及增加公司资产方面都取得了极大的进步，公司表现出较为优秀的成长性。提请分析者予以重视，未来公司继续维持目前增长态势的概率。一般从行业内部看，公司成长能力在行业中处于一般水平，本期公司在扩大市场、提高经济效益以及增加公司资产方面都略好于行业平均水平，未来在行业中应尽全力扩大这种优势。在成长能力中，净利润增长率和可持续增长率的变动是引起增长率变化的主要指标。

民生银行要办成具备专业化、差异化优势的特色银行和效益银行，成为民营企业的银行、中小企业的银行和高端客户的银行，努力实现具有国际竞争力的中国最佳商业银行的战略目标，为股东创造更大的价值。

十六、荣誉成绩

民生银行的高速发展在国内受到公众和业界的高度关注和认同。2004年在“中国最具生命力企业”评选中，民生银行排名第十八位，获得了“2004年中国最具生命力百强企业”称号；2005 年度中国企业信息化 500 强中，民生银行排名第 22 位；在“2005 年度财经风云榜”评选活动中，民生银行荣获“2005 年度最佳网上银行”称号；在“2006 民营上市公司 100 强”中位列第一名，并在市值、社会贡献两项分榜单中名列第一；2007 年民生银行获得“2007 第一财经金融品牌价值榜十佳中资银行”称号，同时荣获《21 世纪经济报道》等机构评选的“最佳贸易融资银行奖”；2008 年民生银行荣获第四届中国上市公司董事会“金圆桌奖”、荣获“2008 年中国最具生命力百强企业”第三名；2009 年民生银行荣获第一财经金融价值榜最佳小微企业服务奖、荣获《亚洲银行家》评选的“中国区贸易金融成就奖”，在 21 世纪亚洲金融年会上荣获“2009 年亚洲最佳风险管理银行”和“2009 年小微企业金融服务创新奖”；2011 年荣获“2011 年度最佳银行金融服务中心”、“民生 U 宝——2011 年度最佳网上银行安全产品”、“2011 年度用户满意十大电子金融品牌”称号；2013 年，在中国上市公司海外高峰论坛暨中国证券“金紫荆”奖颁奖典礼中，民生银行荣获“最佳投资者关系管理上市公司”大奖；在英国《金融时报》2013 年度中国高峰论坛上，民生银行凭借在交易银行业务领域的有益探索而荣获“中国年度创新型交易银行奖”，获得《亚洲银行家》颁发的“2013 年度中国最佳中小企业银行业务”奖项。

此外，中国民生银行在国际上也正享受着越来越高的知名度。在美国著名财经杂志《福布斯》评选的“2006 中国顶尖企业十强榜”上，民生银行位列第七名。2007 年 12 月，民生银行荣获《福布斯》颁发的第三届“亚太地区最大规模上市企业 50 强”奖项。在《2008 年中国商业银行竞争力评价报告》中民生银行核心竞争力排名第六位，在公司治理和流程银行两个单项评价中位列第一。在英国《银行家》2009 年 7 月公布的一级资本全球银行 1000 强排名中，民生银行全球排名第 107 位，在亚洲地区排名第 20 位，在内地排名第 8 位。荣获由英国《金融时报》颁发的“2011 年最佳贸易金融创新银行奖”。

10 多年来，中国民生银行全体员工怀揣着感恩之心，不断回报社会。尤其是近几年来，民生人更是加大了积极参与社会公益事业和承担社会责任的工作力度，获得了公众和媒体的广泛关注和高度赞誉。2005 年 10 月，民生银行参加了中国扶贫基金会举办的“扶贫中国行大型公益活动”，同时捐助 3100 万元设立“民生教育扶贫基金”，这笔捐赠成为迄今为止民营企业中最大的一笔公益捐赠。2006 年，民生银行出资 1450 万元，为全国贫困县在中央电视台免费播放电视广告，向全国观众展示其土特产品、自然及人文景观。2006 年，民生银行荣获“扶贫中国行 2005 年度贡献奖”、“中国最受尊敬企业”称号和中国企业社会责任调查百家优秀企业奖。2007 年 3 月，民生银行荣获 2006 年度“中华慈善奖”提名奖。2007 年 10 月，民生银行通过了 SAI 国际组织颁布的 SA8000 体系认证（即企业社会责任管理体系），成为中国金融界第一家通过该项认证的商业银行。2008 年，民生银行先后荣获中国扶贫基金会颁发的“2007 年扶贫中国行年度特别奖”、“年度公益企业”及“最具社会责任感企业奖”。2009 年获我国公益慈善领域中的最高政府奖——2009 年“中华慈善奖”。2011 年连续第三次荣获公益慈善领域的最高政府奖——“中华慈善奖”，成为今年国内唯一获奖的金融机构；在中国银行业协会首次举办的中国银行业社会责任评比表彰活动中获得“年度最佳公益慈善奖”；2013年在中国社科院发布的《中国企业社会责任蓝皮书（2013）》中，民生银行荣获“中国企业上市公司社会责任指数第一名”、“中国民营企业社会责任指数第一名”、“中国银行业社会责任指数第一名”；在2013年第十届中国最佳企业公民评选中荣获“2013年度中国最佳企业公民大奖”。

十七、自贸区元素

（一）上海自贸区

作为中国民生银行响应和落实国家战略部署的重要体现，民生银行上海自贸区分行于2014年5月8日正式挂牌成立。在监管部门和总行的大力支持下，民生银行上海自贸区分行在较短时间内顺利通过了FT系统验收，取得了允许开办分账核算业务的资格，成为国内前十家获得该项许可的商业银行之一，为民生银行上海分行发挥跨境业务全行窗口和平台作用奠定了基础。

利用区位优势和政策优势，民生银行上海自贸区分行定位于搭建服务全行、横跨境内外的贸易金融平台、资金营运平台和投行业务平台，构建特色服务通道，实现对全行客户的辐射效应。通过与行内外各经营机构合作与联动，以分账核算账户为立行之本，通过创新和服务，为客户提供综合性、一体化的金融服务。截至目前，已有效服务于32家分行，业务规模突破200亿元。在分账核算业务体系下，自贸区分行已开发跨境双向人民币资金池、银租通等新产品和业务模式总计14种，其中已成熟落地8种，包括对接自贸区分行模式的银租通等产品得到了行内外一致认可。

上海自贸区扩容后，民生银行上海自贸区分行提出了“抢抓机遇、趁势而上、创新驱动、朝夕必争”的工作方针，并结合监管部门相关政策导向和实际情况，决定在业务拓展上实施“推动”和“自营”的双向驱动战略，进一步优化资源配置，聚焦核心客户，强化专业服务能力，快速形成从前台营销到中台控制再到后台支持的一体化运作模式，凸显跨境金融服务的平台功能和创新优势。

1. 创新产品发挥自贸区优势

民生银行上海自贸区分行围绕总行业务发展战略，着力打造能够深度满足联动客户融资、结算、套利避险需求的全套自贸区跨境金融服务方案体系，重点开发了资产流转、资本运营和资金管理三大系列跨境产品。

该行已开始向经营机构推广数个创新结构性产品，其中，自贸融资通产品可以为该行有效引入境外资金，帮助经营机构降低资产业务成本、实现资产出表、提高中间业务收入；外“存”内贷产品可以将游离于境外的资金有效“回笼”，推动全行负债业务增长；对公增值产品质押衍生业务使该行实现了产品销售、质押担保、境内开立信用证、境外贴现/福费廷的全流程服务，实现了产品的全链条控制，提高了收益和客户黏性度；人民币跨境双向资金池方便客户的境内外资金运用，提高资金运用效率，紧密捆绑集团客户的资金和结算业务；跨境投资并购产品可以为客户提供跨境投融资及结算全流程服务，大幅缩短传统流程。

2. 对接新政践行创新首单

自2014年末成功完成自贸账户体系下第一单业务以来，民生银行上海自贸区分行陆续完成了多笔具有标志性意义的首单业务，初步实现了将自贸区政策红利惠及全行的宗旨。

例如，2014年12月17日，该行与民生银行交通金融事业部石家庄分部联动开展第一单“自贸融资通”业务，以离岸人民币对接客户境内融资需求，打通了境外资金直接对接民生银行境内资产的通道。同年12月25日，该行与民生银行贸易金融事业部上海分部联动，办理了自由贸易账户体系项下的首单信用证福费廷转卖业务，仅用了一个工作日的时间就完成了信用证项下的通知、交单审单、承兑、询价等一系列业务流程。

今年以来，该行又先后完成了自由贸易账户体系内跨境人民币的首单拆借业务、结构化FT项下人民币及美元首笔企业流动资金贷款业务、FT项下国际板大宗商品交易试水等多项创新首单。

3. 打造四大核心平台

民生银行上海自贸区分行打造以贸易融资、资金营运、跨境投行和私人财富为核心的四大业务平台，充分发挥这四大平台横跨境内外的产品研发、业务创新和服务支持功能，从而构建特色服务通路，实现对全行客户的辐射效应，最大限度地实现自贸区政策在全行的有效延展。

在跨境投资领域，该行提供境内外债权融资、股权融资、汇兑结算、手续办理、风险缓释等一条龙服务，通过FT账户下配备并购资金模式，实现客户在效率和成本上的优化。

在资本市场领域，该行利用自贸区政策，开展自贸区内的国内外资产证券化业务，配合企业产业整合、资产培育、去杠杆化、股东融资等需求，引入境外低成本资金对接境内优质资产，打造管家式金融服务。同时，利用自贸区平台推动托管工作，围绕宏观经济政策、资本市场、互联网金融三大领域机会，挖掘新的业务增长点。

在个人跨境业务领域，该行依托自贸区个人业务的开放以及跨境产品的推动发行，完善打造高端定制私人银行，如利用自贸区FT账户跨境结算优势，开展便捷的资金池管理、融资和海外投资业务，通过和境内外证券期货服务机构合作探讨设计QDⅡ、RQDⅡ等跨境投资产品。

在资金融通平台建设方面，该行通过与多家境外机构取得联系并深入交流，建立双向资金合作关系，拓展敞口管理渠道。此外，该行推动了Dealing、Xfund、Kondor、KTP等资金平台系统功能建设，已于5月7日上线运行。

4. 试水自贸区FT账户人民币境外融资

随着央行上海总部发布了《中国（上海）自由贸易试验区分账核算业务境外融资与跨境资金流动宏观审慎管理实施细则》（以下简称《实施细则》），自贸区内自由贸易账户（FT账户）人民币境外融资业务呼之欲出。

在《实施细则》落地的24小时内，民生银行自贸区分行针对自贸区内万向资源有限公司用于生产经营活动的境外融资需求，为后者完成FT专用账户开立、境外授信核准、借款协议签署、境外融资发放入账的一整套服务，并提供1000万元人民币、为期一年的境外融资。

基于商业机密的考量，未透露这笔人民币境外融资业务的具体贷款利率。但从多位自贸区银行业人士打听到，基于FT账户的人民币境外贷款综合融资成本接近3%～4%，而境内同期人民币贷款成本至少超过6%。一位自贸区银行人士分析说，FT账户的境外人民币融资成本之所以“便宜”，一是境外一年期人民币的平均存款利率接近2%（境内是3.5%），从而压低境外人民币贷款利率；二是近期境外离岸人民币的汇价较境内在岸人民币汇价低100多个基点，令银行能以更便宜的汇兑价格借入境外人民币，进一步压低融资成本。

（二）天津自贸区

2015年4月21日下午，天津自贸试验区机场片区召开首批注册企业集中颁照仪式，包括民生银行在内的17家自贸区分行领取了营业场所开头为“天津自贸区（天津港保税区）”的营业执照，正式落户天津自贸区。

2015年5月，中国银行天津市分行与民生金融租赁股份有限公司签署了自贸区框架合作协议，双方将秉承互利、诚信原则，在跨境借款、贸易结算及投资便利化、跨境人民币双向资金池、外币资金池以及融资租赁特定政策等方面开展全方位合作，同时，民生租赁将借助中国银行的海内外一体化平台及境内自贸区业务的研发优势，拓展自身的境内外业务。

民生金融租赁公司是民生银行和天津保税区投资有限公司出资共同发起设立的金融租赁公司，注册资本32亿元，民生银行出资金额为26亿元，占注册资本的81.25%，天保公司出资金额为6亿元，占注册资本的18.75%，2010年9月该公司注册资本增至50.95亿元，公司占51.03%。该公司于2008年4月2日获得金融许可证和企业法人营业执照正式开业，截至2010年末民生租赁总资产414.82亿元，平均净资产收益率13.37%，较上年提高8.59个百分点，2010年净利润4.95亿元。

可以料想，天津设立自贸区，民生银行将会极大受益。而为了加速区域经济发展、提高区域人民生活质量，民生银行空港经济区支行结合民生银行所属中国（天津）自由贸易试验区区位优势，现推出高效便捷的贷款产品。

（三）福建自贸区

福建自贸试验区厦门片区于今年4月挂牌后，吸引了众多金融机构的入驻，民生银行营业网点也已亮相自贸区内。据了解，厦门民生银行非常重视自贸区业务，该自贸区网点将于明年年初升格为自贸区分行，下属三个支行，分别是海沧、湖里和自贸区营业部。

1. 提前部署抢占先机

厦门片区揭牌后，民生银行厦门分行迅速反应，专门成立自贸区分行筹备组，由分行党委委员、副行长张毅亲任组长，统筹开展各项工作。根据厦门市委市政府关于加速自贸区建设的号召，为把握自贸改革的难得机遇，厦门民生银行迅速行动起来，从机构设置、人员配置、客户群体挖掘、产品配置等方面跟进，同时密切和厦门市委、市政府各相关部门的联系，以期在负面清单、新金融实施细则及新的金融账户体系出台时，能够第一时间抓住先机。

民生银行在自贸区内专门设立二级分行已有先例。从上海自贸区的发展情况来看，金融创新已经取得成效，有许多值得借鉴的成功经验。但“一方水土养一方人”，民生银行厦门分行正在深耕区域特色，结合厦门地区和自贸政策的实际，提前部署自贸业务和相关工作。

厦门自贸区分行筹备组副组长彭海博表示，在对台金融业务发展上，厦门本地还没有真正具备“特色吸引”的政策，因此，台湾的企业和银行大多还处于观望状态，台湾金管部门对大陆融资规模限制仍未改变。他希望能出台更具实用性和可操作性的金融改革政策，吸引台湾银行和企业把厦门作为面对大陆金融业务的窗口和跳板。

2. 特色业务先行先试

“民生银行马上就要20周年了。创新，是民生银行永葆活力的法宝。”自贸东风正劲，民生银行厦门分行在特色业务和产品的创新上下足了功夫。据彭海博介绍，为了主动应对利率和互联网金融的浪潮，充分利用厦门片区及海峡两岸金融中心的区位和政策优势，厦门民生银行积极促成中国民生银行总行新兴支付清算中心于今年3月落地厦门。该定位于全行新兴支付业态的综合清算平台，负责提供本外币、境内外、线上线下的支付清算综合服务，将成为民生银行助力厦门自贸发展的重要阵地。

此外，厦门作为中国的第四大港口，航运经济是一大特色。彭海博告诉记者，厦门民生银行积极与厦门航运交易所沟通，推出了由航交所牵头、民生银行厦门分行、中国人民财产保险股份有限公司厦门市分公司以及试点船公司（首批试点船公司为厦门中谷海运有限责任公司）四方合作的航运融资产品，于9月22日正式推出了厦门第一款针对航运企业切身融资需求的金融产品——“航易贷”，形成“船东+银行+保险公司+政府”的航运融资新模式，解决货代企业和中小企业融资难的问题。

据悉，“航易贷”创新金融产品一经发布，受到了贷代企业的欢迎，目前已有8家企业提出申请，据粗略统计，“航易贷”产品融资金额预估约为1亿元。

中信集团案例分析

一、发展历程及排名

（一）企业（集团）简介

中信集团是1979年在邓小平同志的倡导和支持下、由荣毅仁先生创办的。成立以来，中信集团充分发挥了经济改革试点和对外开放窗口的重要作用，在诸多领域进行了卓有成效的探索与创新，成功开辟出一条通过吸收和运用外资、引进先进技术、设备和管理经验为中国改革开放和现代化建设服务的创新发展之路，在国内外树立了良好的信誉与形象，取得了显著的经营业绩。

经国务院批准，2011年12月，中国中信集团公司（原中国国际信托投资公司）整体改制为国有独资公司，并更名为中国中信集团有限公司（以下简称中信集团），注册资本为人民币1837.0263亿元，法定代表人常振明。

2014年8月25日，中信股份收购中国中信集团有限公司的业务，收购完成，中信集团更名为中国中信股份有限公司，并实现在港上市。

中国中信股份有限公司现为中国最大的综合性公司，业务遍布全球，涵盖金融、资源能源、制造、工程承包、房地产及基础设施等。主要业务集中在金融、实业和其他服务业领域。其中，金融涉及银行、证券、信托、保险、基金、资产管理等行业和领域；实业涉及房地产、工程承包、资源能源、基础设施、机械制造、信息产业等行业和领域，具有较强的综合优势和良好的发展势头。

截至2014年末，中信集团总资产达47329亿元，净资产2676亿元，全年实现营业收入3409亿元，净利润291亿元。2009年以来连续7年入选美国《财富》杂志“世界500强”企业排行榜，2015年排名第186位。

1. 历史渊源

中国国际信托投资公司成立初期曾被邓小平同志赞誉为中国在对外开放中的一个窗口。中信集团按照国家的法律法规和方针政策，坚持开拓创新，通过吸收和运用外资，引进先进技术，采用国际上先进、科学的经营方式和管理方法，遵循市场经济规律，在诸多业务领域进行了卓有成效的探索，取得了较好的经济效益，在国内外树立了良好的信誉，为国家的改革开放事业做出了重大贡献。①

2. 当前发展

中信集团现已成为具有较大规模的国际化大型跨国企业集团。中信集团如今拥有44 家子公司（银行），其中包括设在中国香港、美国、加拿大、澳大利亚等地的子公司；在东京、纽约设立了代表处。中信集团的业务主要集中在金融、实业和其他服务业领域。

在中国国际信托投资公司成立 5 周年时，邓小平为其题词："勇于创新多作贡献。"在中国国际信托投资公司成立 20 周年时，中共中央总书记、国家主席江泽民为其题词："开拓创新勤勉奋发办好中信。"

中国中信集团公司于 2011 年 12 月 27 日宣布，该公司完成重组改制，更名为中国中信集团有限公司，同时还发起创立中信股份有限公司。财政部代表国家行使中信集团有限公司出资人权利。

中信集团全部境内外资产、负债由中信集团有限公司承继，其业务范围保持不变。

中信集团公司还以现有绝大部分经营性资产作为出资，联合下属全资子公司北京中信企业管理有限公司发起设立中国中信股份有限公司。

（二）企业发展历程

1. 中国国际信托投资公司成立的背景

1979 年 1 月，邓小平同志在约见工商界和民主党派人士时，希望荣毅仁等同志能围绕改革开放做一些实际工作，发挥自己的作用。同年 2 月，荣毅仁同志向中央提出了《建议设立国际投资信托公司的一些初步意见》。1979 年 6 月，国务院正式批准成立中国国际信托投资公司。1979 年 10 月，中国国际信托投资公司正式成立，荣毅仁同志任董事长兼总经理。

在我国实行改革开放政策之初成立的中国国际信托投资公司，成为中国对外开放的一个窗口。

2. 中信集团的改革与发展过程

中信成立以来，其改革和发展大致经历了以下几个时期：

（1）创业时期（1979 ~ 1984 年）。公司成立初期，主要通过吸引和利用外资，服务国内经济建设，发挥对国民经济"拾遗补阙"的作用。同时在管理体制、经营方式和业务领域等方面进行了一系列的探索和创新，率先对外发行债券，开辟了多种融资方式，最早开展了融资租赁、海外投资、国际经济咨询等业务，积极开展中外经济技术交

① 中国中信集团公司完成整体改制并召开中国中信集团有限公司第一届董事会第一次会议。

流与合作，在许多方面起到了重要的示范作用。

（2）快速发展时期（1985～1988年）。这一时期，公司继续开拓创新，利用外资发展投资业务，取得快速发展。为适应业务快速发展的需要，公司进行了机构改革，将主要业务部门分别独立出来，先后成立了若干个专业子公司、地区子公司和海外子公司，逐步发展成为一个从事生产、技术、金融、贸易、服务等综合性业务的企业集团。荣毅仁董事长制定的“中信风格”，成为中信人的行为准则。

（3）调整时期（1989～1992年）。根据国家对经济工作的总体要求，公司围绕加强管理、压缩投资规模、提高经济效益等方面实施了一系列调整措施，公司业务在调整中继续取得发展。1992年7月，公司制订了十年规划和八五计划，确定了“加强管理，提高效益，抓住机遇，积极发展”的基本方针和发展目标。

（4）稳步发展时期（1993年至今）。1993年3月，荣毅仁同志当选国家副主席，国务院调整中国国际信托投资公司领导班子，魏鸣一同志任董事长，王军同志任总经理。从1993年起，公司围绕发展战略、业务重点和经营管理等问题进行了广泛研讨，注重克服“重开拓、轻管理”的倾向，加强经营管理，强化宏观控制。

3. 集团历史

（1）1994年1月，国务院明确中国国际信托投资公司为现代企业制度试点。公司提出按照现代企业制度的要求，建立健全管理体制，进一步界定子公司的发展方向和业务范围，紧缩国内投资业务，积极开展金融业务，进一步改善资产结构和财务状况。公司确定用经营计划管理方式取代目标管理方式。

（2）1995年4月，国务院调整中国国际信托投资公司领导班子，王军同志任董事长、秦晓同志任总经理。公司确定了加强内部管理、改善财务状况、评价和优化资产、搞好人力资源配置四项工作重点和应把握的基调，并在此基础上明确提出了“整合、优化、发展”的方针，制订了“九五”发展规划。

由于采取了上述一系列措施和做了大量基础性工作，使公司经受住了亚洲金融危机和国内有效需求不足等外部环境变化带来的冲击与考验。面对中国加入世界贸易组织后的发展机遇和巨大挑战，中国国际信托投资公司根据自身状况和发展战略，确定了“十五”期间“改革、创新、调整、发展”的工作方针。

（3）2000年7月，国务院调整中国国际信托投资公司领导班子，孔丹同志任副董事长、总经理。

公司积极主动地提出经营体制改革方案，得到国务院和有关部门的支持和批准。2002年公司实施经营体制重大改革，更名为中国中信集团公司，中信集团新章程获得国务院批准，成为国家授权投资的机构，成立了中国第一家金融业的控股公司。中信集团改革和战略性调整取得重要的阶段性进展，为实现跨越式发展奠定了坚实的基础。

（4）2006年7月，党中央、国务院调整了中信集团主要领导职务，孔丹同志任董事长，常振明同志任副董事长兼总经理，顺利实现了中信集团主要领导的新老交替。新一届领导班子带领全体员工，保持稳定连续，继续创新发展，努力把中信事业不断推向前进。

（5）2010 年 12 月，党中央、国务院调整中信集团主要领导成员，常振明同志任董事长，田国立同志任副董事长兼总经理，顺利实现了主要领导的新老交替。中信集团将在新一届领导班子的带领下，发挥综合优势与整体协同效应，开创科学发展的新局面，努力发展成为综合优势明显、若干领域领先、具有核心竞争力的国际一流大型企业集团。

经过多年的艰苦奋斗，中信集团已发展成为一个以金融为主业、涉及诸多领域的国有大型跨国企业集团。

（6）2013 年 5 月，国务院决定，任命王炯为中信集团副董事长。中信集团董事会聘任王炯为中信集团总经理。

4. 公司沿革

1979 年 1 月 17 日，邓小平在人民大会堂福建厅约见胡厥文、胡子昂、荣毅仁、周叔弢、古耕虞五人，提出吸引外资解决经济建设资金问题。

1979 年 2 月，荣毅仁提出成立“中国国际投资信托公司”。

1979 年 7 月 1 日，全国人大五届二次会议通过《中华人民共和国中外合资经营企业法》，7 月 8 日正式公布。同日中国国际信托投资公司（ChinaInternational Trust & Investment Corporation）宣布成立，简称“中信公司”，注册资金 2 亿元人民币。

1979 年 10 月 4 日，中信董事会在人民大会堂台湾厅正式成立。董事会成员共 44 人，荣毅仁、雷任民、吴志超、陈树梓、王兼士为常务董事，荣毅仁为董事长，雷任民为副董事长。公司总经理为荣毅仁，雷任民、吴志超、陈树梓任副总经理。其他董事包括马万祺、王少岩、王光英、王纪元、王宽诚、叶林、古耕虞、刘希文、刘靖基、孙孚凌、孙晓村、华煜卿、芮沐、肖桐、何贤、何郝炬、李文杰、李嘉诚、杜新波、邱纯甫、陈希仲、汤元炳、周志俊、周宝芬、张敬礼、张遗、段云、茅以升、胡子婴、经叔平、郭棣活、钱昌照、资耀华、曾定石、常彦卿、童少生、裴先白、缪云台、霍英东等。

1980 年 6 月 2 日，中信与日本东方租赁合资成立中国东方租赁公司。融资租赁成为中国唯一向外资开放的金融领域。

1982 年 1 月 18 日，中信与野村证券达成协议，以年利率 8.7% 发行 12 年期武士债，总额 100 亿日元，其中 80% 投入仪征化纤。这是新中国成立后第一次发行海外债券。

1984 年，中信旗下中国国际经济咨询公司与英国“朗文”合作出版了《中国投资指南》，这是中国第一部完整介绍中国对外开放有关政策法规的书籍。

1986 年，中信利用杠杆租赁收购澳大利亚波特兰铝厂 10% 的股权，被评为“1986 年世界十大融资案例”之一。

1986 年 3 月 22 日，中信以 3.5 亿港元收购因挤兑风波遭到严重打击的嘉华银行 92% 的新股。

1987年1月27日，中信香港以19.36亿港元收购国泰航空12.5%的股份，成为其第三大股东。

1988年2月24日，中信、大东电报局、和记黄埔三方合资成立亚洲卫星有限公司。1990年4月7日，亚洲一号由中国长城工业公司的长征火箭送入太空。中国正式进入国际卫星发射市场。

1988年8月15日至17日，中央政治局召开北戴河会议，通过《关于价格、工资改革的初步方案》，物价指数突飞猛进，五大“官倒”——光大实业公司、中国农村信托投资公司、中国康华发展总公司、中国工商经济开发总公司、中国国际信托投资公司遭到国家审计署审计。

1990年1月，中信收购泰富发展，更名为中信泰富。中信香港将资产和业务注入中信泰富，中信泰富由小型地产公司一跃成为超过40亿港元的大型上市公司。

1990年2月14日，中信香港以每股4.55港元，斥资103亿港元收购香港电讯20%的股权，成为第二大股东。

1992年2月13日，中信泰富收购香港最著名老牌洋行——恒昌企业。

1995年2月，中信证券成立。2002年，中信证券上市，成为中国最大的券商。

1995年3月26日，中信与伊朗德黑兰城乡铁路公司签署协议，承包修建德黑兰地铁一号、二号线。德黑兰地铁工程被称为“总统一号工程”，是中东、北非第一个地铁系统。

2001年，中信集团成立。

2002年12月5日，中信控股成立。中信控股是中国第一家金融控股公司。

2003年，中信集团参与的联合体中标“鸟巢”。

2005年11月25日，中信实业银行改名“中信银行”。2007年4月27日，中信银行A+H股同步上市。

2008年10月20日，中信泰富因外汇期权合约巨亏，面临破产危机，引发港股震动。中信集团紧急注资拯救，损失不详。

2010年5月，中信集团启动整体上市。

2011年9月1日，由山西太原钢铁集团与宝钢集团、中信金属公司、鞍钢和首钢共同出资成立的中国铌业投资控股有限公司成功以19.5亿美元收购世界最大铌公司巴西矿冶（CBMM）15%的股权。CBMM由巴西Moreira Salles家族控制，五大企业完成入股权后，该家族仍持有七成控股权。

2013年1月，中信集团控股天津贵金属交易所，成为天津贵金属交易所最大股东。

2013年4月，中信集团控股昆明贵金属交易所，成为昆明贵金属交易所最大股东。

2014年8月，中信泰富收购中信集团业务，中信集团更名为中国中信股份有限公司。

2014年9月，中国中信股份有限公司在香港上市。

5. 历任高层

1979～1993 年：荣毅仁任董事长兼总经理。

1993～1995 年：魏鸣一任董事长，王军任总经。

1995～2000 年：王军任董事长，秦晓任总经理。

2000～2006 年：王军任董事长，孔丹任副董事长兼总经理。

2006～2010 年：孔丹任董事长，常振明任副董事长兼总经理。

2010～2013 年 4 月：常振明任董事长，田国立任副董事长兼总经理。

2013 年 4 月至今：常振明任董事长，王炯任副董事长兼总经理。

（三）企业排名

表 1　2008～2015 年企业集团的排名情况　　单位：万元、名

年份	营业收入（万元）	中国 500 强企业排名	世界 500 强企业排名
2008	10935227	38	—
2009	15449128	29	415（首次入围）
2010	20906492	20	254
2011	26389387	21	221
2012	31897579	20	194
2013	34975605	20	172
2014	37508844	25	160
2015	34088735	30	186

资料来源：①世界 500 强企业排名来自《财富》杂志；②中国 500 强企业排名来自中国企业联合会的排名。

二、掌门人信息

（一）基本信息

常振明[①]（1956. 10—），男，北京人。中国共产党党员。美国纽约保险学院工商管理专业毕业，硕士研究生，高级经济师。曾为中国国家围棋队队员，围棋七段。曾任中信实业银行行长助理、副行长，中信公司协理，中信证券有限责任公司董事长、中信证券股份有限公司董事，中信公司常务董事兼副总经理、中信控股有限责任公司总裁、中信嘉华银行有限公司行政总裁，中信信托投资有限责任公司董事长等职务。

① 常振明任中信银行董事长　常朱时代将面临更多挑战．第一资讯［引用日期 2013－11－06］．

（二）工作经历

常振明，男，1956年生，北京人，毕业于北京第二外国语学院，并于纽约保险学院取得MBA学历，高级经济师。曾任中信实业银行副行长，中信证券有限责任公司董事长，中信公司常务董事兼副总经理、中信控股有限责任公司总裁、中信嘉华银行有限公司行政总裁和中信信托投资有限责任公司董事长。2009年4月8日，常振明受中信泰富集团委托，出任董事局主席及董事总经理职务，以顶替荣智健及范鸿龄的位置。

2009年52岁的常振明于2006年8月起，便担任中信泰富的非执行董事。常振明同时担任中信泰富的母公司、中国中信集团公司的副董事长及总经理。此外，常振明还是中信银行股份有限公司的副董事长及非执行董事，并担任中信国际金融控股有限公司的副董事长。

1971年，被选入北京围棋队，与聂卫平等成为队友。

1975年，进入中国国家围棋队。

1979年，在第一届新体育杯围棋赛中，常振明获得第三名，仅次于聂卫平和陈祖德，1982年被定为七段。

1979年，考入北京第二外国语学院，学习日语。1983年毕业后，进入中信任银行部资金处副经理。

1983年7月，毕业于北京第二外国语学院。美国纽约保险学院工商管理专业毕业。

1983年7月，到中国国际信托投资公司工作，曾任银行部资金处副经理（1984年8月至1985年4月在日本大和证券公司研修）。

1985年9月加入中国共产党。

1987年6月，任中信实业银行资金部副经理。

1989年12月，任中信纽约代表处副代表，同时在纽约保险学院进修，获得MBA学位。

1992年10月，任中信实业银行行长助理。

1993年9月，任中信实业银行副行长。

1994年1月，任中国国际信托投资公司协理，中信证券公司董事长。

1995年8月，任中国国际信托投资公司常务董事、副总经理、党组成员，中信证券公司董事长。

2002年3月，任中国中信集团公司常务董事、副总经理，中国国际信托投资公司党组成员。

2002 年 6 月，任中国中信集团公司常务董事、副总经理、党委委员。

2004 年 7 月，任中国建设银行党委副书记。

2004 年 9 月，任中国建设银行股份有限公司副董事长、行长、党委副书记。

2006 年 7 月，向建行董事会提出辞呈，重返中信集团。

2006 年 10 月，中信集团副董事长常振明被正式委任为中信国金副董事长兼总经理。

2009 年 4 月 8 日，任中信集团公司主席及董事总经理。

2010 年 12 月，任中国中信集团公司董事长、党委书记。

2012 年，当选为中共十八大代表。①

2013 年 5 月 28 日，常振明当选为中信银行董事长。②

（三）关于掌门人的相关报道

1. 围棋七段高手

1971 年 12 月，年仅 15 岁的常振明已经是北京棋类专业队队员，同期队友除棋圣聂卫平，还包括曾任北京棋院院长的谭炎午等。据谭炎午透露，常振明曾在 1975 年进入国家集训队。

1979 年，常振明获第一届“新体育杯”围棋赛季军，这一届冠军是聂卫平，亚军是陈祖德。常振明在比赛中连克王群、程晓流、江鸣久、王汝男等当时国内一流棋手。不过就在这一年，他退役去读大学了。

20 世纪 90 年代初，常振明任中国国际信托投资公司纽约代表处副代表，还常常参加当地的围棋比赛。《围棋天地》杂志曾刊载美国一位棋友的回忆文章，说常振明下棋沉着冷静，习惯中盘发力，即使开局不利也往往能后发制人，打败了在纽约的众多韩国围棋高手。

作为七段高手，常振明乍看起来，普通得就像黑白棋子，不事张扬的处世哲学为常振明赢得了非常不错的人缘。实际上，他的人生观以及企业管理理念，无处不见围棋艺术、围棋文化、围棋智慧打下的深深烙印。

2. 临危受命中信嘉华

2000 年，中信集团嘉华银行有限公司原董事长金德琴因贪污受贿，挪用巨额公款，被判处无期徒刑，中信嘉华银行濒临破产。次年，常振明接掌嘉华总裁一职。中信嘉华银行有限公司为中信国际金融控股有限公司全资附属公司。

在中信嘉华上任后，常振明采取了一系列大刀阔斧的动作。2001 年 11 月，斥资 42 亿元收购华人银行，中信嘉华规模和业务大幅度扩大，到 2002 年上半年净利增长 22.6%。中信嘉华银行从此起死回生，并步入良性经营。常振明拯救了中信嘉华银行并为海内外金融界所熟悉。

---

① 十八大代表企业家名单公布：当选关键是政治先进．新浪网，2012－11－06.

② 常振明兼任中信银行董事长　王炯有望出任中信集团总经理．清学网，2013－05－29.

中信集团内一位与常振明相当熟悉的人士称，常振明虽是集团中的“第三把手”，却是中信集团的“顶梁柱”。常振明不仅曾担任中信实业银行副行长、中信证券董事长、中信嘉华总裁，还任职中信控股总裁、中信国际金融公司行政总裁等。中信嘉华与香港华人银行的整合、中信证券作为国内首家IPO的证券公司、信诚人寿成为合资寿险界的“突进者”，常振明在其中功不可没。

3. 执掌中信泰富

2009年4月8日，中信泰富有限公司董事会在17：34于港交所提交公告，宣布荣智健已经辞去公司董事及主席一职，同时辞职的还有公司董事总经理范鸿龄。而52岁的常振明被委任为该公司的主席及董事总经理。上述决定已于4月8日起生效，公司同时宣布，自8日起股份恢复买卖。

4. 面临挑战谋求发展

曾有人问常振明，作为建行行长最担心的事是什么？他回答，是工作流程不够专业完善。他强调，对银行最大的威胁是信贷风险，而要化解信贷风险，必须建立完善细致的工作流程、高效合理的管理系统、公正透明的用人制度等，这是一个系统的工作。

在一次论坛上，常振明表示，中国银行业现在面临的挑战主要是以下几个方面：一是2006年中国银行业开放之后，国际资本进入；二是面对股东和监管当局的要求，如何提高银行的管理水平，特别是风险回报；三是国内经济发展的差异化，与银行内部管理统一的问题。

（四）中信渊源

常振明一生纵横金融业各个领域，但与中信密不可分。他只离开过中信两年，正是从2004年开始的这两年里，他从中信“借调”，“空降”到中国建设银行，在建行股改关键时期任行长，带领建行完成财务重组、股份制改造及海外上市等阶段性目标。2005年3月建行董事长张恩照事发辞职后，常振明短期代行董事长职权，于股改引资的关键时刻，稳定了建行队伍，为随后郭树清接任建行董事长奠定良好基础，凸显其过人能力。

也正是因为在建行业绩过硬，2006年，他以“亚洲最赚钱的银行”行长的身份“功成身退”，重返中信，任中信副董事长兼总经理，执掌大业。

三、发展战略

（一）企业愿景

成为综合优势明显、若干领域领先，具有核心竞争力的国际一流大型企业集团。

中信集团以金融为主业，非金融业务专业化优势突出，形成了集团业务布局的综合性特点。在未来发展中必须充分利用集团及下属企业的各类资源，建立以客户为中心的高效的业务合作机制，发挥综合优势和整体协同效应，促进集团的全面、协调、可持续发展。

在多元化的发展战略下，中信集团坚持做好做强金融主业，打造治理完善、内控严密、运营安全、效益良好，具有较强跨境综合金融服务能力的金融机构，努力走在同业竞争的前列。同时，集中资源整合和发展非金融的重点业务，增强盈利能力，以实现在若干领域中跑赢大市的目标。

面对国内外市场的各种挑战，中信集团要牢牢把握发展机遇，不断深化改革，提高自主创新能力，造就高素质的经营管理人才队伍，建立具有国际先进水平的管理体制，成为具有核心竞争力的国际一流大型企业集团。

（二）发展战略

1. “一带一路”共同体建设

2015 年 11 月 6 ~ 7 日，首届“丝路论坛”在北京举行。本届论坛以“一带一路”与“共同体建设”为主题。

“一带一路”贯穿亚欧非大陆，连接东亚经济圈和欧洲经济圈，中间广大腹地多为发展中国家，基础设施等领域的投资需求很大。中信集团将综合考虑人口规模、资源储备、项目盈利前景等因素，重点关注海上丝绸之路沿线的印度尼西亚、马来西亚和菲律宾，东南亚的泰国、缅甸和越南，南亚的印度和巴基斯坦等国家的投资机会。在投资过程中，坚持正确的义利观，即“先予后取，多予少取，必要时做到舍利取义”，从长远考虑帮助发展中国家的经济建设，实现互利共赢。

作为国内最大的综合性企业集团，中信集团参与“一带一路”建设具有独特的优势，如能够提供综合解决方案，在海外布局多年，具有品牌优势等。下一步，中信集团将充分发挥这些优势，全力支持和参与“一带一路”建设：一是发挥金融助推器的作用，加大资金支持力度。二是利用“走出去”过程中积累的优势，加大直接投资力度。三是建立独特商业模式，加大合作力度。中信集团特别介绍了中信参与“一带一路”建设的两个典型项目：一是印度尼西亚 Lofin 油气田项目。该油田目前天然气可采储量、凝析油探明储量分别达 2.02 万亿立方英尺和 1800 万桶，油当量约 3.54 亿桶，项目前景广阔。中信集团将采取积极措施制订开发计划，引进投资伙伴，深入开发该项目。二是在习近平主席访问英国期间，中信建设签约的伦敦皇家阿尔伯特码头项目，这是迄今中国企业在英国单体开发的最大绿地项目，提升了中国企业“走出去”的质量和水平，在发达国家打响了中信品牌，中信集团将全力推进项目建设，为拓展沿线其他发达国家市场创造条件。

2. 中信信托——“信用中介”联手“信息中介”

2014 年在中央大力倡导精神文明建设与发展、提高广大人民群众的文化生活水平、健康有序地推动互联网大数据建设的背景下，中信信托更可以借助百度在互联网业的优势力量，发挥互联网在数据改善生活方面的巨大作用。

中信信托作为专业金融机构，可以对消费信托项目进行审慎审查，完善信息披露、提高项目透明度、增加项目安全性，从而增强消费信托平台对项目资质和信用的审查能力。更为重要的是，通过消费信托的设立，中信信托对消费权益的集中管理也将提升消费者群体的集体维权能力，切实保护消费者的消费权益。

百度作为国内最大的互联网公司之一，一直致力于为互联网用户提供更为丰富的网络产品。百度非常看好众筹模式未来在国内的发展空间，并致力于打造国内最大的众筹网络平台。

中信信托与百度自今年年初开始就消费权益信托方案进行了商业交流，在综合分析了目前众筹业态的种种现实环境后，以消费众筹作为依托，解决众筹模式中的资金监管、消费者权益管理等问题，发展消费权益的信托模式，真正做到金融普惠大众。

消费权益平台发挥了信托的制度优势，结合了中信信托作为金融信用中介和百度在互联网领域作为信息中介的特质，形成优势互补。在平台模式中，百度充分发挥了作为信息中介的技术优势，海量的数据交互和用户信息登记等可以轻松完成，而中信信托作为信用中介的金融机构，可以维护消费权益的落实并监督项目资金的运用。

另外，基于百度强大的搜索功能以及大数据的分析能力，中信信托可以根据大众网络用户的消费信息，预测客户的消费行为及偏好，有的放矢地定制提供消费服务。同时，企业也可以根据自身业务发展的需要，提供个性化的产品供消费者选择。

3. 中信信托发展战略

中信信托有限责任公司（以下简称中信信托）与安徽天禾农业科技股份有限公司（以下简称天禾农业）签署了战略合作协议。双方将以提升和保障农业粮食生产能力为目标，通过土地流转信托化解决农业发展中的问题、提高农业生产力，通过农事服务推动大农业生产的组织生产方式变革。

根据协议，中信信托与天禾农业合作内容包括六个方面：第一，打造“粮食生产供应链经营管理”新模式，即通过信托土地、粮食订单、农金服务（农业金融）、农保服务（农业保险）、农事服务（农机、农资、农技、植保）等农业生产要素资源整合，全面满足粮食生产专业户（种粮大户、农业合作社、农垦企业）的粮食生产需求；第二，首创国内“粮食生产供应链生产要素资源集合平台”，即将所有粮食生产要素资源集合到电子平台，通过O2O模式，实现要素资源的线上交易、线下服务，为大农业生产提供保障；第三，双方合资成立安徽天禾中信农业服务有限公司，在安徽省乃至全国范围内构建以两级“天禾中信农事服务中心”为骨架的农业服务体系网络建设，把“粮食生产供应链模式”和“农事服务能力”应用到农业生产实践中去；第四，合作发起“中信天禾现代农业服务产业发展基金”，以支持天禾农业服务体系建设和农业生产要素资源整合；第五，合作创建“中信天禾新型农业职业经理人商学院”，把种粮专业户从“传统农民”的角色培养成“现代农业企业家和农场主”；第六，合作创新金融对“粮食生产供应链”全产业链支持解决方案，通过机制创新和制度安排，切实解决种粮专业户对农业生产资金的需求和银行对农业信贷的风险管控。

中信信托在土地流转方面，下一步考虑引入保险机制，主要是政策性的农业保险，此外，还考虑设立土地信托银行，目的是要大幅降低信托公司支持农业的资金成本。

（三）战略转型

推进“一带一路”建设，是党中央、国务院统筹国内国际两个大局做出的重大战略决策，对开创我国全方位对外开放新格局、促进地区及世界和平发展具有重大意义。积极践行“一带一路”战略，既是国有企业义不容辞的责任和使命，也是国有企业把握国际化机遇、推进国际化战略、增强综合实力和核心竞争力的必然选择。

中信集团是中国改革开放后最早在境外开展直接投资的企业，也是最早在“一带一路”沿线国家进行业务布局的企业之一。1995 年，中信与伊朗签署德黑兰地铁一号、二号线工程总承包合同，总金额 3.28 亿美元，这是中国公司第一次按照国际惯例实施的海外工程，也是第一次以总承包的方式带动国内企业和产品“走出去”。20 多年来，中信集团加快海外业务布局，目前已在中亚、东欧、中东、东南亚、南亚等“一带一路”沿线多个国家开展业务，涉及金融、资源能源、基础设施、工程承包、制造业等多个行业和领域。在“走出去”过程中，中信集团打响了品牌，培养了人才，积累了经验，形成了独特的商业模式，与沿线国家建立了良好的政府公共关系，为践行“一带一路”战略打下了良好基础。

自习近平主席 2013 年提出“一带一路”战略构想以来，中信集团积极响应，主动作为，充分利用在“走出去”中积累的资源和优势，践行国家战略，全力参与和支持“一带一路”建设，取得了一些重要成果。一是加强战略布局，以中信股份为平台推进跨境经济合作。2014 年 8 月，中信股份在香港整体上市，为直接参与国际市场竞争搭建了平台。2015 年 1 月，中信股份引入泰国正大集团和日本伊藤忠商社作为战略投资者，为充分利用两家公司优势、深入拓展亚洲国家业务提供了机遇。二是发挥中信银行的金融助推器作用，提供综合融资服务。资金融通是保障“一带一路”战略顺利实施的核心要素。目前，中信银行已联合中信旗下其他子公司，储备有需求、有共识、符合国家战略布局的“一带一路”投融资项目近 300 个，总投融资规模近 7000 亿元人民币，涉及“一带一路”沿线 10 余个国家。三是发挥中信建设在国际工程承包领域的“领头羊”作用，开展基础设施投资。基础设施互联互通是“一带一路”建设的优先领域。近年来，中信建设通过联合国内其他企业组建“联合舰队”，以工程总承包带动相关产业发展，与“多资源、欠技术”的欠发达国家实现互补共赢，迅速成长为一个在国内外具有较高知名度的国际承包商和工程建设综合服务商。为配合“一带一路”战略实施，中信建设调整组织架构，设立了“欧亚区”和“东欧及独联体”两个地区事业部，将在已有基础上聚集资源重点拓展沿线国家业务。四是发挥中信重工在装备制造领域的创新引领作用，推动国内高端装备制造“走出去”。作为中国高端装备制造行业的排头兵，中信重工近年来通过转型创新，积极推动中国高端装备制造标准、品牌和服务“走出去”。目前，中信重工已在“一带一路”沿线 1/3 以上国家设立了分支机构，基本完成了全球化业务布局，海外业务收入占比达到 50%，产品和服务覆盖 30 多个国家和地区，有效推动了国际产能和装备制造合作。五是拓展资源能源开采与贸易业务。

与国内优势企业合作，推进在中亚和南亚的石油等资源能源项目建设，以资源能源项目带动其他业务，扩大在沿线有关国家的投资，深化互利合作。六是履行好社会责任，推动人文交流合作。“民意相通”是“一带一路”建设的社会根基。在开展投资和贸易合作的同时，中信集团积极践行习近平主席倡导的义利观，注重传承和弘扬丝绸之路友好合作精神，在沿线国家广泛开展教育医疗、扶贫开发、赈灾救灾、人居环境改善等公益慈善活动，树立了中国企业的良好形象，增进了项目所在国人民对中国公司的了解和对有关项目的认同，为深化双边人文交流合作做出了贡献。

在参与“一带一路”建设中，要知晓“一带一路”是一条开放合作之路，一条和谐包容之路，一条互利共赢之路。只有兼顾各方利益和关切，寻求合作的最大公约数，才能各施所长，各尽所能，最终实现共赢。下一步，中信集团将秉持开放、共享、合作的理念，进一步发挥自身优势，全力参与“一带一路”和共同体建设。一是坚定不移地推进已有项目，确保实现预定目标，在此过程中带动中国产品、技术和标准“走出去”，为转移国内产能发挥积极作用。二是运用综合化经营和国际业务经验，为国内企业“走出去”提供前期策划、咨询、投融资、建设、运营等一揽子综合解决方案，形成“走出去”的强大合力。三是发挥品牌优势，在全球范围内寻求与优质资源合作，深化国际化经营，提高对外合作水平。四是加强与国开行、亚投行、金砖银行和丝路基金等机构的交流合作，借助更广阔的资源和平台，服务国内外广大客户。五是积极履行社会责任，大力回报项目所在国政府和人民的信任与支持，赢得他们的尊重和认同。

四、组织结构

业务板块及拥有权百分比					
金融业	资源能源业	制造业	工程承包业	房地产及基础设施业	其他行业
中信银行 (67.13%) ●	中信资源 (59.42%) ■	中信泰富特钢 (100%)	中信建设 (100%)	中信地产 (88.37%)	中信国际电讯 (58.83%) ■
中信证券 (15.59%) ●	中信矿业国际 (100%)	中信重工 (71.04%) ★	中信工程设计 (100%)	中信泰富地产 (100%)	亚洲卫星 (37.59%) ■
中信信托 (100%)	中信裕联 (100%)	中信戴卡 (100%)		中信和业 (100%)	大昌行 (56.07%) ■
信诚人寿 (50%)	中信金属 (100%)			中信兴业 (100%)	中信出版 (100%)
	新力能源 (100%)			新香港隧道 (70.79%)	中信海直 (19.71%) ▲
					中信旅游 (100%)
					国安俱乐部 (100%)

图1 中信集团组织结构

五、股权结构和集团管控

（一）股权结构

表 2　中信集团股权结构　　　中信银行：2015 年前 3 季

名次	股东名称	股份类型	持股数（股）	持股比例（%）	增减（股）
1	中国中信有限公司	A 股，H 股	31406992773	67. 13	不变
2	香港中央结算（代理人）有限公司	H 股	12111181036	25. 89	-230038
3	中国证券金融股份有限公司	A 股	918759927	1. 96	新进
4	中央汇金投资有限责任公司	A 股	272838300	0. 58	新进
5	中国建设银行股份有限公司	H 股	168599268	0. 36	不变
6	招商证券股份有限公司	A 股	54005725	0. 12	新进
7	全国社保基金五零三组合	A 股	39993632	0. 09	不变
8	河北建设投资集团有限责任公司	A 股	31034400	0. 07	新进
9	中国农业银行股份有限公司—易方达瑞惠灵活配置混合型发起式证券投资基金	A 股	30357535	0. 06%	新进
10	中信证券股份有限公司客户信用交易担保证券账户	A 股	28473643	0. 06	新进

注：机构持股：截至 2015 年 9 月 30 日，共 2 家主力机构（基金 1 家、社保 1 家）持有中信银行，持仓量总计 107159. 0462 万股，占流通 A 股 3. 36%。

（二）集团管控

公司治理

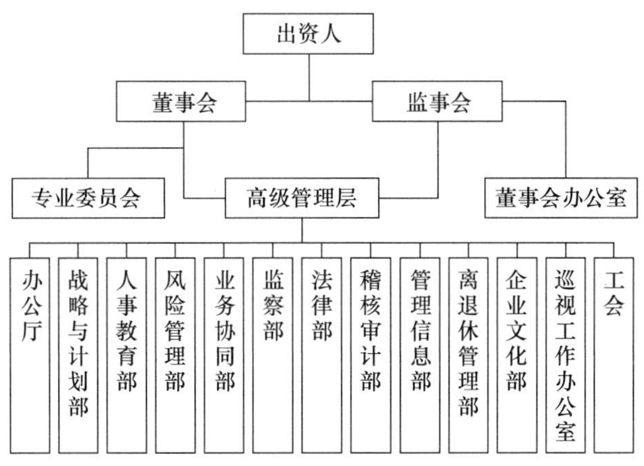

图 2　中信集团管控构架

（1）股东。本公司是经中华人民共和国国务院批准设立的大型综合性企业公司，由财政部代表国务院履行出资人职责。

（2）董事会。目前，本公司董事会暂由7人组成，其中包括执行董事2人（董事长1人，副董事长1人），非执行董事4人，职工董事1人。

董事会主要职权包括：拟订公司发展战略、经营方针和投资计划，决定公司经营计划、投资方案、管理机构设置、负责人薪酬方案等，制定公司基本规章制度，制订公司年度财务预算方案、决算方案和利润分配及弥补亏损方案，制订公司合并、分立、解散或变更方案，制订公司章程的修改方案，审议批准总经理工作报告，聘任或解聘公司总经理及其他高级管理人员，聘请或解聘外部审计机构等。

（3）监事会。本公司监事会共由5人组成，其中包括内部监事3人，职工监事2人。

监事会主要职权包括：检查公司财务状况，对董事、高级管理人员的行为进行监督。

（4）高级管理层。本公司管理层按照《公司章程》的规定，决定其权责范围内的经营管理与决策事项。

六、业务组合

业务介绍[①]

1. 金融

中信集团卓越的金融服务平台，使我们得以不断地推出综合性及创新的产品，从而为客户提供更好的服务。公司通过集团旗下的各金融子公司为客户提供齐备的金融服务，例如，中信银行提供的境内外银行服务、中信证券提供的证券服务、中信信托提供的信托服务，以及信诚人寿提供的保险服务。

（1）银行。公司持有中信银行约67%的股权。中信银行及其附属公司为国内外客户提供各类银行服务。截至2013年12月31日，中信银行在中国的分支机构达1073家；信银国际在香港设有36处网点，并于中国澳门、新加坡、纽约和洛杉矶设有海外分行。

中信银行在香港（SEHK：998）和上海（SSE：601998）两地上市。

（2）证券。公司持有中信证券超过20%的股权。中信证券是中国最大的证券公司，在投资银行、证券交易、资产管理、保证金融资、证券借贷等业务领域享有市场翘楚地位。2013年，中信证券成功收购亚洲最领先、最悠久的经纪和投资集团里昂证券（CLSA）。

---

① 资料来源：中信集团官网。

中信证券是首家同时在A股和H股上市的证券公司。中信证券为上交所（SSE：600030）和香港联交所（SEHK：6030）上市公司。

（3）信托。中信信托拥有国内最全面的信托产品，涵盖私募股权基金、产业投资基金、资产证券化、不良资产清算、企业年金、股权信托、合格境内机构投资者资产管理等，并先后推出了涉及基础设施建设、证券市场、工商企业、房地产等多个领域的信托产品。2011～2013年，中信信托连续三年保持信托资产管理规模、业务收入和净利润的行业领先地位，以强大的研究团队、超前的创新理念和优秀的风险管理体系立足市场。

（4）保险。信诚人寿保险公司是中信股份与英国保诚集团有限公司各持50%股权组成的合资公司。信诚人寿经营人寿保险、健康保险和意外伤害保险等保险业务。截至2013年12月31日，信诚人寿原保险保费收入在全国外资及合资寿险公司中排名第六，是中国寿险市场重要的参与者之一。

信诚人寿在全国共有13家分公司，138个销售服务中心。信诚人寿的个人寿险产品以个体保险营销员为主要销售渠道，同时亦通过银行保险渠道和直销渠道进行销售。

2. 资源能源

中信股份的资源能源业务包含勘探、开采、加工、贸易和发电。公司积极获取并开发海外矿产和石油资源，分别在澳大利亚、巴西、加蓬、印度尼西亚和哈萨克斯坦等资源蕴藏丰富的国家和地区的多个开发项目中获得权益。公司通过中信资源、中信金属、中信裕联、中信泰富矿业以及中信泰富能源来开展资源与能源业务。

（1）原油、煤炭和铝。公司持有中信资源59%的股权。中信资源主营业务包括原油和煤炭的勘探、开采与生产，进出口业务，铝土矿开采，铝冶炼，对电解铝业和锰业的投资等。中信资源在香港上市（SEHK：1205）。

（2）磁铁矿。中澳铁矿是澳大利亚最大的磁铁矿开发项目，由中信股份在澳洲的子公司——中信泰富矿业公司负责开发和运营。该项目位于西澳卡拉沙镇西南的普雷斯顿海角，项目完成后的年产能将达2400万吨。中澳铁矿生产的优质铁精矿粉是我们自己的特钢厂以及中国其他钢铁企业所需的理想原材料。

（3）矿产和铂金。中信裕联主要从事矿产的开采和营销以及铂金的进出口业务。中信裕联拥有位于菲律宾苏里高省迪纳格特岛的两处矿区的勘探和开采权。而中信裕联和中信金属共同持股超过50%的中博世金则是中国最大的铂金进口商，占有国内市场超过48%的市场份额。

（4）锰。公司持有中信大锰矿业公司49%的股权。中信大锰是全业内最大的纵向一体化生产商之一，其主要的下游产品包括电解金属锰、硫酸锰、电解二氧化锰、硅锰合金，以及高碳铬铁。中信大锰在香港上市（SEHK：1091）。

（5）铌铁。巴西矿冶公司（CBMM）生产全球80%的铌铁产品。中信金属在巴西矿冶公司间接地持有股权，同时也是其在中国市场的核心铌铁分销商，占有中国铌铁销售市场85%的市场份额。

（6）能源。公司在国内多家电厂拥有权益，权益发电能力达3110MW，其中的利港电厂是中国最大的火力发电厂之一。此外，公司亦拥有中国山东省新巨龙煤矿30%的股权。

3. 制造业

公司的制造业以世界级技术领先于中国市场，主要业务包括特钢、重型机械、电力电子设备、汽车用铝车轮和汽车用铝铸件等其他产品的制造生产。

（1）特钢。中信泰富特钢为中信股份全资子公司，是中国最大的专业生产特殊钢的企业。旗下江阴兴澄特钢和新冶钢两家钢厂的年生产能力达到900万吨。中信泰富特钢主要为汽车零部件、机械制造、发电、石油及石化、造船和金属制品等行业的客户提供各类特钢产品。

（2）重工机械。公司持有中信重工71%的股权。中信重工为许多行业和领域提供大型设备的生产制造和总承包服务，包括煤炭、矿山、冶金、建筑、电力、有色金属和节能环保等行业。中信重工拥有世界上最大的自由锻造油压机和最先进的球磨机等大型先进设备。中信重工在上交所上市（SSE：601608）。

（3）铝车轮和铝铸件。中信戴卡是全球最大的汽车用铝车轮制造企业，生产铝车轮和汽车用铝铸件。中信戴卡以完全一体化的配套业务，为客户提供从产品设计到生产的一站式服务，深得众多客户赞誉，被奥迪、宝马、奔驰和大众等整车制造商评为优秀供货商和战略伙伴。自2008年起，中信戴卡生产的汽车用铝车轮销量以大约15%的市场份额，连续五年位居世界第一。

（4）工程承包。由中信建设和中信工程设计所承担的工程承包业务，主要提供基础设施承包、房屋建筑和工业建设服务、市政规划、工程设计以及相关咨询服务。

中信建设是首屈一指的国内国际综合工程服务供应商，因其卓越的质量控制和高标准的项目管理而被广泛地誉为最成功的中国企业之一。中信建设作为国家体育场（即鸟巢）的建设承包商，出色完成了被公认为当今世界同类工程中结构最复杂、技术挑战性最大的体育场建设。中信建设完工及在建的项目遍布全球14个国家，包括澳大利亚、巴西、缅甸、中国、印度尼西亚、哈萨克斯坦、南非。

中信工程设计拥有领先市场的工程设计能力。它旗下有两家中国甲级工程设计研究院，拥有大项目工程、市政工程和建筑工程规划与设计领域的领先实力。

4. 房地产及基础设施

中信股份的房地产业务主要包含住宅和商业房地产的开发、销售、经营和管理；基础设施业务包括高速公路、港口码头和隧道等的建设和运营。我们的业务主要分布在高经济增长的地区，可以保持未来的持续发展和增长。

（1）房地产。公司的房地产业务主要通过中信地产和中信泰富地产两家附属公司来开展。

中信地产是有着30多年房地产开发和销售经验的知名中信品牌。中信地产在全国29个土地资源储备丰富的城市开展业务，覆盖了环渤海、珠江三角洲和长江三角洲等经济发达地区。我们正在建造的中国尊是一座设计高度达528米的商业写字楼，预计于2019年建成，建成后将成为北京最高的楼宇和新地标。

中信泰富地产是领先市场的房地产开发与运营商，致力于高端城市综合体、旅游休闲及商业物业项目的开发。中信泰富地产目前在上海及长三角地区主要城市的黄金地段、海南省和香港开发房地产项目。

（2）基础设施。中信兴业投资的主要业务是基础设施的投资，包括高速公路和港口码头的建设和运营。中信兴业拥有一支在基础设施项目的投资、融资和运营方面富有经验和能力的团队，目前运营三条高速公路的项目，即渝黔高速重庆段、沪渝高速（重庆市沿江高速公路重庆主城区至涪陵段）和成渝高速公路重庆段。

中信股份还持有香港东区海底隧道71%的股份及西区海底隧道35%的股份。西区海底隧道是三号干线的主要路段，连接香港岛与中国大陆以及赤腊角机场。两条隧道每天承载恒稳的行车流量，为公司带来稳定收益。

5. 其他行业

中信集团是一家在不同行业中经营多元业务的公司。其他业务包括信息业务、汽车销售、食品分销与物流、通用航空、隧道、出版、综合外包服务、旅游以及足球俱乐部等。

（1）信息业务。中信股份持有中信国际电讯59.5%的股权。中信国际电讯主要提供电讯服务，其拥有并运营的电讯枢纽以中国大陆和香港为核心市场，同时通过向全球电讯运营商提供互用互联的服务积极开拓国际市场。中信国际电讯的附属公司澳门电讯是澳门唯一提供全面电讯服务的供货商。中信国际电讯在香港上市（SEHK：1883）。

亚洲卫星的业务包括出租及出售卫星转发器给客户，提供广播、通讯和讯号上传及下传服务。亚洲卫星在香港上市（SEHK：1135）。

（2）汽车销售、食品分销和物流。中信股份持股55.6%的大昌行，主要经营汽车销售及相关服务，食品与消费品的销售，以及物流服务。公司在香港、澳门和中国大陆拥有庞大的营业网络，也在中国台湾、日本和新加坡地区开展业务。大昌行在香港上市（SEHK：1828）。

（3）通用航空。中信海洋直升机专业公司（以下简称中信海直）经营通用航空业务，主要提供海上石油直升机飞行服务、其他通用航空飞行服务以及通用航空维修服务。中信海直在深圳上市（SZSE：000099）。

（4）出版。中信出版拥有国家新闻出版广电总局颁发的从事出版、发行和零售业务的全部牌照。中信出版的四大主要业务领域为出版、数字新媒体、教育与培训，以及文化消费。中信出版致力于发展成为在新经济时代下为大众提供专业化、高质量服务的新型文化传媒公司。

（5）外包服务。中信股份通过附属公司中信天津来开展外包服务业务。中信天津的主要业务包括金融机构后台中心运营管理、供应链金融、信息管理与灾备、流程外包和其他外包服务。中信天津目前在北京、天津和宁波等地拥有专业的综合外包服务基地以及运营附属公司。

（6）旅游。中信旅游所提供的旅行社业务受惠于集团强大的业务网络规模和遍布全国各地的附属机构所形成的竞争优势。2012年，中信旅游被北京市旅游发展委员会选为北京旅游标准化试点单位。

（7）足球俱乐部。国安俱乐部是中国职业足球超级联赛中领先的足球俱乐部之一，为中国各级国家足球队培养输送了超过50名球员，在国内外足球界享有良好的声誉。

七、商业模式

（一）价值模式

党的十八大后，习近平总书记提出实现中华民族伟大复兴的中国梦，彰显了全国人民的共同愿望。作为一家国有大型综合性企业集团，中信集团要从实现中国梦的历史高度来规划自身的发展愿景，弘扬邓小平同志倡导的“勇于创新多作贡献”的精神，在实现中国梦中承担好以下七个方面的角色和作用：

一是实现国有资产保值增值。这是国有企业的基本职责，也是巩固和发展社会主义经济基础的必然要求。中信集团成立以来，保持了健康快速发展，实现了国有资产大幅增值。在新的历史时期，中信集团要抓住我国加快转变经济发展方式、发展战略性新兴产业等良好机遇，进一步提升综合实力和抗风险能力，保持稳健经营，促进科学发展。

二是服务国民经济和社会发展。中信集团的业务领域非常广泛，在服务国民经济和社会发展中有着广阔的天地。既要发挥金融业务门类齐全的优势，持续推进金融综合服务，增强促进实体经济发展的能力，又要把握好实体经济发展的政策机遇，发展有核心竞争优势和良好前景的实业投资业务，进而实现金融业务和实业投资业务的相互促进。

三是探索国有企业改革发展的新经验。当前企业面临的国际国内市场竞争日趋激烈，国家和社会的要求日益提高。中信集团要适应国家全面深化经济体制改革的形势，坚持以客户为中心，持续推动商业模式、经营管理和产品服务创新，探索和建立综合性企业集团持续健康发展的管控模式。

四是服务国家“走出去”战略。中信集团是最早开展境外资源能源业务的国有企业之一。近年来国际资源能源价格波动剧烈，我国经济发展面临的资源能源瓶颈日益突出。中信集团要利用长期积累的经验，采取多种形式和渠道，在海外投资于资源能源领域。中信集团的国际工程业务发展迅速，在世界上许多国家树立了良好的信誉和品牌。要发挥多元化之长，打造以技术、品牌、质量、金融服务为核心的竞争优势，为海外客户提供一揽子解决方案。以管理输出、出口贸易和技术引进相结合来推动对发达国家投资，以管理输出和技术输出相结合拓展对发展中国家业务。

五是培养经济建设急需的优秀人才。中信集团成立以来，吸引和培养了一大批优秀人才，在集团内外众多岗位上发挥着重要作用。特别是在银行、证券、信托、基金、工程承包、装备制造、特钢、铁合金、锰矿开发、铝轮制造、通用航空、出版、生殖遗传以及境外投资等领域拥有一批行业带头人。要加大人才培养力度，在相关行业和领域造就更多的领军人才。

六是促进香港澳门繁荣稳定和两岸交流。中信集团是最早在港澳投资和经营的中资企业之一，金融、贸易、航空、基础设施、电讯、房地产等业务具有较强影响力，与台湾企业界也保持着良好沟通与交流。要进一步扩大与港澳台工商界的交流，拓展在金融、旅游等多个领域的合作。①

七是履行好国有企业的社会责任。中信集团多年来投入大量资源来履行社会责任，树立了国有企业的良好形象。要在更高层次和更广范围履行好社会责任，重点在依法经营和诚实守信、提供优质产品和服务、促进资源节约和环境保护、提供更多就业岗位、推进社会公益事业等方面取得新成就，实现企业与社会、企业与环境、企业与员工的全面协调可持续发展。

实现中国梦是一个伟大的历史进程。中信集团必须以更加奋发有为的精神和深入扎实的作风，勇于探索，开拓创新，努力建设综合优势明显、若干领域领先，具有核心竞争力的国际一流大型企业集团，在践行中国梦中实现自身的价值追求。

（二）中信集团：培育优秀企业文化，增强核心竞争力

中国中信集团公司是中国改革开放的总设计师邓小平同志亲自倡导和批准的，由前国家副主席荣毅仁同志于 1979 年 10 月 4 日创办的。中信集团自成立以来注重以先进理念引领企业发展，培育优秀的企业文化，吸取国际上先进、科学的经营方式和管理经验，取得了良好的经营业绩，为国家现代化建设做出了突出贡献，在国内外树立了良好的信誉。作为由中央管理的国有大型综合性企业集团和国家授权投资机构，中信集团经过 30 多年的发展，实现了跨越式增长，2009 年首次入围美国《财富》杂志世界 500 强企业。2010 年再度上榜，大幅上升 161 个位次，名列第 254 位。

1. 中信集团历任领导十分注重优秀企业文化的培育

中信集团的企业文化是伴随着国家改革开放和现代化建设的进程，在中信事业的发展中得到孕育并不断丰富和发展起来的。在国家从计划经济向市场经济、从封闭半封闭向全方位开放的转变中，中信的成立是为了突破旧框框，设立改革的试点，开辟对外开放的窗口，决定了中信集团的发展理念必然与改革开放的历史使命紧密相连，奠定了中信企业文化的基调。中信企业文化凝聚着党和国家领导人的关怀和希望，邓小平同志为中信题词："勇于创新多作贡献。"做江泽民同志为中信题词："开拓创新勤勉奋发办好中信。"中信企业文化是在以中信事业创始人荣毅仁同志为代表的企业领导人的亲自培育下形成的，在荣毅仁同志担任中信领导的 10 多年中，对于企业的发展方向、经营理念和员工行为规范等做过许多重要讲话，有许多精辟的论述，成为中信企业文化的重要

① 资料来源：人民网—中国共产党新闻网，2013 年 11 月 20 日。

内容。他亲自订立并大力倡导的32字中信风格，成为中信人的共同行为准则。

随着经济全球化的发展，要在更大范围和更深层次上参与国内外市场竞争，中信集团领导更加重视中信企业文化的塑造。董事长王军同志明确提出要注重对中信企业文化内涵的概括，争取企业文化建设有新的面貌，使企业文化成为增强企业凝聚力，促进发挥员工积极性、创造性和聪明才智的重要因素。他强调，中信作为一家综合性企业，更需要有整体意识和凝聚力，要求在“十一五”时期解决企业文化问题。他指出，中信最宝贵的财富是无形资产，它包括了中信风格、中信精神、中信文化和中信良好信誉。

中信集团现任领导秉承老一辈创业者的经营理念，提出要使企业文化成为支持和推动发展的重要力量，通过加强企业文化建设，进一步增强集团的凝聚力、执行力、创造力，发挥集团综合优势与整体协同效应。在2007年9月召开的中信集团企业文化建设研讨交流会上，董事长孔丹同志深刻阐述了企业文化建设与发展战略的关系，要求把企业文化建设作为“一把手工程”，纳入企业发展的战略目标，从组织上、财力上为企业文化建设提供必要的条件。2008年1月召开的中信集团工作会议正式提出，中信企业文化的精髓是诚信、创新、凝聚、融合、奉献、卓越，代表了中信集团的核心价值理念。

2. 精心构建中信特色的企业文化体系

中信集团在创业和发展中形成了许多优良传统，集聚了丰厚的文化底蕴，在继承和发扬优良传统的基础上，形成了适应集团发展战略、符合时代精神、具有中信特色的企业文化体系。根据集团领导的分工，常务董事温晋平同志具体负责这项工作，他带头组织相关人员认真研读企业文化理论，并率团赴日本、新加坡、韩国和中国台湾地区实地考察国际知名公司的企业文化，对20多家国内大型企业和金融机构的企业文化建设情况进行调研走访。集团组织力量用两年多时间对中信的历史沿革与发展脉络、领导人的经营思想、重大历史事件、优良传统、发展模式等企业文化资源进行收集汇总，经过认真研究、梳理和提炼概括，并广泛地征求意见，形成了中信集团企业文化体系。

中信集团成立30周年之际，标志着中信企业文化走向成熟的《企业文化手册》正式印发执行。制定和颁发了《企业文化手册》，对企业文化体系进行明确阐释和系统展示，是进一步弘扬中信企业文化，在全系统推进企业文化建设的重要举措，对加强企业文化建设具有重要的规范作用和指导意义。集团领导就学习好、运用好《企业文化手册》提出了明确要求，在员工中兴起了企业文化建设的热潮。

3. 中信集团企业文化体系的基本内涵

中信集团的核心价值理念是诚信、创新、凝聚、融合、奉献、卓越。

——诚信是中信集团的立身之本和经营哲学。中信集团要求在经营活动中自觉维护国家的荣誉和企业的信誉；讲信用、讲商誉、讲道德，恪守承诺；与客户和合作者坦诚相待、诚实守信，对客户和合作者高度负责。

中信集团作为国家授权最早开展国际信托业务的公司，以信交天下，以信取信，受之以信，付之以信，得之以信。荣毅仁同志明确提出，信誉是公司的生命，要把诚信作为对待客户的原则和员工工作的基本准则，做到坦诚相待，重信誉、守合同；在经营活动中要投资而绝不能搞投机，要讲有利可图，但不要不择手段、唯利是图；要维护国家的尊严和荣誉，维护公司的信誉，维护自己的人格。诚信体现了中信人最核心的价值观。

——创新是中信集团发展的不竭动力和优势所在。中信集团要求在各项业务的发展中不断解放思想，更新观念，与时俱进，适应新的形势和挑战，敢于打破常规，敢为天下先；坚持开拓进取、锐意创新，大胆探索，大胆尝试，大胆实践，在创新中赢得市场先机，使中信事业永葆旺盛的活力。

中信集团是中国改革开放的产物。成立之初，国家要求中信冲破当时体制的旧框框，按照市场经济规律和国际惯例办事，大胆利用外资，引进先进的技术设备和管理经验，为社会主义现代化建设服务，起到窗口和试点的作用。邓小平同志、江泽民同志为中信的题词都突出表达了对中信在开拓创新方面的期望。荣毅仁同志明确指出，中信的优势在于创新。中信历任领导都强调，创新是中信发展的基本经验和优良传统。中信集团成立以来，在诸多领域进行大胆创新，在很多方面成为国内行业的创建者和市场的引领者。创新被视为中信集团至为宝贵的优良传统和文化基因。

——凝聚是中信集团的力量源泉和整体竞争力的重要体现。中信集团要求在员工中大力弘扬和培育精诚合作的精神，牢固树立全局观念和一盘棋的思想；目标一致，步调一致，同心同德，众志成城，依靠团结的力量和集团整体协同效应去战胜前进道路上的各种困难。

中信集团的业务涵盖金融与非金融众多领域，经营范围广泛，分支机构众多，因而高度重视发挥集团综合优势，内部各单位之间保持着相互配合、相互支持的关系。全体中信人会集在中信这面旗帜下，无论是日常经营管理还是完成各项重大任务，都表现出了团结一心、同舟共济、整体协作的精神，这是中信事业不断发展壮大的重要保证。中信人的自豪感、归属感和责任感，在员工中凝聚成一股强大的力量。

——融合是中信集团的团队特色和建设和谐企业的基本内涵。中信集团要求企业在发展中树立世界眼光，保持开放胸怀，对内讲团结、讲包容，相互尊重，相互支持；对外讲合作、讲融洽，做到平等相待，实现互利共赢。

中信集团是一个国际化程度比较高的企业，荣毅仁同志一向强调，要对内讲团结、讲包容，对外讲合作、讲融洽。随着中信事业的发展壮大，与境外企业和机构的合作也越来越多，在世界上许多国家和地区都有分支机构，面对国际国内两个市场，中信集团具有开放的胸怀和开阔的视野，善于学习世界上一切先进的东西，做到兼收并蓄、为我所用。作为不同的个体，虽然员工的专业知识、文化背景不尽相同，但都能够在共同的发展目标下努力实现个体的价值。中信事业正是这样一个能使员工积极施展个人才能和抱负的广阔平台。将不同背景的成员融于一体，做到彼此和谐相处、合作共事，构成了中信事业发展的坚实基础。

——奉献是中信集团的行为风范和精神境界。中信集团要求广大员工热爱祖国、热爱中信、热爱本职；切实履行社会责任，积极参与社会公益事业；艰苦奋斗，克己奉公，自觉为社会主义现代化建设事业贡献聪明才智。

中信集团成立以来，积极致力于为国家改革开放和现代化建设事业做贡献，始终把国家利益放在第一位，努力完成国家所赋予的使命，尽好国有企业的社会责任，为国家分忧，为人民谋利，为社会造福。虽然在创业和发展中遇到许多困难，但广大员工怀着一腔赤诚，不计名利，不畏挫折，恪尽职守，忘我工作，为中信事业的发展做出了无私的奉献。坚持以事业为重、不计名利、甘愿奉献永远是中信人应有的精神境界。

——卓越是中信集团的价值取向和目标追求。中信集团要求广大员工不甘平庸，志存高远，在发展中追求更高的目标、更佳的品质、更好的效益；不断超越自我，超越他人，努力实现新的跨越和突破，永葆基业常青。

中信集团把建设一流国际化企业作为目标，在许多业务领域中实现了健康快速的发展，取得了令人瞩目的成就。中信人在不同岗位上以良好的职业素质、精益求精的工作准则，立足本职创先争优，发扬“永远争第一”的精神，创造出了一个个同业为之惊奇的业绩，展示了积极进取、昂扬向上、自强不息的风貌。中信集团的发展历史体现出追求卓越的独特气质。面对新的历史机遇和挑战，卓越更代表了中信人面向未来的雄心气度和使命精神。

中信风格是：遵纪守法，作风正派；实事求是，开拓创新；谦虚谨慎，团结互助；勤勉奋发，雷厉风行。

遵纪守法，作风正派，就是要遵守国家的法律、法规和外事纪律，执行公司的规章制度，严守国家和公司的机密；以国家和公司的利益为重，顾全大局，廉洁自律；以诚待人，恪守信义，平等交往，追求互利共赢。

实事求是，开拓创新，就是要从实际出发，有一说一，有二说二，不说大话、假话、空话，多做少说，先做后说；工作深入扎实，注重调查研究，不搞形式主义；不断更新思想观念，勇于突破旧体制、旧习惯的束缚，大胆创新，争创一流业绩。

谦虚谨慎，团结互助，就是要注意学习他人长处，虚心听取他人意见，有错就改，永不自满；互相尊重，互相帮助，待人热情友好，讲礼貌；树立集体意识和团队精神，从全局和整体出发，密切内部协作和交流。

勤勉奋发，雷厉风行，就是在工作中要有认真的态度、紧张的气氛，说干就干，办事严格，讲究效率；保持朝气蓬勃、积极进取的精神状态，励精图治，艰苦奋斗，忘我工作；坚决执行上级决定，勇于承担责任，胜利不骄，逆境不馁。

中信集团的发展使命是：为客户提供最好的服务，为员工提供施展才能的平台，为股东创造最大价值，为国家做出最大贡献。中信集团在经营活动中始终坚持客户第一的原则，不断满足客户现实的和潜在的需求，努力创造一流的服务水平，这是企业取得良好信誉的重要条件；中信集团把员工作为第一资源，充分发挥员工的聪明才智，形成了员工成长与发展的良好环境，为中信事业提供了组织和人才的保证；中信集团把给股东的回报作为企业长久成功的基础，切实提高经营管理水平和盈利能力，实现国有资产的保值增值，使股东价值得到最大化；中信集团具有国家利益高于一切的传统，坚定不移地履行国家赋予国有企业的政治责任、经济责任、社会责任，为国家的改革开放和现代化建设事业做出了积极的贡献，得到了社会的广泛赞誉。这几方面既是中信集团的经营目标，也是所承担的使命与责任。

中信集团的目标愿景是：成为综合优势明显、若干领域领先，具有核心竞争力的国际一流大型企业集团。作为综合性、多元化的大型跨国企业集团，中信集团的业务范围十分广泛，横跨国内外金融与非金融的多个行业和领域。在金融主业中，拥有银行、证券、保险、信托、基金、期货等牌照齐全的金融子公司；在非金融业务中，在房地产与土地成片开发、工程承包、基础设施建设、资源与能源、机械制造、信息产业、高新技术及其他服务领域进行了重大投资。在这样的结构布局中，必须最大限度地发挥集团综合优势，强化整体协调机制，并通过业务整合和结构调整，集中资源重点发展若干行业，形成在国内拥有行业领先地位的优势业务，增强集团整体盈利能力和核心竞争力，真正成为国际一流的综合性大型企业集团。

八、创新体系

（一）中信集团国际研究所

中信国际研究所是我国第一家由大型企业集团创办的经济管理类研究机构，直属中信集团公司。其主要职责是从事国际经济、国际区域合作、金融、企业制度、公司发展战略和组织模式等方面的研究，并承办中信公司领导交办的任务。国研所还通过编辑出版刊物，信息提供、合作研究、组织并参加各类研讨会，与公司系统内外的研究人员进行交流，成为中信公司与理论学术界保持联系的重要窗口。

中信国际研究所的特点是：面向实际，面向企业管理，面向社会，提供实用型知识成果和决策咨询。

国研所下设公司战略研究室、国际合作研究室、综合研究室、资料阅览室和行政办公室。

中信国际研究所成立10多年来，从事了大量的超前研究，为我国的改革开放事业，为我国的市场经济体制的建立，为我国有关法规的建设，提供了丰富的研究成果。

1. 历史回顾

中信国际研究所，是中国改革开放的窗口企业——中国国际信托投资公司创办的研究机构。中信国际研究所建立于1986年12月，是国内第一家由大型企业集团创办的经济管理类研究所。中信公司原董事长荣毅仁同志曾任研究所名誉理事长，唐克同志曾任研究所理事长，李湘鲁同志曾任研究所第一任所长，中国著名经济学家董辅同志曾任研究所第二任所长。

研究所在建立之初，作为中信公司与国内外学术界和研究机构交流合作的窗口，主要从事国际战略、开放政策、投资战略、宏观经济分析和国有企业改革方面的研究，并接受国内外企业、研究机构和国际组织的委托，开展合作研究和信息咨询，进行人才培训、举办研讨、讲学等学术交流活动。

从1995年开始，为适应中国改革开放新形势的需要，为促进中国现代化企业制度改革的深化，完善企业集团和跨国公司的运营机制，中信国际研究所着重从事国际国内经济环境和集团战略管理的研究与咨询服务。近年来，在国有企业股份制改造、集团战略和金融风险管理、企业资产经营、信托业务管理模式与信托品种设计等方面开展研究，提供了一批重要研究成果。除了服务于中信集团，中信国际研究所还向政府部门和社会提供研究成果和信息咨询。

中信国际研究所在分析判断国内外经济形势的基础上，把握社会主义市场经济的动向，以及全球经济一体化的趋势，在若干领域进行了超前研究，一些成果和见解在国内具有首创性，对完善中国的市场经济体制提出了制度建设、政策制定、运行方式设计、工具创新、立法精神确立等方面的建议，由此总结了经验，传播了知识，提供了思路。

2. 出版物

（1）中信国际研究所编辑出版下列出版物。公开出版刊物：《经济导刊》（双月刊）。内部刊物：《研究与动态》、《专题报道》、《信息世界》、《剪报》。

（2）中信国际研究所建立与维护下列数据库。主要行业动态数据库国际金融性企业集团数据库。

3. 研究动态

中信国际研究所目前从事的主要研究课题包括：

（1）金融危机的预警与防范。

（2）中国信托制度与信托市场研究。

（3）外商来华投资现状与趋势分析。

（4）国际工程承包行业的动态与趋势。

此外，中信国际研究所还从事一些行业动态、宏观经济形势、亚洲金融危机的影响等项目的调研。

（二）中信银行打造“最佳综合融资服务银行”①

在这个经济进入转型期，互联网和信息化、智能化已深入到经济和社会的每一个角落，商机稍纵即逝的时代，企业的交易活动面临许多新的挑战，除了一直以来的发展难、经营难、盈利难、融资难外，还面临着经营理念的重塑、商业模式的转型、交易流程的再造、交易平台的升级、交易渠道的搭建、交易同盟的构建、交易风险的控制、商业资源的整合、商业趋势的把握，等等。通俗地说，互联网时代来了，“互联网+”怎么“+”？线上渠道和线下渠道怎么结合？“一带一路”带来的“走出去”新机遇怎么

---

① 资料来源：中国人民网，http：//sd. people. com. cn/n2/2016/0106/c373018－27478885. html。

把握？这一切，如果有一个合作伙伴能够提供一揽子的解决方案该有多好。

2015 年 11 月 25 日，以打造“最佳综合融资服务银行”为愿景的中信银行发布了交易银行品牌——“交易 +”，这是中信银行在互联网时代和经济新常态下对公业务的又一创新。交易银行不是一个新名词，银行是围绕客户的物流、信息流、资金流提供的集支付结算、现金管理、资产托管、贸易融资、供应链金融、电子商务、国际业务等于一体的综合性金融服务。与银行传统的单一产品或业务相比，交易银行强调的是以客户为中心，为客户创造价值，为客户提供涵盖线上与线下、内部与外部、境内与境外、本币与外币的整体解决方案的理念和能力。

此次推出的“交易 +”品牌是中信银行对交易银行理念的进一步丰富和扩展，以“聚焦战略 + 互联思维”的独特视角，依靠中信集团“金融 + 实业”的资源，立足企业交易行为的商流、物流、资金流、信息流，着眼企业整体交易链条和商业模式，提供“全流程、多维度、一站式、智能化”的综合金融服务，以增强企业交易能力、延伸交易触角、整合交易资源、互联商业生态，增强企业核心竞争力，助力企业构建以效率为核心的交易产业链，以效益为核心的交易价值链，以互联为核心的交易生态圈。

中信银行的“交易 +”提出了“不止于金融”的核心品牌精神，也就是说，首先，“交易 +”立足于专业化银行服务，创新性地满足企业交易中的银行服务需求；其次，“交易 +”延伸到大金融服务，创造性地满足企业交易中的综合金融需求；再次，“交易 +”扩展至跨界交易服务，建设性地满足企业交易中跨界经营、转型升级的需求；最后，“交易 +”旨在打造企业产业链生态圈，智慧性地满足企业主导产业链、把握趋势、面对未来、从容应变的需求。

九、营销模式

（一）异度创新支付方式

2014 年 6 月 27 日，中信银行推出“异度支付”品牌，该品牌包含了二维码支付、NFC 支付、全网跨行收单等产品。其中，二维码支付作为重点产品，有效地解决了线上线下的融合问题，客户可以随时随地地完成支付操作。

在大数据背景下，银行的经营方式和盈利模式正在悄然发生变化：以存款、贷款为主要经营资源，以利差为主的传统盈利模式正在发生变化，而建立在大数据和新技术基础之上的支付方式、数据管理、财富管理业务正在形成新经营模式和盈利模式。

基于此，2014 年以来，中信银行网络银行新招频出，包括推出“异度支付”品牌，以及与腾讯合作推出不落地的网络小额贷款交易等。其中，中信金融商城以一站式金融产品服务为特色，推出仅 3 个半月，客户数已近 10 万。

实际上，大力发展网络银行，正是中信银行实施新战略“再造一个网上中信银行”的一项具体措施。通过网络银行，客户可快捷享受手机支付、网络贷款、跨境人民币支付等业务。

数据显示，2013 年上半年，公司移动银行客户数达 224.43 万户，交易量同比增长 7.6 倍；个人网银客户数达 882.59 万户，比上年末增加 125.93 万户；个人网银客户覆盖率为 33.29%，公司网银客户覆盖率为 61.26%。

（二）非主流业务主流化

非主流业务主流化，是一种选择的智慧。智慧型的竞争是做不同的选择，而不是在同质化竞争中与大银行硬碰硬。原来的非主流业务，会因为银行战略差异、投入资源不同，成为不同银行的主流业务。

中信银行重点发展托管、票据、同业、保理及代付、开证业务等公司业务，把这些业务做大，做成全国性市场，形成新的盈利来源；将零售业务中的保管箱、代理证券和保险、贵金属等非主流业务，做到主流化，并形成新的利润增长点。

以贵金属业务为例，2013 年上半年，中信银行的实物贵金属产品已包含投资类、文化类、工艺类等近百种产品。

2013 年 7 月，中信银行与南方稀贵金属交易所、新浪网联手推出“共赢稀贵金属投资盛宴”活动。值得关注的是，中信与南交所共同开发的稀贵金属投资平台兼具在线开户、在线签约、在线交易等功能，成为国内第一家提供类似服务功能的商业银行。

实际上，中信银行做非主流业务，之前已有成功案例。在出国金融服务方面，中信银行已经与 10 多个国家的使领馆签约，独家代办代传递、代签证等服务。

非主流业务主流化，将形成中信银行更多新的利润增长点，占领市场制高点，形成公司特色业务，能为今后的发展打下良好的基础，而差异化竞争，作为中信银行的战略实质，正在引起市场更多的关注目光。

“全面进军服务业、大力发展网络银行业务、非主流业务主流化”，中信银行三大新战略效果初显。2013 年上半年，中信银行集团总资产达 34369.45 亿元，比上年末增长 16.12%，净利润 203.91 亿元。数据表明，集团盈利能力持续改善。

十、信息化建设

（一）中国联通与中信集团公司签署战略合作协议①

2011 年 8 月 31 日，中国联通与中国中信集团公司在北京签署战略合作协议。中信集团常振明董事长、田国立总经理，中国联通常小兵董事长、陆益民总经理一同出席了签约仪式。中信集团居伟民副总经理和中国联通姜正新副总经理分别代表双方签署了战略合作协议。

① 资料来源：c114 中国通信网，http：//www.c114.net/news/119/a639569.html。

根据协议，双方明确建立长期的战略合作伙伴关系，充分发掘和利用双方在各自领域的优势资源，不断深化在通信服务、金融业务、客户及渠道资源共享等方面合作。中国联通将充分利用自身行业应用和信息化领域积累的丰富经验，发挥网络资源和国际服务能力方面的优势，全力调配各类保障资源，为中信集团的发展提供更加便捷、高效的信息化服务。中信集团董事长常振明、中国联通董事长常小兵均表示，中信集团与中国联通一定能够不断拓宽合作领域，提升合作层面，丰富合作内容，实现合作共赢。

业内人士指出，两集团均为世界500强企业，此次建立战略合作关系，更是强强联手，空间广阔。中国联通将充分发挥全业务运营及全球商用最为成熟、速率最快的WCDMA 3G 网络的优势，协助中信集团加快推进企业信息化建设，大幅度提升企业核心竞争力。同时，中信集团也将充分发挥国际化、跨领域的综合优势，重点利用综合金融平台，组建专业化团队，助力中国联通，在企业融资、风险防范等方面提供强力支持。

此次中国联通与中信集团确立战略合作伙伴关系，实现了双方资源的整合和跨行业的协同发展，提高信息通信应用水平，增强双方核心竞争力都具有重要意义。

（二）数字化管理盖大楼①

2012 年 9 月 28 日，中信集团的全资一级子公司北京中信和业投资有限公司与中国惠普有限公司举行了“巅峰合作成就北京新高度”战略合作签约仪式，双方将基于中信北京 Z－15 项目展开深入合作，充分利用信息化实现 Z－15 项目在工程数字化管理上的突破，开启 BIM 大规模应用的新潮流。据了解，由中信和业负责开发和建设的中信北京 Z－15 项目将成为世人把握北京建筑文化、经济脉搏的新地标。作为我国工程建筑行业的新标杆，Z－15 项目 BIM 应用的广泛程度和复杂程度在国内无出其右，此次中信和业选择惠普为其提供最高效、最稳定的硬件平台，并联合业内顶尖企业携手共同打造 BIM 应用标准、推进建筑信息化发展的建设目标。

1. BIM 应用的价值

北京中信和业投资有限公司 BIM 副总监张学斌介绍，建筑信息模型（Building Information Modeling，BIM）是以建筑工程项目的各项相关信息数据作为模型的基础，进行建筑模型的建立。它具有可视化、协调性、模拟性、优化性和可出图性五大特点。作为建筑信息化的大趋势，BIM 应用可以帮助实现建筑信息的集成，从建筑的设计、施工、运营，直至建筑生命周期的终结，各种信息始终整合于一个三维模型信息的数据库中，设计团队、施工单位、建筑运营部门和业主等各方人员可以基于建筑信息模型进行协同工作，有效提高效率、节省资源、降低成本。

基于 BIM 的项目管理有多个维度，简单列举以下几点：

可视化设计，以三维信息模型为设计依托，不管是前期的方案策划还是过程中的施

① 资料来源：中国信息化。

工图设计以及施工过程，通过三维的形式传递设计理念，方便了与业主和参与各方的沟通。相比传统的平面图纸，BIM带来的最直观的价值即在于此，在大楼施工之前在电脑中虚拟的搭建出来，尽量减少因设计信息传递和理解的误差而造成工程后期不可挽回的损失。

多专业协同设计，一个建筑项目在设计和施工的过程中参与方多达数十家。传统的工作方式多以纸质图纸作为信息的传递工具，对一张图纸的理解可能存在多种角度，也可能因此差异造成信息传递断链。而以BIM模型作为协同工作的平台，项目各参与方能够在同一个信息平台上交互设计，及时参考对方的设计成果以调整自己的方案，实现更高效率的工作。

工程量统计，BIM的优势在于所见即所得，搭建出来模型，即可实时的提取其中的信息，这其中工程量是很重要的一部分。BIM模型相对二维图纸在工程量提取方面的优势在于其时效性和高精度。另外，基于BIM的设计或施工过程中，模型是不断完善的一个过程，随着设计方案的不断深化、调整，BIM模型的工程量也随之更新，有助于项目成本的管理。

碰撞检查，BIM模型的应用点有很多，碰撞检查是其中较为成熟和应用最多的一项。通过BIM模型在施工之前预先对建筑与结构构件、机电管线、机电设备甚至设备运输、安装、检修空间进行检查，排查出由于设计错漏碰缺而产生的问题，在施工之前优化掉这些错误，为项目的质量管理提供保障。

2. 数字混凝土

“根据美国施工管理协会（CMAA）的调查结果显示：由于协调失误、信息遗漏、材料浪费、沟通效率低下，以及当前设计施工方法中存在的其他问题，建筑成本中有多达30%浪费在了现场。”北京中信和业投资有限公司BIM副总监张学斌解释道，“中国建筑行业信息化的覆盖率和应用深度相对美国等发达国家偏低很多。有数据表明，与国际建筑业信息化率0.3%的平均水平相比，我国建筑业信息化率仅约为0.03%，差距高达10倍左右。建筑业的信息化体现在诸多方面，如办公平台、项目管理平台、电子文档等。从文档上看，一个典型的1亿美元的项目就能产生15万个各自独立的文件：技术图纸、合同、订单、变更单和施工进度表等。”

BIM理念的核心在于信息，一个全专业的建筑信息模型因其几何信息和所包含的各专业属性信息，在运行过程中对计算机的性能要求非常高。一个10万平方米的项目，各专业模型在施工图深度总量能达到数千兆，BIM软件在运行过程中需要实时计算与该模型相关的信息。随着项目不断地深入，模型中各个构件相互关联的信息不断增多，BIM软件对计算机的要求也呈几何形式增长。几年以前，在设计项目中应用BIM技术，需要对单专业的模型进行多维度的拆分，一栋大楼的暖通专业到项目后期甚至要拆分出上百个子模型，它们之间以链接的形式相关联，所以说一栋大楼从设计到建模直至完成，每一步骤都被数字包围着。

而中信北京Z-15项目的BIM应用规划，代表了我国工程建设领域的最高水平，其 BIM 应用的广泛程度和复杂程度在国内无出其右，因此必须有最高效、最稳定的软硬件平台提供支持，才能实现打造 BIM 应用标准、推进建筑信息化发展的建设目标。张学斌透露，作为中信北京 Z－15 项目 BIM 应用的唯一硬件合作伙伴，惠普工作站为中信北京 Z－15 项目的 BIM 应用提供了最稳定、最高效的硬件平台。此次中信和业除与惠普合作外，还选择欧特克作为其三维软件技术提供商，选择 CCDI 悉地国际集团作为 BIM 应用的咨询服务供应商。

3. 工作站的力量

工作站并非普通 PC 的升级，其超强计算能力与图形处理能力，专业处理器和显卡的配置，以及全面的 ISV 测试认证，保证专业软件发挥最佳性能，冲破应用的瓶颈。从二维图纸发展到三维画面高可视化效果，工作站在建筑工程领域是 BIM 应用必备的硬件平台，帮助提升协同工作能力，有助于高效决策，全面提高建筑企业的工作效率。

惠普打印与信息产品集团中国区个人信息产品事业部增值产品业务部总经理徐行表示，“作为建筑工程领域 BIM 应用的首选硬件平台，惠普工作站能够保证 BIM 应用高效、稳定的运行，最大限度地提升建筑企业的协同作业能力与工作效率。惠普工作站拥有服务器级 CPU、专业显卡、ECC 内存、磁盘阵列等企业级配件带来的强大计算能力与图形性能。在产品研发阶段，惠普便与行业领先的 BIM 软件厂商，例如，Autodesk、Bentley、Dassault 进行软硬件的测试，优化软硬件的协作方式，提升工作站整体的性能与稳定性，为建筑工程项目节省原来由于计算机迟滞而引起的时间延长。”

对 BIM 应用有着明确认识和丰富经验的张学斌评价，BIM 能够为建筑信息化提供极大的信息优势以及成本的节约。但 BIM 应用承载信息量极其庞杂，例如，2006 年，用一台搭载 core 早期 CPU、2G 内存、板载显卡的笔记本电脑就可以顺畅运转一个建筑专业的 Revit 模型。而在 BIM 应用深度不断加强的过程中，建筑、结构、机电等多专业纷纷需要 BIM 的时候，BIM 应用对计算机的硬件提出了更高的要求。BIM 应用的核心在于信息，一切与信息有关的工作需要一台满足要求的工作站作为依托。随着专业软件工具的发展，想要实现完美的建筑模型展现，必须依赖性能出色、运行可靠的硬件平台。因此，在 BIM 的信息化发展过程中，工作站技术的不断更新换代起到了推波助澜的作用，也是搭载 BIM 应用的最佳硬件平台。

十一、国际化

（一）中信银行发行中信 IHG·优悦会联名信用卡①

2013 年 9 月 28 日，中信银行与洲际酒店集团在上海世博洲际酒店宣布，正式合作发行中信 IHG·优悦会联名信用卡。该款信用卡由此成为中国首张信用卡等级与酒店会

① 资料来源：人民网—上海频道，2013 年 9 月 30 日。

员等级对等的联名信用卡，它通过结合双方的优势资源，为中高端商旅人士提供一款兼具全球酒店会员特权、国际金融服务的全新信用卡产品。中信银行副行长孙德顺先生、洲际酒店集团大中华区首席执行官柯明思（Kenneth Macpherson）先生、万事达卡大中华区总裁凌海先生共同出席了本次新品发布会。中信 IHG · 优悦会联名信用卡的发布标志着中信银行落实新的发展战略、全面进入服务行业并开始国际化经营进程。洲际酒店集团大中华区首席执行官柯明思表示："我们非常荣幸能够与中国领先的金融品牌中信银行合作，延续洲际酒店集团在中国市场的创新领导地位。洲际酒店集团拥有世界上规模最大、最受欢迎的酒店忠诚客户计划。我们一直致力为遍布全球的 7400 多万 IHG · 优悦会会员提供专业的酒店服务及增值回馈。中信 IHG · 优悦会联名信用卡的发行将会是我们为中国超过 400 万会员提供优质增值服务的有力举措，从而让我们的宾客享受更便捷、更舒适的全方位出行体验。"

据中信银行相关负责人介绍，"国际化经营"是中信银行最新发展战略的重要内容。中信银行将大力推进国际化进程，通过搭建全球金融服务平台，实现领先的全球用卡支付、统一的全球服务体系、整合的运营支撑平台的目标。中信银行信用卡已在商旅人群的细分市场积累了丰富的行业经验，并取得了领先的优势，此次与洲际酒店集团强强合作，将进一步加强中信银行信用卡商旅服务的综合实力，拓展信用卡客户的境外支付业务，提高全球化金融服务水平，提升客户海外消费体验，为中信银行打造"中国的世界卡"奠定坚实的基础。

（二）中信银行（国际）携手国航在港发行联名卡①

2013 年 11 月 27 日，中信银行（国际）有限公司（信银国际）在中信银行股份有限公司的全力支持下，与中国国际航空股份有限公司携手推出香港首张银行—航空联营并以人民币与港币双结算的双币信用卡"信银国际中国国航双币信用卡"。此次三方的合作标志着中信银行持续推进国际化进程，开展国际化业务经营的重要战略举措。

中信银行（国际）有限公司作为一家植根于香港的综合性商业银行，在中国内地、中国澳门、新加坡、美国均设有分行，致力于拓展中国香港、亚洲以至世界其他地区的国际银行业务，充当着中信银行境外发展平台的重要角色。国航，作为中国唯一的载旗航空公司，截至 2013 年 6 月，通航 29 个国家、145 个城市，依托于星空联盟强大的航线网络，可载国航旅客顺畅到达 194 个国家的 1329 个目的地。基于信银国际与国航双强的国际化优势，新推出的"信银国际中国国航双币信用卡"将充分利用各方优势，为持卡人的海外消费提供便捷与安全的服务。此联名卡的发布必将极大促进两公司海外业务的蓬勃发展。

信银国际执行董事兼替任行政总裁吴秋玉女士在"信银国际中国国航双币信用卡"启动典礼致辞时表示："此张信用卡的推出，贯彻本行积极开拓跨境银行服务及产品的

① 资料来源：中信银行官网。

策略。国航、中信银行与信银国际三方的策略性合作，将为商务及旅游客户提供无可比拟的跨境以致全球理财及消费的便利。”

中信银行信用卡中心负责人表示：“2013 年是信用卡中心落实中信银行战略、推进国际化经营进程的重要一年。我们将充分利用国航与信银国际的各种优势，发挥并延伸我们在境外的金融服务平台，通过三方的紧密联结，为持卡用户提供顶级的海外消费体验。我相信，三方的国际化合作是一个崭新的开始，势必将领导市场的潮流，为航空、金融的跨界联合开启新的篇章。”

中国国航市场部总经理何志刚先生指出：“随着经济的迅猛发展，中国 2012 年已超越美国等国成为世界第一大国际旅游消费国，海外旅游消费额达 1020 亿美元，同比 2011 年增长了 40%。‘信银国际中国国航双币信用卡’的推出，正是立足全球化趋势、瞄准国际市场、迎合中国人海外消费刷卡的需求。这是国航首张海外发行的联名信用卡，该卡的发行不但将为国航乘客带来更多的实质性利益，也将极大地拓展国航海外航线的需求，促进国航在国人出境游方面的认可度。”

信银国际董事长陈小宪博士认为：“这张香港首创的航空双币卡不但体现了信银国际‘跨境联动，创新发展’的理念，同时对三方之间的合作有着里程碑的意义。今天其实只是开始，在未来的日子里，中国国航、中信银行及信银国际将进一步提升联动合作的高度及阔度，开发更多切合客户需要的专业优质服务和产品，创造多赢局面。”

（三）中信证券并购里昂证券

2013 年 7 月 31 日晚，中信证券对外公告称，中信证券公司全资子公司中信证券国际有限公司已完成收购里昂证券剩余 80.1% 股权的交易，里昂证券成为中信证券国际的全资子公司。随后，中信证券再发公告称，该公司已获准发行 200 亿元公司债，其中第二期 50 亿元为 3 年期。

1. 收购——国际化之路一波三折

需要注意的是，此前业内人士对此收购并不看好，其从初期商议到收官前后历经四年，一波三折。“不管怎么说，中国券商的跨国并购之路终于成功走出了第一步”，中银国际投资顾问熊天恩在接受《民营经济报》记者采访时表示。

追溯中信证券的国际化之路，可谓波折不断。早在 2007 年，恰逢金融危机爆发前夜，中信和美国投行贝尔斯登签署全面战略合作预案。但短短 5 个月后，贝尔斯登便在危机中遭受挤兑而被收购，中信收购计划只能搁浅。

2010 年 5 月，中信证券首次宣布与东方汇理银行商谈里昂证券合作，并公布第一套合作方案。中信证券将成为里昂证券大股东东方汇理银行唯一的合作方，设立 50% 对 50% 的合资公司，合资公司总部将设在中国香港。双方并不会以现金出资，中信证券将中信证券国际注入合资公司，东方汇理银行将注入里昂证券。

然而 2011 年 6 月，中信证券更改计划。其公告称，全资子公司中信证券国际出资 3.74 亿美元收购里昂和盛富证券各 19.9% 的股权，盛富证券亦为东方汇理全资持有宣布全资子公司。中信证券试图通过里昂和盛富证券搭建覆盖欧亚的业务平台。

2012年3月，中信证券再度公告其更改计划，同意全资子公司中信证券国际投资里昂证券19.90%的股权，但不再收购盛富证券19.90%的股权。有业内人士分析，与盛富证券相比，里昂证券总部在香港，在亚太地区具有较大的影响力，其在亚洲各市场的经纪业务和研究业务都名列前茅，在业务上可与中信证券有更好的互补。

直到2012年7月，中信证券国际将以12.52亿美元揽下里昂证券100%的股权，其中19.9%的股权收购已完成交割。数据显示，里昂证券于2010年度、2011年度分别实现收入7.61亿美元、7.39亿美元，归属于公司股东的净利润分别为6100万美元、-1000万美元。

在不少投行人士看来，里昂证券是个“烫手山芋”。“随着危机的深化，里昂的问题资产才会逐渐暴露出来。此外，核心团队是全球性投行最关键的资产，如果整合不利，人员流失，背后的客户资源也会随即落空”，有证券投行人士如此表示担心。

需要提及的是，收购完成后，中信证券的业务将覆盖美国、英国、日本、澳大利亚、菲律宾、马来西亚和泰国等市场，成为首家分支机构遍及全球的中国大陆券商。

2. 分析——“高盛梦”背后难掩隐患

事实上，中信证券的野心是做中国的高盛，与高盛虽还有所区别，但其国际化的目标“香港—亚太—全球”也显而易见。此前中信证券副董事长殷可在谈及中信证券与国际大投行的差距时，不止一次地提到了高盛。成为与高盛比肩、国际一流综合性证券公司是中信证券的战略愿景。

据业内分析，此番并购收官有利于提升中信证券的创新型业务水平，其体现了国际化和全业务链，强化了它作为行业龙头的地位，并为我国券商的国际化进程积累了宝贵的经验。

然而，“高盛梦”背后却难掩诸多问题存在。中信证券公布的2013年上半年业绩快报显示，中信证券2013年上半年实现净利润21.11亿元人民币，较上年同期下降6.14%，营业收入60.38亿元，同比小幅增长4.32%，基本每股收益为0.19元，较上年同期下降5%。

对此，中信证券在公告中将净利润下滑的原因归结为：因证券市场、汇率市场波动；A股市场IPO暂停；公司布局资本中介业务和国际化业务，同时提高财务杠杆水平；拟实施2012年度利润分配方案，导致归属于母公司股东的净利润及净资产分别下降6.14%、2.42%。

另据最新中期业绩快报显示，海通证券归属于上市公司股东的净利润为26.65亿元，排名上市券商第一，而中信证券归属于母公司股东的净利润为21.11亿元，暂列第二，由此失去稳坐国内券商的头把交椅。有证券分析师向记者表示，“净利润下降是由于IPO停发导致证券市场环境的不景气，这一块上本来是中信的强项，而失去头把交椅，则是因为海通在创新业务方面发力很快”。

在业内人士看来，中信收购里昂能否挽回中信证券面临的尴尬处境并不尽然。熊天恩向记者分析，短期对中信业绩影响不大，海外资源的整合其见效还需要一个时间，“长期有利于中信的发展，或有可能提升中信的净资产收益率，毕竟国际业务的开拓增进了”。

（四）中信银行推出客户子女赴英实习计划①

2016年1月11日，第三届中英对话与发展论坛在北京成功举办。在此次论坛上，中信银行与英国海外学生服务中心签署了针对赴英留学生实习计划的战略合作协议，开启了赴英服务的新篇章。

此项赴英留学生实习计划是由英国商务、创新和技能部与英国投资贸易总署，英国签证移民专署联合授权设立，中华人民共和国国家外国专家局、国家留学基金管理委员会等机构共同推进，每年选派1000名本国高校学生到对方国家实习，促进学生在对方国家进行社会、企业层面的广泛交流，并使学生通过实习，获取国际经验、拓宽国际视野、发挥特长及技能，增强其在国际就业市场上的竞争力，共同致力于两国的合作与发展战略。

根据双方约定，中信银行客户子女将可优先获得海外学生服务中心的担保Tier5（GAE）签证，即为期一年的担保英国实习签证，并可推荐至瑞士银行、瑞士历峰集团、IBM、阿玛尼时尚集团以及中央电视台欧洲站、凤凰卫视欧洲台、华为欧洲等国内外知名企业实习。同时，获得海外学生服务中心提供的文化特性简历和求职信指导、实习后期关怀、专业顾问团队支持等服务。优秀学生还可由中信银行与英国海外学生服务中心共同推荐申请英国顶尖名校，如伊顿、哈罗、牛津、剑桥等，大大提高录取机会。

本届论坛由英国政府授权的“国际学生实习计划”项目管理机构和中信银行共同主办。中英两国官员、专家以及大学和企业代表出席这次论坛。中信银行作为国内出国金融业务的领跑者，在本次论坛上以唯一合作金融机构的身份亮相，体现出对中英人才培养和交流的关注。

根据中信银行联合胡润研究院和尼尔森等机构推出的《2014海外教育特别报告》及2015年《留学中介评价指数白皮书》对中国市场做出的总结及预判，英国是中国高中以下学生的首选留学目的地国家。对此，中信银行副行长郭党怀表示，该行对英国的留学和旅游市场尤为重视，相继推出了留学生信用卡、针对海外消费的全币通（SIGNATURE）信用卡、运通白金卡等，并联合英国本地商户推出各类市场活动，以满足赴英留学商旅人士的需要。未来，中信银行还将为促进赴英留学、赴英旅游提供更多的支持和服务。

中信银行作为国内率先推出出国金融服务的商业银行，自1998年以来，一直致力于为留学、商旅人士提供签证办理、跨境汇款、结售汇、信用卡、留学贷款、外汇理

① 资料来源：人民网，http：//jx. people. com. cn/n2/2016/0112/c348474 - 27525270. html。

财、全球资产配置等产品。

十二、企业文化

企业文化是企业在长期的经营管理实践中形成的，被广大员工普遍认同并共同遵守的价值理念和行为规范。它渗透在企业经营管理的各个方面，体现在员工的思想和行为中，引导着企业的发展方向。

企业文化通过价值观的塑造，把先进的思想观念和经营理念融入企业发展战略，它以人的全面发展为核心，以企业共同愿景为引导，以新型的柔性管理模式为特征，把广大员工凝聚起来，最大限度地调动员工的积极性、主动性和创造性，以形成企业的竞争优势，使企业保持基业常青。

中信集团是中国对外开放的重要窗口，中信集团的企业文化是伴随着国家改革开放和现代化建设的进程，在中信事业的发展中得到孕育并不断丰富和发展起来的。中信集团的企业文化凝聚着党和国家领导人的关怀和希望，是在中信事业的创始人荣毅仁老董事长亲自培育下形成的。荣毅仁老董事长所倡导的32字中信风格在中信事业的发展中得到大力弘扬，已成为中信人的共同行为准则。中信集团历任领导对企业文化有过许多重要论述，不断丰富了中信集团企业文化的内涵。中信集团的企业文化是中信集团最宝贵的无形资产和精神财富。

随着经济全球化的发展，中信集团要在更大范围和更深层次上参与国内外市场竞争，实现自身又好又快的发展，必须通过进一步弘扬中信企业文化，增强集团凝聚力、执行力和创造力，发挥综合优势与整体协同效应，为中信事业的健康持续发展奠定共同的思想文化基础。

（一）中信集团徽标

中信集团的徽标是荣毅仁老董事长亲自设计的，由China International Trustand Investment Corporation的英文大写字母缩写组成。其正圆形的构图采用传统对称均衡的设计手法，中间像两扇徐徐开启的大门，两边又如打开的窗户，象征着中信集团是中国对外开放的重要窗口。徽标的风格在整体上既庄重严谨，又洋溢着现代气息。中信集团的徽标被国家工商行政管理总局认定为中国驰名商标。

（二）荣毅仁同志塑像

荣毅仁同志（1916~2005年）是中国现代民族工商业者的杰出代表，卓越的国家领导人，伟大的爱国主义、共产主义战士，曾担任中华人民共和国副主席，第六、第七届全国人民代表大会常务委员会副委员长，中国人民政治协商会议第五届全国委员会副主席，中华全国工商业联合会主席，中国国际信托投资公司董事长。

荣毅仁同志始终把自己的命运与中国共产党领导的社会主义建设和改革开放事业联系在一起，在改革开放和现代化建设、多党合作与政治协商、重要政策法规制定、祖国统一、国际交往等方面功勋卓著，为国家强盛、民族振兴、人民幸福付出了大量心血，在海内外享有崇高的声誉，受到广大人民的尊敬和爱戴。

荣毅仁同志是中信事业的创始人。在他的卓越领导下，中信集团充分发挥中国对外开放重要窗口的作用，成功开辟出一条通过吸收和运用外资、引进先进技术和管理经验为国家现代化建设服务的创新发展之路，取得了令人瞩目的业绩，为国家和社会作出了重要贡献。

2007 年 9 月 29 日，经中央批准，荣毅仁同志塑像在京城大厦落成。中信集团举行了隆重的揭幕仪式。

（三）中信集团企业文化体系

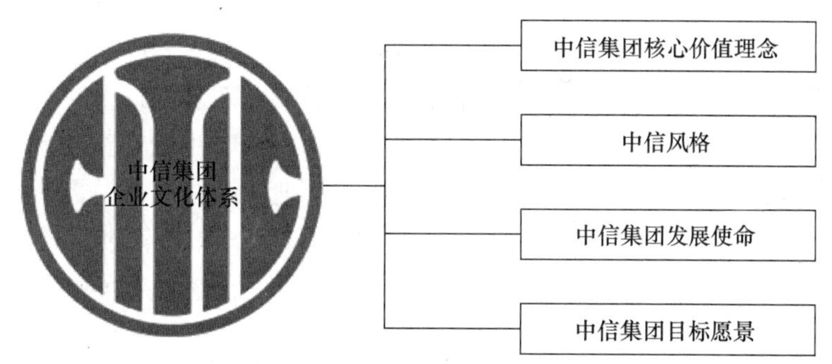

图 3　中信集团文化体系

（四）精心构建中信特色的企业文化体系

中信集团在创业和发展中形成了许多优良传统，集聚了丰厚的文化底蕴，在继承和发扬优良传统的基础上，形成了适应集团发展战略、符合时代精神、具有中信特色的企业文化体系。根据集团领导的分工，常务董事温晋平同志具体负责这项工作，他带头组织相关人员认真研读企业文化理论，并率团赴日本、新加坡、韩国和中国台湾地区实地考察国际知名公司的企业文化，对 20 多家国内大型企业和金融机构的企业文化建设情况进行调研走访。集团组织力量用两年多时间对中信的历史沿革与发展脉络、领导人的经营思想、重大历史事件、优良传统、发展模式等企业文化资源进行收集汇总，经过认真研究、梳理和提炼概括，并广泛征求意见，形成了中信集团企业文化体系。

中信集团成立 30 周年之际，标志着中信企业文化走向成熟的《企业文化手册》正式印发执行。制定和颁发《企业文化手册》，对企业文化体系进行明确阐释和系统展示，是进一步弘扬中信企业文化，在全系统推进企业文化建设的重要举措，对加强企业文化建设具有重要的规范作用和指导意义。集团领导就学习好、运用好《企业文化手册》提出了明确要求，在员工中兴起了企业文化建设的热潮。

（五）中信集团企业文化体系的基本内涵

中信集团的核心价值理念是诚信、创新、凝聚、融合、奉献、卓越。

1. 诚信是中信集团的立身之本和经营哲学

中信集团要求在经营活动中自觉地维护国家的荣誉和企业的信誉；讲信用、讲商誉、讲道德，恪守承诺；与客户和合作者坦诚相待、诚实守信，对客户和合作者高度负责。

中信集团作为国家授权最早开展国际信托业务的公司，以信交天下，以信取信，受之以信，付之以信，得之以信。荣毅仁同志明确提出，信誉是公司的生命，要把诚信作为对待客户的原则和员工工作的基本准则，做到坦诚相待，重信誉、守合同；在经营活动中要投资而绝不能搞投机，要讲有利可图，但不要不择手段、唯利是图；要维护国家的尊严和荣誉，维护公司的信誉，维护自己的人格。诚信体现了中信人最核心的价值观。

2. 创新是中信集团发展的不竭动力和优势所在

中信集团要求在各项业务的发展中不断解放思想，更新观念，与时俱进，适应新的形势和挑战，敢于打破常规，敢为天下先；坚持开拓进取、锐意创新，大胆探索，大胆尝试，大胆实践，在创新中赢得市场先机，使中信事业永葆旺盛的活力。

中信集团是中国改革开放的产物。成立之初，国家要求中信冲破当时体制的旧框框，按照市场经济规律和国际惯例办事，大胆利用外资，引进先进的技术设备和管理经验，为社会主义现代化建设服务，起到窗口和试点的作用。邓小平同志、江泽民同志为中信的题词都突出表达了对中信在开拓创新方面的期望。荣毅仁同志明确指出，中信的优势在于创新。中信历任领导都强调，创新是中信发展的基本经验和优良传统。中信集团成立以来，在诸多领域进行大胆创新，在很多方面成为国内行业的创建者和市场的引领者。创新被视为中信集团至为宝贵的优良传统和文化基因。

3. 凝聚是中信集团的力量源泉和整体竞争力的重要体现

中信集团要求在员工中大力弘扬和培育精诚合作的精神，牢固树立全局观念和一盘棋的思想；目标一致，步调一致，同心同德，众志成城，依靠团结的力量和集团整体协同效应去战胜前进道路上的各种困难。

中信集团的业务涵盖金融与非金融众多领域，经营范围广泛，分支机构众多，因而高度重视发挥集团综合优势，内部各单位之间保持着相互配合、相互支持的关系。全体中信人会集在中信这面旗帜下，无论是日常经营管理还是完成各项重大任务，都表现出了团结一心、同舟共济、整体协作的精神，这是中信事业不断发展壮大的重要保证。中信人的自豪感、归属感和责任感，在员工中凝聚成一股强大的力量。

4. 融合是中信集团的团队特色和建设和谐企业的基本内涵

中信集团要求企业在发展中树立世界眼光，保持开放胸怀，对内讲团结、讲包容，相互尊重，相互支持；对外讲合作、讲融洽，做到平等相待，实现互利共赢。

中信集团是一个国际化程度比较高的企业，荣毅仁同志一向强调，要对内讲团结、讲包容，对外讲合作、讲融洽。随着中信事业的发展壮大，与境外企业和机构的合作也越来越多，在世界上许多国家和地区都有分支机构，面对国际国内两个市场，中信集团具有开放的胸怀和开阔的视野，善于学习世界上一切先进的东西，做到兼收并蓄、为我所用。作为不同的个体，虽然员工的专业知识、文化背景不尽相同，但都能够在共同的发展目标下努力实现个体的价值。中信事业正是这样一个能使员工积极施展个人才能和抱负的广阔平台。将不同背景的成员融于一体，做到彼此和谐相处、合作共事，构成了中信事业发展的坚实基础。

5. 奉献是中信集团的行为风范和精神境界

中信集团要求广大员工热爱祖国、热爱中信、热爱本职；切实履行社会责任，积极参与社会公益事业；艰苦奋斗，克己奉公，自觉为社会主义现代化建设事业贡献聪明才智。

中信集团成立以来，积极致力于为国家改革开放和现代化建设事业做贡献，始终把国家利益放在第一位，努力完成国家所赋予的使命，尽好国有企业的社会责任，为国家分忧，为人民谋利，为社会造福。虽然在创业和发展中遇到许多困难，但广大员工怀着一腔赤诚，不计名利，不畏挫折，恪尽职守，忘我工作，为中信事业的发展做出了无私的奉献。坚持以事业为重、不计名利、甘愿奉献永远是中信人应有的精神境界。

6. 卓越是中信集团的价值取向和目标追求

中信集团要求广大员工不甘平庸，志存高远，在发展中追求更高的目标、更佳的品质、更好的效益；不断超越自我，超越他人，努力实现新的跨越和突破，永葆基业常青。

中信集团把建设一流国际化企业作为目标，在许多业务领域中实现了健康快速的发展，取得了令人瞩目的成就。中信人在不同岗位上以良好的职业素质、精益求精的工作准则，立足本职创先争优，发扬“永远争第一”的精神，创造出了一个个同业为之惊奇的业绩，展示了积极进取、昂扬向上、自强不息的风貌。中信集团的发展历史体现出追求卓越的独特气质。面对新的历史机遇和挑战，卓越更代表了中信人面向未来的雄心气度和使命精神。

中信风格是：遵纪守法，作风正派；实事求是，开拓创新；谦虚谨慎，团结互助；勤勉奋发，雷厉风行。

遵纪守法，作风正派，就是要遵守国家的法律、法规和外事纪律，执行公司的规章制度，严守国家和公司的机密；以国家和公司的利益为重，顾全大局，廉洁自律；以诚待人，恪守信义，平等交往，追求互利共赢。

实事求是，开拓创新，就是要从实际出发，有一说一，有二说二，不说大话、假话、空话，多做少说，先做后说；工作深入扎实，注重调查研究，不搞形式主义；不断更新思想观念，勇于突破旧体制、旧习惯的束缚，大胆创新，争创一流业绩。

谦虚谨慎，团结互助，就是要注意学习他人长处，虚心听取他人意见，有错就改，永不自满；互相尊重，互相帮助，待人热情友好，讲礼貌；树立集体意识和团队精神，从全局和整体出发，密切内部协作和交流。

勤勉奋发，雷厉风行，就是在工作中要有认真的态度、紧张的气氛，说干就干，办事严格，讲究效率；保持朝气蓬勃、积极进取的精神状态，励精图治，艰苦奋斗，忘我工作；坚决执行上级决定，勇于承担责任，胜利不骄，逆境不馁。

中信集团的发展使命是：为客户提供最好的服务，为员工提供施展才能的平台，为股东创造最大价值，为国家做出最大贡献。中信集团在经营活动中始终坚持客户第一的原则，不断满足客户现实的和潜在的需求，努力创造一流的服务水平，这是企业取得良好信誉的重要条件；中信集团把员工作为第一资源，充分发挥员工的聪明才智，形成了员工成长与发展的良好环境，为中信事业提供了组织和人才的保证；中信集团把给股东的回报作为企业长久成功的基础，切实提高经营管理水平和盈利能力，实现国有资产的保值增值，使股东价值得到最大化；中信集团具有国家利益高于一切的传统，坚定不移地履行国家赋予国有企业的政治责任、经济责任、社会责任，为国家的改革开放和现代化建设事业做出了积极的贡献，得到了社会的广泛赞誉。这几方面既是中信集团的经营目标，也是所承担的使命与责任。

中信集团的目标愿景是：成为综合优势明显、若干领域领先，具有核心竞争力的国际一流大型企业集团。作为综合性、多元化的大型跨国企业集团，中信集团的业务范围十分广泛，横跨国内外金融与非金融的多个行业和领域。在金融主业中，拥有银行、证券、保险、信托、基金、期货等牌照齐全的金融子公司；在非金融业务中，在房地产与土地成片开发、工程承包、基础设施建设、资源与能源、机械制造、信息产业、高新技术及其他服务领域进行了重大投资。在这样的结构布局中，必须最大限度地发挥集团综合优势，强化整体协调机制，并通过业务整合和结构调整，集中资源重点发展若干行业，形成在国内拥有行业领先地位的优势业务，增强集团整体盈利能力和核心竞争力，真正成为国际一流的综合性大型企业集团。

十三、社会责任

中信集团十分重视履行好企业的社会责任，注重把社会责任的要求融入到企业使命、发展战略和日常经营管理全过程，树立了良好的社会形象。

做好援助西藏自治区申扎县工作。投入2018万元建设了牧民安居工程、城镇市政设施、申扎县会议中心改造等项目，设立经济专业合作组织扶持资金，组织职工培训，改善了当地基础设施状况和人民群众的生产生活条件。

推进边疆少数民族贫困地区定点帮扶工作。做好云南省红河州元阳县和屏边县定点帮扶工作。投入800万元用于开展“美丽家园”乡村建设、生产技能培训、劳务输出等多个扶贫项目，改善了当地基础设施状况和人民群众的生产生活条件。扶持红河州教育事业，设立的中信奖助学金2014年资助师生965人。

积极参与环境保护与生态建设。出资404万元建设怀柔区674亩“2014年APEC碳中和林”，为改善首都生态环境做出贡献。中信银行等金融类子公司大力支持绿色经

济、循环经济、低碳经济发展。中信重工等制造类企业注重发展循环经济和节能环保产业，致力于生产过程和产品技术的低碳化，截至2014年底，中信重工利用低品位余热高效回收利用技术已建成投产及在建发电项目总装机容量达1125兆瓦，全部建成投产后年发电量约75亿千瓦时，能够有效减少废气排放。

积极创造就业岗位。中信系统各企业在境内外提供了20多万就业岗位。严格遵守法律法规，完善劳动合同制度，改善员工生产生活条件，维护员工合法权益。制定和执行中长期发展规划，确保企业持续健康发展，为广大员工施展才能提供广阔平台，实现员工与企业共同成长。根据企业盈利情况，健全薪酬福利体系，使员工分享企业发展成果。

响应国家号召，参与保障性住房建设，为改善民生做出一定贡献。其中，中信房地产股份有限公司近年来参与建设的保障性住房开工面积达88万平方米；中信信托有限责任公司探索信托支持保障性住房建设模式，投入江苏、内蒙古、辽宁等地保障性住房信托资金规模达32亿元。

推进自主创新，大力发展节能环保技术。中信重工机械股份有限公司拥有发明专利的“纯低温余热发电技术工艺装备”技术达到世界先进水平，占国内余热发电市场份额超过50%，对实现资源充分利用起到重要作用。水泥窑消纳城市垃圾技术投入应用后可变废物为替代燃料，大幅度节约能源，将在一定程度上降低城市垃圾填埋或焚烧对环境的不利影响。

帮扶弱势群体。中信银行向浙江慈善总会捐助431万元以帮助有需要的群体。中信医疗下属各医院积极开展各类义诊活动，全年义诊妇女、儿童、老年人、农民工、复退军人等约7800人次。

参与抗击重大自然灾害，积极帮助灾后重建。2014年7月18日，超强台风“威尔逊”登陆海南省文昌市，中信泰富累计捐助600万元以支持受灾民众重建家园；中信地产海南投资有限公司除向重灾区送去救灾物资外，还对在此次台风袭击中遭受重创的海口市云龙八一希望小学进行修缮；中信银行通过海南金融办，向台风灾区捐赠100万元。2014年8月3日，云南省鲁甸县发生6.5级地震，中信系统各企业和员工共向地震灾区捐款约2744万元（其中员工捐款1173万元），中信泰富通过香港乐施会捐助港币100万元，帮助灾区人民恢复生产生活，重建家园。

积极支持教育、科技、文化等事业发展。继续出资赞助北京国际音乐节。中信银行继续支持原有10所“中信银行·新长城高中自强班”，并于2014年新增加了7所，全年累计投入170万元资助贫困高中生850名。中信信托捐资200万元继续支持中信航天发展基金。

在境外项目所在国履行企业的社会责任。在安哥拉，中信建设投入约70万美元发起创建中信百年职校，帮助更多的当地年轻人通过自身努力成为符合工作岗位需求的实用人才，中信建设有限责任公司在承建安哥拉工程承包项目的同时，开展“促进安哥拉乒乓球运动发展计划”，利用中国乒乓球运动优势帮助该国发展乒乓球运动，提高关注度和群众基础，提升在国际赛场的竞争力；巴西火电厂项目部将职工宿舍、办公设备、医疗室等捐赠给当地政府和业主；白俄罗斯水泥厂项目部为所在地患病儿童募集资金，资助治疗。中信—中国铁建联合体赞助并推动举办中国和阿尔及利亚友谊杯武术大赛。在澳洲，中信矿业国际赞助当地 FeNaCING 节、哥萨克艺术奖等小区重要活动；公司员工发起向澳大利亚"全国乳腺癌基金会"捐助活动，筹集近 34000 澳元善款。在印度尼西亚，中信资源 Seram 区块支持当地官方电台 RRI 在斯兰岛举办民俗舞蹈活动和当地小区组织 ManggalaYudha 在斯兰岛举办"艺术、文化和义卖计划"活动，引起了广泛的社会影响。

中信集团履行社会责任工作得到了有关部门的充分肯定，国务院扶贫开发领导小组授予中信集团扶贫办"中央国家机关定点扶贫先进集体"称号；中央国家机关事务管理局评选中信集团绿化办为"首都绿化美化先进单位"，中信集团金陵酒店为 2014 年度首都"绿化美化花园式单位"。中信集团今后将加大公益事业的投入力度，不断做出新贡献。

十四、财务绩效

（一）整体数据

表 3　中信银行股本结构

排名	股东名称	持股数量（股）	占总股本比例(%)	与上期持股变化（股）	股份类型	股东性质
1	中国中信有限公司	31406992773	67.13	0	流通 A 股，流通 H 股	国有法人
2	香港中央结算（代理人）有限公司	12111181036	25.89	-230038	流通 H 股	境外法人
3	中国证券金融股份有限公司	918759927	1.96		流通 A 股	国有法人
4	中央汇金投资有限责任公司	272838300	0.58		流通 A 股	国有法人
5	中国建设银行股份有限公司	168599268	0.36	0	流通 H 股	国有法人
6	招商证券股份有限公司	54005725	0.12		流通 A 股	国有法人
7	全国社保基金五零三组合	39993632	0.09	0	流通 A 股	国有法人
8	河北建设投资集团有限责任公司	31034400	0.07		流通 A 股	国有法人
9	中国农业银行股份有限公司—易方达瑞惠灵活配置混合型发起式证券投资基金	30357535	0.06		流通 A 股	证券投资基金
10	中信证券股份有限公司客户信用交易担保证券账户	28473643	0.06		流通 A 股	非以上所述类别

表4　全球系统重要性评估指标　　单位：百万元人民币

序号	指标	2014年年末
1	风险调整后的表内外资产项目合计	4872581
2	金融机构间资产	478318
3	金融机构间负债	747886
4	发行证券和其他融资工具	254958
5	通过支付系统或代理行结算的支付额	80532902
6	托管资产	3538306
7	有价证券承销额	432153
8	场外衍生产品名义本金	1156104
9	交易类和可供出售证券	65040
10	第三层次资产	456
11	跨境债权	132546
12	跨境负债	100242

（二）经营业绩

表5　经营业绩指标数据　　会计年度：2015年6月30日

项目名称	主营业务收入（元）	主营业务成本（元）	主营利润（元）	毛利率（%）
公司银行业务	34992000000	21769000000	13223000000	37.79
金融市场业务	21655000000	3073000000	18582000000	85.81
零售银行业务	16233000000	13036000000	3197000000	19.69
其他业务及未分配项目	-2842000000	2050000000	-4892000000	—

（三）盈利能力

表6　盈利能力指标数据　　会计年度：2014年12月31日

项目	2014年	2013年	本年比上年变动百分点	2012年
平均总资产回报率（ROAA）（%）	1.07	1.20	0.13	1.10
加权平均净资产收益率（%）	16.84	18.48	1.64	16.70
加权平均净资产收益率（扣除非经常性损益）（%）	16.76	18.36	1.60	16.61
成本收入比（%）	30.32	31.41	1.09	31.51
信贷成本（%）	1.06	0.62	0.44	0.84
净利差（%）	2.19	2.40	0.21	2.61
净息差（%）	2.40	2.60	0.20	2.81

资料来源：中信集团官网。

企业的盈利能力，其主要指标为毛利率、核心利润率、净资产收益率、每股收益等，综合以上数据我们发现，公司的盈利能力逐年增强，经过测算，其利润总额相比于2013年增长68.12亿元，净利润增长率相比于2013年增长90.89%。同时，公司经营活动中产生的现金净流量也保持在了高水平。就盈利能力而言，企业的净利润较2013年相比有了比较稳步的增长，连续三年中信证券的净利润在增加。

（四）偿债能力

表7　偿债能力指标数据　　单位：百万元人民币

项目	2014年	2013年	本年比上年增幅（%）/变动百分点	2012年
正常贷款	2159454	1921209	12.40	1650646
不良贷款	28454	19966	42.51	12255
贷款减值准备	51576	41254	25.02	35325
不良贷款比率	1.30%	1.03%	0.27	0.74%
拨备覆盖率	181.26%	206.62%	(25.36)	288.25%
贷款拨备率	2.36%	2.13%	0.23	2.12%

资料来源：中信集团官网。

企业的短期偿债能力，其主要指标有流动比率、速动比率等。数据算出流动比率为3.2%，其短期偿债能力较好。

（五）运营能力

表8　运营能力指标数据

主要指标	标准值（%）	本行数据（%）		
		2014年12月31日	2013年12月31日	2012年12月31日
流动性比例	≥25	51.82	46.40	52.20
其中：人民币	≥25	52.59	43.45	48.85
外币	≥25	40.45	106.78	86.48
存贷款比例	≤75	73.08	72.79	73.59
其中：人民币	≤75	74.44	72.35	74.12
外币	≤75	56.47	79.83	64.12

就中信集团的资产总体状况而言，企业的整体资产质量完全可以满足企业的经营活动需要，但仍应考虑股市周期风险因素，如果股市行情持续低迷，企业的整体资产在应

对企业经营活动上需要借助筹资手段。企业的发展关键在于人才，中信证券管理层的核心成员稳定，从根本上保障了企业良性运转，中信证券在市场营销、人才资源、技术资源、市场资源及产品的多元化都有自己的优势，能够更好地保障企业可持续发展。

十五、自贸区元素

（一）上海自贸区

2014 年 12 月 15 日，中信银行上海自贸试验区分行正式揭牌开业。中国（上海）自由贸易试验区管委会副主任严旭、上海自由贸易试验区管委会财政金融局局长张红、上海自由贸易区投资服务中心主任杜燕英、上海市公安局自由贸易试验区分局副局长王政、中信银行副行长张强、中信银行上海分行行长吴小平等领导及部分企业客户代表共计 40 余人出席了开业仪式。

中信银行表示，加快实施自由贸易区战略是我国新一轮对外开放的重要内容，随着金融改革政策逐项落地，中信银行相继办理了自贸区企业人民币境外借款、跨境人民币双向现金池、直接投资外汇登记、外商投资企业资本金意愿结汇等自贸区创新业务。上海自贸试验区分行的成立是中信银行布局自贸区的重要举措，未来将积极跟进自贸区在金融领域的政策安排，及时配套综合金融服务方案，致力于提供差异化服务，支持区内企业的发展，为上海国际金融中心建设做出积极贡献。

未来，中信银行上海自贸试验区分行将依托中信银行总行和上海分行的战略部署，紧紧围绕自贸区未来发展规划，借助其海内外的渠道优势，在跨境人民币业务和离岸金融业务方面打造创新品牌，在离岸、跨境、投融资、现金管理等领域，不断开发、创新促进贸易和投资便利的金融产品、业务模式，为客户提供全方位、全产品的金融服务，充分发挥经济助推器作用，促进地方经济和社会事业更快更好地发展。

（二）广东自贸区

2015 年 12 月 11 日，中国人民银行发布了《中国人民银行关于金融支持中国（广东）自由贸易试验区建设的指导意见》（以下简称《指导意见》），广东自贸区金融政策落地。中国人民银行广州分行行长王景武、广东省副省长陈云贤分别致辞，给予自贸区金融政策高度评价。在政策发布环节，会议采取政策视频大片的新颖形式进行政策宣讲，全面、形象、生动地介绍了广东自贸区的金融政策。

中信银行广州分行相关负责人表示，乘着广东自贸区的东风，该行汇聚中信集团优势金融资源，将为广东企业提供全方位、综合性的自贸区金融服务，加速发展自贸区业务。

（三）天津自贸区

2015 年 4 月 21 日，中信银行天津分行参加了天津市政府组织的“中国（天津）自由贸易试验区挂牌仪式”，中信银行天津分行副行长谷培强亲临仪式现场，同时以中信银行天津自贸区分行行长的身份见证了天津自贸区的成立。中信银行总行国际部跨境人民币业务处袁野处长助理和总行国际部贸易融资处孟凡辉处长助理也出席了此次挂牌仪式。

挂牌仪式上，天津市委相关领导亲自为中信银行授予了自贸区分行的金融许可证，中信银行自贸区分行也已于当天办理了营业执照的变更手续，借天津自贸区挂牌之势而成立。

在挂牌当天，中信银行天津分行为自贸区注册的企业办理了人民币存款42笔，进账金额累计1.04亿元人民币；跨境人民币收款业务1笔，金额5000万元人民币；跨境人民币付款业务1笔，金额5000万元人民币；跨境贸易外币收款业务9笔，金额544.76万美元；跨境贸易外币付款业务1笔，金额7万美元；进口开证业务3笔，金额73.81万美元；贸易融资业务5笔，金额42.28万美元；跨境贸易结售汇业务6笔，金额96.51万美元。中信银行天津分行于挂牌当天向人民银行天津分行跨境办上报重点客户的自贸区跨境人民币资金池备案申请，并与中信银行的海外分行一起，积极与中信银行客户洽谈跨境借款、资金池、融资租赁、FT项下境外融资、FT项下结售汇等自贸区创新业务，预计将在不久的将来开花结果。

在自贸区业务的筹备阶段，中信银行天津分行得到了监管机构的大力支持与配合，也得到了中信银行总行国际部等相关部门的充分指导和帮助。天津分行行长徐晓华亲自督导，在网点建设、业务系统、会计账务、内部培训、业务储备等工作方面，从监管部门及时获取信息，分行内部早入手、抢机遇、抓落实，与天津自贸区挂牌同步实现业务突破。

中信银行天津分行将按照建设“最佳综合融资服务银行”的目标，依托“京津冀一体化”和“一带一路”的国家战略，借助天津自贸区的政策红利，将自贸区业务做深做透，进一步提升中信银行在天津当地的市场形象，为中信银行全行的业务发展再做贡献。

（四）筹建福建自贸区

2015年10月8日，中国银监会关于筹建中信银行福建自贸试验区厦门片区分行的批复如下：

中信银行：

《中信银行股份有限公司关于筹建福建自贸试验区厦门片区分行的请示》（信银发〔2015〕372号）收悉。经审核，现批复如下：

1. 同意筹建中信银行股份有限公司福建自贸试验区厦门片区分行。

2. 你行应严格按照有关法律法规要求办理筹建事宜，自批复之日起6个月内完成筹建工作。

3. 筹建工作接受厦门银监局的监督指导。拟筹建机构筹建期间不得从事金融业务活动。

4. 筹建工作完成后，应按照有关规定和程序向厦门银监局提出开业申请。

后 记

本书的形成，经过长年累月的积累，聚集着许许多多的人的智慧，得到各方面的大力支持。在本书推出之际，我们必须感谢许许多多的人和机构。在500强企业案例研究过程中，我们首先得感谢上海财经大学校领导和科研处、财务处等部门的领导及工作人员给我们的支持，特别是他们的宽容、理解和支持，使我们这个团队能够长期平心静气地关注这个研究领域。其次要感谢我们去调查的许多企业，企业的领导和部门为我们提供了许多研究的方便。最后要感谢相关政府部门和新闻媒体，为我们的一些研究牵线搭桥和报道。

最需要感谢的是经济管理出版社的支持，特别是出版社的谭伟编辑，不辞辛苦地为我们这本书的问世付出了大量的心血。

感谢所有支持、理解、关心和帮助我们的机构和个人。

参与本书案例调查研究和撰写的人员还有：尹昱、盛伟、张慧敏、张雨宁、刘婧、陈宏军、叶志远、李阳、王旭峰、严媛芝、胡晓玲、李慧敏、姜雪、邓锐、张桂藏、许荻、颜青山、尤国涛、杨柳、杨倩、潘巧巧、赵瑞光、杨阳、丁翔、秦娇、王霜、谢亚茜、杨梅、韩怡旻、林旭、郭美娜、常艳、于佳雯、李靓玉、陈宗兴、陈颜秀、李慧芳、曹然、朱意琴、刘雨洁、王涵聪。

书中一定还会存在许多不足之处，期盼赐教指正。